DAS GOEBBELS-EXPERIMENT

Lutz Hachmeister / Michael Kloft (Hg.)

DAS GOEBBELS-EXPERIMENT

Propaganda und Politik

Deutsche Verlags-Anstalt
München

Bibliografische Information Der Deutschen Bibliothek
Die Deutsche Bibliothek verzeichnet diese Publikation
in der Deutschen Nationalbibliografie; detaillierte
bibliografische Daten sind im Internet über
http://dnb.ddb.de abrufbar.

Druck: Jütte-Messedruck Leipzig GmbH, Leipzig
Bindearbeiten: Kunst- und Verlagsbuchbinderei, Leipzig
Printed in Germany
ISBN 3-421-05879-2

Gestaltung und Layout: Ria Henning
Satz: DTP im Verlag
Bildredaktion: Michael Kloft / Claus-Dieter Schmidt
Elektronische Bildbearbeitung: Gudrun Nürnberger, Ines Hermes
Text- und Bilddokumentation: Dr. Heiko Buschke, Jörg-Hinrich Ahrens
Schlussredaktion: Dieter Gellrich
Titelgestaltung: Stefan Kiefer

INHALTSVERZEICHNIS

DIE WELT DES JOSEPH GOEBBELS

Einleitung

Von Lutz Hachmeister

DR. JOSEPH GOEBBELS hat das „Dritte Reich" überlebt. Zwar zeigen die Aufnahmen der russischen Kameraleute vom Mai 1945 die materiellen Überreste des einstigen Propagandaministers und letzten Reichskanzlers – eine grässlich verkohlte Leiche, eine Krallenhand wie anklagend gen Himmel gereckt. Es besteht kein Zweifel daran, dass Goebbels mit Frau und Kindern in der Apokalypse des NS-Staates tatsächlich zu Tode kam, die sechs leiblichen Kinder von Frau Magda mithilfe eines SS-Arztes gemordet; das Ministerehepaar endete anschließend gemeinsam im Suizid.

Eines seiner Lebensziele hat der auf historische Wirkung immer sehr bedachte „Doktor" ohne Zweifel erreicht: Er ist als Markenname, als „brand name", in die Weltgeschichte eingegangen. Der Name „Goebbels" ist in der Zuschreibung der Nachwelt bis heute so verkettet mit „Propaganda", als hätte diese Begriffskombination schon immer zusammengehört. Damit weisen Biografie und Mentalität von Joseph Goebbels über das „Dritte Reich" hinaus, und durch diese medienpolitische Konnotation ist Goebbels im Nachhall lebendiger geblieben als das übrige Führungspersonal des NS-Regimes, das seiner Epoche ganz verhaftet zu sein scheint. Reichsmarschall Göring bleibt eher als jovial fettes Ungetüm oder „Reichsjägermeister" in Erinnerung, Himmler als bebrillter Germanentümler und Pedant des Schreckens, von Figuren wie Rosenberg oder Ley, Ribbentrop und Frick reden nur noch Spezialisten der Zeitgeschichte. Am ehesten wird man Goebbels noch mit Albert Speer, Hitlers Architekt sowie Rüstungs- und Planungschef, vergleichen können. In einem Zeitungsinterview sagte jüngst Peter Eisenman, Architekt des Berliner Holocaust-Mahnmals, er hätte Speer „gern getroffen", wenn er gekonnt hätte. „Einige von Speers Gebäuden hatten eine unglaubliche Energie, seine Reichskanzlei in der Voßstraße war wirklich ein interessantes Gebäude. Der Plan für Berlin war bombastisch und grotesk in den Maßstäben. Aber andere Sachen von ihm, etwa in Nürnberg, haben was. Nehmen Sie Leni Riefenstahl und ihren Film ‚Triumph des Willens'. War sie eine große Regisseurin? Ja! Und sie war eine Nationalsozialistin."

Es ist diese seltsame Verbindung von politischem Gangstertum, fachlichem Können und dem „unglaublich energischen" Schaffensdrang, die NS-Typen wie Riefenstahl, Speer oder eben Goebbels gerade in den angelsächsischen Ländern interessant gehalten hat. *The War that Hitler Won*, so heißt ein Buch des Historikers Robert Edwin Herzstein über den deutschen Propagandakrieg. Als „evil genius" wird Goebbels in den USA und Großbritannien heute noch so etwas wie professioneller Respekt entgegengebracht.

Joseph Goebbels steht also für eine spezifische Modernität im Nationalsozialismus, die sich die Historiker nur zögernd bewusst gemacht haben. Es wäre ganz verfehlt, ihn als „rechtsradikalen" oder „rechten" Politiker konservativen Zuschnitts einzuordnen. Seine Biografie bildet die Brücke von der totalitären und mythischen Konzeption des „Dritten Reiches" zu ganz aktuell anmutenden kommunikationspolitischen Erwägungen, zu „campaigning" und „political marketing", zu Medienberatern und Medienkanzlern. Auch in der tagespolitischen Auseinandersetzung ist Goebbels ein ums andere Mal präsent – als eine Art Springteufel, wenn es darum geht, den Gegner der Polemik und Diffamierung zu zeihen.

Der deutsche Kanzler Helmut Kohl verglich, politisch etwas desorientiert, den Perestroika-Erfinder und UdSSR-Abwickler Michail Gorbatschow mit dem NS-Propagandaminister; Willy Brandt zog über den damaligen CDU-Generalsekretär Heiner Geißler her: „Ein Hetzer ist er, seit Goebbels der schlimmste Hetzer in diesem Land."

Bill O'Reilly, Moderator der Bush-freundlichen Fox News, brachte den populären Agitprop-Dokumentarfilmer Michael Moore als Goebbels redivivus ins Spiel: „Er (Goebbels) war der Kopf hinter der Nazi-Regierung, und sein berühmtestes Zitat war: Wenn man eine Lüge oft genug erzählt, wird daraus Wahrheit."

Im Gegenzug setzten linksliberale Regierungskritiker das Bush-Beraterteam um Karl Rove mit dem deutschen Manipulationsapparat der Jahre 1933 bis 1945 gleich. Ein parlamentarischer Untersuchungsausschuss in Polen griff im Herbst letzten Jahres den ehemaligen Ministerpräsidenten Leszek Miller an, weil dieser für Unregelmäßigkeiten beim Zustandekommen eines Rundfunkgesetzes verantwortlich sei. Miller schoss zurück: Der Bericht des Ausschusses sei „eine Lüge im Stile von Goebbels", und seine Befürworter „sollten auch so enden wie Goebbels".

In solchen Vergleichen dominiert der Subtext von großer Lüge, übler Täuschung und trickreicher Fingierung von Ereignissen. Dies alles hat Goebbels zwar ebenso sinister wie virtuos beherrscht, aber der Kern seines Verständnisses von Propaganda lag doch woanders. Intensiver als andere war er sich über die Grenzen seines eigenen Metiers im Klaren.

Es wirkt heute merkwürdig, wenn man in seinen Tagebüchern liest, der mächtige Minister habe sich, vor allem in Kriegszeiten, mit seinen Bemühungen um eine moderatere Tonlage bei Jubel- und Erfolgsmeldungen gegen seinen eigenen Apparat oder Konkurrenten im NS-Führerspektrum nicht durchsetzen können. Und doch war es häufig so. Propaganda sollte für Goebbels, wenn möglich, immer auf belegbaren Fakten, auf der Wahrheit aufbauen und einen starken Realitätsbezug behalten, sollte die Adressaten geradezu auf härteste Realitäten (und deren mögliche Überwindung) verpflichten.

Deshalb Goebbels' ehrliche Bewunderung für Churchills Parole „Blut, Schweiß und Tränen". Mochte er Churchill ein ums andere Mal auch als „fettes Schwein" und „Whiskysäufer" schmähen, dem Typus des Kriegsherrn, der sein Volk in schwierigen Zeiten bei der Stange halten kann, fühlte er sich verwandt. Bei planen Erfolgsmeldungen sah sich Goebbels ohnehin nicht herausgefordert. Ihm lagen Krisenmanagement und erhabene Aufrufe zum Durchhalten näher. „Kampf ist für mich, was für den Fisch das Wasser", hatte der schmächtige Mann schon im August 1926 in sein Tagebuch geschrieben.

Paradoxerweise wurde Joseph Goebbels stets das, was er gar nicht sein wollte. Er landete bei völkischen Winkelpostillen, statt als erhabener Dichter oder zumindest anerkannter Feuilletonist wirken zu können; wurde Anhänger eines „Führers", der schnell seinen Frieden mit Bourgeoisie und Wehrmacht schloss, statt radikaler Sozialist an der Seite einer national und antikapitalistisch empfindenden Arbeiterschaft, Propagandaminister statt Chef eines umfassenden Volksbildungsressorts; schließlich dann, sehr verspätet, „Reichsbevollmächtigter für den totalen Kriegseinsatz" statt Außenminister. Seine Ernennung zum Reichskanzler in Hitlers Testament, wenige Stunden vor Toresschluss, wirkte wie ein höhnisches Grinsen des Weltgeistes.

Der Figur Goebbels kann man sich aus drei Blickwinkeln annähern: psychologisch, wenn nicht gar psychoanalytisch, dann publizistisch-propagandistisch und darüber hinaus explizit politisch. In psychologischer Perspektive steht der kleine Mann mit dem Klumpfuß, der Erotomane („Bock von Babelsberg") oder der infantile Schwadroneur mit dem Mutterkomplex im Mittelpunkt. Publizistisch-propagandistisch: der „Kampfjournalist", der Agitator und Verfertiger von Stereotypen, der Organisator des „Goebbels-Experiments", also eines neuen Ministeriums zur Steuerung der öffentlichen Meinung. Schließlich politisch: der Sozialist, der treue Vasall des Führers bis in den Tod hinein, der in seiner Partei kaum Verbündete findet und als „radikaler Nationalsozialist" (sieht man vom durchaus gehobenen Lebensstil einmal ab) solitär bleibt. Goebbels' Ideal war die „stählerne Romantik", womit er den Mythos einer klassischen Universitätsstadt wie Heidelberg und die technoid-futuristische Projektion des NS-Staates fusionierte. Goebbels vereinigte in sich stets das Unvereinbare; und dies führte zu extremen Stimmungsschwankungen, Wehleidigkeit, Ingrimm und zur Schau getragenem Zynismus. Es gibt wohl wenige Politiker des 20. Jahrhunderts, bei denen Realitätsverlust und Wirklichkeitserkenntnis so nah beieinander lagen. „Er war klug, charmant, gebildet", so wird der Propagandaminister in Helmut Heibers noch immer herausragender Goebbels-Biografie aus dem Jahr 1966 charakterisiert, „er war einfühlsam, wendig, skrupellos und gerissen. Er war andererseits auch selbstgefällig, überheblich, dabei unausgereift und haltlos, labil. Er war vor allem tüchtig, fähig, ungemein fähig – war das, was der Engländer unter „efficient" versteht, und hat für den Sieg, der dann nicht kam, mehr getan als die weitaus meisten seiner Mittäter. Das also alles war er, das zusammengenommen formt den Blickwinkel, unter dem man Joseph Goebbels sehen muss."

Für Goebbels gilt eine Formel, die der Psychologe John Mack einmal für eine andere traumatisierte Figur in der öffentlichen Sphäre des 20. Jahrhunderts gefunden hat: Mack beschrieb Lawrence of Arabia als „prince of our disorder". T. E. Lawrence gestattete ebenso offenherzig wie Goebbels Einblicke in sein Seelenleben *(Die sieben Säulen der Weisheit)*. Auch er war zwischen „Erlösung und Vernichtung" (Claus-Ekkehard Bärsch), zwischen dem Verlangen nach Berühmtheit, historischer Größe und Selbstzweifeln zerrissen. „Selbstinszenierung“ ist die Schlüsselvokabel für die Biografien Lawrences wie Goebbels', ohne die Prägung durch Kinofilm und Fotografie, Expressionismus, aber auch die Ornamente der Masse auf der einen, neue Guerilla-Theorien in Kriegsführung und politischem Kampf auf der anderen Seite nicht zu verstehen.

Aus heutiger Sicht wirkt es so, als habe Goebbels das System der totalisierten Meinungslenkung, mit seiner täglichen Indoktrination, den Masseninszenierungen, der staatlichen Lenkung von Presse, Funk und Film erfunden. Das ist natürlich falsch. Der Propaganda-Begriff stammt bekanntlich von der päpstlichen Sacra Congregatio de Propaganda Fide aus dem 17. Jahrhundert, die im Übrigen als hohe vatikanische Behörde heute noch existiert. Ursprünglich von Papst Gregor XIII. unter dem Titel Sacra Congregatio Christiano Nomini Propagando als Kardinalsgremium zur Verbreitung des katholischen Glaubens in neu „entdeckten“ (also unterjochten) Gebieten erdacht, wurde sie am 6. Januar 1622 von Gregor XV. offiziell inauguriert. Es war ein organisatorischer Versuch des Vatikans, durch Meinungswerbung, Agitation und Publizistik vor allem der Ausbreitung des konkurrierenden Protestantismus Einhalt zu gebieten. Goebbels, der ja den katholischen „Ritus“ auf den Nationalsozialismus zu transformieren versuchte, war mit dieser Art gezielter religiöser Kommunikation durch Erziehung und Mentalität vertraut. Über Jahrhunderte blieben alle Vorstellungen von „Propaganda“ den Strategien der vatikanischen Verkündigung verhaftet.

Das änderte sich Anfang des 20. Jahrhunderts deutlich. Zum einen wurde nun auch Wirtschaftswerbung als kapitalistische Propaganda begriffen, zum anderen summierten sich im Ersten Weltkrieg die moderne Nachrichtentechnologie, massenmediales System und völkerpsychologische Agitation so auf, dass der „Propaganda“ fatalerweise vielfach stärkeres Gewicht beigemessen wurde als realen Kampfhandlungen oder diplomatischen Aktivitäten. Viele frühe Propaganda-Spezialisten aus den USA hatten in der angloamerikanischen Creel-Commission (1916) mitgearbeitet, die unter Präsident Woodrow Wilson das kriegsunwillige amerikanische Volk für ein Eingreifen gegen die Deutschen begeistern sollte. In Deutschland verbreiteten General Ludendorff und die Hugenberg-Presse, die deutsche Nation sei durch den „Dolchstoß“ der linken Parteien in der Heimat, aber auch durch die Gräuel- und Schmutzpropaganda der Engländer und Franzosen zum „Schmachfrieden“ gezwungen worden, nicht etwa durch eine militärische Niederlage („im Felde unbesiegt“). Nach 1918 zählte „Propagandawissenschaft“ (wie auch „Zeitungswissenschaft“ oder „Reklame- und Werbelehre“) zu den neuesten Moden kulturwissenschaftlicher Erkenntnis.

In den USA wie in Europa erscheinen nach dem Ende des Ersten Weltkrieges die ersten vielzitierten Werke zu Organisation und Wirkung der „weltlichen“ Propaganda, nun mit komplexeren Forschungsansätzen zur psychologischen Kriegsführung oder Wirtschaftswerbung verknüpft. Man denke an Edgar Stern-Rubarths *Die Propaganda als politisches Instrument* (1921), Walter Lippmanns *Public Opinion* (1922), Johann Plenges *Deutsche Propaganda. Die Lehre der Propaganda als praktische Gesellschaftslehre* (1922), Kurt Hesses *Der Feldherr Psychologos. Eine Suche nach dem Führer der deutschen Zukunft* (1922), Ferdinand Toennies *Kritik der öffentlichen Meinung* (1922), Gerhard Schultze-Pfaelzers *Propaganda, Agitation, Reklame. Eine Theorie des gesamten Werbewesens* (1923). Harold Dwight Lasswells *Propaganda Technique in the World War* (1927) beruht auf Studien in London, Genf, Paris und Berlin. Edward L. Bernays, ein Neffe Sigmund Freuds, publiziert 1928 *Propaganda*, ein Jahr später erscheint in Wien Vladimir I. Lenins Aufsatzsammlung *Agitation und Propaganda* in deutscher Übersetzung.

Propaganda hat es schon immer gegeben, bei den Triumphmärschen der Antike, bei den Kreuzzügen des Mittelalters, in der Französischen Revolution, nun aber wird sie entdeckt wie Amerika. Und als einer ihrer Entdecker sieht sich Joseph Goebbels.

Goebbels erlebt sowohl die medien- und nachrichtentechnische Revolution während des Ersten Weltkrieges, den „Presse-“ und „Kabelkrieg“ zwischen Deutschen und Alliierten, und gerät in die sprunghafte Veränderung der audiovisuellen Umwelt in den zwanziger Jahren: Der Mann aus der rheinischen Provinz kommt 1926 nach Berlin, und fühlt sich mit Look und Sound der nervösen Großstadtzone gleich eins. Neonreklame,

Dampframmen, Radio, Tonfilm, Außenwerbung, „Markentechnik" (Hans Domizlaff), Groteskanz, Proletkult – die publizistische und medientechnologische Sphäre, die in Döblins *Berlin Alexanderplatz* zum Ausdruck kommt, ist auch zu Goebbels' Lebenselixier geworden. „Mit den Leinwandidolen des Sensationsfilms entstehen Leitfiguren des beschleunigten Lebensgefühls", schreibt der Medienhistoriker Klaus Kreimeier, und dieses „beschleunigte Lebensgefühl" beseelt auch den nationalsozialistischen Politikregisseur Joseph Goebbels.

Goebbels ist Akkumulator und Interpret dieser neuen audiovisuellen Dynamik, eine heißkalte Persönlichkeit in der Terminologie McLuhans, hin- und hergeschüttelt von den Schüben der Mediatisierung, von „Massenbewegungen" und ganz persönlichem Geltungsbedürfnis. Schließlich erwies sich der politische Existentialist auch noch als fähiger Organisator und Personalpolitiker, sowohl als Propagandaleiter der NSDAP als auch später in seinem „Volksaufklärungsministerium". Zwar haderte er ein ums andere Mal mit dem „Aktenkram" und bürokratischen Prozessen, tauschte auch verdächtig häufig sein Abteilungsleiter-Personal aus, aber insgesamt gelang es ihm doch, aus einer eher disparaten Mitarbeiterschar eine schlagkräftige Administration der Meinungslenkung zu formen – auch wenn man in Betracht ziehen muss, dass die „Effizienz" der Propaganda nach 1933 vom staatsterroristischen Umfeld nachhaltig unterstützt wurde.

Goebbels kann man als eine Figur der historischen Transition studieren: geboren im ausgehenden Wilhelminismus, von rheinischem Katholizismus und deutschen Traditionsuniversitäten geprägt, frühzeitig, wie viele Angehörige seiner Generation, extrem politisiert und vom „Machen" beseelt, vom geschlossenen Auftritt der Bolschewisten und der italienischen Faschisten beeindruckt – wenn er auch später, nach seinen Besuchen bei den Filmfestspielen in Venedig, den Italienern bescheinigt, selbst das Improvisieren gehe bei ihnen schief. Als Kommunikationsmanager greift er vieles auf und probiert auch vieles durch. Nachdem er das Filmfestival von Venedig schlecht organisiert findet, entwickelt er mit einer Arbeitsgruppe Pläne für eine eigene Großveranstaltung in Berlin – dazu kommt es im „totalen Krieg" nicht mehr, aber man kann darin einen virtuellen Vorläufer der späteren Berlinale erkennen. Ein „Schriftleitergesetz" zur Hebung des Journalistenstandes war von bürgerlichen Pressepolitikern schon in der Weimarer Republik gefordert worden, zwecks Anerkennung einer „öffentlichen Aufgabe" der Journalisten. Goebbels lässt dieses Konstrukt in einem nationalsozialistischen Korsett Realität werden. Die „Vertrustung" des Presse- und Filmwesens aus den Weimarer Jahren wird von ihm nun mithilfe von Presse-Reichsleiter Max Ammann und Film-Treuhänder Max Winkler in staatliche Bahnen gelenkt. Die von Goebbels praktizierte Mischung aus dirigistischer Medienkontrolle und gleichzeitigen Appellen an die Kreativität des schaffenden Personals funktioniert freilich nicht: Schließlich beklagt sich der Propagandaminister selbst über die „Gleichförmigkeit der Presse" oder das Fehlen echter internationaler Filmstars in Deutschland. Projekte wie die „Reichspresseschule" oder eine nationale „Filmakademie" versanden im bürokratischen Leerlauf; Goebbels bringt dafür bald schon kein Interesse mehr auf.

Was Goebbels tatsächlich auszeichnete, war ein enormes *Verständnis* für alle Spielarten und Ausprägungen von Agitation, Publizistik und Unterhaltungskultur – bis hin zur offen eingestandenen Vorliebe für professionell gefertigte Hollywood-Ware. „Mrs. Miniver", Oscar-prämiertes, noch heute bemerkenswertes Familienkino über die ersten Monate des Zweiten Weltkrieges, war einer seiner Lieblingsfilme. Überdies war Goebbels reaktionsschnell, vif, hatte ein situatives Gefühl für Mediatisierung, überlegte stets, was man aus bestimmten Ereignissen und Konstellationen propagandistisch machen könne. Natürlich fühlte er sich auf seinem ureigenen Gebiet allen in- und ausländischen Konkurrenten turmhoch überlegen, und rieb sich an der tatsächlichen oder vermeintlichen Unfähigkeit seiner Untergebenen auf. Er war im Grunde immer „todmüde", überarbeitet und sehnte sich häufiger nach einem Rückzug als Staatshistoriker, Chefinterpret des „Dritten Reiches" oder Erfinder einer grundlegenden Kino-Dramaturgie nach dem Vorbild der Lessingschen Theaterkonzeptionen.

Dieser Band ist parallel zu einem Dokumentarfilm der beiden Herausgeber über den Propagandaminister entstanden. Der Film, der den gleichen Titel wie dieses Buch trägt, arbeitet ausschließlich mit ausgewählten Tagebuch-Eintragungen von Goebbels, denen man eine selbstenthüllende Kraft zusprechen kann. Udo Samel und Kenneth Branagh (Letzterer in der internationalen Version) interpretieren im Film den Tagebuchschreiber Goebbels. Im zweiten Teil dieses Buches kann man in einer Kombination von Fotografien und Tagebuch-Notaten das Gesicht und den Habitus Goebbels' von der „Kampfzeit" bis zum Untergang des NS-Reiches verfolgen. Die im ersten Teil versammelten Aufsätze wiederum spiegeln den neuesten Stand der Goebbels-Forschung in zentralen Themenfeldern. Analysiert werden der Journalist Joseph Goebbels (Christian Härtel), das Personal des Propagandaministeriums (Stefan Krings), Goebbels' Propagandaverständnis (Thymian Bussemer), seine Rolle als „nationaler Sozialist" (Uwe Klußmann), das Urteil von Zeitgenossen über den Berliner Agitator (Michael Wildt), das Verhältnis von Goebbels zu den Frauen (Claus-Ekkehard Bärsch) und die Reaktionen auf die berühmte Sportpalast-Rede von 1943 (Dietmar Pieper). Ein aktuelles Interview mit Lord Arthur George Weidenfeld über die außerordentliche Studie zum deutschen Propagandaapparat, die dieser vor mehr als 60 Jahren als BBC-Mitarbeiter gemeinsam mit seinem Kollegen Derrick Sington unter dem Titel *The Goebbels Experiment* erarbeitet hat, rundet den Band ab.

Um die Texte zu Goebbels und seine eigenen Notate einordnen zu können, seien hier vorab die Kerndaten seiner Biografie vermittelt. Paul Joseph Goebbels wurde am 29. Oktober 1897 in Rheydt geboren. Der Vater Friedrich war Buchhalter in einer örtlichen Dochtfabrik. Die von Goebbels zeitlebens verehrte Mutter Maria, geborene Oldenhausen, kam aus der Gegend von Aachen. Zu Beginn des Ersten Weltkrieges begehrte der Gymnasiast Goebbels als Kriegsfreiwilliger Aufnahme in die deutsche Armee, wurde freilich wegen seiner Gehbehinderung ausgemustert. Datierung und Grund des „Fußleidens" (Goebbels) variieren in verschiedenen Darstellungen; sicher ist indes, dass Goebbels bis zu seinem Tod eine Metallschiene am rechten Fuß tragen musste und stark hinkte, was für inner- und außerparteiliche Gegner Anlass zu mannigfaltigem Spott gab. Seine frühen Jahre im Rheinischen beschreibt Goebbels selbst als „eigenbrötlerisch" und „freudlos". Abitur Ostern 1917; danach studierte Goebbels bis 1921 ziemlich unstet in den Städten Heidelberg, Bonn, Würzburg, Freiburg und München vor allem die deutscheste aller Disziplinen – Germanistik.

Sein Studium ließ er sich von dem katholischen Albertus-Magnus-Verein fördern, der Rückzahlung dieses Darlehens kam er nur schleppend nach. Seinen *Erinnerungsblättern* aus dem Jahr 1924 vertraute er in schrillen Tönen ein veritables Liebesdrama mit der Recklinghäuser Bürgertochter und Kommilitonin Anka Stalherm an, bis hin zu Sätzen wie diesen: „Sie droht zu sterben. Ich kann nicht mehr dagegen an. Ich gehe zu ihr. Sie ist wie aufgelöst. Ich ziehe sie in die Höhe. Du Gute. Ich küsse ihr die Tränen aus den Augen. Und nun sind wir aneinander gekettet ... Theo leiht mir seinen Revolver. Meine Szene damit zuhause. Am Tode vorbei. Anka reizt mich wahnsinnig bis zur Eifersucht. Schlimme Szenen". Von ähnlicher melodramatischer Qualität sind die frühen dichterischen Versuche des Literaturstudenten („Die Saat", „Judas Ischarioth"), die bis auf den später publizierten, stark von Dostojewski beeinflussten Tagebuch-Roman *Michael* unveröffentlicht bleiben. 1921 promoviert Goebbels bei dem jüdischen Gelehrten Max Freiherr von Waldberg mit einer Arbeit über einen romantischen Poeta minor (Wilhelm von Schütz) zum Dr. phil. Die erhoffte feste Anstellung nach der Doktorwürde bleibt aus, so dass Goebbels aus Geldmangel längere Zeit wieder in sein Rheydter Elternhaus ziehen muss. 1924 kommt Goebbels mit der (seinerzeit verbotenen) nationalsozialistischen Bewegung in Kontakt und gründet in Mönchengladbach eine Ortsgruppe der „Nationalsozialistischen Freiheitsbewegung Großdeutschlands". Vom 1. Oktober 1924 an amtiert Goebbels als gar nicht oder schlecht besoldeter Schriftleiter der *Völkischen Freiheit* in Wuppertal. Er wandelt sich zum völkisch-sozialistischen Kampfjournalisten mit schnoddrig-zynischem „Canaille Mensch"-Stil. Gleichzeitig beginnt seine Funktionärskarriere in der NS-Bewegung: März 1925 Vorstandsmitglied des Gaus Rheinland-Nord, September 1925 Gaugeschäftsführer und Schriftleiter der *Nationalsozialistischen Briefe*, die als Organ des antikapitalistischen NS-Flügels um die Brüder Georg und Otto Strasser gelten. Nach mehreren Erweckungserlebnissen bei Begegnungen mit Hitler ordnet sich Goebbels von 1926 an dem „politischen Genie" des NS-Führers unter, schwankt aber noch bis 1931 zwischen seinem „preußischen Sozialismus“, Zweifel an der „Münchener Richtung“ und schwärmerischer Hingabe an Hitler hin und her.

Am 28. Oktober 1926 ernennt Hitler die arbeitswütige Nachwuchshoffnung Goebbels zum NS-Gauleiter von Berlin, wo dieser durch Agitation (etwa im neugegründeten Kampfblatt *Der Angriff*, mit den berüchtigten Karikaturen des Zeichners „Mjölnir“), Krawall (Saal- und Straßenschlachten mit Kommunisten) und stigmatisierende Kampagnen gegen „Systempolitiker“ der Weimarer Republik rasch Furore macht. 1928 wird Goebbels Mitglied des Reichstags, 1930 Reichspropagandaleiter der NSDAP und somit oberster Wahlkämpfer der NS-Partei. Am 19. Dezember 1931 heiratet Goebbels auf Gut Severin in Mecklenburg die damals 30-jährige Magda Quandt, Tochter des ledigen Dienstmädchens Auguste Behrend und des Diplom-Ingenieurs Oskar Ritschel. Trauzeugen sind Hitler selbst und Franz Ritter von Epp. Zum Familienverband, in den auch Magdas Sohn Harald aus der ersten Ehe mit dem Industriellen Günter Quandt aufgenommen wird, gehören schließlich sieben Kinder, neben Harald noch Helga, Hilde, Helmut, Holde, Hedda und Heide.

Mit einiger Verzögerung wird Goebbels (gegen den hinhaltenden Widerstand des Reichspräsidenten Hindenburg) nach der NS-Machtübernahme im Hitler/Papen-Kabinett Minister für Volksaufklärung und Propaganda und besetzt damit ein neues Ressort im „Dritten Reich“. Das Aufgabengebiet des Ministeriums erstreckt sich über alle Medien (besonders Presse, Funk und Film) und Formen der öffentlichen Meinungsbildung.

Im April 1933 organisiert Goebbels federführend in Berlin den Boykott gegen jüdische Geschäfte und Betriebe, einen Monat später hält er die Rede bei der von der NS-Studentenschaft initiierten „Bücherverbrennung“ auf dem Berliner Opernplatz. Nach einer Zeit der legislativen und organisatorischen Feinarbeit am Propagandaapparat kommt es 1938 zu einer Kombination von Ehekrise und politischer Lähmung, als sich Goebbels heftig in die tschechische Schauspielerin Lida Baarova verliebt. Seine Frau Magda interveniert beim „Führer“ und droht mit Scheidung. Hitler verfügt die Fortsetzung der Ehe aus Staatsräson; Goebbels trennt sich unter Tränen von der Geliebten.

Im November 1938 ist Goebbels, der Zuverlässigkeit und Radikalität unter Beweis stellen will, Antreiber der antijüdischen Pogrome („Reichskristallnacht“). In die Vorbereitungen des deutschen Angriffs aus Polen kaum einbezogen, erwacht Goebbels als „Kriegspublizist“ aus seiner politischen Lethargie. Vom Mai 1940 an verfasst er allwöchentlich einen Leitartikel für das neue Wochenblatt *Das Reich*, in dem auch zahlreiche Journalisten aus dem bürgerlichen Lager publizieren. Goebbels drängt bei Hitler auf eine Invasion Großbritanniens, die dieser jedoch nicht anordnet.

Von jeher skeptisch gegenüber einem Zweifrontenkrieg, erwacht Goebbels' politische wie propagandistische Energie vollends, als sich das Kriegsgeschehen im „Ostfeldzug“ gegen die deutsche Wehrmacht wendet. Mit gesteigerter Rigidität interveniert Goebbels bald beinahe wöchentlich und mit umfangreichen Denkschriften beim „Führer“ gegen die NS-Führer Göring und Ribbentrop, die er als komplette Versager deklariert.

In seiner berühmten Rede am 18. Februar 1943 ruft er im Berliner Sportpalast das deutsche Volk zum „totalen Krieg“ auf. Beim versuchten Staatsstreich des deutschen Widerstands am 20. Juli 1944 rettet Goebbels für Hitler die Situation, in dem er Telefonate mit dem zunächst unschlüssigen Major Ernst Remer vermittelt und über den Rundfunk das Misslingen des Attentats in der Wolfschanze verkünden lässt. Wenig später wird Goebbels zum „Reichsbevollmächtigten für den totalen Kriegseinsatz“ ernannt. Am 22. April 1945 begibt sich Goebbels mit seiner Familie in den „Führerbunker“, um zusammen mit Hitler den „Endkampf“ durchzustehen. Am 29. April ist er Trauzeuge bei der Eheschließung Adolf Hitlers mit Eva Braun. Hitler bestimmt Goebbels testamentarisch zu seinem Nachfolger als Reichskanzler, Reichspräsident wird Admiral Dönitz, Propagandaminister Goebbels' Staatssekretär Werner Naumann.

Am 1. Mai ermordet Magda Goebbels zusammen mit einem SS-Arzt ihre sechs Kinder (Sohn Harald Quandt befindet sich in Kriegsgefangenschaft und überlebt deshalb); anschließend töten sich Goebbels und seine Frau im Garten der Reichskanzlei.

Man kann also ziemlich genau vier Phasen dieser Biografie benennen: auf den verzweifelt nach Halt und Glauben

Suchenden folgt der revolutionäre Kämpfer und verwegene Lederjackentyp, dann wandelt sich Goebbels zum planenden und ordnenden Minister; schließlich kommt er als Kriegsdiktator und Bevollmächtigter für den totalen Kriegseinsatz auf einer anderen Stufe der „Kampfzeit" wieder an.

Die frühe Formung eines strebsamen jungen Mannes, der mehr oder weniger exaltiert für sich und seine Mitmenschen das politische Elysium beschwört, die Bolschewisten für ihren Kampfgeist bewundert und als Renegat kleinbürgerliche Krämerseelen und die „Bourgeois" verachtet, dann zum NS-Einpeitscher und Judenverfolger wird, hat die Interpretatoren nach 1945 verwundert und bewegt, mitunter sogar zur Beschreibung aktueller sozial- und bildungspolitischer Gefährdungen der Demokratie. So schreibt der Dramatiker Rolf Hochhuth 1977: „Wer Goebbels beurteilen will, darf nie übersehen, was für furchtbare Jahre in schmachvoller Armut dieser Akademiker unverschuldet in dieser (Weimarer) Republik hatte absitzen müssen. Auch heute muss man sich fragen, wieso ein Staat, dessen Parlamentarier in Bund, Ländern und Gemeinden sich persönlich auf Kosten dieses Staates glänzend bezahlen und altersversorgen lassen, von jungen Menschen Loyalität verlangt, wenn er nicht einmal fähig ist, ihnen eine Lehrstelle oder einen Studienplatz zu verschaffen. Warum hätten die Altersgenossen von Dr. Joseph Goebbels nach vierjährigem Kriegerdasein und entbehrungsreichem Studium gegenüber der Weimarer Republik Loyalität üben sollen, wenn diese Republik sie arbeitlos herumvegetieren ließ? Auch Goebbels kam nachweislich nur deshalb zu Hitler, weil er sonst nirgendwo unterkommen konnte, so zäh er es auch immer wieder versucht hat."

In ihrer Studie von 1942 beschreiben Arthur George Weidenfeld und Derrick Sington von London aus den Agitator als Mann „with remarkable drive und inexhaustible zest" vor allem in der Kampfzeit: „Goebbels' idea of capturing the Berliner was to use fair-ground showmanship. Nazi mass meetings were to be sensations. The Berliner had to be attracted to meetings ‚presented' by ‚manager Goebbels' for the same reasons that the Londoner is attracted to Wembley dog races and Lane's Club all-in wrestling, or the Madrileno to the bullfights in the Plaza de las Ventas."

Nachdem sich Goebbels zu Lebzeiten in kleineren biografischen Studien von seinen Kombattanten hatte bewundern lassen, erschien dann in Deutschland eine erste umfassendere Lebensbeschreibung 1949 bei der DVA in Stuttgart. Autor war Werner Stephan, ein bürgerlicher Karrierebeamter im Propagandaministerium, persönlicher Referent des von Goebbels sehr verachteten „Reichspressechefs" Otto Dietrich, später in der Bonner Republik dann Bundesgeschäftsführer der FDP. Trotz des überzogenen Untertitels „Dämon einer Diktatur" kam Stephan der Persönlichkeit des Propagandaministers recht nahe, besonders bei der Analyse des parareligiösen Verhältnisses von Goebbels zu seinem Führer: „Goebbels findet als geistige und rationale Persönlichkeit schon früh in Hitler seinen Überwinder. Nun schaltet er seine Intelligenz partiell und zeitlich begrenzt aus. Daraus entsteht seine Problematik. Seine interessante Gestalt wird gefährlich... ‚Wir haben gelernt', schwärmt er, gegen bewährte Bismarcksche Grundsätze polemisierend – ‚daß Politik nicht mehr die Kunst des Möglichen ist. Wir glauben an das Wunder, an das Unmögliche und Unerreichbare. Für uns ist die Politik das Wunder des Unmöglichen. Uns kümmert die Kunst der gegebenen Möglichkeiten einen Dreck!'" Das Unmögliche, bislang Undenkbare wurde dann ja auch erreicht, und Goebbels hat daran kräftig mitgearbeitet.

Die Goebbels-Biografie von Helmut Heiber setzte Mitte der sechziger Jahre stilistisch und interpretatorisch Maßstäbe über ihr eigentliches Sujet hinaus; Ralf Georg Reuths solide 750-seitige Arbeit aus dem Jahr 1990 kann sich in Teilen schon auf den Moskauer Bestand der Goebbels-Tagebücher stützen und bringt darüber hinaus einiges Neue zu Kindheit und Jugend des späteren NS-Politikers.

Ich schreibe, also bin ich: die voluminösen Tagebücher sind Ergebnis eines Mitteilungszwangs, unter dem Goebbels schon früh litt. Die inzwischen 24 publizierten Bände, die den Zeitraum von 1923 bis 1945 abdecken (nebst 1924 von ihm erstellten *Erinnerungsblättern* über seine Jugendtage), zählen zu den bemerkenswertesten politisch-historischen Quellen des 20. Jahrhunderts. Die Entstehungs- und Wirkungsgeschichte dieser (echten) Diarien ist mindestens so spannend wie diejenige der gefälschten Hitler-Tagebücher, mit denen sich Anfang der achtziger Jahre gleich mehrere internationale Medienkonzerne und Fachhistoriker blamierten. Schon Werner Stephan berichtet, Goebbels habe diese unter enormem Zeit- und Energieaufwand erstellten Tagebücher als größten persönlichen „Schatz" betrachtet, mit dem er in die Weltgeschichte eingehen wollte. Bis zum 8. Juli 1941 führte Goebbels seine Tagebücher von Hand, vom 9. Juli an nahm ein „Stenograph zur besonderen Verfügung des Ministers" (Richard Otte und Otto Jacobs, später vielgefragte Parlamentsstenografen in der Bundesrepublik) die Notate auf und übertrug sie auf einer „Continental"-Schreibmaschine mit übergroßen Lettern („Führertype"). Seither stellte Goebbels seinen Eintragungen auch eine Kurzfassung der „militärischen Lage" voran.

1992 entdeckte Elke Fröhlich, Mitarbeiterin des Münchener Instituts für Zeitgeschichte (IfZ), im ehemaligen Sonderarchiv Moskau die Glasplatten der Goebbels-Tagebücher, eine Vorläuferform der heutigen Mikroverfilmung. Ein komplizierter Prozess von Verhandlungen um die Urheberrechte setzte ein – unter anderem mit dem mysteriösen Schweizer „Nachlassverwalter", Palästinenser-Bankier und Goebbels-Bewunderer François Genoud. Bis heute sind nach Angaben des IfZ „rund 98 % des tatsächlich von Goebbels geschriebenen oder diktierten Materials" publiziert. Die Edition umfasst neun (Teil-)Bände für die Zeit von Oktober 1923 bis Juli 1941 sowie weitere 15 Bände, die zeitlich bis zum 10. April 1945 reichen. Der letzte erhalten gebliebene Eintrag enthält nur noch die „militärische Lage". Am Tag zuvor hatte Goebbels notiert, die Bevölkerung Heidelbergs trete den in die Stadt vorgedrungenen Amerikanern „mit einer ausgesprochenen Feindseligkeit entgegen". Dem General Kesselring legte er ausweislich seines Tagebucheintrags „die augenblickliche politische Entwicklung" dar, die diesen „natürlich außerordentlich" interessiere. Goebbels: „Alle unsere führenden Soldaten sind jetzt der Überzeugung, daß politische Mittel in Angriff genommen werden müßten, um der fast verzweifelt anmutenden militärischen Entwicklung Einhalt zu gebieten. Aber das ist leichter gesagt als getan, vor allem deshalb, weil wir ja auf unserer Seite einen diplomatischen Partner von Rang nicht zur Verfügung haben. Man kann Ribbentrop im Ernst nicht als einen solchen ansehen."

Zudem beschäftigte sich der Propagandaminister hingebungsvoll mit der „Werwolf"-Organisation, die der Feindseite schon einen gehörigen Schrecken versetzt habe. Es sei etwa gelungen, den Sender Werwolf „schon in den ersten Ostertagen zum ersten Mal zu Gehör" zu bringen: „Es ist direkt erfrischend, einmal einen Ton zu vernehmen, wie er früher einmal in der Kampfzeit üblich gewesen ist". Reminiszenzen an die Kampfzeit, Hoffen auf ein historisches Wunder, Wutausbrüche auf alle möglichen Versager in Partei und Staat und Berichte über verzweifelte Durchhaltemaßnahmen bestimmen Goebbels' Notate aus jenen letzten Tagen des „Dritten Reiches." Es gibt wenig Zweifel daran, dass er sein Tagebuch bis zum letzten möglichen Moment führte, auch wenn die Eintragungen aus der zweiten Aprilhälfte wohl verloren gegangen sind. Die Goebbels-Tagebücher sind eine immer wieder verblüffende Melange aus ehrlicher Beichte, Vernichtungskalkül, Wehleidigkeit und Selbstüberredung.

Wie es ausgesehen hätte, wenn die Tagebücher, bereinigt und gefiltert, von Goebbels selbst als NS-Standardwerk auf den Markt gebracht worden wären, belegt sein ziemlich langweiliges offiziöses Buch *Vom Kaiserhof zu Reichkanzlei* (1934).

Beim Vergleich des Ursprungstextes mit dieser Publikation zeigt sich, dass Goebbels schwer damit haderte, von Hitler bei der Kabinettsbildung im Januar 1933 zunächst „aufs Abstellgleis" geschoben und dann mit einem „Propagandaministerium" versehen worden zu sein, obwohl er den Begriff nicht mochte und lieber Chef eines umfassenden „Volksbildungs-Ministeriums" geworden wäre (Tagebuch-Eintrag vom 3. Februar 1933: „Magda sehr unglücklich. Weil ich nicht vorankomme. Man übergeht mich mit eisigem Schweigen. Nun bekommt Rust den Kultus. Ich schaue in den Mond. Das ist so deprimierend. Ich mag gar nicht mehr daran denken"). Dem von Hitler als Erziehungs- und Bildungsminister eingesetzten Alt-Pg. Bernhard Rust galt dann auch Goebbels' restlose Abneigung.

Goebbels begriff sich als Politiker, wenn er auch seine Fähigkeiten als Propagandist in höchsten Tönen loben ließ und sich selbst als Werbe- und Marketingkanone einschätzte, an dem auch die Engländer oder Amerikaner ihre Freude gehabt hätten – wäre er denn zu ihnen gestoßen. Hasstiraden und Verbalinjurien gegen Parteiführer wie Rosenberg, Ley, Göring, Ribbentrop, Heß oder Lammers füllen sein Tagebuch in überreichem Maße. Er wollte Kanzler und Diktator werden, mit einem „Führer", der sich zur mythischen Präsidialfigur mit Vorlieben für Monumentalbauten, seligen Erinnerungen an den eigenen biografischen Aufstieg und huldvollen öffentlichen Auftritten geeignet hätte.

Er mischte in allen Politikbereichen mit, vor allem in der „Judenpolitik", wo er als Propagandachef, aber eben auch als Berliner Gauleiter zu einem der übelsten Antreiber für Deportationen und Entrechtungen wurde, mit klarem Wissen um die Ausrottung des europäischen Judentums. Er war sich auch klar darüber, dass die „Festlegung in der Judenfrage" für die NS-Herrscher bedeutete, entweder zu siegen oder unterzugehen. Dennoch plädierte er ein ums andere Mal dafür, nach bestimmten militärischen Erfolgen, vor allem der Jahre 1942/43, politische Verhandlungen entweder mit dem Westen oder mit Stalin über einen Friedensschluss zu suchen (letztlich präferierte er den Diktator Stalin). Damit drang er beim Führer nicht durch, und es gehört zu der verstörendsten Lektüre seiner Tagebücher, immer wieder mitzubekommen, wie sich der weitgehend rational veranlagte Goebbels von Hitler mit allen möglichen Argumenten immer wieder einwickeln lässt.

Kommunikation unter Menschen, also Austausch von Zeichen und Gesten, Mitteilung, Verständigung, hat immer eine religiöse, spirituelle, letztlich sexuelle Grundlage. Dieses ist der eigentliche Sinn des Kommunikationsbegriffs. Darüber legen sich die funktionalen Erscheinungen der Kommunikation, also die Techniken der Überredung, die mediale Konstruktion, das öffentliche Geschwätz. Goebbels' Biografie bildet für diese Dualität der Kommunikation ein interessantes Untersuchungsfeld. Da ist die *Sehnsucht nach der gütigen Frauenhand*, die eine Zeit lang durch Frau Magda befriedigt wurde, die Verehrung für die katholische Mutter, für die Liturgie der katholischen Kirche überhaupt, Verlangen nach einem „politischen Glauben" und politischer Religiosität auf der einen, Kontrolle der öffentlichen Meinung, rastlose journalistische und agitatorische Tätigkeit oder etwa die Macht des „Filmministers" auf der anderen Seite.

Joseph Goebbels lebte bis zur ekstatischen Entäußerung ein filmisches Leben, mit allen Elementen von Traum und Rausch, Imaginationskraft und Planungsenergie, schwankenden Stimmungen und Durchhaltewut, die als Voraussetzung für außergewöhnliche Regieleistungen gelten können. Am 17. April 1945, kurz vor Drehschluss, mahnte er die noch treu in Berlin verbliebenen Mitarbeiter seines Ministeriums folgerichtig mit einem Hinweis auf Veit Harlans noch fertig gestellte Großproduktion „Kolberg": „Meine Herren, in hundert Jahren wird man einen anderen prächtigen Farbfilm vorführen, der die schrecklichen Tage beschreibt, die wir durchleben. Wollen Sie nicht eine Rolle in diesem Film spielen, zu neuem Leben erweckt in hundert Jahren? Jeder hat nun die Gelegenheit, sich die Rolle auszusuchen, die er in dem Film spielen wird... Halten Sie jetzt durch, damit in hundert Jahren das Publikum nicht johlen und pfeifen wird, wenn Sie auf der Leinwand erscheinen."

In Showdown und Apotheose, im bewusst erlebten Untergang wurde die filmische Inszenierung der eigenen Geschichte zum Höhepunkt gebracht. Man wird nicht mehr erfahren, was Goebbels selbst zu der wohl wesentlich von Magda veranlassten Tötung der eigenen Kinder dachte und sagte – sie passt aber zu seiner politischen Religion des Unbedingten. Goebbels war eben nicht nur der „Propagandafachmann", sondern ein expressionistischer, manisch-depressiver Typ mit rationaler Grundierung, der sich nicht zufällig in seiner Studienzeit mit den *Dämonen* Dostojewskis beschäftigte.

Im Juli 1924 hatte Goebbels, der interessante Fall eines antiintellektuellen Intellektuellen, in typischer Prosa notiert: „Der Geist ist eine Gefahr für uns. Der Geist quält uns und treibt uns von Katastrophe zu Katastrophe. Nur im reinen Herzen findet der gepeinigte Mensch Erlösung von dem Elend. Über den Geist hinaus zum reinen Menschen!"

„SOLDAT UNTER SOLDATEN“

Der Journalist Joseph Goebbels

Von Christian Härtel

DER BERICHTERSTATTER auf dem Schlachtfeld, der in vorderster Linie unmittelbar mit der kämpfenden Truppe vorrückt, ist keine Erscheinung unserer Tage. Sein Erfinder heißt Joseph Goebbels. Diese Behauptung klingt provokant. Sollten die „embedded correspondents“ des zurückliegenden Irak-Kriegs, die in den Medien wie die Kriegsberichter des 21. Jahrhunderts daherkamen, etwa auch ein Erbstück der Nationalsozialisten sein?

In der Tat feierte Goebbels 1941 mit dem uniformierten Journalisten der Propaganda-Kompanien (PK) einen Helden nach seinem Geschmack. „Der PK-Mann“, so schrieb der Propagandaminister in der Wochenzeitung *Das Reich*, „ist kein Berichterstatter im herkömmlichen Sinne, sondern ein Soldat. Neben Pistole und Handgranate führt er noch andere Waffen mit sich: die Film-Kamera, die Leica, den Zeichenstift oder den Schreibblock.“[1] Jene militärischen Einheiten mit propagandistischem Auftrag verdankten ihre Existenz nicht unwesentlich Goebbels' Zutun. Was die Organisation der Nachrichtenpolitik im Zweiten Weltkrieg anging, nutzte er seine im Laufe der Jahre erworbenen journalistischen Kenntnisse dazu, sich ein im In- und Ausland wirkungsvolles propagandistisches Instrument zu schaffen. Der in die Truppe integrierte Berichterstatter war ein wesentlicher Bestandteil dieses Instruments.

Der Blick auf den Journalisten Goebbels berührt also nur scheinbar einen Randbereich seiner Biografie. Tatsächlich wäre der Politiker, der mit 35 Jahren bereits Minister wurde, ohne seine journalistischen Fähigkeiten nicht denkbar. Auf der anderen Seite müsste man heute kaum einen Gedanken an den Journalisten verschwenden, hätte er nicht als Parteifunktionär und Regierungsmitglied das Gesicht des Nationalsozialismus entscheidend geprägt.

Joseph Goebbels war durch und durch Propagandist, sammelte Erfahrungen als Redakteur und Parteiredner und trat seit Mitte der zwanziger Jahre immer wieder als Publizist hervor. Insbesondere in Zeiten des Kampfes, der Auseinandersetzung schob sich Goebbels in den Vordergrund. Er feierte in solchen Phasen seine größten Triumphe: Er eroberte den Nationalsozialisten von scheinbar verlorenem Posten aus das „rote Berlin“ und machte sich als Propagandist im Verlauf des Kriegs erneut unentbehrlich. Schließlich trat er – wenn auch nur für wenige Stunden – im Bunker der Reichskanzlei das Erbe Adolf Hitlers an.

Wie aber wäre die Karriere des Politikers verlaufen, wenn er keinerlei Erfahrungen in der Zeitungsarbeit gehabt hätte? Was wäre passiert, wenn etliche Jahre zuvor einer seiner Bewerbungsversuche bei der „Systempresse“ Erfolg gehabt hätte? Wäre er ohne politisches Amt zum Leitartikler großer deutscher Blätter geworden?

Schon frühe Deutungen sahen Goebbels' Werdegang als eine Folge von Kränkungen, die jeweils nach Kompensation verlangten. Werner Stephan, ranghoher Mitarbeiter im Propagandaministerium und nach dem Krieg einer der ersten Biografen des Ministers, schrieb in der Rückschau: „Gerade was – nach Goethe – den Künstler macht, das hatte er nicht: er konnte nicht bilden, sondern vermochte nur zu reden. Das war eine bittere Erfahrung für Goebbels. Sie vergiftete die Gefühle dieses Ehrgeizigen auf lange Zeit hinaus. War er deshalb im Mai 1933 so leicht bereit, weitverbreitete Werke namhaftester Autoren verbrennen zu lassen? Den mittelalterlichen Scheiterhaufen konnte gerade er wohl nur entzünden, weil er als durchgefallener Literat eine schmerzende Wunde, einen Komplex zurückbehalten hatte. Kein Zweifel, er hatte nur journalistische Instinkte, keine dichterischen.“[2]

Am Beginn einer biografischen Auseinandersetzung mit Goebbels steht meist der körperlich benachteiligte Junge, der versuchte, sich intellektuell zu profilieren und Anerkennung zu erlangen. Die entscheidende Zurücksetzung indes war für den künftigen Autor und Journalisten, dass er nicht am Ersten Weltkrieg teilnehmen durfte, nicht den Ehrentitel „Frontkämpfer“ tragen konnte. Stattdessen wurde er zum Papiertiger wider Willen. „Kriegsausbruch. Mobilmachung. Alles zu den Fahnen. Schmerz, daß ich nicht mitkann.“[3] So beschrieb er diese Lebensphase rückblickend in den *Erinnerungsblättern*. Statt an die Front zu fahren, verfasste er „öde Kriegsaufsätze“ in der Schule, etwa unter dem Titel: „Wie kann auch der Nichtkämpfer in diesen Tagen dem Vaterland dienen?“

Während er den physischen Kampf auf Grund seiner eigenen Konstitution auch später meist nicht annehmen wollte oder konnte (auch wenn Zeitzeugen immer wieder kolportieren, er sei bei Saal- und Straßenschlachten äußerst

„tapfer" gewesen), warf er sich mit großer Wucht in den publizistischen. Er pflegte die Auseinandersetzung durch das Wort. Als Pennäler, später als Germanistik-Student hatte er erste literarische Versuche gestartet – ohne nachhaltigen Erfolg. In seinem Roman *Michael Voormann. Ein Menschenschicksal in Tagebuchblättern* nahm er „mit den Komponenten Glauben, der Sehnsucht nach der Inkarnation dieses Glaubens und schließlich der Selbsterlösung durch das Opfer ... die pseudo-religiösen, pathetischen Worthülsen des nationalsozialistischen Kultes vorweg, mit dem den Menschen später suggeriert werden sollte, er sprenge die Fesseln der Wirklichkeit".[4] Veröffentlicht wurde der Text unter dem Titel *Michael. Ein deutsches Schicksal in Tagebuchblättern* erst 1929 im Zentralverlag der NSDAP, Franz Eher Nachf., München, als sein Autor auf anderen Feldern bereits einige Berühmtheit erlangt hatte.

Nach Studienabschluss und Promotion sah zunächst alles nach einer klassischen Journalisten-Laufbahn aus. 1922 bekam der junge Goebbels eine stundenweise Anstellung als Volontär beim Feuilleton der *Westdeutschen Landeszeitung*. Ein Engagement, das nach wenigen Wochen vom Chefredakteur wieder beendet wurde. Zeitweise verdingte er sich bei der Dresdner Bank in Köln – die Arbeit ließ den nach Höherem Strebenden allerdings unbefriedigt. In die Zeit danach fallen weitere Versuche, mit Texten oder in persona bei etablierten Verlagshäusern zu landen. Der *Vossischen Zeitung* soll Goebbels seine Dienste angeboten haben, ebenfalls, im Jahr 1924, dem *Berliner Tageblatt*.[5] Doch vergebens. Die Arrivierten wollten oder konnten ihn in dieser Zeit der arbeitslosen Akademiker nicht vorlassen. Trotz dieser Enttäuschungen sah er im geschriebenen und vor allem gedruckten Wort weiterhin den Schlüssel zu höheren Weihen. Er sollte bald zu den publizistisch produktivsten Nationalsozialisten gehören. Später reihte er, über seine Präsenz in Presse und Rundfunk hinaus, Buchveröffentlichung an Buchveröffentlichung.

Schenkt man Goebbels' Aufzeichnungen Glauben, dann flüchtete er sich schon früh aus Situationen des Scheiterns in der realen Lebenswelt in die literarische Simulation. Was ihm in den Redaktionsstuben nicht erlaubt wurde – zu schreiben –, dem widmete er sich zunächst umso intensiver in seinen autobiografischen Aufzeichnungen. „Ich schreibe nicht zu meinem Vergnügen, sondern weil mir mein Denken eine Qual und eine Lust ist ... Es ist mir, als müßte ich beichten gehen. Ich will mir das letzte von meiner Seele herunterschreiben."[6] Der Schreibfluss sollte bis 1945 nicht mehr abreißen. Goebbels' Tagebücher, denen er die Erinnerungsblätter vorangestellt hatte, bilden heute eine wichtige Quelle zur Geschichte des Nationalsozialismus.

Sein journalistischer „Aufstieg" verlief schließlich eng gekoppelt an seinen politischen und umgekehrt. Goebbels' erste ernstzunehmende Station im Pressebereich war die *Völkische Freiheit*, das „Rheinisch-westfälische Kampfblatt der Nationalsozialistischen Freiheitsbewegung für ein völkisch-soziales Großdeutschland", mit dessen Redaktion er im Oktober 1924 betraut wurde.

Herausgeber war der Elberfelder Stadtverordnete und Parteiführer der Deutschvölkischen Freiheitspartei Friedrich Wiegershaus. Mit dessen Splittergruppe hatten sich die Nationalsozialisten im Rheinland zeitweise verbündet. Goebbels fuhr nun zweimal die Woche nach Wuppertal-Elberfeld, „um die Korrektur und den Umbruch zu leiten", wie er in seinem Tagebuch vom 3. Oktober festhielt – zunächst jedoch ohne dafür entlohnt zu werden. Doch er wusste, warum er sich dem aussetzte: „... die Zeitung steht ganz unter meinem Einfluß, ich kann tuen und lassen was ich will. Das genügt mir vorläufig. Sprungbrett. Nach oben ... Ich habe ein Sprachrohr." Ein Sprachrohr, das er zeitweise fast im Alleingang bestückte und in dem er Rubriken wie sein „Politisches Tagebuch", das später erfolgreich werden sollte, erstmals erproben konnte.

Bereits damals war Goebbels Journalist und Parteiagitator in einer Person. Der Autor und der Redner befruchteten sich gegenseitig. „Politik treiben heißt ja heute", so vertraute er am 17. September 1924 seinem Tagbuch an, „nichts anderes als für den neuen Gedanken kämpfen". Dieser Kampf konnte sich wahlweise im Versammlungslokal oder vor einer medialen Öffentlichkeit abspielen.

Dass seine Sympathien weniger der Deutschvölkischen Freiheitspartei und deren Parteiführer Wiegershaus galten, sondern vielmehr den Nationalsozialisten und Adolf Hitler, verhehlte Goebbels auch in seinen Texten für die *Völkische Freiheit* nicht.

Am 20. Januar 1925 erhielt er formal die Kündigung, mit seinem Ausscheiden stellte das Blatt das Erscheinen ein. Goebbels begann nun seine eigentliche NSDAP-Karriere, zunächst als Geschäftsführer des Gaus Rheinland-Nord. Schon bald erfolgte ein weiterer Schritt in die journalistische Richtung, denn Gregor Strasser, Vertreter eines linken Flügels der NSDAP, engagierte ihn als Chefredakteur für die *Nationalsozialistischen Briefe*. Strasser wollte mit dem Blatt Einfluss auf die Partei im nordwestdeutschen Raum nehmen. „Damit werden wir ein Kampfmittel gegen die verkalkten Bonzen in München haben. Wir werden uns schon bei Hitler durchsetzen", frohlockte Goebbels am 21. August 1925. Noch war er ganz Parteigänger derer, die vor allem das Wort „Sozialismus" im Parteinamen akzentuiert sahen. Erstmals in dieser Zeit brachte ihm sein Schreiben ein regelmäßiges Einkommen – 150 RM (Reichsmark) monatlich für den Schriftleiterposten.

Allein: Hitler hatte mit Goebbels noch Größeres vor. Es gelang dem Parteichef, den Strasser-Mann bald ganz für sich einzunehmen. Vom Sommer 1926 an war Goebbels als Anwärter auf den Posten des Gauleiters für Berlin im Gespräch. Dort zählte man bis dahin nur wenige Mitglieder, die Parteiarbeit lag brach und der „Doktor" – wie er bald von seinen Parteigenossen genannt wurde – sollte es richten. „Am 1. November geht's nun endgültig nach Berlin … Berlin ist doch die Zentrale. Auch für uns. Weltstadt", hielt er am 18. Oktober in seinem Tagebuch fest.

Nicht nur politisch, auch journalistisch bedeutete für Goebbels der Schritt in die Reichshauptstadt bald einen Qualitätssprung: Mit der Gründung des *Angriffs*, der zunächst montags erscheinenden Wochenzeitung, wurde er nun sogar Herausgeber, ja faktisch Eigentümer einer Zeitung. Er betrieb sie in Konkurrenz zu der seit März 1926 erscheinenden *Berliner Arbeiterzeitung* aus dem Verlag der Strasser-Brüder und begründete damit seine Hausmacht an der Spree. Der Titel der Zeitung war programmatisch, sowohl für den Inhalt und die Ziele des Blattes als auch für den „Doktor" und sein Verständnis vom kämpfenden Journalismus.

Zum Teil verdankte das Blatt seine Existenz den politischen Gegnern der Nationalsozialisten: Durch das Verbot der NSDAP im Gau Berlin-Brandenburg am 5. Mai 1927, ausgehend vom Berliner Polizeipräsidenten, war die Arbeit der Partei stark eingeschränkt. Der Gauleiter selbst bekam Redeverbot. In dieser Situation forcierte Goebbels seine Pläne zur Etablierung eines (neben dem *Völkischen Beobachter* und der *Berliner Arbeiterzeitung*) eigenen Presseorgans. Mit ihm sollte in den ersten Jahren keineswegs nur die NS-Ideologie in der Bevölkerung verbreitet werden. Vielmehr hatte das Blatt die Aufgabe, die Parteigefolgschaft des Gauleiters zusammenzuhalten.

Wenn er schon nicht reden konnte, so wollte Goebbels wenigstens schreiben. Der durch das Verbot behinderte Straßenkampf wurde von Goebbels nun journalistisch fortgesetzt: „Als dann Mitte März 1930 das neue Republikschutzgesetz vom Reichstag verkündet wurde, benutzte Goebbels die Gelegenheit, um in einem Leitartikel damit zu drohen, dieses Gesetz würde die Nationalsozialisten nicht daran hindern, weiter zu kämpfen, selbst wenn sie manche Angriffe jetzt ‚zwischen den Zeilen und Worten' verstecken müßten."[7]

Die Infrastruktur der Zeitung ermöglichte der NSDAP in Berlin auch in Zeiten des Parteiverbots ein Fortbestehen,[8] wobei das Redaktionsbüro als Treffpunkt für SA-Leute und Parteimitglieder vermutlich wichtiger war als die öffentliche Wirkung des Blattes selbst – betrug doch die Auflage im Oktober 1927 kaum mehr als 4500 Exemplare.[9] Dennoch gehen einige Wissenschaftler in der Rückschau so weit zu vermuten, dass der Berliner Flügel der Partei ohne Goebbels' *Angriff* das Verbot des Jahres 1927 nicht überlebt hätte.[10] Darüber hinaus fungierte die Redaktion als Partei- und Propagandaschule. Der spätere Minister konnte nicht nur diverse Methoden der Massenbeeinflussung einem Praxistest unterziehen, zugleich lernten hier weitere Parteiführer ihr politisches Handwerk, unter ihnen Julius Lippert, der Jahre später Oberbürgermeister und Stadtpräsident von Berlin werden sollte.

Der *Angriff* stand exemplarisch für eine ganze Gruppe von parteinahen Zeitungen aller politischen Richtungen: der Kampfpresse. Innerhalb dieses publizistischen Spektrums ging es nicht in erster Linie um Informationsvermittlung, sondern um Parteilichkeit und Polemik gegen die jeweiligen Gegner. Goebbels wollte auch auf diesem Sektor ein eigenes Organ haben. „Damit sind wir von der Journaille absolut unabhängig, können uns wehren und können angreifen. Es ist Vorsorge getroffen, daß politische Leitung … Organisation und Propaganda auf das Schärfste in meiner Hand zentral zusammengefasst bleiben. So wollen wir in einheitlicher und geschlossener Stoßkraft dem Ansturm der Feinde begegnen, unsere Position ausbauen und zu neuen Offensiven ansetzen."[11] So äußerte sich der Gauleiter in seiner Zeitung im Oktober 1930.

Die Markteinführung des *Angriffs* im Jahr 1927 ist von Historikern vielfach beschrieben worden. Die Darstellung folgt dabei weitgehend den propagandistisch eingefärbten Schilderungen der Parteigänger selbst.[12] Man habe zunächst grellrote Plakate mit der Aufschrift *Der Angriff* und einem großen Fragezeichen an Berliner Litfaßsäulen gesehen. Später verkündeten ähnliche Plakate: „Der Angriff erfolgt am 4. Juli". Schließlich folgte die Auflösung: „Der Angriff. Das deutsche Montagsblatt in Berlin. Für die Unterdrückten – Gegen die Ausbeuter ... Der ‚Angriff' bedeutet ein Programm. Jeder deutsche Mann, jede deutsche Frau liest und abonniert den ‚Angriff'."[13] Allerdings griff noch lange nicht jeder zu dem Blättchen. Die Breitenwirkung der Werbekampagne muss als zweifelhaft bewertet werden. Viel eher ist hier dem Gauleiter selbst zu vertrauen, der angesichts der ersten Nummer von „gedruckte[m] Käse"[14] sprach.

Schon in dieser Ausgabe positionierte sich Goebbels als Leitartikler unter der Schlagzeile „Warum Angriff?", mit der er publizistisch zur Attacke gegen das verhasste System blies. Wichtigster Bezugspunkt bildete für ihn auch hier der Weltkrieg. „Und sind dafür zwei Millionen unserer Väter und Brüder draußen an den Fronten für ein anderes Deutschland gefallen, daß heute der Jude und seine deutschen Henkersknechte aus unserer Haut Riemen schneiden?"[15] Und er ging noch weiter: Nun gehe es darum, die Feinde Deutschlands zu verjagen, denn „noch immer war der Angreifer stärker als der Verteidiger! Darum greifen wir an!"[16] In dieser Zeit war Goebbels' Position innerhalb der Flügelkämpfe in der NSDAP noch klar zu bestimmen, galt es ihm doch „alles zu gewinnen: den deutschen Arbeiterstaat!". Und als Kampfgenossen wünschte sich der „Doktor", das intellektuelle Aushängeschild der Nationalsozialisten, ausgerechnet „Arbeiter" und „Frontsoldaten". Der Gauleiter selbst verkörperte weder das eine noch das andere.

In seinen journalistischen Arbeiten traten die Wunschbilder des Joseph Goebbels immer wieder deutlich hervor. Eine Rubrik im *Angriff* mit dem Titel „Was die Journaille verschweigt", die ganz der Presseschau gewidmet war, verhüllte kaum, dass Goebbels selbst Anfang der zwanziger Jahre nur allzu gern zur „Journaille" gestoßen wäre, hätte man ihn gelassen. 1930 befasste er sich in seiner Zeitung ausführlich mit der Medienpolitik der NSDAP, als die Partei Pläne bekannt gab, den *Völkischen Beobachter* fortan auch in einer täglichen Berliner Ausgabe erscheinen zu lassen und vor Ort zu produzieren. Während der *VB* für Goebbels das „Zentralorgan der Bewegung"[17] war, sah er im *Angriff* „ein Kind der Berliner Bewegung selbst"[18]. Wie ungleich er zu dieser Zeit das Verhältnis von etablierter Presse und Parteipresse einschätzte, lässt sich ohne Mühe aus seinen Zeilen lesen: „Die nationalsozialistische Tageszeitung in Berlin muß in jeder Beziehung textlich, informatorisch und technisch vorbildlich sein" – offenbar Bereiche, in denen noch erheblicher Nachholbedarf bestand. „Sie soll in aussichtsreichen Wettbewerb treten können mit den großen alteingesessenen und angesehenen Organen der Reichshauptstadt", verbeugte sich der Propagandaminister in spe vor den Etablierten. Die eigenen fachlichen Potentiale schätzte er realistisch ein. Sie seien getragen vom „guten Willen, verbunden mit bescheidenen wirtschaftlichen und schriftstellerischen Mitteln"[19].

Was zählt, war – so auch bei ihm selbst – der unbedingte Wille zum Kampf. Wo Mittelmaß vorherrschte, gehörte Goebbels schnell zur Elite. Allein durch seinen scharfen Verstand unterschied er sich von vielen anderen Parteigängern. Jeder Artikel, jedes Buch untermauerte seinen Anspruch, einer der geistigen Führer in der NSDAP zu sein. Goebbels musste diesen intellektuellen Anstrich immer wieder erneuern, um seine Machtposition in der Partei zu festigen oder sich Einflussbereiche zurückzuerobern.

Für den Journalisten Goebbels markierte der Machtantritt der Nationalsozialisten eine Zäsur. Seine Hauszeitung *Angriff* verlor ihre zentrale Funktion. Sie bestand zwar als Organ der „Deutschen Arbeitsfront" bis 1945 fort, versank aber in der Bedeutungslosigkeit, und Goebbels kümmerte sich nicht weiter um sie. Journalistisch folgten für den am 13. März 1933 als Reichsminister für Volksaufklärung und Propaganda vereidigten Goebbels ruhigere Jahre. Er war nun ganz durch administrative Arbeit ausgelastet. Seine Aufgabe und die seiner Mitarbeiter bestand jetzt darin, „die Kunst und die Künstler aus wahrem künstlerischem Empfinden heraus zu betreuen und ihre produktive Tätigkeit in die richtigen Kanäle hineinzuleiten“[20], nicht aber „im künstlerischen Leben ... aktiv mitzuwirken“[21] – so jedenfalls der Wunsch des Ministers, verbreitet im internen Nachrichtenblatt seines Hauses.

Mit der Kanalisierung der öffentlichen Meinung im weitesten Sinne war Joseph Goebbels fortan vollauf beschäftigt. Die künstlerischen Arbeitsbereiche machten allerdings nur einen kleinen Teil aus. „Das Ministerium soll Presse, Rundfunk, Film, Theater und Propaganda in einer einzigen, großzügigen Organisation vereinigen. Der Reichspressechef Funk ist von mir zum Staatssekretär ausersehen. Ich besichtige bereits mit ihm mein Haus am Wilhelmplatz, wo wir unseren Sitz nehmen werden“, so schrieb der designierte Propagandaminister am 6. März 1933 in sein Tagebuch.

Goebbels hatte politische Macht erlangt und konnte Andersdenkende nicht mehr nur beschimpfen, sondern sie nun sogar daran hindern, ihre Meinung kundzutun oder er konnte sie ganz aus der Öffentlichkeit entfernen. Exemplarisch für seine Eingriffe in den journalistischen Sektor war sein Umgang mit der „Pressekonferenz der Reichsregierung“. Diese bereits 1917 gegründete Einrichtung hatte sich in der Weimarer Republik zu einem von den teilnehmenden Journalisten geführten Informationsforum entwickelt. Nun wurde sie von Goebbels zu einer Verlautbarungsveranstaltung degradiert und stand seit Juli 1933 unter dem „Führerprinzip“[22].

Goebbels hatte den Ehrgeiz, sein Ministerium – auch gegen vielfache Widerstände innerhalb der Partei – als die zentrale Instanz zu etablieren, über die alle Äußerungen von Reichsbehörden und Regierungsstellen an die Öffentlichkeit zu leiten waren. Dies und die gewaltigen Eingriffe in die Medienlandschaft zeitigten jedoch unerwartete Folgen. Nicht nur die „Bewegung“ selbst geriet in den Jahren nach 1933 fast zum Stillstand, verlor ihren „revolutionären Schwung“ und musste durch immer neue Propagandaanstrengungen am Leben erhalten werden. Auch die „gesäuberte“, gleichgeschaltete, reglementierte Presselandschaft erstarrte im Mittelmaß. Viele der hellsten Köpfe im Zeitungswesen waren im Zuge der Zerschlagung der Publizistik der Weimarer Republik verschwunden, emigriert, verhaftet oder dauerhaft aus ihren angestammten Tätigkeitsbereichen ausgeschlossen worden. Es traf nicht nur linke Journalisten, sondern auch liberale, konservative und eher unpolitische Zeitungsleute, viele unter ihnen allein aus „rassischen“ Gründen.

Ein dramatischer Einschnitt in die Pressefreiheit erfolgte mit dem Schriftleitergesetz, das am 4. Oktober 1933 vom Kabinett verabschiedet wurde. Schriftleiter oder nach heutigem Sprachgebrauch Redakteur konnte nun nur noch werden, wer deutscher Reichsangehöriger, arischer Abstammung und mindestens 21 Jahre alt war. Zudem wurde der Schriftleiter vom Weisungsrecht seines Verlegers entbunden und war nun ausschließlich dem Staat gegenüber verantwortlich. Die Nationalsozialisten feierten dies als Befreiung der Presse aus ökonomischen Fesseln – und legten umso fester die politischen an. Goebbels war noch drei Jahre später angesichts des von ihm erlassenen Verbots der Kunstkritik optimistisch, dass er dafür sorgen könne, durch solche radikalen Eingriffe nicht den „Dilettantismus“ zu protegieren, wie er am 29. November 1936 vermerkte. Er sollte sich allerdings gründlich täuschen und war zu scharfsinnig, das nicht zu bemerken.

Die Zeitungslandschaft wurde eintönig und langweilig. Auch die Mitarbeiter seines Ministeriums wussten um dieses latente qualitative Problem des NS-Journalismus. Wilfrid Bade, seit Frühjahr 1938 Leiter des Hauptreferats Zeitschriften und Kulturpresse im Reichsministerium für Volksaufklärung und Propaganda (RMVP), war publizistisch fast so rege wie der Minister. Er dokumentierte mit seinem Lob auf die Presselenkung im NS-Staat vor allem eines: die Hilflosigkeit der neuen Machthaber. „Der deutsche Schriftleiter ist durch das Schriftleitergesetz zu einem nur dem Führer, d.h. dem deutschen Volk Verantwortlichen erhoben worden und es geht nicht an, dass seine Arbeit von anderer Seite beeinträchtigt wird. Auch die deutsche Kulturpolitik wird allein und ausschließlich vom Führer bestimmt. Er gibt die großen Richtlinien und es ist die Aufgabe der von ihm damit betreuten [!] Organe, darüber zu wachen, dass diese Richtlinien durchgeführt werden. Das ist der Reichsminister für Volksaufklärung und Propaganda und der Reichspressechef. Keinesfalls kann es zugelassen werden, dass, nachdem an die

Stelle der Kunstkritik die Kunstbetrachtung getreten ist, nun dafür die Kritik an der Kunstbetrachtung auflebt. Was an unserem Schaffen zu kritisieren ist, das geschieht unter uns, genau so, wie es auf allen andern Gebieten in einem Führerstaat der Fall ist."[23]

Offensichtlich litt der sensible Apparat der öffentlichen Meinungsbildung im Führerstaat erheblich. Er ließ sich nicht so ohne weiteres lenken und verweigerte angesichts der Vielstimmigkeit der Zensurinstanzen die Gefolgschaft. Kein Wunder, dass auch im Journalismus völkisches Mittelmaß dominierte. Viele waren nur aufgrund ihrer Parteizugehörigkeit in leitende Positionen vorgerückt. Aus der Masse der NS-Journalisten hob sich Goebbels ebenso ab, wie er auch, „als eine der erstaunlichsten propagandistischen Begabungen der neueren Zeit, die sachlich zumeist abenteuerliche Durchschnittlichkeit der übrigen Spitzenfunktionäre des Regimes in hohem Maße"[24] überragte.

Allerdings hätte er sich auf einem liberal bestimmten Meinungsmarkt wohl weder als Journalist noch als Schriftsteller jemals ganz nach vorn gearbeitet. Von seinen Fähigkeiten war er trotzdem überzeugt. Kritik war von den gleichgeschalteten Medien kaum zu erwarten, im Gegenteil. Und bei „Lob und Schmeicheleien brannten alle Sicherungen durch"[25]. Goebbels konnte und wollte offenbar nicht sehen, dass man ihn gezwungenermaßen hofierte.

In den ersten beiden Jahren nach der Machtübernahme trat der Propagandaminister zunächst vor allem mit Buchpublikationen an die Öffentlichkeit, darunter *Das erwachende Berlin* (1933), *Vom Kaiserhof zur Reichskanzlei* (1934) oder *Kampf um Berlin* (1934). Und das, obwohl er zu dieser Zeit selbst einen Kampf gegen die sogenannten Konjunkturschreiber führte, die die Gunst der Stunde nutzen wollten, um mit Veröffentlichungen zur Nazi-Bewegung eine schnelle Mark zu machen. Aber Konjunkturschreiber war *er* selbstverständlich nicht. Eine von ihm herausgegebene Verfügung, die es den Mitarbeitern seines Ministeriums untersagte, bestimmte Publikationen unter Angabe ihrer Dienststelle herauszugeben, war für den Minister, den ohnehin jeder kannte, hinfällig.[26] Sein Verwaltungsapparat war durchsetzt mit Journalisten und Autoren, die sich rege nebenberuflich betätigten und auf diese Weise oft ein Vielfaches ihres Gehalts dazuverdienten.[27] Die Personalabteilung des RMVP brachte während des Krieges sogar eine Vorlage zur „Abschöpfung von Einnahmen aus schriftstellerischer Tätigkeit von Angehörigen des Ministeriums"[28] auf den Weg, allerdings ohne Erfolg – schließlich gehörte Goebbels selbst zu den Großverdienern auf diesem Sektor. Neben seinem Drang, in der Öffentlichkeit für seine Publikationen Lob und Anerkennung zu finden, sich als Intellektueller zu zeigen, waren die Verdienstmöglichkeiten wohl die wichtigste Schreibmotivation des „Doktors". Sein Anwesen auf der Halbinsel Schwanenwerder in Berlin kaufte er sich von Geldern, die ihm Max Amann auf Drängen Hitlers in Anerkennung seiner Leistung als einem „der besten Autoren des EherVerlages"[29] hatte zukommen lassen. Während der Verkaufserlös von *Mein Kampf* stetig Hitlers Privatschatulle auffüllte, erschloss sich auch Goebbels durch seine Texte finanzielle Mittel, die ihm sonst nie zur Verfügung gestanden hätten.

In Zeiten des Kampfes schien Goebbels' Kraft zu wachsen, und er schrieb in solchen Phasen am produktivsten. Dabei diente ihm sein Schreiben immer wieder auch als Simulationsraum für die Schlachten, an denen er nicht teilnehmen konnte oder die gar nicht stattfanden. In solchen Fällen schöpfte er seine Energie dann aus dem Kampf gegen virtuelle Gegner.

Mit der Machtergreifung hatte die Dynamik der „Bewegung" nachgelassen, eine Bürokratisierung, zu der Goebbels seinen Teil beigetragen hatte, setzte ein. Wenn er 1935 unter dem Titel *Der Angriff* seine „Aufsätze aus der Kampfzeit" auf den Markt brachte, so sollte damit diese „große Zeit" im Gedächtnis der Mitkämpfer wachgehalten, ja der Kampf an sich in die Gegenwart zurückgeholt werden. Seine in Buchform gesammelten Leitartikel dienten als „propagandistische Rechtfertigung und Glorifizierung vergangenen Handelns"[30]. Die auf diese Weise beschworene Kampfzeit mag in schwierigen Zeiten wie ein Lebenselixier gewirkt haben.

Erst 1939 wurde Goebbels dann wieder journalistisch aktiver. Leitartikel von ihm erschienen zunächst im *Völkischen Beobachter*, 1940 erstmals vier Texte im *Reich*, ab Jahresanfang 1941 wurde der Minister dann dort regelmäßiger Gast an prominenter Stelle.[31]

Was aber zeichnete den Leitartikler Goebbels aus? Was unterschied seine Artikel von denen der bürgerlichen Presse? Der Minister stand für den „kämpfenden" oder „propagandistischen Leitartikel": „Er behauptet kategorisch und läßt neben seiner eigenen keine andere Meinung gelten. Gegner greift er rücksichtslos auch mit Beschimpfungen an, während er Gleichgesinnte oder die eigene Weltanschauung emphatisch zu loben und zu propagieren pflegt."[32]

Ein Für und Wider, ein Abwägen, ein Kommentieren, das auch andere Standpunkte gelten lässt, konnte man bei Goebbels nicht finden. Das wichtigste Ziel des Leitartiklers „war die Beeinflussung der angesprochenen Masse. Die beiden anderen publizistischen Ziele: Unterrichtung und Unterhaltung, die es zwar untergeordnet in den Leitartikeln auch gibt, waren im wesentlichen nur Mittel zum Zweck der Beeinflussung"[33].

Vor allem im *Reich* fand der Minister ein Forum mit seriösem Anstrich. Er drängte sich in die Rolle, gut bezahlter Leitartikler des Blattes zu werden, förmlich hinein. Der geistige Vater der Wochenzeitung, Rolf Rienhardt, Mitarbeiter des NS-Reichsleiters für die Presse Max Amann, hatte einen solchen regelmäßigen Beitrag des Ministers ursprünglich gar nicht vorgesehen. Dennoch gilt *Das Reich* bis heute als Meisterstück nationalsozialistischer Mimikry, wurde es doch als pseudoliberales Aushängeschild für die bürgerlichen Kreise in Deutschland sowie für Leser im vorwiegend neutralen Ausland entwickelt. Eine Einschätzung, die angesichts der exponierten Stellung des Ministers im Blatt verwundert.

Man muss dem Propagandaminister konzedieren, dass seine Texte handwerklich oft gut gearbeitet waren. Sie seien bisweilen „brillant geschrieben und einfallsreich"[34] gewesen, so der Goebbels-Biograf Helmut Heiber. Der „Doktor" bewies auch in dieser Hinsicht seine Einzigartigkeit innerhalb der NS-Führungsschicht und der „NS-Journaille". Dabei kann man aber nicht von dem absehen, was der Propagandaminister in seinen Texten inhaltlich vertrat. Ein genauerer Blick auf Goebbels' *Reich*-Publizistik ist also an dieser Stelle lohnend.

„Propagandasiege auf Dauer werden nur mit der Waffe der Wahrheit erfochten."[35] Dieser für manche möglicherweise überraschende Goebbels-Satz beschreibt die Taktik seines suggestiv-propagandistischen Schreibens. Was ihn vor allem in der Endphase des Krieges gegenüber seinen Mitstreitern auszeichnete, war seine Bereitschaft, auch deutsche Krisen und Katastrophen wie etwa die Niederlage bei Stalingrad oder den verheerenden Bombenkrieg mit seinen zivilen Opfern offen anzusprechen.

Als Hitler längst verstummt war, trommelte Goebbels weiter und erwarb sich damit einigen Respekt bei der Bevölkerung. Diese Haltung führte dazu, dass er im August 1944 von Hitler noch zum „Reichsbevollmächtigten für den totalen Kriegseinsatz" ernannt werden sollte. Die deutsche Nachrichtenpolitik im Krieg war, so dozierte Goebbels im *Reich*-Leitartikel vom 6. Juli 1941 weiter, „Propaganda im besten Sinne des Wortes insofern, als sie durch die Ungeschminktheit der Tatsachenmeldung die breiteste und tiefste Wirkung erzielte. Sie hat es verschmäht, Rückschläge oder Verluste zu verschweigen oder gar zu heroisieren oder Siege pathetisch aufzubauschen".[36]

Eine Einordnung der „Waffe der Wahrheit" in ein Gesamtkonzept nahm der Minister einige Wochen später an gleicher Stelle vor, als er „Vom Schweigen im Kriege" schrieb. Das Schweigen über militärische Operationen oder Niederlagen verteidigte Goebbels mit taktischen Zwängen. Schließlich müsse man manchmal den Gegner (der die deutschen Veröffentlichungen zweifellos gründlich studierte) im Unklaren lassen. Dabei war vor allem das Verschweigen ein wichtiger Teil der Nachrichtenpolitik. Während deutsche Stimmen verstummten, sollte der deutsche Hörer vor allem vor dem „schädlichen Einfluß" ausländischer Nachrichten bewahrt werden, denn „sogar bei uns gibt es noch einige Unbelehrbare – zwei Todes- und eine Reihe von Zuchthausurteilen aus jüngster Zeit beweisen das –, die es sich nicht versagen können, abends bei verschlossenen Türen, heimlich, still und leise Radio London einzustellen, um ihr politisches und militärisches Wissen durch englische Schwindeleien zu bereichern"[37].

Die „Wahrheit", die er meinte, war rein instrumentell. Wenn es galt, Märtyrer zu küren und aus Opfern, seien es materielle oder personelle, Kapital zu schlagen, konnte Goebbels auf vielfältige Erfahrungen aus der Kampfzeit zurückgreifen. Darin zeigte er sich seltsam einig mit seinem Intimfeind Winston Churchill, dessen Durchhalteformel von „Schweiß, Blut und Tränen" er heimlich sogar als genialen Schachzug bewunderte.[38] Die bittere oder auch grausame

Wahrheit sollte mobilisieren, die letzten Kraftreserven des Volkes abrufen.

Gegenüber seinen Mitarbeitern sprach er offen über dieses Propagandainstrument. Werner Stephan erinnerte sich später: „Eine verblüffende Wahrheit, ein überraschendes Zugeständnis – so meinte er – sollte in jeder Rede, jedem Leitartikel enthalten sein, wenn man propagandistisch wirken will. Dieses Prinzip ist auch später, z. B. bei den *Reich*-Artikeln, sein Leitstern. Wie er selbst seinen Abteilungsleitern bekennt, verdankt er gerade ihm die durchschlagendsten Erfolge."[39]

Die Überschriften der Leitartikel im *Reich* waren stets prägnant und knapp gehalten, sie machten neugierig. Unter einer der kürzesten Überschriften, die es je im *Reich* gab, „P.K.", erschien am 18. Mai 1941 ein Text, in dem Goebbels seine Vorstellung vom kämpfenden Journalisten präzise darlegte: „Er ist in der Truppe ausgebildet worden, er lebt als Soldat unter Soldaten, kennt ihr Milieu, weil es das seine ist, spricht ihre Sprache, denkt in ihrem Denken und fühlt in ihrem Fühlen. Während der Stoßtrupp-Pionier todesverachtend und mit gelassener Kaltblütigkeit seinen Flammenwerfer einsetzt, um feindliche Bunker aufzuknacken, steht der PK-Mann ebenso todesverachtend und kaltblütig daneben, um diesen dramatischen und erregenden Vorgang im Wort oder im Bild festzuhalten. Der Einsatz ist in beiden Fällen genau der gleiche."[40] Doch wie war diese neue Truppengattung entstanden? Welchen Einfluss auf den Typus des kämpfenden Journalisten hatte Goebbels wirklich genommen?

Glaubt man Hasso von Wedel, Leiter der Abteilung Wehrmachtpropaganda im Oberkommando der Wehrmacht (OKW), so entstand in den Jahren vor dem Krieg, zwischen 1933 und 1939, „in stetem geistigen Ringen zwischen dem R. M. V. P. (Reichsministerium für Volksaufklärung und Propaganda) und dem R. K. M. (Reichskriegsministerium) die Grundauffassung über die Führung eines künftigen Propagandakrieges"[41].

Dass es Kriegsberichter geben müsse, darüber war man sich einig, allein ihr Status bereitete Kopfzerbrechen. Das Propagandaministerium und namentlich Goebbels hätten zunächst für zivile Berichter plädiert. Gegenüber den Militärs hatte der Minister den Vorteil, schon eine gewisse Vorarbeit „in Gestalt der Entwicklung geeigneter Propagandageräte, -Fahrzeuge usw. geleistet"[42] zu haben. Von Seiten der Wehrmacht wurde dagegen größter Wert auf eine militärische Ausbildung der Journalisten gelegt. Nur derartig geschulte Männer sollten mit den Truppen vorrücken, somit dicht ans Geschehen herankommen und auf diese Weise aus erster Hand berichten.

Bei Manövern in den Jahren 1936 und 1937 wurden Einheiten nach dem Wunsch der Zivilverwaltung aufgestellt, einheitlich in braune Fahrerkombinationen gekleidet und unter Leitung eines Ministerialrats des RMVP eingesetzt. Aber schon über das Unterstellungsverhältnis kam es zum Streit. „Erst gegen Ende des Manövers einigten sich R. K. M. und R. M. V. P. in einem notdürftigen Vergleich", so Wedel, so dass „die verschiedenen Trupps doch wenigstens noch kurz zum Einsatz kommen konnten".[43] Auf diesem Wege habe sich dann langsam die Haltung der Militärs durchgesetzt, für die „Berichterstattung eine rein militärische Truppenform"[44] zu finden. Schließlich setzte Goebbels seine Unterschrift neben die von Wilhelm Keitel unter ein „Abkommen über die Durchführung der Propaganda im Kriege". Darin war zu lesen: „Der Propagandakrieg wird als wesentliches, dem Waffenkrieg gleichrangiges Kriegsmittel anerkannt. Der Waffenkrieg wird verantwortlich von der Wehrmacht, der Propagandakrieg vom R. M. V. P. geführt. Letzteres führt ihn im Heimatgebiet völlig selbständig, im Operationsgebiet in Abstimmung mit dem O. K. W."[45] Die nun vom Propagandaministerium gestellten Fachleute – Journalisten, Fotoreporter, Kameraleute – durchliefen, wenn sie „ungedient" waren, eine kurze Grundausbildung, „so daß diese wenigstens nicht zum Schaden des Ansehens der neuen Propagandatruppe allzu grob auffielen"[46].

Auch wenn Goebbels nur einer der geistigen Väter der neuen Waffengattung war, so ließ er es sich doch nicht nehmen, beim Lehrgang für Presse- und Zensuroffiziere Ende August 1938 die Lehrgangsteilnehmer persönlich zu begrüßen. Während ein Großteil des Lehrgangsprogramms von Referenten des OKW bestritten wurde, war der Besuch im Propagandaministerium ein zentraler Bestandteil der Ausbildung. Er umfasste die Teilnahme an einer Pressekonferenz und eine Unterrichtung durch leitende Funktionäre des Ministeriums.[47] In seinem Vortrag zur „Vorbereitung der Zusammenarbeit von Wehrmacht und Propaganda im Kriege" erläuterte der Major des Generalstabs Hielscher während des Lehrgangs den Kompetenzbereich des Ministeriums in Propagandafragen: „Der Reichsminister für Volksaufklärung und Propaganda führt nach den Weisungen des Führers und Reichskanzlers im Krieg wie im Frieden verantwortlich die gesamte Propaganda."[48] Davon ausgenommen wurden lediglich Aktivitäten im Kampfgebiet gegenüber den feindlichen Streitkräften und der Bevölkerung sowie die Propaganda innerhalb der Wehrmacht.

Erfolgreich im Sinne der Propagandisten wurden die PK-Einheiten vermutlich gerade dadurch, dass Goebbels und OKW zum Kompromiss gezwungen waren. Nach ersten praktischen Erfahrungen im Krieg gegen Polen schrieb der Minister am 27. Oktober 1939 in seinem Tagebuch: „Wir lockern die etwas sterile Arbeitsweise etwas auf und hoffe [!] so, eine fruchtbare Synthese zwischen militärischer Disziplin und schöpferischer Entfaltungsmöglichkeit zu finden. Wedel ist da ganz vernünftig ..."

In der neuen Truppengattung kam ein schreibender Soldat oder kämpfender Journalist zum Einsatz, der einen im Sinne Goebbels' idealen Typus verkörperte: „Der Kriegsberichter wird also nicht mehr wie früher einer nur mittelbar oder überhaupt nicht beteiligten Heimatbevölkerung Stimmungsberichte über das Geschehen an der Front zu vermitteln haben, sondern er wird das Erleben des aktiven Kämpfers an der Front dem passiven Kämpfer der Heimat näher bringen und zur Zusammenarbeit der beiden Kämpfergruppen und zu ihrem gegenseitigen tieferen Verständnis in hohem Maße beitragen müssen."[49] Mit diesen Ausführungen sprach der Hauptmann der Reserve Dr. Ritter von Goss im Sinne Goebbels', der anlässlich der Indienststellung der Truppe am 13. August 1938 in sein Tagebuch geschrieben hatte: „Beim Heer werden jetzt unter unserer Führung richtige Propaganda-Kompagnien [!] eingerichtet. Die Arbeit unseres Ministeriums für den Ernstfall wird nun in ganz großem Stil aufgenommen. Sie hat nun Hand und Fuß."

Als der Krieg in Europa begann, stand dem Minister im Land ein gut durchorganisiertes Zensurinstrument zur Verfügung, durch das die Meldungen von der Front militärisch und politisch geprüft wurden, bevor sie an die Presse weitergingen. An der Front verfügte er über Journalisten, die nach seinen Wünschen und Bedürfnissen Informationen sammeln konnten. In der „Propagandaanweisung Nr. 4 für den 4. September 1939" gab der Minister seinen PK-Leuten die grobe Linie der Berichterstattung vor. Sowohl gewünschte Themen als auch die Tendenz der bestellten Meldungen wurden über das „Heeres-Fernschreibnetz" den Propagandakompanien der Luftwaffe, Marine und des Heeres übermittelt: „1. Berichte von dem Vorgehen der Gebirgstruppen. Gelände-Schwierigkeiten herausstellen. 2. Anteil der Panzer- und motorisierten Verbände an den Kampfhandlungen herausarbeiten. 3. Von Czenstochau Berichte über Unversehrtheit und weiteren Schutz der dortigen kirchlichen Denkmäler und Heiligtümer – Schwarze Madonna – durch die deutschen Soldaten. 4. Belege für die Tätigkeit von Zivilpersonen als Franktireurs – Vorfälle bei Nakel. 5. Eingereichtes Filmmaterial zum großen Teile unbrauchbar. Uninteressante Aufnahmen zu lang gedreht. Kampfhandlungen fehlen bisher ganz. Dafür vielfach schlecht gestellte Szenen. Erwünscht sind Aufnahmen von ins Gefecht eintretenden Panzern, Artillerie im Feuerkampf, Fernaufnahmen von Feindstellungen und Tiefangriffen eigener Flieger, Verpflegung der Bevölkerung durch die deutschen Truppen ... gez. Dr. Goebbels."[50]

Der Minister hatte nun unmittelbaren Zugriff auf die „faktische" Seite der Meldungen, konnte mitbestimmen, was er später zum Gegenstand seiner „der Wahrheit verpflichteten" Presseerklärungen und Leitartikel machen wollte. Wenn die Meldungen nicht wie erwartet eintrafen, verlieh er seinem Wunsch erneut Nachdruck: „Trotz wiederholten Hinweises fehlen bisher fast völlig Berichte, vor allem Bild- und Filmberichte, über den Zustand in Warschau, Haltung und Aussehen der Bevölkerung, Nächtigen der Bevölkerung zu Tausenden auf Feldern, Zustand der Häuser, hinter den Häusern, Berichte über das völlig zerstörte Judenviertel, vor Entkräftung zusammenbrechende Pferde und ähnliche Motive. Es wird ausdrücklich darauf hingewiesen, dass Berichte über die oben angeführten Punkte vielleicht nicht für die Öffentlichkeit verwendbar sind, aber unter allen Umständen beschafft werden müssen zu Archivzwecken."[51]

Im gleichen Maße, wie eine Armee nicht mehr ohne modernste Waffentechnik auskam, war ein Krieg ohne eine effektive „Öffentlichkeitsarbeit" nicht mehr denkbar. Sämtliche Waffengattungen bekamen eigene Propagandaeinheiten. Da sollte auch die Waffen-SS nicht zurückstehen: „Mit Himmler Aufstellung einer Prop. Kompanie für die S. S. besprochen", notierte Goebbels am 10. April 1940. „Er stellt mir d'Alquen zur Verfügung." Mit Gunther d'Alquen konnte Goebbels einen erfahrenen Journalisten zum Kommandeur der SS-Kriegsberichter-Abteilungen machen.[52] Bereits 1933, gerade 22 Jahre alt, war er Leiter des Ressorts Innenpolitik und Chef vom Dienst des *Völkischen Beobachters.* 1935 wurde d'Alquen Chefredakteur der SS-Wochenzeitschrift *Das schwarze Korps*, die unter seiner Leitung zur größten Wochenzeitung nach dem *Reich* avancierte. Männer wie d'Alquen bildeten Goebbels direkten Draht zur Front. Er ließ sich deren Erlebnisse aus erster Hand schildern. Die Eindrücke von solchen Gesprächen fanden Niederschlag in seinem Tagebuch. Dort heißt es am 18. Mai 1940: „D'Alquen war an der Front. Er berichtet von dem unbeschreiblichen Heroismus unserer Truppen. Vom entnervenden Stuka-Angriff auf Rotterdam." Und in Nachbereitung eines Treffens mit dem SS-Mann notierte der Propagandaminister am 11. August 1941: „Es ist immer sehr erquickend und herzerhebend, mit Männern von der Front zu sprechen. An der Front herrscht immer die beste Stimmung. Die, die am schwersten unter den Lasten des Krieges zu tragen haben, werden auch am besten mit dem Krieg fertig. Es wäre zu wünschen, daß in allen kritischen Stunden der Geist der Front wenigstens einen Hauch auf den Geist der Heimat übertrüge."

Gunther d'Alquen stand bei Goebbels wegen seiner effektiven Arbeit in hohem Ansehen. Allerdings waren er und die SS-Leute unter seiner Führung dem Propagandaminister auf dem Gebiet der Kriegsberichterstattung fast schon wieder zu erfolgreich. Bereits in der ersten Phase des Russlandfeldzugs 1941 musste er in seinem Tagebuch vermerken, die von d'Alquen professionell organisierte, übermäßige Propaganda der Waffen-SS sei zurückzuschrauben, da sie beim Heer für Verstimmung sorge. „Himmlers Verbände stellten nur 5 % des Ostheeres, auf sie entfielen jedoch 30–40 % aller Kriegsberichte in den deutschen Medien."[53]

Goebbels selbst zog trotz seiner Begeisterung für Erzählungen von der Front nicht mehr als PK-Mann ins Feld, dafür schickte er seine Mitarbeiter befristet zur Berichterstattung dorthin. Auch einer seiner Ministerialräte, Wilfrid Bade, hatte nach militärischer Grundausbildung seinen Dienst in den Reihen der Waffen-SS im Osten anzutreten. Er tat dies zögerlich und widerwillig. Seine Versuche, vorzeitig zurück ins Ministerium kommandiert zu werden, schlugen fehl. Sein Vorgesetzter, Werner Stephan, sah sich lediglich in der Lage, ihm mitzuteilen: „Wegen Ihres Einsatzes sprach ich wiederholt mit der SS-Kriegsberichter-Abteilung (Klaehn), der mir gestern mitteilte, dass der Kommandeur Ihre Rückkehr erst nach 3 Monaten Einsatz für militärisch tragbar hielte. Der Reichspressechef, dem ich dies heute vortrug, hat sich damit einverstanden erklärt, weil er auch seinerseits der Meinung war, dass eine Rückkehr gerade bei Beginn der Offensive sich stimmungsmäßig ungünstig auswirken müsse. Der Minister hat dann auch dieser Regelung, zugleich auch für Fritzsche, zugestimmt. Es steht damit fest, dass sowohl Sie wie Herr Fritzsche noch für mehrere Wochen an den großen Ereignissen teilnehmen können ..."[54]

Der Minister selbst genoss diese „großen Ereignisse" nur aus der Ferne. Der für die Koordination zwischen Ministerium und Militärs im OKW zuständige Hasso von Wedel behauptete aus der Nachkriegsperspektive, dass in der Praxis die Vertreter des Propagandaministeriums von Seiten der Wehrmacht nur über die nötigsten Schritte unterrichtet worden seien. Entsprechende Anordnungen Hitlers hätten stets den unmittelbar in Angriffsplanungen einbezogenen Personenkreis so klein wie möglich gehalten: „Natürlich erhielt Dr. Goebbels nur einen Auszug über die Dinge, die ihn angingen"[55], so Wedel herablassend. Der Minister habe allerdings alles im Nachhinein widerspruchslos akzeptiert.

Wieder einmal war der „Doktor" vom hehren Kreis der Frontkämpfer ausgeschlossen, gehörte nicht dazu. Dabei war ihm gerade diese Teilhabe unglaublich wichtig. So wichtig, dass er sogar seine eigene Biografie bewusst undurchsichtig ließ und zum Beispiel Gerüchten, dass die Verkrüppelung seines Fußes eine „Kriegsverletzung" gewesen sei, nie entschieden entgegentrat. Aus ähnlichem Grund konnte auch die Legende, er habe aktiv am Ruhrkampf teilgenommen, lange Zeit durch die Literatur geistern, vom Propagandaminister selbst befördert.[56] Schließlich hatten ihn auch die „alten Kämpfer" der NSDAP nie als einen der Ihren akzeptiert.

Je länger der Krieg dauerte, umso besser kam der Minister zurück ins Spiel. Als „Reichsbevollmächtigter für den totalen Kriegseinsatz" war er schließlich den Militärs ebenbürtig, wenn nicht gar überlegen. Seine Rede zum „totalen Krieg" markierte aus Goebbels' Sicht einen Höhepunkt seiner Karriere. Den Begriff, der seither nur mit ihm in Verbindung gebracht wird, hatte Goebbels von anderen übernommen. Erich Ludendorff, der ehemalige kaiserliche General und zeitweise einflussreiche Kopf der rechtsradikalen Szene, hatte sie schon 1935 durch seine Schrift „Der Totale Krieg" in weiten Kreisen bekannt gemacht. So konnten bereits vor 1939 Goebbels' Kriegsberichter einschlägig geschult, auf das Kommende eingeschworen werden: „Der totale Krieg ist ohne geistige Führung nicht denkbar und ebenso ist seine Durchführung in allen seinen Zweigen ein geistiges Produkt. Bemühen Sie sich also, in der Propaganda einfach ein Mittel der Politik zu sehen, das die eigene Meinungsbildung der Menschen durch Wort, Bild, Film und Ton in einer bestimmten Zweckrichtung beeinflussen soll."[57] Mit der Propagierung des „totalen Krieges" gelang es, die Front auf die Heimat auszudehnen, nun gehörte auch Goebbels zur Gemeinschaft der Frontkämpfer.

Der Redner Goebbels war nicht ohne den Leitartikler denkbar. Wenn er im *Reich* „Ein offenes Wort zum totalen Krieg" ankündigte, dann bezog er sich damit auf seinen berüchtigten Auftritt im Sportpalast wenige Wochen zuvor. „Jede große Bewegung, und der totale Krieg ist eine solche, spült neben den vielen positiven Werten, die sie zutage fördert, auch einigen Unrat mit an die Oberfläche"[58], war dort zu lesen.

Im Folgenden zeigte Goebbels wieder das für ihn typische Verfahren: Er benannte offen Missstände in Bezug auf den Kriegseinsatz und bot mit seinen Texten in gewisser Weise eine Ventilfunktion für die Unzufriedenheit und die Ängste der Massen an. Etwa wenn er sich gegen „Neidhammel" wandte, die „den Ernst der Zeit" mit ihrer eigenen „schlechten Laune" verwechselten und die an den letzten Überbleibseln des zivilen Lebens im Zeichen des „totalen Krieges" Kritik übten. „Unsere Frauen und Mädchen brauchen sich nicht zu schämen, wenn sie sich für ihren Mann, ihren Verlobten oder Freund, besonders wenn er in Urlaub kommt, so schön wie nur möglich machen". Übergriffe gegen diese Art von Alltagsleben gingen dem Propagandaminister deutlich zu weit.

Auch in anderer Weise hatte er in seinen Leitartikeln die „Wahrheit" verbreitet – eine Wahrheit, an die sich später kaum ein Zeitgenosse mehr zu erinnern vermochte. Unter der Überschrift „Die Juden sind Schuld" war im *Reich* vom 16. November 1941 zu lesen: „Die historische Schuld des Weltjudentums am Ausbruch und an der Ausweitung dieses Krieges ist so hinreichend erwiesen, daß darüber keine Worte mehr zu verlieren sind. Die Juden wollten ihren Krieg, und sie haben ihn nun. Aber es bewahrheitet sich an ihnen auch die Prophezeiung, die der Führer am 30. Januar 1939 im Deutschen Reichstag aussprach, daß, wenn es dem internationalen Finanzjudentum gelingen sollte, die Völker noch einmal in einen Weltkrieg zu stürzen, das Ergebnis nicht die Bolschewisierung der Erde und damit der Sieg des Judentums sein werde, sondern die Vernichtung der jüdischen Rasse in Europa.

Wir erleben eben den Vollzug dieser Prophezeiung, und es erfüllt sich damit am Judentum ein Schicksal, das zwar hart, aber mehr als verdient ist. Mitleid oder Bedauern ist da gänzlich unangebracht."[59]

Zu diesem Zeitpunkt, zwei Monate vor der Wannsee-Konferenz, waren die Massenerschießungen der Einsatzgruppen im Rücken der Front bereits in vollem Gange. Der von den Nationalsozialisten als Endlösung der Judenfrage bezeichnete Völkermord vollzog sich so „geheim", dass der Propagandaminister darüber in einem der auflagenstärksten Blätter in Deutschland Klartext schreiben konnte!

Kann man angesichts solcher Worte von „Verhüllungsjournalismus" sprechen, der im *Reich* praktiziert worden sei? Von einer „Fundgrube für Informationen"[60] auch noch in der letzten Kriegsphase? Vielleicht. Dass die Juden vernichtet werden sollten, war dort schwarz auf weiß zu lesen. Mag sich *Das Reich* auch im Ton grundsätzlich von vielen Parteiorganen abgehoben haben, mögen dort auch überdurchschnittlich viele gute Journalisten aus dem vormals bürgerlichen Lager gearbeitet haben: Sie alle schufen für den Auftritt

Goebbels' eine würdige Kulisse. Und er war nicht irgendwer, sondern der Propagandaminister. Wer im *Reich* schrieb, hat sich durchaus auch schuldig gemacht, denn er lieferte dem Scharfmacher und Propagandisten den bürgerlichen Anstrich, das intellektuelle Umfeld.

Wenn auch in manchen Texten Goebbels' elegant formulierte Gedanken oder suggestive Argumentationsketten beeindrucken, man kann nicht von den Inhalten abstrahieren, die, so Helmut Heiber in seiner Goebbels-Biografie, „einfach unerträglich"[61] sind. „Unser Glaube an den Enderfolg beruht nicht auf Illusionen", schrieb Goebbels im *Reich* vom 24. Mai 1942, „sondern auf Tatsachen, und siegen werden wir, weil die Tatsachen am Ende doch immer stärker sind als die Illusionen."[62] Der Minister sollte nicht müde werden, diesen Glauben in seinen Leitartikeln immer wieder zu predigen – wider besseres Wissen.

Und die Wahrheit des „Doktors" war nach Bedarf beliebig wandelbar. Er schrieb im *Reich*: „Trotzdem aber müssen alle, Hoch und Niedrig und Arm und Reich, in gleicher Weise an die allgemeinen Kriegspflichten angeschlossen werden, und niemand kann dabei für sich eine Sonderbehandlung beanspruchen."[63] Während Goebbels dies propagierte und publikumswirksame Auftritte in den zerbombten Städten inszenierte, um den Widerstandsgeist der Bevölkerung zu stärken, hielt er für sich und seine Familie immer einen Logenplatz reserviert. Zwar fühlte er sich ganz als „Frontsoldat", wie Helmut Heiber konstatiert, konnte sich aber jederzeit „in den zentralgeheizten Frieden von Schwanenwerder zu Bad und Radio"[64] zurückziehen. Oder er fuhr zum Arbeiten auf seinen Landsitz bei Lanke, nördlich von Berlin, am Bogensee. Dort war er ungestört und verfasste viele seiner Leitartikel.[65]

Der Krieg warf seine Schatten nur aus großer Höhe auf den Bogensee: Der Minister konnte von seinem Anwesen aus die feindlichen Bomberverbände beim Anflug auf die Hauptstadt beobachten. Einer seiner Referenten, Wilfred von Oven, beschrieb die grotesk wirkende Situation, in der Goebbels mit dem Feldstecher zwischen Schneeglöckchen und Krokussen umherrannte und aufgeregt das Schauspiel am Himmel beobachtete.[66]

Allerdings schien der Schreibfluss des Ministers unter der Verschlechterung der militärischen Lage zu leiden. Seinem Tagebuch vertraute er am 19. September 1944 an: „Ich stelle hier wieder fest, wie außerordentlich schwer es jetzt ist, zur Kriegslage vor der Öffentlichkeit das Wort zu ergreifen ... Während ich früher für einen Leitartikel höchstens eine oder anderthalb Stunden arbeitete, arbeite ich heute einen ganzen Nachmittag daran. Aber ich darf diese Tätigkeit unter keinen Umständen einstellen. Das Volk erwartet Freitagabend die Verlesung meines Leitartikels so wie seine tägliche Brotration."

Der Minister spielte damit auf die Ausstrahlung seiner *Reich*-Artikel an, die seit November 1941 regelmäßig im Großdeutschen Rundfunk gesendet wurden und die dem gedruckten Wort noch mehr Breitenwirkung verschafften.[67] Aus dem schnellen Geschäft der Tages- oder Wochenzeitung wurden die Elaborate des Ministers schließlich auch durch die Bücher herausgehoben, in denen er ausgewählte Reden und Artikel publizierte.

Während die Bomber über ihn hinwegzogen, saß der Minister in Lanke am Schreibtisch und bereitete etwa seine Texte „Gespräche mit Frontsoldaten" oder „Der Papierkrieg" aus dem *Reich* für den Sammelband *Das eherne Herz* vor, der 1943 mit einer Startauflage von 50 000 Exemplaren auf den Markt kam. Ähnlich wie mit den Anthologien *Die Zeit ohne Beispiel* (1941), *Der Blick nach vorn* (1943) oder *Der steile Aufstieg*" (1944) setzte er damit die Buchveröffentlichungen seiner Aufsätze aus der Kampfzeit fort. Je unsicherer der Kriegsausgang wurde, umso mehr schien sich der Minister um sein „geistiges Fortleben" zu sorgen. Und Bücher verbürgten für Goebbels wohl Ewigkeitswert.

Auch wenn Goebbels die militärische Situation genau kannte und von Sommer 1941 an den militärischen Lagebericht sogar zum Teil seines Tagebuchs machte – der „Doktor" flüchtete sich immer mehr in Wahnvorstellungen vom Frontdasein. Mit tödlichen Konsequenzen für Hunderttausende. „In unserem Bunker herrscht ein tolles Auf und Ab, richtig wie auf einem Gefechtsstand. Wir leben ja auch mitten im Krieg, und mancher Frontabschnitt möchte sicherlich, was die enormen Belastungen anlangt, nicht mit uns tauschen ... Wir müssen jetzt heran; die entscheidende Stunde ist gekommen", so des Ministers Bericht aus dem von Bombern angegriffenen Regierungsviertel vom 24. November 1943.

Und schon zur Feier seines Geburtstags ein Jahr zuvor hatte das *Reich* vermeldet: „Trotzdem wird der Leitartikel pünktlich geschrieben. Er ergibt sich aus diesem Kriegstageslauf. Oft tauchen in Gesprächen die ersten Gedanken auf, werden weiter verarbeitet, von einer neuen Nachricht abgerissen oder verstärkt, formen sich zu knappen Formulierungen, werden spruchreif und druckreif. Weil im Laufe der Woche viele Hunderte von Menschen der Front und der Heimat mit Dr. Goebbels sprechen, ist seine Sprache so volkstümlich geblieben. Er trifft den Ton des Volkes, weil er mit dem Volke lebt. Er trifft den Ton des Krieges, weil er ganz im Kriege lebt."[68]

„Ernst Jünger ‚in Stahlgewittern' gestern zu Ende gelesen. Ein glänzendes, großes Buch. Grauenerregend in seiner realistischen Größe. Schwung, nationale Leidenschaft, Elan, das deutsche Kriegsbuch. Einer aus der jungen Generation ergreift das Wort über das tiefe seelische Ereignis Krieg und verrichtet Wunder innerer Darstellung. Ein großes Buch. Dahinter steht ein ganzer Kerl." Dies notierte Joseph Goebbels knapp 20 Jahre vor dem Untergang des „Dritten Reichs", am 20. Januar 1926, in seinem Tagebuch. War er mittlerweile, nach seinem steilen Aufstieg, zum „ganzen Kerl" gereift? Für sich wird der Propagandaminister diese Frage sicher mit Ja beantwortet haben. Er fühlte sich in den letzten Stunden des Dritten Reiches wie in vorderster Linie. Aber das Frontsoldatendasein war bei Goebbels immer nur Simulation, er führte sich als Kämpfer auf und – schickte andere vor. Medium dieser Simulation und auch der Autosuggestion waren seine Texte. In ihnen konnte er kämpfen, wenn er vom realen Kampf ausgeschlossen wurde oder sich ausschließen wollte. Hier fand der Propagandist sein virtuelles Schlachtfeld.

Freilich fiel auch ihm der Selbstbetrug zunehmend schwerer, wie sein Wehklagen über die kraftraubende Arbeit des Leitartiklers vom September 1944 belegt. Kampf und Angriff bildeten das Leitmotiv für Goebbels' journalistischen Werdegang. Dabei stand für ihn immer die Funktionalisierbarkeit seiner Texte im Vordergrund. Er schrieb, um damit etwas zu bewirken: Anhänger zu werben, Berlin zu erobern, sich Ansehen und Macht zu verschaffen und, nicht zuletzt, um seinen aufwendigen Lebensstil zu finanzieren. Vor allem aber war der kämpfende Journalismus für Goebbels ein Mittel zum Zweck: Durch ihn erlangte er politischen Einfluss und Macht. Der PK-Mann war die vollkommenste Verkörperung dieses Prinzips, ganz der militärischen und propagandistischen Effizienz untergeordnet.

Der Leitartikel der letzten zur Auslieferung gelangten Ausgabe des *Reichs* erschien unter der Überschrift „Der Einsatz des eigenen Lebens". „Ich habe während des ganzen Krieges allwöchentlich in aller Oeffentlichkeit [!] vor unserem Volke das Wort ergriffen. Ich brauche mich keiner meiner Auslassungen in diesen Jahren zu schämen", so der Minister am 15. April 1945. „Wo sie gelegentlich dem Irrtum unterworfen waren, entsprang dieser menschlicher Unzulänglichkeit."[69] Doch nun gehe es nicht mehr um Recht oder Unrecht. Mithin verbot sich die Frage, *wer* Deutschland und die Welt in diese Situation gebracht hatte.

„Wir müssen alle bereit sein, dafür unser eigenes Leben in die Schanze zu schlagen und wenn notwendig auch zu opfern. Nur durch unseren harten Widerstand kann der Feind zum Stehen gebracht werden." Man müsse jetzt bis zum Letzten kämpfen, denn „wohin wollen wir uns noch absetzen? Einmal müssen wir uns doch zum Kampf stellen".

Die Front verlief nunmehr mitten durch Berlin. Goebbels' persönlicher Einsatz gipfelte im Mord an seinen Kindern und Selbstmord. Es gab tatsächlich keinen Raum mehr, in den er sich hätte absetzen können. Längst hatte er alle publizistischen Foren verloren. Die letzte Zeitung, die noch in der Reichshauptstadt erschien, war der *Panzerbär. Kampfblatt für die Verteidigung Groß-Berlins*, eine Durchhaltepostille, die vom 22. bis zum 29. April 1945 verteilt wurde. Man war wieder beim Käseblättchen angekommen. Das waren die letzten Zuckungen des Journalismus im Nationalsozialismus.

Über sich und seinesgleichen hatte Goebbels bereits im *Reich* vom 15. April das Urteil gesprochen: „Die Freiheit des Volkes kann jedes Opfer von uns fordern. Es ist feige und niederträchtig, vom Nebenmann oder von der Nachbarstadt die schwersten Opfer zu verlangen, diese selbst aber nicht bringen zu wollen."[70]

DAS PROPAGANDAMINISTERIUM

Joseph Goebbels und seine Spezialisten

Von Stefan Krings

VOR DER KULISSE des Obersalzbergs hatte Goebbels mit dem „Führer" bis in die frühen Morgenstunden über die „ganze Frage der Volkserziehung" beraten: „Ich bekomme Schule, Universität, Film, Rundfunk, Theater, Propaganda. Ein Riesengebiet. Ein ganzes Leben ausgefüllt. Geschichtliche Aufgabe. Ich freue mich ... Die nationale Erziehung des deutschen Volkes wird in meine Hand gelegt. Ich werde sie meistern."[1] Dem Protokoll seiner Gespräche in jenem August 1932 fügte der machthungrige Propagandaexperte noch hinzu: „Ich bleibe alles was ich bin. Gauleiter, Rei.Prop.Leiter. Überall kommen dann Stellvertreter. Ich selbst aber behalte die Sache in der Hand."

Sieben Monate später wurde der 35-jährige Goebbels jüngstes Kabinettsmitglied der nationalsozialistischen Regierung. Der betagte Reichspräsident unterzeichnete im März 1933 – wenn auch widerwillig – das Ernennungsdekret zum Reichsminister für Volksaufklärung und Propaganda. Eine Verordnung Hitlers erklärte das neu zu errichtende Ministerium zuständig „für alle Aufgaben der geistigen Einwirkung auf die Nation, der Werbung für Staat, Kultur und Wirtschaft, der Unterrichtung der in- und ausländischen Öffentlichkeit über sie und der Verwaltung aller diesen Zwecken dienenden Einrichtungen".[2] Die Aufsicht über Schulen und Universitäten hatte Goebbels – sehr zu seinem Leidwesen – allerdings nicht erhalten. Auch war er über den Namen seiner Behörde nicht sonderlich begeistert. Wohl nicht ganz zu Unrecht fürchtete er die Gleichsetzung von Propaganda und Lüge. Sein Versuch im Jahre 1934, eine Umbenennung des Ministeriums zu erwirken, scheiterte.[3] Umso mehr bemühte er sich künftig, seinen Methoden totalitärer Massenführung einen künstlerischen Nimbus zu verpassen.

Ein Konzept für das „ganz große Projekt" hatte Goebbels rechtzeitig „im Rohbau fertiggestellt".[4] Auch ein Dienstgebäude für seine künftige Befehlszentrale war bereits ausgewählt. Der junge Minister fand Gefallen an einem herrschaftlichen Palais am Berliner Wilhelmplatz, gegenüber der alten Reichskanzlei. Bis 1918 war es im Besitz der Hohenzollernfamilie gewesen und hatte dem reichen Prinzen Friedrich Leopold für seine prunkvollen Empfänge gedient. Während der Weimarer Jahre residierte das Presseamt der preußischen Staatsregierung in dem von Schinkel umgebauten Haus. Doch nun sollten Bauhandwerker der SA den Stuck von den Wänden schlagen und „die schweren muffigen und mottigen Plüschvorhänge herunterreißen", damit wieder einmal die Sonne durch die Fenster scheine: „In dieser Dämmerung kann ich nicht arbeiten. Ich muß Klarheit, Sauberkeit und reine übersichtliche Linien um mich haben. Zwielicht ist mir zuwider", notierte Goebbels im März 1933 – auch bei seinen Aufzeichnungen stets um die Inszenierung seiner Person bemüht. „Uralte Zeitungen und Akten, die seit Anno Tobak in den Regalen herumvegetieren", habe er „mit Donnergepolter" die Treppen hinunterbefördern lassen, so dass lediglich „trübe Staubwolken ... von verschwundener Bürokratenpracht" zeugten. „Nur in den Ecken wimmert noch kaum vernehmlich ein sterbender Amtsschimmel."[5]

Doch bei aller Begeisterung über die „bewundernswerte Schnelligkeit" der Umbauarbeiten in seinem künftigen Dienstgebäude musste der Bauherr eine seiner wichtigsten Aufgaben der folgenden Wochen im Blick behalten. Denn „Organisationen an sich bedeuten ja nicht viel, wenn man an die entscheidenden Stellen nicht auch entscheidende Menschen zu setzen weiß".[6]

Wer aber waren die Menschen, die dieses „revolutionäre Amt" aufgebaut und die nationalsozialistische Propaganda in den zwölf Jahren der NS-Herrschaft aktiv mitgestaltet haben? Was kennzeichnete sie in Bezug auf Alter und Sozialisation, ihren Habitus sowie ihre persönlichen Motive und beruflichen Ziele? Vieles wurde in den vergangenen 60 Jahren über den ebenso charmanten wie skrupellosen, gleichzeitig aber auch haltlosen und labilen Propagandachef verfasst, der mit den Worten seines Biografen Helmut Heiber „vor allem tüchtig, fähig, ungemein fähig" war.[7] Auffällig wenig hingegen ist bislang bekannt über die zweiten und dritten Führungsebenen des Reichsministeriums für Volksaufklärung und Propaganda (RMVP), auf deren Einsatz und Loyalität der Minister unbedingt angewiesen war – wenn er sich schließlich auch nicht auf jeden gleichermaßen verlassen konnte.

Während in den zahlreich vorhandenen Werken zur Geschichte der NS-Propaganda insbesondere inhaltliche Fragestellungen oder strukturelle Aspekte einzelner Propagandabereiche berücksichtigt wurden, konzentrierten sich biografische Darstellungen über Mitarbeiter des RMVP bislang vor allem auf die Person des Ministers.[8] Dabei kam es meist zu einer mehr oder weniger vollständigen Identifizierung des Propagandaministeriums mit der Figur Goebbels. Biografische Ansätze, wie sie Willi A. Boelcke in Teilen seiner Arbeit über die Geheimen Ministerkonferenzen zwischen 1939 und 1941 verfolgt hat,[9] beziehen sich entweder nur auf einzelne Zeitabschnitte der NS-Herrschaft oder basieren auf Quellen, die aus heutiger Sicht unzureichend sind. Daniel Lerner hat in seiner vielfach zitierten Studie aus den fünfziger Jahren (*The Nazi Elite*) lediglich die Werdegänge jener NS-Propagandisten berücksichtigt, die im *Führerlexikon* von 1934 verzeichnet sind.[10] So fehlt noch immer eine zusammenhängende Darstellung über die komplexen Arbeitsgebiete des RMVP einschließlich einer differenzierten Analyse der internen Personal- und Machtstrukturen. Der folgende Beitrag soll zu einem solchen wohl ebenso forschungsintensiven wie lohnenswerten Projekt einen ersten Beitrag leisten. Die Untersuchung basiert im Wesentlichen auf den Personalakten der sechs Staatssekretäre sowie jener 42 Abteilungsleiter, deren Tätigkeit sich nachweisen ließ.[11] Ergänzend zur systematischen Auswertung dieses Samples wurden Akten aus dem ehemaligen Berlin Document Center (BDC) von 50 weiteren Mitarbeitern hinzugezogen, die entweder stellvertretend eine Abteilung geleitet haben oder als Referent bzw. in einer dem RMVP nachgeordneten Behörde leitend tätig waren.[12] Diese Personengruppe wird in einer späteren Studie größer sein müssen und ebenso gezielt auszuwerten sein.[13] Zusätzlich zu den BDC-Akten wurden Aufzeichnungen von Zeitzeugen, Dokumente aus einzelnen Spruchkammerverfahren sowie Ergebnisse früherer Forschungen berücksichtigt.

Ohne Zweifel unterschieden sich die Charaktere und Persönlichkeitsmerkmale der führenden Propagandisten in bemerkenswerter Weise, wenn sich auch der Nachwuchs in den späteren Jahren des NS-Regimes durch die Einflüsse von HJ und anderen Parteigliederungen zunehmend schablonisierte.

Werner Stephan war zwölf Jahre als stellvertretender Abteilungsleiter im RMVP tätig und blickt in seiner Goebbels-Biografie auf ein vielfältiges Kollegium zurück. Im Ministerium habe es keinen spezifischen „Typ eines NS-Propagandisten" gegeben, vielmehr „den ollen ehrlichen Parteirabauken neben dem kalten Fanatiker, den weltfremden Schwärmer neben dem rücksichtslosen Streber, aber auch den Korrupten, den Idealisten, den Glücksritter, den Spießbürger, den Intellektuellen und den Primitiven".[14] Ein Blick auf die charakterlichen Eigenarten der sechs Staatssekretäre verdeutlicht beispielhaft diese Varianz:

Im März 1933 hatte Goebbels mit Walther Funk (Jahrgang 1890) einen Mann zu seinem Staatssekretär und zum Pressechef der Reichsregierung ernannt, der sich mehr für Literatur und Musik interessierte als für das ihm unterstehende Presseressort.[15] Mit seiner langjährigen Erfahrung als Chefredakteur der *Berliner Börsenzeitung* und guten Kontakten zur Industrie war Funk für die Nationalsozialisten vor 1933 als Wirtschaftsberater tätig gewesen. Obwohl bis zu seinem Eintritt in die NSDAP im Juli 1931 parteilos geblieben, tendierte er seinerzeit eher zum bürgerlich-konservativen Lager. Auch später im RMVP agierte Funk weniger als skrupelloser und fanatischer Nationalsozialist denn als loyaler Vollstrecker der Wünsche anderer. Auseinandersetzungen mit anderen Dienststellen ging er aus dem Weg, wo er nur konnte – stets „ängstlich und voller Hemmungen".[16] Der wesentliche Grund für die Ernennung Funks, der als charmanter Unterhalter mit exzellenten Manieren galt, war seine vertrauensvolle Beziehung zu Reichspräsident Hindenburg. Ihm sollte er als Regierungsvertreter künftig regelmäßig Vortrag halten. Wie Goebbels' persönlicher Referent, Wilfred von Oven (Jahrgang 1912), notierte, hatte der alte Herr „eine gewisse Sympathie für seinen gemütlichen ostpreußischen Landsmann. Und bei einem Schnäpschen und zwischen zwei deftigen ostpreußischen Witzen wurden zwischen den beiden die wichtigsten Staatsgeschäfte in unserem Sinne erledigt, die sonst langwierige und komplizierte Verhandlungen erfordert hätten."

Im Propagandaministerium hat Funk bis zu seiner Ernennung als Reichswirtschaftsminister im Dezember 1937 keine wesentlichen Spuren hinterlassen. Nach dem Tod Hindenburgs im August 1934 war er praktisch überflüssig geworden. Formell zwar mitverantwortlich für die Maßnahmen zur Gleichschaltung der deutschen Medien, spielte er bei ihrer Umsetzung dennoch keine herausragende Rolle.

Anders sein wesentlich durchsetzungsstärkerer Nachfolger Otto Dietrich (Jahrgang 1897).[17] Der gebürtige Essener hatte sich als 17-Jähriger freiwillig zum Dienst an der Front gemeldet und nach dem Ersten Weltkrieg ein staatswissenschaftliches Studium mit einer Promotion über den jüdischen Philosophen „Georg Simmel und seine Bedeutung für die Nationalökonomie" abgeschlossen. Verschiedenen Gelegenheitsjobs in der freien Wirtschaft folgte eine mehrjährige Redakteurstätigkeit bei Zeitungen des Hugenberg-Imperiums sowie als stellvertretender Chef der Essener *National-Zeitung*, dem Sprachrohr der zuständigen Gauleitung. Im Juli 1931 ernannte ihn Hitler zum Reichspressechef der NSDAP.

Für die folgenden fast 14 Jahre begleitete Dietrich den „Führer" auf dessen Reisen. Später gehörte er zum persönlichen Stab des Feldherrn im Führerhauptquartier. Im Dauerwahlkampfjahr 1932 organisierte Dietrich die Berichterstattung der NS-Presse und forderte von seinen nationalsozialistischen Berufskollegen kurze und schlagkräftige Parolen, die „tagein, tagaus auf der ersten Seite unserer Parteiblätter in die Masse hineingehämmert werden müssen". Unter dem Titel *Mit Hitler an die Macht* fasste er später seine Erlebnisse während dieser „Kampfzeit" für Hunderttausende Leser in seinem ersten Buch zusammen.

Nach Dietrichs Ernennung zum Staatssekretär waren staatliche und parteiliche Presselenkung fortan zumindest offiziell in einer Hand vereint. Sein Ziel war es, die Pressestelle der Reichsregierung künftig „gleichsam zum Grossen Generalstab der deutschen Pressepolitik" werden zu lassen.[18] Dietrichs kämpferischer Einsatz für die „Freiheit der Presse" im nationalsozialistischen Sinne ist also mit dem eher nachlässigen Engagement seines Vorgängers in keiner Weise zu vergleichen. Ab 1938 häuften sich die Auseinandersetzungen mit dem Propagandaminister, dem Dietrich zwar jetzt als Staatssekretär unterstellt, auf Parteiebene aber als Reichsleiter längst ebenbürtig war. Deshalb legte er besonderen Wert darauf, niemals als Staatssekretär, sondern stets als Reichsleiter, Reichspressechef oder von seinem engeren Stab schlicht als „Doktor" angesprochen zu werden.[19]

Wie an vielen Stellen des NS-Regimes waren auch auf dem Gebiet der Presse Kompetenzen mehrfach vergeben. Trotz zahlreicher, langwierig ausgehandelter Arbeitsabkommen kam es nie zu einer eindeutigen Abgrenzung der Zuständigkeiten zwischen Goebbels und Dietrich. Letzterer hatte im November 1940 die „Tagesparole des Reichspressechefs" eingeführt, die auf der täglichen Pressekonferenz für Journalisten zum Mitschreiben vorgelesen wurde. Sie war verbindlich für die reichsweite Berichterstattung am nächsten Tag. Dabei behielt er sich vor, den genauen Wortlaut vor der Veröffentlichung zu kontrollieren oder den Inhalt sogar selbst zu verfassen. Sehr zum Ärger des Ministers, der seinerseits – etwa auf der morgendlichen Mitarbeiterkonferenz – durch eigene Anweisungen und Sprachregelungen gegenzusteuern versuchte.

Beide Rivalen zogen sich im Laufe der Zeit eigene Mitarbeiter heran, auf deren Zuverlässigkeit sie sich auch in Abwesenheit verlassen konnten. Dietrich war während des Krieges selten in Berlin und hatte deshalb zahlreiche Gefolgsleute aus der Parteipressestelle ins Ministerium lanciert, um durch sie die Pressepolitik vom Führerhauptquartier aus beeinflussen zu können. Auf diese Weise entstanden einerseits Arbeitsbereiche, die vor allem die Interessen Dietrichs vertraten, während andere Mitarbeitergruppen eher dem Minister zugetan waren. Höhepunkt dieser personalpolitischen Ausprägung des jahrelangen Machtkampfes war die Ernennung Helmut Sündermanns (Jahrgang 1911) zum Stellvertreter des Reichspressechefs im Juli 1942, die Dietrich ohne Wissen des Ministers bei Hitler durchgesetzt hatte. Sündermann war formell Mitarbeiter der Parteipressestelle, unterlag also nicht der Weisung von Goebbels, obwohl er die meiste Zeit im Propagandaministerium arbeitete. Dort nahm er maßgeblich Einfluss auf die Pressekonferenzen und galt in Journalistenkreisen als „Mann der schärfsten Tonart".[20] Während der ersten Kriegsjahre konnte Dietrich seine Position gegenüber dem Minister also deutlich stärken, wozu sicherlich auch das seinerzeit getrübte Verhältnis zwischen Goebbels und Hitler beitrug. Dietrich ist es allerdings nicht gelungen, seine Pläne für ein eigenes Presseministerium zu realisieren. Später zog er sich immer mehr ins Führerhauptquartier zurück.

Dietrich hatte eine Vorliebe für pseudophilosophische, zumeist antisemitisch gefärbte Abhandlungen, in denen er gebetsmühlenartig etwa seine Sicht der Pressefreiheit darlegte. Goebbels fand wenig Verständnis für Dietrichs „Philosophischen Edelquatsch".[21] Unter Journalisten war der Pressechef für „dreiste Behauptungen und waghalsige Vorhersagen" ebenso bekannt wie für sein Geschick, „sich möglichst bei jeder Gelegenheit ins Fettnäpfchen zu setzen".[22]

Hinter Dietrichs arrogantem Auftreten in SS-Uniform, seinem militärischen Jargon und seiner unermüdlichen Profilierungssucht im Machtkampf mit seinen Rivalen in RMVP und Partei verbarg sich jedoch ein zutiefst unsicheres und von der steten Gunst des „Führers" abhängiges Wesen. Hitlers Adjutant Julius Schaub nahm Dietrich im Führerhauptquartier als „empfindsamen und zurückhaltenden Mann" und „mimosenhaft empfindlichen Einzelgänger" wahr. Die Sekretärin Traudl Junge erlebte ihn als „einen völlig harmlosen, unscheinbaren und farblosen" Begleiter des Diktators, welcher die Natur und lange Spaziergänge liebte.[23]

Zeitgleich mit Otto Dietrich machte Goebbels seinen Berater Karl Hanke (Jahrgang 1903) zum ersten Staatssekretär im RMVP. Der gelernte Müller und Gewerbeoberlehrer war 1931 wegen kämpferischer Betätigung für die Nationalsozialisten aus dem Schuldienst entlassen worden. Daraufhin hatte er seine Existenz ganz in den Dienst der Partei gestellt und galt ab 1933 im RMVP zunächst als der „Treueste der Treuen".[24] Der große Einfluss des ehrgeizigen und energischen Schlesiers beruhte mehrere Jahre lang vor allem auf seinem engvertraulichen Verhältnis zum Propagandaminister. Im Mai 1939 zögerte Hanke nicht, dem damaligen Produktionschef der Ufa, Alfred Greven, während einer Unterredung in dessen Arbeitszimmer in Anwesenheit von zwei SS-Männern eine Ohrfeige zu geben. Als ihm deshalb ein Parteigerichtsverfahren drohte, suchte SS-Oberführer Hanke rasch Rückendeckung: Wenige Tage später konnte er dem Reichsführer SS mitteilen, dass nicht nur Goebbels sondern auch der „Führer ... gegen die Form meiner Auseinandersetzung nichts einzuwenden habe".[25]

Zu dieser Zeit hatte der zunehmend intrigante Hanke sich mit dem Propagandaminister allerdings bereits überworfen. Dieser steckte damals mitten in einer leidenschaftlichen Liebesaffäre mit der tschechischen Schauspielerin Lida Baarova. Bei Hitler hatte er an Ansehen merklich eingebüßt. Hanke, der als rechte Hand des Ministers stets bestens über dessen Sorgen informiert war, nutze diesen Vorteil schamlos aus: Seit längerem schon verliebt in die Gattin seines Chefs, diente er ihr nun als willkommener Informant. Zugleich nahm Hanke sich der Sorgen der Vorzeigefrau des Dritten Reiches bei gemeinsamen Reitausflügen in den Berliner Grunewald an. Beide Affären flogen auf: Die betrogene Ehefrau wandte sich in ihrer Verzweiflung an Hitler, die Goebbelssche Familienlegende wurde schließlich aufrechterhalten.

Obwohl Hankes Nachfolger Gutterer längst die wesentlichen Aufgaben des geschäftsführenden Staatssekretärs übernommen hatte, blieb Hanke formell im Amt – bis er im Januar 1941 Leiter des neugegründeten Gaus Niederschlesien wurde.

Leopold Gutterer (Jahrgang 1902) verfügte über bemerkenswertes organisatorisches Talent. In widerspruchsloser Einsatzbereitschaft organisierte er seit April 1933 Veranstaltungen wie die jährlichen Massenaufmärsche zum „Nationalfeiertag des deutschen Volkes" am 1. Mai oder den „Tag der Saarländer".

Doch auch an der Innenausstattung des Ministeriums wie am Aufbau eines üppigen Weinkellers einschließlich entsprechender Vorräte aus Kirschwasser und Himbeergeist hatte er Gefallen. „Ich schwelgte richtig in dem Gefühl, alles gleich tausendfach einkaufen zu können", schrieb Gutterer in seinen Memoiren.[26] Darin trug er noch mehr als 40 Jahre nach Kriegsende – wenig reflektiert – seinen Übereifer zur Schau.

Veranstaltungen liefen unter seiner Leitung reibungslos: „Gutterer hatte an alles gedacht. Aber er erschöpfte sich auch im Technischen. Nie hätte Goebbels vor seiner Krisenzeit daran gedacht, einen so ungeistigen Menschen in seine nächste Umgebung zu ziehen. Im Augenblick interessierte ihn nur, dass dieser einfache Mann nicht gegen ihn intrigieren würde", kommentiert Werner Stephan.[27]

Wie so oft im Hause Goebbels beruhte auch diese Personalentscheidung also nicht auf fachlicher Kompetenz. Sie war vielmehr im komplexen ministeriellen wie innerparteilichen Machtgefüge begründet. Gutterer diente seinem Minister bis Ende April 1944 als unterwürfiger Empfänger vielfältiger organisatorischer wie politisch-propagandistischer Weisungen. Angeblich aus gesundheitlichen Gründen wurde er schließlich in den Wartestand versetzt: Goebbels benötigte einen schärferen Propagandisten, der den Herausforderungen seines „totalen Krieges" uneingeschränkt gewachsen war. Für kurze Zeit übernahm Gutterer noch den Vorstandsvorsitz der Ufa, bis er auf eigenen Wunsch zu den Panzerjägern der SS eingezogen wurde.

Mit dem rastlosen Werner Naumann (Jahrgang 1909) folgte auf Gutterer ein mindestens ebenso tüchtiger, dabei aber wesentlich klügerer Staatssekretär: „Scharfsinnig, schneidig und gescheit"[28], aber unter männlichen Kollegen wenig beliebt. Wilfred von Oven notierte 1943 über seinen aufstrebenden Kollegen: „Dr. Naumann sieht gut aus. Die Sekretärinnen schwärmen für ihn. Über den energischen Gesichtszügen trägt er leicht gewelltes, militärisch kurz geschnittenes Haar. ... Er ist Nichtraucher und Antialkoholiker und als solcher humorlos und den Annehmlichkeiten des Lebens abgeneigt. Die Unterhaltung mit ihm beschränkt sich allein auf das Wesentliche. Er spricht schnell, deutlich, scharf und abgehackt wie auf dem Kasernenhof. Ihm fehlt alles Verbindliche. Er verbreitet eine Atmosphäre kalter Nüchternheit."[29]

Verglichen mit seinen Amtskollegen, war Naumann ohne Zweifel der fanatischste und skrupelloseste von allen Staatssekretären im RMVP. Nach einigen Monaten als Leiter des Reichspropagandaamtes in Schlesien hatte der promovierte Volkswirt seit 1937 eine steile Karriere im Ministerbüro durchlaufen und zählte mittlerweile als „zuverlässigster Mitarbeiter"[30] des Hausherrn. Selbst in die geheimsten Vorgänge war er eingeweiht. In den letzten Kriegsmonaten entwickelte Naumann sich zur einflussreichsten Figur im RMVP. Während viele seiner Mitarbeiter und Kollegen schon längst nicht mehr an einen Sieg glaubten, bestärkte der grenzenlos zuversichtliche Drahtzieher seinen Minister immer wieder in dessen zügellosem Fanatismus.

So stützte Naumann auch die V-Waffen-Propaganda, die der Bevölkerung zur Stärkung ihres Durchhaltewillens vorgaukeln sollte, dass der Krieg durch den Einsatz von hochmodernen Flugbomben und Raketen in letzter Stunde noch gewonnen werden könne. Er erklärte hierzu Ende März 1945 in einer für ihn typischen Weise: „Wenn der Führer sagte, dass wir in diesem Jahr die historische Wende erzwingen, dann ist das für uns eine Realität. Worauf sie sich bezieht, wissen wir nicht. Der Führer weiß es."[31]

Vermutlich wäre Naumann der Einzige gewesen, der den Minister noch hätte bremsen können. Seine demonstrativen Treuebeweise waren allerdings nicht echt: Der Protegé sammelte insgeheim Material gegen seinen Förderer, um Hitler von der vermeintlich mangelnden Zuversicht des Propagandaministers zu überzeugen.[32] Das Ziel einer wirklichen Palastrevolution verfehlte Naumann jedoch. Seine Nominierung als neuer Propagandaminister in Hitlers Testament vom 29. April 1945 war ein ironischer Nachklang seiner Ambitionen.

Ein marginaler Staatssekretär war Hermann Esser (Jahrgang 1900), von 1935 bis Kriegsende im RMVP für Lenkung und Überwachung des Fremdenverkehrs zuständig, ab Januar 1939 im Rang eines Staatssekretärs. Diese Position hatte allerdings nichts mit seinem vergleichsweise kleinen Einflussbereich im Ministerium zu tun. Vielmehr ist sie als Abfindung eines langjährigen Kampfes für die NSDAP zu verstehen (Esser trug die Mitgliedsnummer 2). Nach freiwilligem Kriegseinsatz hatte der radikale Sozialist als einer der frühesten Gefolgsleute Hitlers seine Tätigkeit bei der sozialdemokratischen *Allgäuer Volkswacht* aufgegeben, war 1919 der Deutschen Arbeiterpartei beigetreten und wenig später einer der ersten Schriftleiter des *Völkischen Beobachters* geworden. 1923 wurde er Propagandaleiter der NSDAP. Goebbels notierte 1925 nach einer ersten Begegnung mit seinem späteren Staatssekretär: „Geschniegelt und gebügelt. Der kleine Hitler. ‚Wie er sich räuspert, wie er spuckt, das hat er ihm trefflich abgeguckt.' Ein hübscher Bengel. Grauenhaft!"[33]

Von Beginn seiner Parteikarriere an war Esser in zahlreiche, nicht nur innerparteiliche Intrigen verwickelt, schließlich auch als Bayerischer Wirtschaftsminister (ab Dezember 1933). Vor allem aber wegen seines skandalträchtigen Privatlebens (Otto Strasser nannte ihn „sexuell pervers" und einen „Demagogen der übelsten Sorte"[34]) soll er 1935 auf den weniger bedeutenden Posten im RMVP versetzt worden sein.

Hitler konnte seinen Weggefährten nicht gänzlich fallen lassen, da dieser zu viele kompromittierende Parteiinterna kannte. Esser war fanatischer Antisemit und repräsentierte seit Beginn seiner beruflichen Karriere – wie es 1943 der Publizist und BBC-Mitarbeiter Arthur George Weidenfeld formulierte – „the most scurrilous type of Nazi journalism, very much in the manner of Julius Streicher".[35] Höhepunkt seiner antisemitischen Agitation bildete die 1939 im parteieigenen Eher-Verlag erschienene Hetzschrift *Die jüdische Weltpest*. Esser hatte das fast 250-seitige Machwerk wenige Monate nach den Novemberpogromen von 1938 fertig gestellt und darin unter anderem behauptet, die Juden bekämen nur das, was ihnen gebühre.[36] Während des Krieges trat Esser noch weiter in den Hintergrund.

Eine solche am Beispiel der Staatssekretäre beschriebene charakterliche Vielfalt ließe sich in ähnlicher Weise für die Ebene der Abteilungsleiter dokumentieren. Wenn Persönlichkeitsmerkmale der führenden NS-Propagandisten zwar keiner Schablone folgten, so weisen sie dennoch in Bezug auf Lebensalter und Sozialisation einige bemerkenswerte Gemeinsamkeiten auf. Verglichen mit der gesamten NS-Elite waren sie auffällig jung: Fast jeder Zweite von ihnen ist im 20. Jahrhundert geboren, lediglich ein Fünftel gehörte zur Generation derer, die vor 1890 zur Welt gekommen waren. Bei Kriegsbeginn im September 1939 betrug das Durchschnittsalter der damals im RMVP amtierenden Staatssekretäre und Abteilungsleiter gerade einmal 40 Jahre.[37] Wenn Boelcke bezogen auf die Teilnehmer der Ministerkonferenzen den Schluss zog, dass die Jahrgänge 1900 und jünger das bestimmende Element der Konferenz bildeten und „Elan und Energie der um 1910 Geborenen" die Atmosphäre im RMVP prägten,[38] so lässt sich dies also für die gesamte, zeitweise stark fluktuierende Führungsebene des Ministeriums belegen.

Die Propagandisten waren überdurchschnittlich gebildet. Mehr als zwei Drittel hatten eine akademische Ausbildung abgeschlossen, weitere zehn Prozent zumindest einige Semester studiert. Nur weniger als 10 der 48 Führungskräfte hatten niemals eine Hochschule besucht. Sie waren zuvor etwa als Schauspieler, Zimmerer oder Schlosser tätig gewesen. Unter den Akademikern war fast jeder Zweite Jurist oder Staatskundler, die Geisteswissenschaftler bildeten etwa ein Drittel. Auffällig viele hatten in Berlin studiert, auch die Studienorte München und Heidelberg tauchen in den Lebensläufen häufiger auf. Für etwa ein Drittel lässt sich die Mitgliedschaft in einer Burschenschaft oder in einer (schlagenden) Verbindung belegen.

Goebbels' Führungsriege bestand im Wesentlichen aus zwei (unterschiedlich großen) Personengruppen: den zumeist in den Weimarer Jahren oder sogar noch zur Kaiserzeit ausgebildeten Staatsbeamten sowie den zahlreicheren aktiven, größtenteils jüngeren Propagandisten. Erstere übernahmen als fachmännische Bürokraten vor allem den institutionellen Auf- und Ausbau des Ministeriums, Letztere gestalteten und verbreiteten als geistige Akteure die Inhalte der zunehmend radikaleren Propaganda. Die Angehörigen beider Gruppen, die sich allerdings nicht in jedem Fall ausschließlich einer Kategorie zuordnen lassen, fungierten jeweils auf ihre Weise als Träger der totalitären Massenführung – wenn auch in sehr unterschiedlichem Ausmaß. Ein neuer Stab habe „junge Generäle und alte Majore nötig", fasste Goebbels seine Personalpolitik mit einem Zitat Napoleons zusammen.[39] Denn während die Bürokraten den jungen Propagandisten aus der Partei einen geordneten Behördenbetrieb beizubringen hatten, sollten sie ihrerseits von deren revolutionärem Elan profitieren.

Dem bürokratiefeindlichen Minister war selbst „nichts mehr zuwider, als mich mit Akten rumzuplagen. Aber ich werde bald schon neue Arbeitsmethoden erfinden, mit denen ich zu einer fruchtbringenderen Tätigkeit komme".[40] Die Umsetzung dieser damals außergewöhnlichen Vision von modernem Management und Arbeitsstil forderte er auch von seinen Mitarbeitern konsequent ein: Schriftstücke der Abteilungsleiter von mehr als fünf Maschinenseiten las er nicht mehr („In der Kürze liegt die Würze"[41]), Phrasen wie „gehorsamst" und ergebenst" waren zu unterlassen,[42] und „Dinge, die mündlich oder telefonisch erledigt werden können", sollten nicht länger „schriftlich zur Erledigung kommen".[43]

Wiederholt beklagte der Minister „Überempfindlichkeiten, bürokratische Überspitztheiten und geschäftsordnungsmäßigen Leerlauf".[44] Propagandaabteilungsleiter Wilhelm Haegert (Jahrgang 1907) wurde „angeschissen, weil er zu viel schreibt und zu wenig tut"[45]. Jeder Mitarbeiter solle sich bewusst sein, ließ Goebbels im Mai 1933 im Nachrichtenblatt seines Ministeriums verlauten, „daß wir in einer Revolution stehen und es ruhig künftigen Generationen überlassen dürfen, diese Revolution zu bürokratisieren".[46]

Doch bei aller Kritik an jeglichen Auswüchsen ministerieller Bürokratie wusste Goebbels zugleich, dass er beim Aufbau seines schnell wachsenden Propagandaapparates nicht völlig auf verwaltungserfahrene Beamte der „Systemzeit" verzichten konnte. Schließlich hatte er im Frühjahr 1933 binnen weniger Wochen einen etwa 350-köpfigen Mitarbeiterstab zusammengestellt, der sich bis Mai 1942 auf rund 1500 Beamte, Angestellte und Arbeiter vergrößerte.[47] Sein ursprünglich anvisierter Personalbestand von maximal 1000 war bereits bei Kriegsbeginn erreicht. Die Zahl der Abteilungen wuchs von sieben im Jahr 1933 – neben der Verwaltungsabteilung je eine für aktive Propaganda, Rundfunk und Presse, eine gemeinsame für Theater, Musik und Kunst sowie die Abteilung „Lügenabwehr"[48] – auf insgesamt 17 im Jahre 1941.

Zwar konnten die Zuständigkeiten des RMVP im Laufe der folgenden Jahre nicht wesentlich weiter ausgebaut werden, doch stieg das Arbeitsaufkommen derart, dass zahlreiche Tätigkeitsbereiche als eigenständige Abteilungen ausgegliedert werden mussten. So teilte Goebbels das Presseressort in die Abteilungen Deutsche Presse und Auslandspresse, später wurde zusätzlich der Bereich Zeitschriftenpresse abgespalten. Als eines der beiden Ministerien, die 1933 neu geschaffen wurden und nicht auf eine vorhandene Behördenstruktur aufbauen konnten, zählte das RMVP zu den kleineren des Reiches.

Auf geschickte Weise hatte sich Goebbels bereits im März 1933 wesentliche Kompetenzen einverleibt, die traditionell anderen Ministerien zugeordnet waren. Aus dem Geschäftsbereich des Auswärtigen Amtes war dies vor allem die „Vereinigte Presseabteilung der Reichsregierung", die künftig dem RMVP unterstellt war. Das Innenressort musste die Zuständigkeit für „allgemeine innenpolitische Aufklärung", Rundfunk, Kunst und Theater sowie die „Bekämpfung von Schund und Schmutz" an Goebbels abtreten.[49]

Mit dieser Neuordnung war bereits die Grundlage geschaffen für jahrelange erbitterte Machtkämpfe des RMVP mit anderen Reichsbehörden. Allen voran das Auswärtige Amt und die Dienststellen Alfred Rosenbergs. Dem Reichsministerium für Wissenschaft, Erziehung und Volksbildung unter Bernhard Rust versuchte Goebbels jahrelang die Zuständigkeit für die Universitäten zu entziehen. Allerdings vergebens.[50]

Das Friedrich-Leopold-Palais genügte schon bald nicht mehr den räumlichen Anforderungen des „Promi" – wie das Ministerium im Jargon genannt wurde. Goebbels ließ anbauen, erwarb zusätzlich umliegende Gebäude und verbaute allein in seinem Areal Wilhelmplatz/Mauerstraße in sieben Jahren die damals stattliche Summe von 14 Millionen Reichsmark. Neben der Zentrale in der Mitte Berlins gehörten mehr als 50 Gebäude in anderen Teilen der Stadt zum RMVP.[51] Dort waren insgesamt 56 untergeordnete Behörden wie die Reichskulturkammer, aber auch weniger bedeutende, etwa die „Amtliche Verrechnungsstelle für Bühnenvermittler", ansässig.[52] Zu diesen Berliner Dienststellen kam der reichsweite Unterbau mit zuletzt 42 Reichspropagandaämtern.[53] Sie hatten einerseits die Weisungen aus der Reichshauptstadt auf regionaler Ebene umzusetzen, andererseits sollten sie die Stimmung in Partei und Volk erkunden, damit Goebbels die Wirkung seiner Kommunikationspolitik besser einschätzen konnte.

Die Haushaltsabteilung bestand zuletzt aus nicht weniger als elf Referaten. Laut ordentlichem Haushaltsplan hatten die dort tätigen Beamten in den ersten zehn Jahren seit Bestehen des Ministeriums Einnahmen von immerhin 1,3 Milliarden Reichsmark zu verwalten. Dieser vor allem auf Rundfunkgebühren basierenden Summe standen Ausgaben in Höhe von 880 Millionen gegenüber.[54] Was auf den ersten Blick als erheblicher Überschuss erscheint, relativiert sich allerdings, sobald die enormen Summen des außerordentlichen Haushalts in die Rechnung einbezogen werden. Dieser unterlag nicht der Prüfung des Rechnungshofes oder der Kontrolle des Finanzministers. Die Betrachtung der Gesamtbilanz ergibt schließlich ein Millionen-Defizit, das durch zusätzliche Bewilligungen des Finanzministeriums auszugleichen war.

Eine derartige Verwaltung und institutionelle Entwicklung seines mächtigen Zentrums organisierter Indoktrination wäre dem Propagandaminister ohne verwaltungserfahrene

Beamte also nicht möglich gewesen. Zum Leiter der Abteilung I („Verwaltung und Recht“) ließ Goebbels im Frühjahr 1933 den damals fast 56-jährigen Erich Greiner (Jahrgang 1877) aus dem Finanzministerium in sein Haus versetzen und sogleich zum Ministerialdirektor befördern. Der gebürtige Magdeburger hatte Geschichte, Volkswirtschaftslehre und Rechtswissenschaften studiert und 1910 in Heidelberg zum Dr. jur. promoviert. Nach Teilnahme am Ersten Weltkrieg war der ehemalige Kavallerie-Offizier 1921 als Oberregierungsrat ins Reichsfinanzministerium berufen worden, wo er schon bald zum Ministerialrat aufstieg. In den folgenden zwölf Jahren hatte der als besonders exakt bekannte Beamte also hinreichend Erfahrung auf dem Gebiet der staatlichen Verwaltung und umfassende bürokratische Weisheit sammeln können. Diese gab er ab 1933 im Auftrag Goebbels' in regelmäßigen Unterrichtsstunden an die jüngeren Beamten im RMVP weiter. Der national-konservative Greiner war der Prototyp jener Gruppe von Verwaltungsexperten, die sich auch im nationalsozialistischen Regime nicht als Politiker, sondern in erster Linie als dem deutschen Staat zur Treue verpflichtete Beamte verstanden.

Die Grenze von der bisherigen passiven Unterstützung der Reichsregierung hin zu aktiver Durchsetzung der neuen Politik war allerdings in der Realität nicht selten schnell überschritten. Dabei dürften auch die Amtsenthebungen und Repressalien in den ersten Wochen der NS-Diktatur bisweilen zu bedingungslosem Gehorsam geführt haben, so dass manch einer mehr denn je als unbedingter Vollstecker staatlicher Anordnungen funktionierte. Angesichts des Terrors von SA, SS und Gestapo trug neben der drohenden Rechtsunsicherheit insbesondere die zunehmende Verschärfung der Disziplinarstrafen für Beamte zu deren Einschüchterung bei. Nicht zu vergessen ist allerdings, dass die NS-Propaganda bei zahlreichen langjährigen Staatsdienern auf eine gefärbte nationale und antidemokratische Einstellung traf, teilweise auch auf bereits antisemitisch bereiteten Boden fiel.[55] Mit dem ersten Leiter der Filmabteilung, Ernst Seeger (Jahrgang 1884), gehörte Greiner zu den beiden einzigen Beamten der zweiten und dritten Führungsriege des RMVP, die trotz ihrer Position niemals Mitglied der NSDAP wurden.[56] Greiner blieb nach Teilung der Verwaltungsabteilung bis Juli 1942 im Ministerbüro des RMVP tätig, als Goebbels ihn aus dem Beamtenverhältnis entließ. Mit 65 Jahren wurde er schließlich noch zur Wehrmacht einberufen.

Zwei weitere wichtige Figuren in Goebbels' Verwaltungsspitze waren Karl Ott, ab Februar 1936 Leiter der nun eigenständigen Haushaltsabteilung, sowie der Justitiar Hans Schmidt-Leonhardt, ebenfalls ab 1936 mit eigenem Ressort. Beide waren promovierte Juristen und gehörten dem Ministerium von 1933 bis 1945 an.

Nach vierjährigem Fronteinsatz konnte der gebürtige Elsässer Ott (Jahrgang 1891) in den Weimarer Jahren unter anderem im Genfer Sekretariat des Völkerbundes, beim Landesfinanzamt Berlin und zuletzt als Referent im Reichswirtschaftsministerium praktische Verwaltungskenntnisse erwerben. Wenige Wochen vor dem Machtwechsel war er der NSDAP beigetreten. Wie Greiner und zahlreiche weitere höhere Verwaltungsbeamte des RMVP war Ott Mitglied diverser Aufsichtsräte in vom Ministerium kontrollierten Institutionen wie der Bavaria-Filmkunst GmbH oder der Filmkredit-Bank. Diese Aufgaben gingen – wie Ott selbst schrieb – „weit über die Tätigkeit eines Aufsichtsratsmitglieds hinaus“. Dies zeigt einmal mehr die Bedeutung der Verwaltungsebene im Gesamtkontext der organisierten „Volksaufklärung“. Mit den Vorständen dieser Gesellschaften hatte Ott unter anderem über deren finanzielle Ausstattung zu verhandeln.[57] Beizeiten griff Goebbels auch auf seinen Haushaltsexperten zurück, um mit ihm persönliche Finanzfragen zu besprechen, etwa im August 1939, als die Lage des Ministers wieder einmal „geradezu katastrophal“ war.[58]

Der fünf Jahre ältere Fabrikantensohn Schmidt-Leonhardt (Jahrgang 1886) war bereits während des Ersten Weltkrieges in den Staatsdienst eingetreten – heeresuntauglich, denn sein rechter Arm war steif. Auf Stationen im sächsischen Wirtschafts- und Innenministerium sowie der sächsischen Gesandtschaft in Berlin folgten sieben Jahre im Reichsministerium des Inneren.

Schon bald nach seinem Wechsel ins RMVP erlangte Schmidt-Leonhardt Bekanntheit als Kommentator des „Schriftleitergesetzes“ von 1933. Zudem war er Honorarprofessor für Staatsrecht und öffentliches Recht an der Universität Berlin. Der NSDAP trat er erst im Mai 1937 bei. Seine Arbeitsweise war überaus gründlich und präzise, seine Abhandlungen und Briefe waren knapp, ohne Schnörkel und fern jeglicher emotionaler Regung. Wolfgang Diewerge (Jahrgang 1906), kurzzeitig Abteilungsleiter Rundfunk, beklagte sich im Winter 1942 während eines längeren Fronteinsatzes im Osten in einem Brief an seinen Duzfreund Hans Hinkel über ein „lieblos mit Zeitungspapier verpacktes" Weihnachtspäckchen, das er von seinen Kollegen aus dem RMVP erhalten hatte. Darin befand sich ein „alter, wertloser" Roman, der aus der Bibliothek des Ministeriums ausrangiert worden war. Reichskulturwalter Hinkel bedauerte die momentane „Knappheit des Materials" und dass „das Begleitschreiben diesen ‚Stil Schmidt-Leonhardt'" gehabt habe.[59]

Zu den älteren und verwaltungserfahrenen Mitarbeitern zählte auch Werner Stephan (Jahrgang 1895). Auch er arbeitete am liebsten auf „begrenztem Raum nach festen Richtlinien und überlieferten Methoden".[60]

Nach Kriegsdienst als Königlich Preußischer Offizier und sechs Semestern rechtswissenschaftlichen Studiums war er in den zwanziger Jahren Reichsgeschäftsführer der Deutschen Demokratischen Partei gewesen und hatte sich als solcher auch an Propagandaaktionen gegen die Nationalsozialisten beteiligt. Ab 1929 gehörte er als Referent zur damals noch im Auswärtigen Amt ressortierenden Presseabteilung der Reichsregierung: „Ich hatte angenommen, daß ich am Tage nach der Machtübernahme in den Ruhestand versetzt werden würde", schrieb Stephan Jahrzehnte später.[61]

Doch ungeachtet dessen liberaler Vergangenheit erkannte Goebbels den Nutzen eines tüchtigen Beamten, der umfangreiche Kenntnisse der Zeitungslandschaft hatte und dem darüber hinaus der Geschäftsbetrieb des betreffenden Ministerialressorts seit Jahren vertraut war. Der Minister machte ihn zum stellvertretenden Leiter der Presseabteilung, 1938 wurde Stephan persönlicher Referent des Reichspressechefs Dietrich.

Während fast alle in der Führungsebene des RMVP tätigen Parteigenossen bereits vor dem Machtwechsel Mitglied der NSDAP geworden waren oder zu den sogenannten Märzgefallenen des Jahres 1933 gehörten (z. B. Hans Fritzsche), trat Stephan der Hitler-Partei erst 1938 bei.[62] Eine bevorstehende Beförderung zum Ministerialrat soll den „Stellvertreter des Führers" mit der Frage auf den Plan gerufen haben, weshalb ein Mann in führender Position fünf Jahre nach Anbruch des Dritten Reiches noch nicht Parteigenosse sei. Wie umfangreiche Beförderungslisten aus den Kriegsjahren belegen, waren Karrieresprünge im RMVP in Positionen ab Regierungsrat aufwärts ausschließlich Parteigenossen vorbehalten.[63] Ansonsten, so Stephan weiter, sei das Propagandaministerium von der üblichen Einwirkung der Parteidienststellen auf die Bürokratie und den einzelnen Beamten ausgenommen gewesen, weil Goebbels seine Behörde vor politischen Eingriffen geschützt habe. Als Nichtnationalsozialist habe man sich – abgesehen von der Wehrmacht – nirgends so frei bewegen können wie im RMVP.

Im Gegensatz zu den Verwaltungsexperten Greiner, Ott und Schmidt-Leonhardt war der Beamte Stephan zwar in unmittelbaren Arbeitsbereichen der aktiven Propaganda tätig, so etwa auch in der Auswahl und Schulung von Kriegsberichterstattern. Verglichen mit vielen seiner Kollegen ist es ihm dennoch gelungen, sich eine relative Unabhängigkeit und einen klaren Blick zu bewahren, was ihn später zu einem wichtigen und weitgehend glaubwürdigen Zeitzeugen gemacht hat.[64]

Diese routinierten und eher peniblen Traditionsbeamten fungierten also als Träger des bürokratischen Fundaments, auf dem der Minister seinen Propagandaapparat bauen konnte. Vor allem aber bediente sich Goebbels der wesentlich größeren Gruppe seiner aktiven Propagandisten. Sie entwickelten Inhalte und Form der Volksaufklärung und sorgten für ihre radikale Umsetzung. Viele von ihnen waren dabei zum Äußersten bereit.

Mit Alfred-Ingemar Berndt (Jahrgang 1905) beschrieb die langjährige Redakteurin der 1943 verbotenen *Frankfurter Zeitung*, Margret Boveri, den Prototyp des nationalsozialistischen „Scharfmachers".[65] Auch in seinen Personalakten wurde Berndt als „soldatische Erscheinung" und „Draufgängernatur" geführt. Mit unerschöpflicher Phantasie erfand er während der Sudetenkrise im Jahr 1938 – seinerzeit als Abteilungsleiter für Pressepropaganda zuständig – Gräuelnachrichten über Verbrechen der Tschechen gegen Sudentendeutsche. Vor der

Reichspressekonferenz soll er wiederholt mit geschlossenen Augen auf eine Karte des Sudetenlandes getippt haben, „um dann lachend die aus den Fingern gesogenen Schreckensmeldungen an dem so ausfindig gemachten Ort zu lokalisieren“.[66] Er selbst schrieb sich später die „Herbeiführung der Weltpsychose“ auf die Fahnen, welche die Lösung der Sudetenfrage erleichtert habe.[67]

Unter Journalisten hatte Berndt durch seine primitiven Befehle bald jegliches Vertrauen verspielt. Im Ministerium nannte man ihn spöttisch „Gräuel-Berndt“. Auch Dietrich hatte seit längerem Anstoß an den Methoden seines langjährigen Adjutanten genommen, der sich inzwischen zu einem Vertrauten des Ministers entwickelt hatte. Dietrich erreichte immerhin, dass Hans Fritzsche (Jahrgang 1900) im Dezember 1938 die Leitung der Presseabteilung übernahm. Berndt ging fortan erst recht in Opposition zum Reichspressechef. Immerhin konnte er sich der Gunst des Ministers noch für einige Jahre gewiss sein.

Niemand im RMVP war in so verschiedenen Propagandabereichen führend tätig wie Alfred-Ingemar Berndt. Nach erfolglosem Germanistik-Studium und einigen Jahren als Schriftleiter bei verschiedenen Zeitungen sowie für Wolffs Telegrafisches Büro hatte er ab 1933 unter den Fittichen Dietrichs die Gleichschaltung der deutschen Nachrichtenagenturen vorangetrieben. 1936 übernahm er als Nachfolger von Kurt Jahnke (Jahrgang 1898) die Presseabteilung im RMVP, im Dezember 1938 die Lenkung des Schrifttums. Bei Kriegsbeginn übertrug ihm Goebbels die Verantwortung für das Rundfunkressort, ab September 1941 führte Berndt schließlich als Ministerialdirektor die Abteilung Propaganda. „Wenn man das Volk psychologisch richtig anfasst“, schrieb er noch im selben Monat an Himmler, sei es „über den Winter zu bringen“ und die „abgesunkene Volksstimmung trotz aller Opfer und Nöte wieder auf den alten Stand“ zu heben.[68] Anderthalb Jahre später war es vorrangiges Ziel des „Holzhammer-Politikers“,[69] „das deutsche Volk zu fanatisieren und ihm schwierige Situationen in der richtigen Form klar zu machen“.[70]

Berndt bemühte sich stets, seine eifrige Gesinnungstreue zur Schau zu stellen und sich als besonders radikaler Parteigenosse zu präsentieren – wohl nicht zuletzt, um Zweifel an seiner tatsächlichen Integrität auszuräumen. Schließlich war er vor 1933 mehrfach in die NSDAP ein- und wieder ausgetreten.

Vergebens versuchte Berndt später in Dutzenden von Briefen eine niedrigere Mitgliedsnummer („24688 oder so ähnlich“[71]) zu erhalten. Bei führenden Parteidienststellen warb er immer wieder für seine Person und gab sich trotz steiler Karriere im RMVP niemals zufrieden. „Ich bin überzeugt davon, dass ich für unsere Kriegsführung als Motor sehr viel mehr leisten kann, wenn ich nur an der richtigen Stelle stehe“, biederte er sich im Juli 1944 bei Himmler an. Keine Aufgabe sei ihm zu schwer: „Wenn ich mir die Zähne daran ausbeißen muß, ist sie mir gerade recht. Dann brauche ich weder Urlaub noch Sonntag und sehe nur noch meinen Auftrag.“[72]

SS-Brigadeführer Berndt empfahl sich schließlich zur Aufnahme in die Waffen-SS und freute sich „wie ein Schneekönig“ auf den Einsatz als Führer der Panzerdivision „Wiking“.[73] Als solcher soll er im Frühjahr 1945 den „Soldatentod“ gefunden haben. Mit Hans-Otto von Borcke (Jahrgang 1910) übernahm ein Mann für wenige Wochen die Propagandaabteilung, der noch fünf Jahre jünger war als sein Vorgänger.

Ohne Zweifel ist Berndt als Extrem unter den Abteilungsleitern des RMVP zu betrachten. Dennoch lässt sich seine Sozialisation sowie die daraus resultierende Gesinnung und Mentalität durchaus mit einem großen Teil der übrigen aktiven Propagandaführer vergleichen. Mehrheitlich waren sie nach der Jahrhundertwende geboren und gehörten somit zu ebenjener „Generation des Unbedingten“, die Michael Wildt am Beispiel der Führungsspitzen des Reichssicherheitshauptamtes (RSHA) beschrieben hat.

Der Erste Weltkrieg war vor allem für die männlichen Vertreter dieser „überflüssigen“ Kriegsjugendgeneration (Peukert[74]) ein einschneidendes und prägendes Ereignis. Während sich die älteren Jahrgänge in den Schützengräben versammeln durften, konnten die Jüngeren lediglich dem Lehrer folgen, wie er allmorgendlich mit Kreidestrichen den Stand der jeweiligen Schlachten skizzierte. Zwar lernte die Kriegsjugend auf diese Weise schnell in militärischen Strukturen zu denken, doch wurde der Erste Weltkrieg für die nach 1900 geborenen Jungen letztlich „zum bohrenden Stachel der verpassten Chance der Bewährung“ (Wildt).[75] Die Frontsoldaten wie Heinrich Glasmeier (Jahrgang 1892), von Goebbels 1937 zum Reichsintendanten des deutschen Rundfunks ernannt, erkannten unterdessen, „daß man seine Pflicht nicht am Kasinotisch tun konnte, vielmehr einzig als Kamerad unter Kameraden in vorderster Feuerzone“.[76]

Für Walter Tießler (Jahrgang 1903), im NS-Staat Landesstellenleiter des RMVP in Mitteldeutschland, war eine Welt zusammengebrochen, als er 1918 von der Flucht des Kaisers erfahren hatte.[77] Die neuen politischen Kräfte zerstörten schnell sein „bisheriges weltanschauliches Fundament: Kaiser – Kirche“[78], wie er nach 1945 den Alliierten berichtete. In seinen unveröffentlichten Memoiren schreibt er über seine einstige „Verzweiflung wegen des Verlustes wertvoller Gebiete mit ihren deutschen Menschen und der Kolonien durch den Versailler Vertrag mit seiner ‚Kriegsschuldlüge‘“.[79] Hans Hinkel (Jahrgang 1901), dem späteren Reichskulturkammerchef und letzten Leiter der Filmabteilung im RMVP, erschien Versailles als „schamlose Verschleuderung und Verramschung wertvollen Heeresgutes“.[80] Wie die beiden hatten viele Zeitgenossen in ihrem national-patriotisch verbrämten Leiden an der „Schmach von Versailles“ die wirklichen Ursachen von Weltkrieg und Niederlage verkannt. Ihr nationales Einheits- und Selbstgefühl war zu sehr enttäuscht worden. Hinkel, der die Frustrationen seiner Jugendjahre später ausführlich – wenn auch stark propagandistisch aufgebläht – dokumentiert hat, sah den Ersten Weltkrieg als „gewaltige Ouvertüre der großen Geistesrevolution, die folgen sollte“. Denn dann erst seien „2 Millionen deutscher Helden nicht umsonst gefallen“.[81]

Eine solche national-völkische Ideologie hatte auch Karl-Heinrich Hederich (Jahrgang 1902), der Vorgänger Berndts als Leiter der Schrifttumsabteilung, bereits früh verinnerlicht: „In meinem Elternhaus ist stets größter Wert gelegt worden auf vorbildliche Haltung, Gesinnung und Führung in völkischen und allgemein nationalen Fragen. Schon als Junge war mir die restlose Hingabe und Aufopferung meines Vaters in allen Fragen des nationalen Lebens einprägsames Vorbild.“[82]

Die Nachkriegsjahre waren für die Mehrheit der späteren Propagandisten von vielfältigen Entbehrungen geprägt. Nicht nur an der Universität Bonn, wo Hans Hinkel studierte, gab es „vollgepfropfte, ja überfüllte Hörsäle“, da „tausende und aber tausende heimgekehrter Soldaten raschestens ihre akademischen Examen machen wollten“.[83]

Erneut musste die Kriegsjugend gegenüber ihren älteren Kameraden zurückstecken, denen eine „allzu leichte Form der Examina“ vergönnt war. Dabei kam es auch zu Neid gegenüber „Söhnchen ‚besserer‘ Eltern“[84], der sich bei Hinkel längst in Hass verwandelt hatte. Sie waren nicht auf Werkarbeit angewiesen wie der junge Hederich, der sein Studium mehrfach unterbrach, um auf der Ruhrzeche „Konstantin VIII“ als Bergarbeiter Geld zu verdienen. Sein Vater – einstiger Besitzer eines Erziehungsheimes für Knaben – hatte im Laufe der einsetzenden Inflation sein gesamtes Vermögen verloren. Erst wenige Jahre zuvor hatte er die Einrichtung in der Absicht verkauft, die Ausbildung seiner neun Kinder mit dem Erlös finanzieren zu können.

Während der Besetzung des Rheinlands machte sich Sorge vor Überfremdung und Angst vor „dunklen Kräften“ breit. Hinkel schildert die Ereignisse in seiner Geburtsstadt Worms, wo die Besatzungsbehörden Straßen umgetauft und neue – französische – Schilder angebracht hatten. Deutsche Passanten hätten den Angehörigen der Besatzungsarmee bei Begegnungen den Bürgersteig überlassen und auf die Fahrbahn ausweichen müssen. Einige Männer seien verhaftet worden, weil sie beim Erklingen der „Marseillaise“ nicht sofort die Kopfbedeckung abgenommen hätten.

Über „Vergewaltigungen deutscher Frauen und Mädchen in den Städten und besonders auf dem flachen Lande“ habe niemand sprechen dürfen. Und sogar „Neger badeten im Rhein!“ Nach einer „Mordsschlägerei“ mit französischen Soldaten, bei der „einige Poilus mit verbeulten Schädeln liegengeblieben“ seien, floh Hinkel vor drohender Strafe vorübergehend nach München, um dort sein Studium fortzusetzen. „Man hat uns nicht erwischt.“[85]

Tießler betrachtete seine Generation rückblickend als die „jungen von damals“, die nach Versailles „jahrelang auf der Suche nach einer politischen Heimat“ gewesen waren. So blieb den späteren Propagandisten während der Weimarer Zeit die liberal-demokratische Gesellschaftsordnung weitgehend fremd. Hans Fritzsche hielt eine autoritäre Regierungsform für „wirksamer und leistungsfähiger" als die Demokratie.[86] Widerstände gegen „typisch bürgerlich-deutsche Rührseligkeit"[87] paarten sich mit antikapitalistischen Aversionen, die besonders an den Universitäten unter Studierenden wie innerhalb des Lehrkörpers rasch in antisemitische Attitüden übergingen.[88] Viele hatten sich vor ihrem Eintritt in die NSDAP in völkischen Verbänden, Freikorps und anderen paramilitärischen Vereinigungen engagiert. Ihr Ziel war eine autoritäre Überwindung der Republik. „Wäre damals nicht in Freikorps und Wehrverbänden … die Flamme des Nationalsozialismus … gehütet worden, die gesamte deutsche Jugend wäre in den pazifistischen Sumpf der sittlichen Verlumpung geraten."[89] So sah es Hans Hinkel. Er trat 1921 als 20-Jähriger der NSDAP bei. Hederich folgte ein Jahr später im gleichen Alter, 1923 nahm auch er am Marsch auf die Feldherrnhalle „in der vordersten Gruppe" teil. Auch Fritz Hippler, von 1939 bis 1943 Leiter der Filmabteilung, wurde mit 18 Jahren aufgenommen (1927), Berndt war sogar erst 17, als er erstmalig seine Mitgliedschaft beantragte (1922). Im Oktober 1930 gehörten bereits mehr als 20 der 48 Propagandisten zur Hitler-Partei. Als der Schauspieler und Regisseur Otto Laubinger (Jahrgang 1892) im September 1930 erstmals eine Veranstaltung der Nationalsozialisten besuchte, war er „gepackt von den Ideen und den Persönlichkeiten unserer Führer. Die innere Auseinandersetzung mit der Anschauungswelt des Nationalsozialismus, das beglückende Zusammentreffen mit dem Führer gaben meinem Leben ein neues Ziel und eine andere Richtung". Zweieinhalb Jahre später übernahm er im RMVP die Theaterabteilung „mit dem glühenden Bekenntnis zu Adolf Hitler".[90] In diesen „Kampfjahren" knüpfte die künftige Führungselite also wichtige persönliche, politische und publizistische Kontakte, die in vielen Fällen ausschlaggebend für ihre weitere Karriere waren.

Ihre unbefriedigende Studiensituation setzte sich bis 1933 häufig im Berufsleben fort. Vielfach wurden befristete Gelegenheitsjobs von Phasen der Arbeitslosigkeit unterbrochen. Nicht alle hatten das Glück eines Wilfrid Bade (Jahrgang 1906, Leiter Zeitschriftenpresse 1941 bis 1945), der die Zeit bis zu seiner Karriere im Dritten Reich fast durchweg mit Tätigkeiten für renommierte Arbeitgeber überbrücken konnte. Der spätere Rundfunkchef, Hans Kriegler (Jahrgang 1905), wandte sich „voll und ganz der Politik zu", nachdem er im Frühjahr 1930 arbeitslos geworden war. Andere wiederum wie Tießler oder Hans Graf von Monts (Jahrgang 1904, ab 1939 Sonderreferent für Truppenbetreuung und Gutterers persönlicher Mitarbeiter) nahmen in den Weimarer Jahren bewusst berufliche Nachteile in Kauf, um sich für die Nationalsozialisten zu engagieren.

So auch der gelernte Vermessungstechniker Erich Fischer (Jahrgang 1908): Er wurde 1931 vom Katasteramt Buer/Westfalen fristlos entlassen, nachdem er bei einem Aufmarsch der Nationalsozialisten trotz Verbots als Redner unter falschem Namen aufgetreten war. Bereits während seiner Ausbildung war der gebürtige Essener 1927 in NSDAP und SA eingetreten und hatte sich in den folgenden Jahren vor allem am Auf- und Ausbau der Hitler-Jugend (HJ) in der Ruhrregion beteiligt. Die *National-Zeitung* berichtete 1937 rückblickend von einem „Sturm bürgerlicher Entrüstung", als „der junge Frechdachs" Fischer seine „mit jugendlichem Feuer gesprochenen Worte" mit einem Zitat Bismarcks beendete: Politik könne man nicht durch Rede, sondern nur durch Blut und Eisen machen. So sei die Entlassung Fischers ein Beispiel dafür, wie „sich unsere alten Nationalsozialisten selbst nicht scheuten, für ihre Idee ihre Stellung preiszugeben".[91]

Fischer war im NS-Staat zunächst in der Reichsjugendführung tätig, bevor ihn Otto Dietrich 1937 in seine Reichspressestelle und anderthalb Jahre später ins Propagandaministerium lancierte. Dort zeichnete Fischer zuletzt als Abteilungsleiter für die Lenkung der Deutschen Zeitungslandschaft verantwortlich. Von ihm erfuhren die Teilnehmer in der täglichen Pressekonferenz, welche Parolen sie zu veröffentlichen hatten und was den Lesern auf keinen Fall zur Kenntnis gebracht werden durfte.

Nach Einführung des gelben „Judensterns" ging Fischer ausführlich auf die kritischen Reaktionen in der Bevölkerung ein. Dass die Juden nun reichsweit gekennzeichnet seien und nicht mehr die Möglichkeit hätten, „ihre zersetzende Kritik im Gemüseladen anzubringen", habe eine „gewisse Mitleidswelle ausgelöst, und zwar hauptsächlich in den Kreisen der Intelligenzbestien". Es sei nötig, mit aller Schärfe dieses Thema aufzugreifen und dem deutschen Volk klar zu machen, was das Judentum ihm bereits angetan habe und antun würde, wenn es die Macht dazu hätte.[92] In einer späteren Konferenz erklärte Fischer in diesem Zusammenhang: „Die Juden müssen heute büßen, was sie an Verbrechen auf sich geladen haben. Nicht Europa wird zu Grunde gehen, sondern die Juden in Europa."[93]

Ihre in vielen Lebensbereichen uniformen Erfahrungen prädestinierten die Kriegsjugendgeneration also in besonderer Weise für den (Propaganda-)Einsatz im Dienste der Nationalsozialisten. Goebbels' Führungskräfte sollten nicht nur Fachleute und Verwaltungsspezialisten, sondern vor allem auch Politiker sein.[94] Darüber hinaus musste zumindest ein Teil seiner Entourage zusätzlich über umfangreiche internationale Berufserfahrungen verfügen. Denn diese waren für die NS-Auslandspropaganda unerlässlich.[95]

Franz Hasenöhrl (Jahrgang 1891) war mehrere Jahre als Niederlassungsleiter eines Hamburger Exportunternehmens in Ostasien gewesen, hatte dort die Auslandsorganisation der NSDAP vertreten und die Landesgruppe China aufgebaut.[96] Goebbels machte den weltgewandten und sprachkundigen Mann 1935 zum Leiter seiner Auslandsabteilung. Im Juli 1939 wurde Hasenöhrl abgelöst, nachdem vermehrt Zweifel an seiner politischen Zuverlässigkeit aufgekommen waren. Nachfolger wurde Willi Köhn (Jahrgang 1900), der neben seiner Tätigkeit für eine deutsche Firma im chilenischen Valdivia ebenfalls für die Auslandsorganisation der Partei im Einsatz gewesen war. Köhn hatte 1931 die erste Ortsgruppe in Santiago de Chile mitgegründet. Dort kämpfte er fanatisch für die Entlassung jüdischer Bankdirektoren und gegen die Einwanderung jüdischer Flüchtlinge. Vor allem in den deutschen Kolonien im Süden des Landes sollten Freunde „für das neue Deutschland" geworben und „gegen Deutschlands Feinde" gekämpft werden.[97]

Die NSDAP-Auslandsorganisation bescheinigte Köhn „im besonderen Maße die Geschicklichkeit und politische Biegsamkeit, um mit Erfolg abseits Stehende … heranzuziehen".[98] Goebbels stellte Köhn 1934 wegen dessen „ausgezeichneten Kenntnissen der südamerikanischen Verhältnisse" ein.[99] Er entsandte ihn als Presse-Attaché zunächst nach Argentinien, später während des Spanischen Bürgerkriegs nach Salamanca. Abteilungsleiter war Köhn vergleichsweise kurze Zeit: Sein Beförderungswunsch zum Ministerialdirektor konnte nicht erfüllt werden, so dass er ins Reichspostministerium wechselte.

Andere Abteilungsleiter hingegen waren jahrelang Nutznießer einer inflationären Beförderungspraxis. Goebbels hielt sich in seinem neu geschaffenen Ministerium nicht an die klassischen Grundsätze staatlicher Personalpolitik. Dies hatte nicht nur mit seinem fehlenden Verständnis für den Status von Berufsbeamten zu tun, sondern lag vor allem auch am niedrigen Altersdurchschnitt seiner Propagandisten.

Haegert wurde auf Drängen des Ministers mit 26 Jahren zum Ministerialrat ernannt, obwohl für diesen Rang ein Mindestalter von 35 Jahren vorgeschrieben war. Naumann war erst 28-jährig, als die Reichsminister des Inneren und der Finanzen in seinem Fall bei einem entsprechenden Antrag „erhebliche Bedenken" äußerten. Goebbels hingegen hielt bei zahlreichen weiteren Mitarbeitern Ausnahmen von den allgemeinen Richtlinien „aus politischen Gründen" für geboten. Und oftmals konnte er sich durchsetzen.[100] Auch Otto Dietrich forcierte die Beamtenkarriere seiner Mitarbeiter, womit er zugleich seine eigene Position im Konkurrenzverhältnis zu Goebbels stärkte.

Nachdem der Reichspressechef den Aufstieg Erich Fischers zum Ministerialrat beantragt hatte, wurde sogar Kritik seitens der Reichskanzlei laut: Vor allem in solchen Fällen, „in denen sehr jugendliche Außenseiter alsbald in Spitzenstellen der Beamtenlaufbahn gebracht werden sollten", müsse „endlich einmal wieder gelernt werden … gewissen Ernennungswünschen gegenüber nein zu sagen".[101] Fünf Monate später erreichte Dietrich dennoch die Beförderung seines Protegés.

Von Goebbels wie Dietrich gleichermaßen geschätzt und protegiert wurde Karl Bömer (Jahrgang 1900).[102] Zwischen 1938 und 1941 für die Abteilung Auslandspresse verantwortlich, verkörperte der Professorensohn den Typus des intellektuellen Propagandisten.

Nach Banklehre, volkswirtschaftlichem Studium und Promotion war der gebürtige Westfale Mitte der zwanziger Jahre Mitarbeiter am Deutschen Institut für Zeitungskunde in Berlin geworden, wo er schon bald die Leitung der Auslandsabteilung übernahm. Ausgedehnte Studienreisen innerhalb Europas sowie nach Übersee machten ihn in den folgenden Jahren zu einem ausgewiesenen Experten des internationalen Pressewesens. Mit zahlreichen einschlägigen Fachpublikationen verschaffte er sich Anerkennung über die Grenzen Deutschlands hinaus. Alfred Rosenberg ernannte Bömer 1933 zum Leiter der Presseabteilung im Außenpolitischen Amt der NSDAP. Auch Reichspressechef Dietrich griff künftig in Auslandsfragen auf ihn zurück. Fast zeitgleich erhielt Bömer eine Dozentur an der Berliner Hochschule für Politik, vier Jahre später wurde er als Professor für ausländische Publizistik an die Philosophische Fakultät berufen.

Obwohl er, verglichen mit manch anderem NS-Dozenten, überdurchschnittlich begabt war, fühlte Bömer sich schon längst mehr der Propaganda denn der Forschung und Lehre verpflichtet: Er übernahm im April 1938 die Leitung der Auslandspresseabteilung im RMVP. Den Korrespondenten aus aller Welt gegenüber verhielt sich der polyglotte Medien-Spezialist stets konziliant und zuvorkommend, was ihm in ihren Reihen besonderen Respekt verschaffte, allerdings auch oftmals zu Konflikten mit der Presseabteilung des Auswärtigen Amtes führte. Zu diesen trug auch bei, dass Bömer seine Berufskollegen durchaus großzügig mit Informationen versorgte und eine Vorzensur, wie sie deutsche Journalisten tagtäglich erlebten, aus taktischen Gründen weitgehend vermied. So soll er etwa gegenüber einigen prominenten Angelsachsen bereits vor Kriegsausbruch den Namen Eva Braun erwähnt haben, den in Deutschland niemand erfahren durfte. Laut Werner Stephan habe Bömer es für zweckmäßig gehalten, den „Führer" durch Hinweise auf eine Freundin zu vermenschlichen.[103]

Doch auch in unmittelbar politischen Gesprächen war der versierte Ressortchef gegenüber fremdländischen Korrespondenten großzügig. Dies wurde ihm im Mai 1941 allerdings zum Verhängnis. Auf einem Empfang der bulgarischen Botschaft in Berlin soll er unter Alkoholeinfluss Andeutungen auf die bevorstehende Offensive gegen die Sowjetunion gemacht und sich als künftiger „Gauleiter von der Krim" ins Gespräch gebracht haben. Weder der Propagandaminister noch der Reichspressechef konnte verhindern, dass Bömer deshalb vom Volksgerichtshof zu dreieinhalb Jahren Gefängnisstrafe wegen „fahrlässigen Landesverrats" verurteilt wurde. Der Zeitungswissenschaftler durfte schließlich nach einem Jahr Haft zur Bewährung an die Ostfront. Er starb 1942 an den Folgen einer dort erlittenen Verletzung. Goebbels und Dietrich trauerten in einer gemeinsamen Todesanzeige um einen Mitarbeiter „von wahrhaft nationalsozialistischer kämpferischer Gesinnung" und einen „Fachmann ersten Ranges".[104]

Nicht immer gelang es dem Propagandaminister, seinen politischen Vorstellungen entsprechende und zugleich fachlich hinreichend qualifizierte Mitarbeiter zu finden. Der langjährige Leiter der Musikabteilung, Heinz Drewes (Jahrgang 1903), hatte über die Italienische Oper promoviert und war lange als Kapellmeister am Deutschen Nationaltheater in Weimar tätig gewesen. Er war ein musisch-künstlerisch empfindender Mensch, doch fehlte ihm jegliches administrative Geschick.

Mit dem späteren SS-Kämpen Gustav Krukenberg (Jahrgang 1888) hatte Goebbels im Frühjahr 1933 einem promovierten Juristen die Führung des Funkressorts anvertraut, der von Rundfunk wenig Ahnung hatte, obwohl er zuvor beim Reichsrundfunkkommissar beschäftigt gewesen war. Sich mit ihm „über Funksachen zu unterhalten, war wegen seiner katastrophalen Unwissenheit und grundsätzlichen Instinktlosigkeit für diese Sachen ganz unmöglich".[105] Aufgrund innerparteilicher Intrigen und Meinungsverschiedenheiten mit dem Minister über die personelle Besetzung des Rundfunks schied Krukenberg schon im Sommer 1933 wieder aus dem RMVP aus. Er wurde durch Horst Dreßler-Andreß (Jahrgang 1899) ersetzt.

Zumindest in quantitativer Hinsicht mangelte es dem RMVP in den ersten Jahren seines Bestehens nicht an Nachwuchs, wenngleich prominente Parteigenossen wie der Hauptschriftleiter der *National-Zeitung*, Eberhard Graf von Schwerin, oder der *Angriff*-Chefredakteur, Julius Lippert, eine Berufung in den direkten Goebbelsschen Arbeitsbereich abgelehnt hatten. Während des Krieges kam es jedoch zunehmend zu personellen Engpässen: Zahlreiche männliche Mitarbeiter mussten zur Wehrmacht, andere kamen in den Propagandakompanien oder in den Außendienststellen der besetzten Gebiete zum Einsatz.

Im August 1941 rechtfertigte Goebbels gegenüber dem Reichsminister der Finanzen die besonderen Anforderungen der Kriegspropaganda: „Die Sicherung der inneren Bereitschaft des deutschen Volkes, die Abwehr der feindlichen Einwirkung auf dasselbe und die aktive Beeinflussung des feindlichen und neutralen Auslandes erfordern eine restlose Intensivierung der Arbeit."[106] Zudem verschlechterte sich die personelle Lage im RMVP durch einen enormen Krankenstand, der sicherlich nicht nur auf die gestiegene „allgemeine Nervenbelastung"[107] der Belegschaft zurückzuführen war. Auch drastische Sparmaßnahmen („sämtliche im Gebrauch befindlichen Heizkörper sind sofort einzuziehen"[108]) dürften zur physischen Schwächung der Mitarbeiter beigetragen haben.

Im Januar 1942 ordnete Goebbels an, sämtliche Portiers, Boten und Chauffeure durch weibliche Arbeitskräfte zu ersetzen. Mit umfangreichen Anzeigenschaltungen und Unterstützung von NS-Frauenschaft sowie der Arbeitsämter warb die Personalabteilung auch „qualifizierte Mitarbeiterinnen für den höheren Dienst", etwa auf Gebieten der Propaganda, der Presse und des Rundfunks.[109] Mehrere hundert Bewerbungen gingen ein, sogar von Frauen, die weit über 70 Jahre alt waren. Doch ein „Großteil der Damen" brachte „außer ihrem guten Willen wenig sachliche Voraussetzungen" mit. „Frauen der sogenannten Gesellschaftskreise", die ihre politische Zuverlässigkeit bisher noch nicht durch Parteiarbeit unter Beweis gestellt hatten, waren von vornherein von einem Einsatz ausgenommen worden. Für den Schrifttumschef Haegert war schnell klar, dass die Referenten seiner Abteilung, „die mit wichtigen politischen Aufgaben wie denen der politischen Zensur betraut sind, nicht durch Frauen voll ersetzt werden können. Die Frauen sind trotz Einarbeitung nicht in der Lage, politische Entscheidungen zu treffen."

Wenn auch für damalige Verhältnisse nicht ungewöhnlich, so ist es dennoch kennzeichnend, dass sich unter den führenden Propagandisten des Ministeriums keine einzige Frau befand. Auch auf Referentenebene blieben Frauen seltene Ausnahmen. Eine von ihnen war Absolventin der Deutschen Meisterschule für Mode und ehemalige Kostümberaterin der Bavaria Filmkunst.[110] Im Juli 1942 wurde die damals gerade 26-jährige Frau im RMVP als wissenschaftliche Mitarbeiterin im Referat „Mode und Geschmacksbildung" eingestellt. Der Reichsbeauftragte für die Mode, Benno von Arent, hatte sie für diese Position empfohlen. Wie der für Politische Propaganda zuständige Referent der Personalabteilung mitteilte, seien in besagtem Referat eine Reihe von Problemen zu behandeln, „die besser von einer Frau angepackt werden", was in der Natur der Sache liege. Die neue Mitarbeiterin ging schon bald „mit großer Einsatzbereitschaft und mit einem leider heute selten anzutreffenden Idealismus an ihre Arbeit heran".

Eine wichtige Schlüsselrolle für die Personalpolitik des RMVP und seiner Dienststellen spielte der langjährige Personalchef Erich Müller (Jahrgang 1902) – ein promovierter Jurist, der zuvor bei der Gestapo Karriere gemacht hatte. Nach Abschluss seines Studiums im Jahr 1929 war der gebürtige Westfale zunächst bei verschiedenen Justizbehörden als Gerichtsassessor tätig gewesen, von Juli 1931 bis August 1935 als Staatsanwalt in Essen. Zeugnisse aus diesen Jahren bescheinigen ihm „gute" bzw. „voll befriedigende Befähigung". Seit 1932 Mitglied der NSDAP, übernahm Müller im Juni 1933 zusätzlich die kommissarische Leitung des Landratsamts in Rees am Niederrhein. Der bisherige Landrat Theodor Schneemann hatte sich zwar bislang sehr für die Belange des Deichwesens und die Produktion von Heimatkalendern eingesetzt, genügte jedoch keineswegs den politischen Anforderungen der inzwischen regierenden Nationalsozialisten.[111]

Müller wurde im Januar 1934 offiziell zum Landrat in Rees ernannt. In diese Zeit fiel sein vorübergehender Austritt aus der SS, der er seit Januar 1933 angehört hatte. Gut zwei Jahre später trat Müller den Truppen Himmlers allerdings wieder bei und wurde zugleich von Reinhard Heydrich als Führer in den Sicherheitsdienst (SD) übernommen. Während die Gründe für seinen Austritt aus den Akten nicht hervorgehen, dürfte der Wiedereintritt nicht zuletzt damit zusammengehangen haben, dass Müller inzwischen Regierungsrat in der Staatspolizeileitstelle Berlin, einer Abteilung der Gestapo, geworden war.

Ende 1935 avancierte er zum stellvertretenden Leiter der Behörde, in der mehr als 400 Mitarbeiter für die systematische Bekämpfung von tatsächlichen oder vermeintlichen politischen Gegnern des NS-Regimes zuständig waren.[112] Es vergingen keine drei Monate, bis er zum Leiter der Berliner Stapo befördert wurde und als solcher fortan verantwortlich war für die gesamte Provinz Brandenburg sowie die Grenzmark Posen-Westpreußen. Inzwischen hatte die Gestapo das Recht, ohne richterlichen Beschluss Durchsuchungen und Verhaftungen durchzuführen und Personen in Konzentrationslager schicken zu lassen. Mit seinen 34 Lebensjahren lag Müller damals noch zwei Jahre unter dem Durchschnittsalter der ohnehin auffällig jungen regionalen Stapo-Leiter.[113]

Goebbels hatte unterdessen die ursprünglich von Greiner geführte Verwaltungsabteilung seines Ministeriums geteilt und ein eigenständiges Personalressort geschaffen. Dieses stand ab Februar 1936 zunächst unter Leitung des in der Verwaltung erfahrenen Ministerialrats Hans Rüdiger (Jahrgang 1889).[114] Nur ein Jahr später löste ihn Robert Spatz (Jahrgang 1879) ab, ein Mitbegründer der NS-Beamtenarbeitsgemeinschaft. Doch Goebbels war mit der personellen Besetzung dieser bedeutenden Abteilung noch immer nicht zufrieden. Zunächst tageweise ließ er Müller im Sommer 1937 vom Chef der Deutschen Polizei für dringend anstehende Tätigkeiten der Personalverwaltung ins RMVP abordnen. Dabei erhielt Hanke „einen außerordentlich günstigen Eindruck" von dem neuen Mitarbeiter und empfahl ihn dem Minister schriftlich zur Übernahme: „Der Reichsführer SS wird uns mit Rücksicht auf die Dringlichkeit dieser Angelegenheit für unser Ministerium entgegenkommen."[115] Mit grüner Ministertinte vermerkte Goebbels lediglich: „Kommissarisch übernehmen."

Die endgültige Übernahme folgte bald, denn auch der Minister war angetan von dem neuen Abteilungsleiter, dem er die Grundsätze seiner Personalarbeit folgendermaßen darlegte: „Verhältnis Partei und Staat. Keine Prüderie aber auch keine Duldung von Skandalen. Viele Nazis, aber keine Krachmacher. Er versteht mich sehr gut. Macht auf mich einen hervorragenden Eindruck. Ein für uns sehr brauchbarer Mann."[116]

Bei dieser Personalentscheidung dürften Müllers Leistungen nicht unerheblich gewesen sein, die ihm Sicherheitspolizeichef Reinhard Heydrich über die Tätigkeit bei der Stapo bescheinigt hatte: „Wenn ich mich entschloss, die Führung der Geschäfte eines der wichtigsten Ämter, die in der geheimen Staatspolizei zu vergeben sind, in die Hand des SS-Hauptsturmführers ORR Dr. Müller zu legen, so geschah dies deshalb, weil Dr. Müller nach seinen menschlichen und fachlichen Qualitäten hierfür besonders geeignet erschien. Des in ihn gesetzten Vertrauens hat er sich in jeder Hinsicht würdig gezeigt." Müller sei ein „Beamter von Format, ausgestattet mit vorzüglichen Rechts- und Verwaltungskenntnissen und einem hervorragenden Führertalent". Dank seiner organisatorischen Fähigkeiten und guten Menschenkenntnis sei es Müller gelungen, „die Staatspolizeileitstelle Berlin zu einem schlagkräftigen und zuverlässigen Instrument zur Bekämpfung der Staatsfeinde zu machen", so Heydrich weiter. Dabei betonte er dessen „uneingeschränkten Einsatz für den nationalsozialistischen Staat".[117]

Auch im RMVP hatte der neue Personalchef bald „die in ihn gesetzten Erwartungen voll erfüllt". Dem Propagandaminister war schon im Oktober 1937 daran gelegen, Müllers „stark exponierte Stellung zu festigen", was „nicht bloß im Verhältnis zu den anderen Abteilungen des Hauses ... sondern insbesondere auch im Verkehr mit den politischen und kulturellen Dienststellen und Körperschaften außerhalb des Ministeriums notwendig" gewesen sei. Obwohl Müller erst wenige Wochen in einer obersten Reichsbehörde tätig war, beantragte Goebbels seine Beförderung zum Ministerialrat. Auch in diesem Fall stimmte das Innenministerium „in Abweichung der Vorschriften" zu.[118] Im April 1939 stieg der Personalleiter bereits zum Ministerialdirektor auf.

Tatsächlich beeinflusste Müller in den folgenden Jahren wesentlich die personelle Entwicklung des Propagandaapparates. Während zahlreicher Dienstreisen kontrollierte er die Arbeit der Propagandastellen im Reich, später auch in den besetzten Gebieten: „Personalchef Müller aus Polen zurück. Er berichtet mir von der mangelhaften Arbeit du Prels", schrieb Goebbels im März 1940.[119] Zugleich bereitete Müller wichtige Entscheidungen vor, die er anschließend mit dem Minister abstimmte. So hatten die beiden etwa im Sommer 1941 „eine Unmenge angenehmer und unangenehmer Personalien" zu besprechen, als andauernde Machtkämpfe innerhalb der Rundfunkabteilung „ein klares Führungsstatut" vermissen ließen.[120]

Nach dem „Anschluss" Österreichs reiste Goebbels' Personalverwalter in die neuen Gaue und wählte die Leiter für die dort zu errichtenden Reichspropagandaämter aus.[121] Nachdem Müller als Oberst der Geheimen Feldpolizei im Oktober 1939 zur Wehrmacht einberufen worden war, musste er auf Drängen des Ministers bereits im Februar 1940 wieder nach Berlin zurückkehren: „Der in der letzten Zeit noch stark zunehmende Arbeitsanfall brachte das Ministerium bereits in äußerst bedrängte Lage und macht die Rückberufung des Müller besonders dringlich."[122]

Am 4. März 1942 erhielt Goebbels' Personalchef – inzwischen zum SS-Standartenführer aufgestiegen – ein Schreiben des Reichssicherheitshauptamtes: „Hiermit übertrage ich Ihnen die Führung des Einsatzkommandos 12. Ich bitte Sie, sich umgehend nach Simferopol zu begeben und sich bei dem Chef der Einsatzgruppe D – SS-Oberführer Ohlendorf – zum Dienstantritt zu melden".[123] Die Einsatzgruppe D war im Juni 1941 durch das RSHA aufgestellt worden, um auch vom Territorium des Königreichs Rumänien aus den deutschen Angriff gegen die Sowjetunion vorbereiten zu können.[124]

In den rasch eroberten sowjetischen Gebieten ging es zunächst um die Vernichtung der dortigen jüdischen Bevölkerung. Auftragsgemäß hatte die Einsatzgruppe in Simferopol, der Hauptstadt der Halbinsel Krim, bis Weihnachten 1941 so gewütet, dass die Truppen in einer nahezu „judenfreien" Stadt feiern konnten. Bei ihrer Tätigkeit wurde Ohlendorfs Mannschaft nicht nur durch Denunziationen seitens der einheimischen Bevölkerung, sondern bei den konkreten Tötungsaktionen auch durch tatkräftigen Einsatz deutscher wie rumänischer Militäreinheiten unterstützt.

Im Februar 1942 ging im Berliner RSHA die Meldung ein, dass allein in Simferopol inzwischen nahezu 10000 Juden getötet worden seien. Das waren 300 mehr, als zuvor registriert worden waren, so dass für die folgenden Monate eine systematische Durchkämmung der gesamten Halbinsel veranlasst wurde. Als Müller zwei Monate später auf der Krim eintraf, war dort der Massenmord an Juden zwar fast abgeschlossen, doch gab es auch unter seiner Führung noch Gelegenheit zu „Liquidierungen".

Der Schwerpunkt des Einsatzkommandos (EK) 12 lag allerdings auf Verhaftungen und Erschießungen von Partisanen sowie auf nachrichtendienstlicher Tätigkeit. Zudem waren die Männer der Einsatzgruppe D für die lokale „Durchführung" der Euthanasie zuständig. Pflegeeinrichtungen sowie psychiatrische Krankenhäuser wurden durchforstet und Patienten, bei denen eine Heilung aussichtslos erschien, in mitgeführten Gaswagen ermordet. Im Sommer 1942 befand sich die Krim fest in deutscher Hand.

Die Offiziere der Einsatzgruppen, die in sowjetisches Territorium eindrangen, waren überwiegend altgediente Gestapo- und SD-Führer mit umfassenden Erfahrungen im exekutiven Bereich, viele von ihnen waren Juristen. Müller passte also exakt ins Profil. Wie ihm Himmler später bescheinigte, hat Goebbels' Personalleiter seine Aufgaben an der Ostfront „in vorbildlicher Weise" und durch „rücksichtslosen persönlichen Einsatz" gelöst.[125] Bevor der einbrechende Winter Teile des EK 12 an ihre Quartiere fesselte, kehrte Müller im Oktober 1942 ins RMVP zurück. Der Propagandaminister war allerdings schon bald nicht mehr zufrieden mit der Arbeit seiner Personalabteilung: „Es wird dort keine systematische Personalpflege betrieben. Es wird sich unter Umständen die Notwendigkeit ergeben, Dr. Müller … abzulösen."[126] Vermutlich aufgrund persönlicher Differenzen mit dem Minister schied Erich Müller im Sommer 1944 aus dem RMVP aus und ließ sich als Geschäftsführer in einem Zeitschriftenverlag anstellen.

Sein Nachfolger im RMVP wurde Rudolf Schultz von Dratzig (Jahrgang 1897). Auch er hatte die Förderung Himmlers und Heydrichs genutzt, um seine Karriere mittels Zugehörigkeit zur immer einflussreicheren Schutzstaffel sowie zum SD zu forcieren. Wie Schultz von Dratzig gehörten im Goebbels-Ministerium mindestens 40 Prozent der leitenden Propagandisten zur SS und/oder zum SD.[127] Die ranghöchsten unter ihnen waren Hanke und Dietrich. Beide stiegen bis zum Obergruppenführer auf, was hinter Himmler und wenigen Oberstgruppenführern dem dritthöchsten Dienstrang der SS entsprach. Es folgte Hinkel als Gruppenführer, zum Brigadeführer brachten es Gutterer, Naumann, Berndt, Köhn und Otto von Keudell (Jahrgang 1887), der zeitweise für Musik und Kunst verantwortlich war. Auch unter den stellvertretenden Abteilungsleitern, Referenten und Mitarbeitern der untergeordneten Dienststellen gab es viele (auffallend junge) Angehörige des SS-Ordens.[128] Der Abteilungsleiter Schrifttum, Heinrich Wissmann (Jahrgang 1897), musste 1937 aus der SS (und aus dem RMVP) ausscheiden, als bekannt geworden war, dass er in erster Ehe mit einer „Nichtarierin" verheiratet war. Er galt als „jüdisch versippt".[129]

Im Gegensatz zu Erich Müller bekleideten die meisten zur SS gehörenden Propagandisten allerdings lediglich sogenannte Ehrendienstränge ohne praktische Führungsaufgaben, nur wenige waren Mitglied der Waffen-SS wie Wolfgang Diewerge und Walter Titel (Jahrgang 1894), Leiter der 1941 gegründeten Abteilung Reichsverteidigung.

Sie nutzten also ihre SS-Zugehörigkeit einschließlich der entsprechenden Uniform vor allem, um ihre Positionen als Ministerialbeamte gegenüber anderen Dienststellen oder einzelnen NS-Funktionären aufzuwerten. So hat Hinkel als Vertreter des RMVP etwa bei Verhandlungen mit dem Oberkommando der Wehrmacht (OKW) „immer bewusst den Eindruck erweckt", dass er die Aufgaben in seiner Eigenschaft als SS-Führer durchführe.[130] Auch Hauptsturmführer Graf von Monts glaubte, sich als Sonderbeauftragter für Truppenbetreuung als SS-Offizier besser durchsetzen zu können.

Während die Propagandisten auf diese Weise von ihrer SS-Verbindung profitierten, konnte Himmler seinen Einfluss auf sämtliche Führungsstellen des Reiches stetig vergrößern. Im Ministerium seines innerparteilichen Gegners Goebbels war der Anreiz für ihn besonders groß: Je mehr es dem SS-Chef gelang, die dortigen Mitarbeiter durch kontinuierliche Beförderungen an seinen Orden zu binden, umso leichter wurde es für ihn, den Propagandaminister sukzessive einzukreisen. Zusätzlich zu dieser subtilen Einflussnahme hatte Himmler offizielle Verbindungsmänner ins Propagandaministerium abbestellt.

Einer der ersten war Richard Pruchtnow (Jahrgang 1892), der bereits 1934 zum Verbindungsoffizier des Reichsführers SS ernannt worden war. Während der Kriegsjahre war die SS am Wilhelmplatz vor allem durch Walter Titel vertreten. Er gehörte zu den „Märzgefallenen" und war in der Weimarer Republik als Leutnant bei der Polizei tätig gewesen war. Nach vorübergehendem Einsatz an der Ostfront kehrte der Obersturmbannführer der Waffen-SS im November 1944 wieder ins RMVP zurück und freute sich „auf die Auswertung der Erfahrungen, die ich im Osten sammeln konnte".[131] Titel starb im Juli 1944 „im Kampf um die Freiheit Großdeutschlands".[132]

Auch der SD bzw. das 1939 gegründete Reichssicherheitshauptamt hatten für Verbündete im Goebbels-Ministerium gesorgt. Heiner Kurzbein (Jahrgang 1910) war bereits seit Juni 1933 für den NS-Nachrichtendienst tätig und hatte schon als 23-Jähriger „brauchbare Berichte" abgeliefert.[133] Seine SD-Verbindungen mussten allerdings vor Mitarbeitern und Kollegen so weit wie möglich geheim gehalten werden, da „ein Bekanntwerden seiner Tätigkeit als V-Mann im Propagandaministerium für ihn zum großen Schaden gewesen" wäre.[134] Im Sommer 1938 soll sich Kurzbein von seiner Stenotypistin die SD-Raute vom Ärmel entfernt haben lassen und dabei bemerkt haben: „Wenn das der Doktor sieht, gibt es nur Krach." Gemeint war der Minister. Die Angelegenheit schlug hausintern so große Wellen, dass Kurzbein um Entlassung aus dem SD und um Versetzung bat. Jedoch ohne Erfolg. Er blieb Leiter der Bildstelle in der Presseabteilung und auch Mitglied im SD.

Auch Leopold Gutterer spielte für den Sicherheitsdienst eine wichtige Rolle. Nach Einschätzung Reinhard Heydrichs hatte sich zwischen dem RSHA und dem RMVP bis Oktober 1940 bereits eine „vertrauensvolle, fruchtbare Zusammenarbeit" entwickelt: Gutterer habe „damit praktisch erreicht, dass die durch den Nachrichtendienst des SD erfassten Wünsche, Anregungen, Klagen und Missstimmungen des Volkes aus allen Reichsteilen und in allen Lebensgebieten täglich in Presse, Rundfunk, Film, in der allgemeinen Propagandalenkung usw. die denkbar weitgehendste Berücksichtigung finden". [135] Während die Zusammenarbeit vor dem Kriege „durch eine gewisse Zurückhaltung des Propaganda-Ministeriums nicht sehr entwickelt werden konnte", übertreffe sie seit der Einsetzung Gutterers als Verbindungsstelle die Zusammenarbeit mit allen übrigen Ministerien.

Goebbels war sich des Nutzens einer solch engen Kooperation für die Gestaltung seiner Propaganda durchaus bewusst: Wie sich Tießler erinnert, waren die Stimmungsberichte des SD „für Dr. Goebbels so wertvoll, daß er immer wieder aus ihnen vorlas".[136] Die stetig gewachsene Einflussnahme Himmlers auf sein Ministerium beobachtete Goebbels allerdings äußerst kritisch. In seinem Tagebuch beklagte er sich im September 1944, dass die SS „eine Art von Freimaurerei in der Partei" bilde: „Sie hält zusammen auf Gedeih und Verderb, was in den meisten Fällen von Vorteil, in einigen Fällen aber auch von Nachteil ist. Man darf sich durch Zugehörigkeit zur SS nicht den klaren Blick auch für ihre Schwächen trüben lassen. Jedenfalls bin ich durchaus nicht der Meinung, daß man nur Mitglied oder Führer bei der *SS* sein muß, um ein Engel zu sein."[137]

Hintergrund für diese Eintragung war eine scharfe Auseinandersetzung mit Werner Naumann im September 1944, dabei ging es um Vorwürfe gegen die Frau des Reichsbeauftragten für das Winterhilfswerk, Erich Hilgenfeldt. Die zeitweilige Rundfunkmitarbeiterin hatte sich aus Sicht des Ministers „ziemlich übel benommen". Sie fahre „jeden Morgen wie eine Primadonna mit dem Auto vor dem Rundfunkhaus vor" und zeige auch sonst „alles andere als nationalsozialistischen Korpsgeist". Als Hilgenfeldt sich Goebbels gegenüber für das Verhalten seiner Gattin rechtfertigen musste, nahm Naumann seinen Kollegen in Schutz. Goebbels führte die Haltung seines Staatssekretärs auf eine zu enge Bindung an die SS zurück. Zwar habe Naumann immer wieder betont, „daß er nicht die geringste Verpflichtung der SS gegenüber empfinde, die über seine reinen Dienstobliegenheiten hinausgehe". Doch war der Minister der Ansicht, dass sein Staatssekretär sich dennoch – „wenn auch unbewusst" – gebunden fühle: „Ich werde dafür sorgen, daß das in der Amtsführung in keiner Weise zum Ausdruck kommt."[138]

Für die „Amtsführung" blieben indes nur noch wenige Monate Zeit. Anfang März 1945 zerstörte ein Luftangriff der Alliierten weite Teile des Palais am Wilhelmplatz. Wichtige Besprechungen fanden fortan in der Dienstvilla des Ministers statt. Ende des Monats gelang es Goebbels nach zahlreichen vergeblichen Versuchen doch noch, bei Hitler die Entlassung seines Rivalen Otto Dietrich durchzusetzen.

Der Reichspressechef hatte unter anderem gegen die Bildung von „Werwolf"-Truppen protestiert, die als Untergrundorganisationen in einem militärisch besetzten Deutschland weiterkämpfen sollten. Während Goebbels sich entschloss, die Presseabteilung von „renitenten und defaitistischen Elementen schnellstens [zu] säubern" und die „ganze Propaganda- und Nachrichtenpolitik besonders zu radikalisieren",[139] enthob Hitler seinen langjährigen Pressechef binnen weniger Minuten von allen Ämtern. Einige Tage später musste auch Dietrichs Stabsleiter Sündermann das Ministerium verlassen. Der ebenfalls zum Einflussbereich Dietrichs zählende Erich Fischer wurde zur Wehrmacht geschickt. Einem Bericht von Wolfgang Diewerge folgend, sei das Promi „bis auf den letzten Mann auf seinem Posten geblieben", während alle anderen Ministerien im April 1945 den Rückzug angetreten hätten. Als von Schultz von Dratzig Selbstmord verübt hatte, habe sich zunächst niemand gefunden, um ihn zu bestatten, da der Personalchef „sich feige davon gemacht hätte".[140] Naumann und Diewerge folgten Goebbels bis in den Bunker unter der Reichskanzlei. Sie flohen erst Anfang Mai nach dem Freitod des „Führers" und ihres Ministers.

Goebbels' Entourage verließ Berlin in diesen letzten Wochen des Dritten Reiches fluchtartig in alle Richtungen. Einige wurden schon nach kurzer Zeit von alliierten Besatzern verhaftet, anderen wie Erich Fischer gelang es, jahrelang unter falschem Namen unterzutauchen. Ex-Personalchef Müller setzte sich wie viele prominente NS-Täter nach Südamerika ab und konnte von der deutschen Justiz nie aufgespürt werden.[141] Über Walther Funk, Hans Fritzsche und Otto Dietrich wurde im Rahmen der Nürnberger Prozesse verhandelt.[142]

Der überwiegende Teil musste sich ausschließlich in Spruchkammerverfahren verantworten. Zahlreiche ehemalige Goebbels-Propagandisten hatten später in der Bundesrepublik leitende Positionen in Politik, Wirtschaft, Wissenschaft und Verwaltung inne.

Karl Ott wurde Staatssekretär im Niedersächsischen Innenministerium. Heinrich Hunke – im RMVP zeitweise Chef des Auslandsressorts – begann seine zweite Karriere zunächst als Generalsekretär der Akademie für Raumforschung und Landesplanung in Hannover. Dort hatten sich nach 1945 eine Reihe von Wissenschaftler versammelt, die zuvor als Kapazitäten ihres Fachgebiets in den Diensten der Nationalsozialisten gestanden hatten und nun mit modifizierten Forschungsprogrammen und unter dem veränderten politischen Paradigma ihre Tätigkeit fortführten. Zu ihnen gesellte sich später auch der einstige SS-Oberführer Konrad Meyer-Hetling, der als Himmlers Siedlungsexperte am „Generalplan Ost“ beteiligt gewesen war.

Von 1955 bis 1967 war Hunke im niedersächsischen Finanzministerium tätig, zuletzt als Leiter der Wirtschaftsabteilung. Erich Fischer traf Anfang der fünfziger Jahre in Hamburg auf seinen früheren Kollegen Eberhard Taubert (Jahrgang 1907), Goebbels’ Antikomintern-Spezialisten, der das Drehbuch für den antisemitischen Propagandafilm „Der ewige Jude“ geschrieben hatte und zuletzt als Abteilungsleiter für die besetzten Ostgebiete zuständig gewesen war. Taubert und Fischer betrieben nun im Umfeld des „Volksbundes für Frieden und Freiheit“ mit finanzieller Unterstützung der Adenauer-Regierung antikommunistische Propaganda. Taubert war in den sechziger Jahren unter anderem für die Bundeswehr im Bereich Politische Bildung im Einsatz. 1972 überreichte ihm der damalige Ministerpräsident von Rheinland-Pfalz, Helmut Kohl, das Große Bundesverdienstkreuz. Fischer war unterdessen Leiter der Düsseldorfer SPIEGEL-Geschäftsstelle geworden und warb Anzeigenkunden innerhalb der rheinisch-westfälischen Schwerindustrie, wo er Kontakte aus der NS-Zeit nutzen konnte. Später war er in leitender Position für den Verlag Gruner + Jahr sowie in den achtziger Jahren als Berater privater TV-Sender tätig. Sein einstiger Chef Otto Dietrich fand nach vorzeitiger Haftentlassung eine Beschäftigung bei der Deutschen Kraftverkehrsgesellschaft in Düsseldorf. Hans Fritzsche wurde in Köln Werbeleiter eines französischen Unternehmens. Leopold Gutterer, der nach 1945 ebenfalls regen Kontakt zu Taubert pflegte, war unter anderem als Chef eines Düsseldorfer Theaters tätig. Bemerkenswert ist der weitere Lebensweg des Rundfunkexperten und einstigen Chefs der NS-Gemeinschaft „Kraft durch Freude“ Horst Dreßler-Andreß: Der von jeher überzeugte Sozialist setzte sein politisches Engagement nach 1945 in der sowjetisch besetzten Zone bzw. später in der DDR fort.[143]

Werner Naumann hatte nach 1945 in Süddeutschland unter falschem Namen das Maurerhandwerk erlernt, bevor er Anfang der fünfziger Jahre auf die politische Bühne zurückkehrte. Mit anderen ehemaligen hohen Chargen des NS-Staates plante er eine Unterwanderung der jungen Republik.[144] Dabei nutzte er insbesondere Kontakte zur nordrhein-westfälischen FDP, um Schlüsselpositionen mit ehemaligen Nationalsozialisten zu besetzen. Diese Verschwörung wurde 1953 vom britischen Geheimdienst aufgedeckt.

Auch Diewerge war inzwischen für die Freien Demokraten tätig – als Referent des NRW-Landesvorsitzenden, Friedrich Middelhauve, der sich ebenfalls für einen nationalistischen Rechtskurs der FDP eingesetzt hatte.[145] Werner Stephan wurde 1955 FDP-Bundesgeschäftsführer. Er war allerdings nicht in die Naumann-Affäre verwickelt gewesen. Helmut Sündermann verfasste bis zu seinem Tod im Jahr 1972 rechtsradikale Schriften, die mehrfach bundesdeutsche Gerichte beschäftigt haben. In dem von ihm mitgegründeten Druffel-Verlag vertrieb er die apologetischen Werke früherer Kollegen wie Eberhard Taubert oder Friedrich Christian Prinz zu Schaumburg-Lippe.

Abseits ihrer beruflichen Netzwerke trafen sich ehemalige Mitarbeiter des Propagandaministeriums bis in die siebziger Jahre zu „Altherrenabenden“. Doch längst nicht alle legten Wert auf „herzliche Wiedersehensfreude“ im Frankfurter Parkhotel. Wie viele andere hatte Karl Ott eine Teilnahme am „Altherrenabend mit Damen“ im November 1976 abgesagt: „Zu hinfällig“.[146]

„ÜBER PROPAGANDA ZU DISKUTIEREN, HAT WENIG ZWECK“

Zur Medien- und Propagandapolitik von Joseph Goebbels

Thymian Bussemer

JOSEPH GOEBBELS gilt in der Literatur nach wie vor als „Großmeister der Propaganda“ und als „Propagandagenie“.[1] Daher ist es erstaunlich, dass es keine dem Forschungsstand angemessene Darstellung von Goebbels' Propagandatheorie gibt – und wenn schon nicht seiner Theorie, dann doch wenigstens seiner grundlegenden Vorstellungen zu Funktion und Wirkung von Propaganda.[2] Die systematische politische Indoktrination der Deutschen und des Auslands war zwischen 1929 und 1945 das zentrale Arbeitsfeld des gebürtigen Rheinländers, hier brachte er es tatsächlich zu einer Meisterschaft, die auch bei seinen Gegnern Anerkennung fand und die ihn selbst befriedigte: Die Propaganda, so bekannte er 1936, „ist doch mein eigentliches Element“.[3]

Die Goebbels-Forschung aber behandelt die Propagandatheorie des nationalsozialistischen Chefdemagogen bestenfalls en passant. Vielfach werden die öffentlichen Verlautbarungen Goebbels' zum Wesen der Propaganda für identisch mit den Strategien der Massenbeeinflussung gehalten, die von ihm in der Praxis umgesetzt wurden. Vor allem aber tendiert die Forschung dazu, die Propagandakonzeptionen von Hitler (der sich in *Mein Kampf* umfassend zur Propaganda äußerte) und dem ihm tief ergebenen Goebbels (der öffentlich nur wenig über Wesen und Gehalt von Propaganda sprach) gleichzusetzen. Äußerungen von Hitler zur politischen Propaganda werden so Goebbels zugeordnet und als reale Propagandapraxis des nationalsozialistischen Regimes ausgewiesen. Im Mittelpunkt der folgenden Überlegungen steht der Versuch, diese Sichtweise zu überwinden und ihr eine differenziertere Perspektive entgegenzustellen, die stärker zwischen den Positionen von Hitler und Goebbels, aber auch zwischen programmatischen Behauptungen zur Propaganda und der tatsächlich ausgeübten Propagandapraxis unterscheidet.

Die Propagandakonzeptionen von Hitler und Goebbels

Stellt man die Propagandakonzeptionen Adolf Hitlers und Joseph Goebbels' einander gegenüber, so fallen zunächst die unterschiedlichen biografischen Prägungen auf. Der um acht Jahre ältere Hitler hatte seine grundlegenden politisch-propagandistischen Erfahrungen im Wien der Zeit vor 1914 gemacht. Dort besuchte der arbeitslose Kunstmaler Propagandaveranstaltungen der Arbeiterbewegung und konnte rechtspopulistische Demagogen wie den langjährigen Wiener Bürgermeister Karl Lueger aus der Nähe beobachten, was auf ihn einen tiefen Eindruck machte. „Immer wieder kam H[itler] später auf das Beispiel Luegers zurück, wenn er sich mit Problemen der Massensuggestion oder -fanatisierung beschäftigte oder sich über den Wert politischer Propaganda verbreitete.“[4]

Die von Hitler geprägte Ästhetik des Nationalsozialismus folgte genau wie sein Propagandakonzept im Wesentlichen diesen beiden Einflüssen: Entlehnungen bei der Arbeiter- und der völkischen Bewegung verband er mit einer Vorliebe für das gesprochene Wort und Propagandamaßnahmen wie Demonstrationen und Kundgebungen, die auf der unmittelbaren Präsenz der Beteiligten beruhten. Während des Ersten Weltkrieges kam für Hitler eine neue Erfahrungsdimension hinzu. Denn dieser Krieg der Waffen und Ideologien rückte das Phänomen der politischen Propaganda erstmals in das breite Bewusstsein der Europäer. Für manche war die intensive Propagandatätigkeit aller Seiten sogar das prägende Merkmal dieses Krieges.[5]

Vor allem die britische Kriegspropaganda wurde von zeitgenössischen Beobachtern als ein wichtiger Faktor für den Sieg der Entente gesehen, dem Deutschland angeblich nichts entgegenzusetzen hatte. Auch dem Meldegänger Adolf Hitler entging dies nicht. Seit dem Weltkrieg besaß Propaganda für ihn den zentralen Stellenwert in der politischen Auseinandersetzung, der britischen Kriegspropaganda widmete er in *Mein Kampf* ein ganzes Kapitel.[6]

Goebbels dagegen machte seine konstitutiven Erfahrungen mit Propaganda in den frühen zwanziger Jahren, als in der krisengeschüttelten Weimarer Republik die unterschiedlichsten politischen Gruppen um Einfluss und Aufmerksamkeit rangen. Anders als Hitler begriff Goebbels sich nicht von vornherein als Außenseiter der Gesellschaft, sondern strebte anfangs eine durchaus systemkonforme Karriere als Journalist an. Während Hitler auf Versammlungen in Münchner Bierkellern agitierte, schrieb Goebbels in Elberfeld Aufsätze und träumte von literarischer Berühmtheit. Schon diese unterschiedlichen Erfahrungen der beiden Männer mussten zu unterschiedlichen Zugängen zur Propaganda führen. Hinzu kam, dass Hitler glaubte, im Besitz einer „wissenschaftlichen" Theorie für die Planung und Ausführung seiner Propaganda zu sein. Diese Theorie war die sogenannte Massenpsychologie, die seit den 1890er Jahren von Autoren wie Gustave Le Bon, Gabriel Tarde und Scipio Sighele formuliert worden war. Aus der Perspektive der Massenpsychologie war der Mensch durch und durch irrational veranlagt: Sachargumenten kaum zugänglich, reagierte er demnach umso stärker auf visuelle Reize und griffige Parolen.

Die Lektüre von massenpsychologischen Traktaten mündete bei Hitler in die „Überzeugung von der mechanischen Beherrschbarkeit des in der Masse aufgelösten Individuums".[7] Die „Bezwingung der Masse" war die zentrale Propagandatechnik, auf die der Diktator setzte: „Die Psyche der breiten Masse ist nicht empfänglich für alles Halbe und Schwache. Gleich dem Weibe, dessen seelisches Empfinden weniger durch Gründe abstrakter Vernunft bestimmt wird, als durch solche einer undefinierbaren, gefühlsmäßigen Sehnsucht nach ergänzender Kraft, und das sich deshalb lieber dem Starken beugt, als den Schwächling beherrscht, liebt auch die Masse mehr den Herrscher als den Bittenden und fühlt sich im Innern mehr befriedigt durch eine Lehre, die keine andere neben sich duldet, als durch die Genehmigung liberaler Freiheit; sie weiß mit ihr auch meist nur wenig anzufangen und fühlt sich sogar leicht verlassen."[8] Daraus ergab sich eine letztlich mehr als simple Propagandakonzeption. So resümierte Hitler seine Überlegungen zur Propaganda: „Die Aufnahmefähigkeit der großen Masse ist nur sehr beschränkt, das Verständnis klein, dafür jedoch die Vergesslichkeit groß. Aus dieser Tatsache heraus hat sich jede wirkungsvolle Propaganda auf nur sehr wenige Punkte zu beschränken und diese schlagwortartig solange zu verwerten, bis auch bestimmt der letzte unter einem solchem Worte das Gewollte sich vorzustellen vermag."[9]

Die Propagandakonzeption Hitlers ist ohne die Hypothesen der Massenpsychologie nicht vorstellbar, sie bilden Anfang und Ende seines Denkens und Handelns als Propagandist. Da alles, was Hitler von sich gab, bald zur quasioffiziellen Doktrin von „Bewegung" (und später NS-Staat) avancierte, waren auch seine Thesen zur Propagandawirkung die verbindliche Richtschnur für die Konzeptualisierung von Meinungslenkung im Dritten Reich.

Goebbels wusste um diese Tatsache und orientierte seine öffentlichen Äußerungen zur Propaganda an denen Hitlers. Entsprechend sparte auch er nicht mit Bekenntnissen zur Massentheorie. „Propaganda muß klar, einfach, wenn nicht primitiv sein", notierte er etwa am 12. August 1937 in sein Tagebuch. Unter dem Datum des 29. Januar 1942 heißt es, dass „das Volk meist viel primitiver ist, als wir uns das vorstellen. Das Wesen der Propaganda ist deshalb unentwegt die Einfachheit und die Wiederholung". Derartige Verlautbarungen als die Essenz von Goebbels' Propagandakonzeption zu begreifen, wäre allerdings ein Trugschluss. Die vielfältigen massenpsychologischen Zitate aus *Mein Kampf* benutzte Goebbels auch deswegen fortwährend, um zu kaschieren, dass er eine andere Propagandakonzeption als Hitler vertrat. „In der praktischen Arbeit berief sich Goebbels zwar durchgehend auf Hitlers Feststellungen zur Propaganda und dessen Gespür für die ‚Seele des Volkes', entwickelte jedoch eigene Vorstellungen."[10] Diese waren um einiges komplexer als Hitlers simple massenpsychologische Postulate und liefen auf eine umfassende Theorie sozialer Kontrolle hinaus.

Entsprechend vielfältig war in Goebbels' Konzeption das Repertoire einsetzbarer Propagandatechniken. Entscheidend waren die jeweils anvisierten Ziele, denen die Methoden flexibel zu folgen hatten: „Über Propaganda zu diskutieren, hat wenig Zweck: sie ist keine Angelegenheit der Theorie, sondern eine Sache der Praxis. Man kann auch nicht auf theoretischem Wege erforschen, welche Propaganda etwa die bessere oder welche die schlechtere sei, sondern die Propaganda ist gut, die zum Erfolge führt, und die ist schlecht, die am gewünschten Erfolge vorbeigeht …"[11] Propaganda sei weder wirklich planbar noch theoriefähig, schrieb Goebbels schon 1927 in „Neue Methoden der Propaganda": „Der Propagandist der Theorie ist vollkommen untauglich, der sich eine geistreiche Methode am Schreibtisch erdenkt und dann am Ende aufs höchste verwundert und betroffen ist, wenn diese Methode vom Propagandisten der Tat nicht angewandt wird oder – von ihm in Anspruch genommen – nicht zum Ziele führt. Die Methoden der Propaganda entwickeln sich ursächlich aus dem Tageskampf selbst heraus."[12]

Trotz dieser Weigerung Goebbels', sich auf eine bestimmte Art der Propaganda festzulegen, lassen sich die Unterschiede zu Hitlers Konzeption schon bei einem oberflächlichen Vergleich festmachen. Die wichtigste Differenz bestand darin, dass Goebbels stärker als Hitler den Wechsel von Weltanschauung und politischer Religion zum Zynismus probte. Dies erlaubte ihm, eine Position mit aller Leidenschaft zu vertreten, nur um sie kurz darauf im kleinen Kreis als lächerlich oder idiotisch zu brandmarken. Die ideologischen Botschaften des Nationalsozialismus waren für ihn kein Katechismus, sondern beinahe nach Belieben handhabbares Propagandamaterial. Ständig taxierte er die Lage neu und richtete sein Handeln danach aus. Anders als Hitler berauschte sich Goebbels auch selten an seinen eigenen Reden. Er wurde nicht von den eigenen Worten besoffen, wenn er auch auf jedes Lob wie ein eitler Pfau reagierte. Während Hitler sich als Messias des deutschen Volkes betrachtete, war Goebbels ganz zufrieden damit, im Alter von 35 Jahren Reichsminister geworden zu sein. Fortan interessierte er sich primär für Immobilien, Motorboote und die Sicherung seiner Machtbasis innerhalb des Regimes. Auch sein Antisemitismus kam nicht von innen, sondern war aus taktischen Gründen angelernt – was ihn nicht daran hinderte, zu gegebener Zeit einer der schlimmsten antijüdischen Hetzer zu werden.

Aus diesen Unterschieden in Persönlichkeit und politischer Sozialisation resultierten auch die Divergenzen im Zugang zur Propaganda: Während Hitler in seinen Reden auf eine massenpsychologische Überwältigung des Publikums abzielte, wollte Goebbels es mittels ästhetisch feinsinnig verpackter Botschaften, gekünstelter Formulierungen und beeindruckender Effekte verführen. Der Propagandaminister glaubte nicht an die Existenz eines kollektiven Massenrausches und sicherte die Wirkung seiner Propaganda routiniert durch Gewaltandrohungen und andere Restriktionen ab. Propaganda, das war für ihn nicht primär die Großkundgebung oder der Massenaufmarsch (wenn er auch diese Techniken souverän einzusetzen verstand), sondern eine subtile Form der Beeinflussung, die es vermied „die Gesinnung auf den Präsentierteller"[13] zu legen und bei der es darauf ankam, denjenigen, „den die Propaganda fassen will, ganz mit den Ideen der Propaganda zu durchtränken, ohne daß er überhaupt merkt, daß er durchtränkt wird. Selbstverständlich hat die Propaganda eine Absicht, aber die Absicht muß so klug und so virtuos kaschiert sein, daß der, der von dieser Absicht erfüllt werden soll, das überhaupt nicht bemerkt".[14] Damit entgrenzte er den Einsatzbereich von Propaganda ins Unendliche, machte sie zu einer überall präsenten, doch nirgendwo fassbaren Technik – irgendwo zwischen Heroenkult und Blut-und-Boden-Politainment –, die in den zwölf Jahren zwischen 1933 und 1945 zum eigentlichen Markenzeichen des „Dritten Reiches" werden sollte.

Von seiner Persönlichkeitsstruktur her brachte Goebbels eine Reihe von Merkmalen mit, die ihn bei der Ausübung seiner schwarzen Kunst begünstigten. Durch seine Herkunft aus dem Kleinbürgertum kannte er die Sehnsüchte der Arbeiter und Angestellten nach Aufstieg und Verbürgerlichung und verstand es, mit diesen virtuos zu spielen. Sein zeitweise durchaus ernsthaft gelebter Sozialismus versetzte ihn in die Lage, Klassenhass gegen die oberen Zehntausend zu schüren. Und seine ohne Frage vorhandene Kenntnis der intellektuellen Kultur sowie seine Erfahrungen im Mediensystem erlaubten es ihm, ernsthaft an der zeitgenössischen politisch-publizistischen Debatte teilzunehmen – eine Leistung, zu der Hitler, aber auch viele andere führende Nationalsozialisten nie in der Lage gewesen wären. Zudem war Goebbels ein eiskalter Rationalist, der von einer Sekunde zur anderen zum Romantiker mutieren konnte, ein zu klein geratener Machiavelli mit Klumpfuß, der nur zu genau wusste, wie es ist, deklassiert und verspottet zu werden.

Diese Fähigkeiten und Prägungen waren die Ingredienzen, die Goebbels als Propagandist auszeichneten. Daraus entstand aber keine kohärente Theorie propagandistischen Handelns und nicht einmal eine „Theorie mittlerer Reichweite", aus der konkrete Aktionspläne hervorgehen konnten. So bleibt es einer nachträglichen Konstruktion vorbehalten, die verschiedenen Facetten und Maximen von Goebbels' Propagandakonzept zu beleuchten, was hier in fünf Schritten geschehen soll.

1. Die Rahmenbedingungen der Propaganda: Totalität der Informationskontrolle

Vor 1933 konkurrierte die NS-Propaganda auf einem demokratisch verfassten Meinungsmarkt mit den politischen Botschaften und Zielen der anderen Parteien und der nicht parteipolitisch gebundenen Presse. Mit der NS-Machtübernahme sollte sich dies grundlegend ändern. Das Ziel von Goebbels war es, die gesamte Presse, den Rundfunk und auch alle anderen Formen der publizistischen Meinungsäußerung unter die rigide Kontrolle der Nationalsozialisten zu bringen. Die Gleichschaltung der Medien war die zentrale Voraussetzung dafür, den Nationalsozialisten ein Monopol über die veröffentlichte Meinung in Deutschland zu verschaffen, was ihnen wiederum ermöglichte, den Informations- und Meinungsfluss beinahe vollkommen nach ihrem Belieben zu steuern. Nachrichten konnten der Bevölkerung vorenthalten, andere ihr im Übermaß aufgedrängt werden. Das Agenda-Setting, die Bestimmung der öffentlichen Tagesordnung, ging so nach und nach ganz in die Hände der faschistischen Machthaber über. Angestrebt war eine totale „Regie des öffentlichen Lebens" (Karlheinz Schmeer) im Nationalsozialismus.

Zur Durchsetzung dieser totalen Meinungskontrolle dienten verschiedene Maßnahmen: Schon die „Notverordnung zum Schutze von Volk und Staat" vom 28. Februar 1933 führte die Zensur wieder ein. Das am 4. Oktober 1933 in Kraft getretene Schriftleitergesetz unterwarf die Presse einer rigiden ideologischen und „rassischen" Kontrolle. In den kommenden zwölf Jahren sollte sie durch detaillierte Presseanweisungen und Sprachregelungen an der kurzen Leine des Propagandaministeriums geführt werden. Auch die unmittelbar 1933 eingeleitete Gleichschaltung des Rundfunks trug zur Absicherung des nationalsozialistischen Meinungsmonopols bei. Durch das Reichskulturkammergesetz vom 22. September 1933 wurden alle Künstler unter staatliche Kontrolle gestellt, die Kunstfreiheit de facto abgeschafft. Auf der ökonomischen Ebene trug vor allem der von dem „NS-Reichsleiter Presse" und Direktor des NDSAP-eigenen Eher-Verlages Max Amann im großen Stil betriebene Aufkauf von vormals unabhängigen Zeitungen zur Konzentration von nationalsozialistischer Medienmacht bei. Auf technischer Ebene war es in erster Linie der schon im Jahre 1933 eingeführte Volksempfänger – mit dem sich keine ausländischen Sender empfangen ließen – der die Monopolisierung unterstützte. Im Krieg wurde die Wirkung des gleichgeschalteten Rundfunks noch durch die Anordnung von „Gemeinschaftsempfang" verstärkt: Die Hörer mussten an ihren Arbeitsplätzen oder Wohnorten gemeinsam die Sendungen verfolgen, was eine Kontrolle und Lenkung auch der Rezeption erlaubte. Gleichzeitig wurde auf das Abhören von Feindsendern drakonische Strafen verhängt.

Insgesamt gesehen gelang es den Nationalsozialisten nach 1933 sehr schnell, ein umfassendes System der Informationskontrolle zu errichten, das sich im Lauf der Zeit immer weiter perfektionierte. Die Bevölkerung (und auch die unteren und mittleren Funktionsträger des Regimes) gerieten bei der Deckung ihres Informationsbedarfs, der gerade im Krieg sprunghaft anstieg, in vollkommene Abhängigkeit von den vom Regime bereitgestellten Informationen. Hierin – und nicht in der von Hitler postulierten, aber stets nebulös bleibenden Verführung der Massen – ist der zentrale Wirkungsmechanismus der Propaganda zu sehen.

Die Totalität der informationellen Abschottung eines vormals modernen und in die internationalen Kommunikationsströme eingebundenen Landes, wie sie durch die Nationalsozialisten durchgesetzt wurde, ist in der Geschichte ohne Beispiel. Vor allem während des Krieges waren die Deutschen gezwungen, die für das eigene Überleben essentiell benötigten Informationen über die Lage aus einem vorwiegend auf interpersonaler Kommunikation beruhenden System von Gerüchten, heimlich verbreiteten Nachrichten und zwischen den Zeilen versteckten Andeutungen zu beziehen. Dies stellte – wie Franz Dröge gezeigt hat – zwar die Totalität der nationalsozialistischen Informationskontrolle partiell in Frage, führte aber trotzdem zu einer weitgehenden kommunikativen Desorientierung der Bevölkerung, da nie Bestätigungen oder Dementis für umlaufende Gerüchte zu erhalten waren.[15]

2. Die Stilistik der Propaganda: ‚Stählerne Romantik' und zurückgenommene Avantgarde

Ästhetisch gesehen zerfallen Goebbels' bevorzugte Propagandainszenierungen in drei große Phasen, die sich auch in den Selbstinszenierungen des Propagandaministers widerspiegeln: Da ist der junge Goebbels der Kampfzeit, der in einen schweren Lederjoppe auf der Ladefläche eines Lastwagens steht und für die nationale Revolution agitiert. Da ist ferner – nur wenige Jahre später – der frischgebackene Minister im weißen Anzug mit Hut, der nach Büroschluss erst segeln geht, um dann ein mondänes Gartenfest zu geben. Und da ist schließlich der Goebbels der Kriegszeit, der mit getragener Stimme und unterbrochen von Trauermärschen Verlustmeldungen verliest und die Deutschen zu noch härteren Kriegsanstrengungen antreibt.

In den Jahren vor der Machtergreifung bevorzugte Goebbels einen aggressiven agitatorischen Stil, der vor allem darauf aus war, möglichst viel Krawall anzuzetteln und so seiner Bewegung das höchstmögliche Maß an Prominenz zu sichern. Endeten Versammlungen wegen der sich unweigerlich anschließenden Saalschlachten oder wegen Volksverhetzung vor Gericht, so war dies durchaus in seinem Sinne, bot sich doch hier eine anschlussfähige öffentliche Bühne für spektakuläre Agitation. Gleichzeitig experimentierte Goebbels zu dieser Zeit intensiv mit pseudomilitärischen Formen der Demonstrationspropaganda, gekennzeichnet vor allem durch die Verwendung von Fahnen und Uniformen, die z.B. bei der Beerdigung Horst Wessels extensiv eingesetzt wurden. Typisch für Goebbels' Propagandastil in dieser Phase der „Kampfzeit" ist aber vor allem, dass er die mangelnde mediale Präsenz und die schmalen Ressourcen der NSDAP durch Formen des Guerilla-Marketings kompensierte. Alles, was der Partei Aufmerksamkeit sicherte, war ihm recht. Ob SA-Leute bei der Uraufführung der Remarque-Verfilmung „Im Westen nichts Neues" Mäuse im Kinosaal losließen oder er willkürlich kommunistische Versammlungen sprengte: Immer ging es darum, in die Schlagzeilen zu kommen und die Nationalsozialisten in Berlin wichtiger erscheinen zu lassen, als sie es Ende der zwanziger Jahre waren. Geradezu legendär waren seine ständigen Ausfälle gegen den jüdischen Berliner Polizei-Vizepräsidenten („Vipoprä") Bernhard Weiß, von Goebbels nur „Isidor" geheißen, den er nach dem Prinzip, dass immer etwas hängen bleibt, mit dem infamsten und beißendsten Spott überzog.

Neben der Gewinnung neuer Anhänger und der Eroberung der Straße ging es in dieser Phase vor allem darum, die Mitglieder von SA und Partei bei der Stange zu halten. Dies erreichte Goebbels durch einen ständigen Aktionismus, durch immer neue Aufmärsche und Kundgebungen. Durch die Dauerpräsenz der Nationalsozialisten und die damit verbundene permanente Gewaltandrohung prägten die Nationalsozialisten zunehmend den Alltag in den Großstädten und manifestierten so ihren Herrschaftsanspruch.

Die Machtübernahme 1933 bedeutete für diese Praktiken eine Zäsur. Denn neben die hetzerische Agitationspropaganda trat jetzt die stärker hoheitliche Integrationspropaganda, mit der die Menschen an den neuen Staat herangeführt und jede Opposition im Keim erstickt werden sollte. Goebbels schrieb damals, dass es „sehr schwer" sein würde, „die Partei in einem Zuge aus der bisherigen Siedehitze der Opposition in den Staat zu überführen".[16] Dies bedingte auch eine Veränderung der Propagandastile. Goebbels wurde staatsmännischer, trug Anzüge statt der Lederjoppe, fuhr in Limousinen und umgab sich mit adligen Adjutanten. Auch seine Propaganda wurde zunehmend pragmatischer.

In den Friedensjahren des Regimes agierte Goebbels – sieht man einmal von seinen berüchtigten antisemitischen Ausfällen ab – eigentlich mehr als Unterhaltungs- denn als Propagandaminister. So kümmerte er sich bis ins kleinste Detail um den Rundfunk, die Filmproduktion und die „künstlerische Formgebung des Reiches". Ein Beispiel hierfür ist etwa der Autobahnbau und die begleitende Aufbaupropaganda: Jeder Streckenabschnitt und jede Brücke wurde als technisches Wunder gefeiert, die Technikfaszination des breiten Publikums propagandistisch bis ins Letzte ausgenutzt. Die Harmonie von Ingenieurskunst und gezähmter Natur feierte Goebbels als „stählerne Romantik" und traf damit den Nerv der Massen. Hier trat sein eigentliches Talent am stärksten zutage: die propagandistische Weiterführung und Umformung der Populär- und zum Teil auch Avantgarde-Kultur der zwanziger Jahre, deren organische Entwicklung 1933 radikal zum Stillstand kam.

Goebbels stand von allen Nazi-Führern eindeutig der Medienkultur der Moderne am nächsten. Gerade darin dürfte die spezifische Modernität seines Propagandastils und damit der Erfolg seines Propagandaansatzes begründet liegen: Zwar inszenierte auch er Blut-und-Boden-Spektakel, gebrauchte völkisches Vokabular und versuchte mitunter, mit einer ehern-archaischen Rhetorik an alte germanische Mythen anzuknüpfen. Letztlich jedoch war er durch und durch der Moderne verhaftet und konnte mit nordisch-okkulten Mystikern wie Rosenberg und Himmler wenig anfangen. Ihm ging es stets darum, Propagandaangebote zu machen, die in der breiten Bevölkerung rezeptionsfähig waren. Dazu musste er sich an den vorhandenen Bedürfnissen orientieren: „Die Hauptsache ist heute bei unserer Propaganda, daß sie menschen- und lebensnah bleibt. Je weniger wir uns in Doktrinarismus verstricken, desto besser ist es für unsere Sache.“[17] Und das bedingte eben einen leichten, modernen Stil. In Bezug auf Rosenberg, den er für einen „sturen Dogmatiker“ hielt, sagte er einmal, es sei Unsinn zu glauben, „daß der U-Boot-Mann, wenn er verdreckt und verölt aus seinem Maschinenraum kommt, am liebsten zum Mythus des 20. Jahrhunderts greift“.[18] Folglich ließ man die U-Bootfahrer mit Ideologie in Ruhe und gab ihnen Grammophone mit, auf denen sie Lili Marleen abspielen konnten (bis dieses Lied im August 1944 endgültig als wehrkraftzersetzend verboten wurde).

Goebbels' rastlose Beschäftigung mit Film, Funk und Unterhaltung in den dreißiger Jahren war für die Diktatur einerseits sicherlich in hohem Maße funktional, täuschte er doch damit im In- und Ausland ein vergnügtes, aufbauwilliges und prosperierendes Deutschland vor und hielt gleichzeitig die Menschen beschäftigt. Andererseits war sie aber auch Ausdruck von Goebbels' isolierter Position innerhalb des Regimes. Denn zur engeren Führungsclique der Nationalsozialisten gehörte er in dieser Zeit nicht. In der Pressepolitik musste er seinen Einfluss mit den Konkurrenten Otto Dietrich und Max Amann teilen, auf dem Gebiet der Hochkultur und der Ideologie machte ihm Rosenberg seine Kompetenzen streitig. In den letzten Friedensjahren 1938 und 1939 signalisierte Hitler seinem Propagandaminister mehrmals Unzufriedenheit mit den Ergebnissen der Propaganda. Statt sich auf die Härten eines kommenden Krieges einzustellen, gäben sich die Deutschen einer weitverbreiteten Konsum- und Vergnügungssucht hin. Prompt wechselte Goebbels das Programm und betrieb fortan wieder politische Agitation, die in der zweiten Phase des Krieges in schrille Durchhalterhetorik mündete. Die Unterhaltungsproduktion allerdings ging bis kurz vor Ende des Krieges unvermindert weiter.

3. Die Inhalte der Propaganda: Das Primat der Unterhaltung

Anders als in Großbritannien und zum Teil auch in den USA wurden die deutschen Kinos, Varietés und Unterhaltungstheater mit dem Ausbruch des Krieges keineswegs geschlossen. Das Gegenteil war der Fall: Eine gigantische Karawane von Tingeltangelkünstlern, Radiosendern und Front-Varietés zog der siegreichen deutschen Wehrmacht durch ganz Europa hinterher. „Wir müssen uns auf den Standpunkt stellen“, so der Propagandaminister, „daß, je dunkler die Straßen sind, desto heller unsere Theater und Kinosäle im Lichterglanz erstrahlen sollen. Je schwerer die Zeit ist, desto leuchtender muß sich über ihr die Kunst als Trösterin der Menschenseele erheben.“[19]

Wozu war das gut? Über die Funktion der Unterhaltungskultur im Nationalsozialismus, „den schönen Schein des Dritten Reiches“ (Peter Reichel), den Goebbels mit so viel Energie erzeugte, hat es in der Vergangenheit eine Reihe von Auseinandersetzungen gegeben. „Gelang es damals … eine Fassade zu errichten, hinter der Grauen und Gewalt den meisten verborgen blieben? … Folgten die Nazis der Vision einer totalen Freizeit- und Konsumgesellschaft oder lagen sie einfach im Trend der Moderne?“[20]

In Goebbels' Propagandakonzept spielte Unterhaltung jedenfalls eine zentrale Rolle, wie der Minister selbst wiederholt betonte. So heißt es in seinem Tagebuch: „Auch die Unterhaltung ist heute staatspolitisch wichtig, wenn nicht sogar kriegsentscheidend.“[21] An anderer Stelle notierte er: „Die geistige und kulturelle Betreuung des Volkes wird bei längerer Dauer des Krieges immer kriegswichtiger … Unser Volk bei guter Laune zu erhalten, das ist auch kriegswichtig.“[22] Und einen Tag darauf stellte Goebbels fest: „Die gute Laune ist ein Kriegsartikel. [...] Es ist deshalb nötig, ihr besondere Beachtung und Pflege angedeihen zu lassen. [...] Optimismus gehört nun einmal zur Kriegführung."[23]

Getreu dieser Logik steckte der nationalsozialistische Propagandaapparat einen erheblichen Teil seiner Ressourcen in die Produktion unterhaltender Angebote. So waren von den 1086 Spielfilmen, die zwischen 1933 und 1945 produziert wurden, nur ein Fünftel ‚harte' Propagandafilme mit direkter politischer Ausrichtung. Fünfzig Prozent der gesamten Filmproduktion bestanden aus Liebesfilmen oder Komödien, bei weiteren fünfundzwanzig Prozent handelte es sich um Krimis oder Musicals. Im Jahr 1937, als die größte Zahl politischer Filme in die Kinos kam, betrug die Relation Komödien – Dramen – (offene) Propagandafilme 38:34:28. 1943, dem Jahr von Stalingrad, war das Verhältnis 62:30:8.[24] 1942 entfielen von 19 Stunden täglich gesendetem Rundfunk allein 14 auf reine Unterhaltung.[25] Und die „typische" Dichtung des „Dritten Reichs" wird weder von Knut Hamsun, Hans Grimm oder Werner Beumelburg repräsentiert, sondern durch Bücher wie Rudolf G. Bindings *Moselfahrt aus Liebeskummer* (Auflage 1944: 367000), Heinrich Spoerls *Wenn wir alle Engel wären* (1944: 325000) und Hans Carossas *Das Jahr der schönen Enttäuschungen* (1943: 128000).[26]

Weit entfernt von archaischer Blut- und Bodenromantik war Goebbels also mit seinem Apparat darauf bedacht, die Moderne zumindest auf der Ebene der Populärkultur weiterleben zu lassen. Dies bedeutete in der Praxis vor allem, sich an der offiziell vom Regime strikt abgelehnten amerikanischen Kultur zu orientieren, was natürlich öffentlich nicht thematisiert wurde. So duldete die nationalsozialistische Kulturpolitik sogar auf den Mauern des zu Propaganda-Großveranstaltungen genutzten Berliner Sportpalasts die Aufforderung, „Coca-Cola eiskalt" zu trinken. Was die Deutschen dann auch mit großer Begeisterung taten: Die Zahl der deutschen Abfüllbetriebe stieg von fünf im Jahre 1934 auf fünfzig im Jahre 1939.[27] Irrwege der Liebe, die letzte amerikanische Musicalproduktion, welche in Berlin gezeigt wurde, hatte am 25. Juli 1940 Premiere. Und Mickey Mouse war im Volk so populär, dass ein deutsches Schlachtgeschwader die Comicfigur im Krieg sogar zu ihrem Wappentier wählte.[28]

Amerikanische Unterhaltungsangebote waren also, ähnlich wie die Jazzmusik, als Kulturformen beziehungsweise Genres so wichtig, dass sie trotz ideologischer Missliebigkeit nicht verboten oder abgeschafft werden konnten. Versuche in diese Richtung – etwa die Verbannung von Jazz aus dem Radio – wurden von der Bevölkerung regelmäßig mit großem Unmut quittiert und bald darauf von Goebbels wieder unterlaufen. Stattdessen begann der Propagandaminister einen zähen Kleinkrieg um die Botschaften, die diesen kulturellen Artefakten eingraviert waren.

Aus der Unterhaltungskultur der Weimarer Republik, die der westlichen Moderne verpflichtet war, wurde sukzessive ein staatlich inszeniertes Betreuungs- und Ablenkungsprogramm. Es entstand eine propagandistisch durchsetzte Populärkultur, die als „Trojanisches Pferd der NS-Propagandisten im ‚Kraft durch Freude'-Staat" (Bodo Rollka) fungieren sollte. Goebbels selbst hat die Bedeutung derartig kaschierter Manipulationsversuche immer wieder hervorgehoben, etwa wenn er feststellte: „Ich wünsche nicht etwa eine Kunst, die ihren nationalsozialistischen Charakter lediglich durch Zurschaustellung nationalsozialistischer Embleme und Symbole beweist, sondern eine Kunst, die ihre Haltung durch nationalsozialistischen Charakter und durch Aufraffen nationalsozialistischer Probleme zum Ausdruck bringt ... Es ist im allgemeinen ein wesentliches Charakteristikum der Wirksamkeit, daß sie niemals als gewollt in Erscheinung tritt. In dem Augenblick, da eine Propaganda bewußt wird, ist sie unwirksam. Mit dem Augenblick aber, in dem sie als Propaganda, als Tendenz, als Charakter, als Haltung im Hintergrund bleibt und nur durch Handlung, durch Ablauf, durch Vorgänge, durch Kontrastierung von Menschen in Erscheinung tritt, wird sie in jeder Hinsicht wirksam."[29]

Der Schluss, den Goebbels aus diesen grundsätzlichen Erwägungen zog, bestand – auch wenn dies auf den ersten Blick paradox anmutet – darin, die Propaganda von erkennbaren Propagandabotschaften weitgehend zu entkleiden. So lehnte er es strikt ab, „daß unsere SA-Männer durch den Film oder über die Bühne marschieren".[30] Die Unterhaltungskultur des „Dritten Reiches" sollte nach Möglichkeit das „wahre Leben" widerspiegeln – und das hieß ein Leben, das nicht von omnipräsenten Uniformen, Entbehrungen und Bombenangriffen geprägt war.

Vor dem Hintergrund dieser Propagandakonzeption ist Gerd Albrecht zuzustimmen, der in seiner klassischen Studie zur NS-Filmpolitik schrieb: „Selbst der ganz eindeutig seinem Inhalt nach unpolitische Film wurde insofern Bestandteil einer insgesamt politisch ausgerichteten Propaganda, sollte nämlich die Probleme, mit denen der einzelne wie der Staat zu kämpfen hatte, vergessen lassen. In diesem Sinne sind nun allerdings alle Filme, die damals hergestellt wurden, politisch – ob nun nach ihrem Inhalt offensichtlich, oder ob nach ihrer Aufgabe mehr indirekt. Ja, gerade die scheinbar unpolitischen Filme sind, weil sie den Eindruck einer intakten und geordneten Welt vermitteln, in besonderer Weise politisch gemeint: sie konnten und sie sollten (auch vor dem Zweiten Weltkrieg) die weltpolitischen Spannungen und die innerpolitischen Unstimmigkeiten vergessen machen.“[31]

Die Frage nach den versteckten ideologischen Motiven wie Führerprinzip, Frauenfeindlichkeit oder Kriegshetze, die Betrachter heute noch immer in alten Nazi-Schinken suchen, ist damit obsolet – es gab sie vielfach einfach nicht. Die NS-Unterhaltungskultur hatte neben einer den Publikumsinteressen geschuldeten vorsichtigen (und zum Teil vorgetäuschten) Fortführung der westlichen Industriemoderne vielmehr die Funktion, andere, unerwünschte Diskurse aus dem Umfeld z.B. der alten Arbeiter- oder Jugendbewegung zu überlagern. Die formale kommunikative Vorherrschaft, die Fähigkeit, die Themen der öffentlichen Kommunikation zu bestimmen, war Goebbels so wichtig, dass er auch weitgehende inhaltliche Zugeständnisse an die Rezipienten und damit eine erstaunliche Entpolitisierung seiner Propaganda in Kauf nahm.

Dass sich das Publikum auf dieses staatlich organisierte Politainment-Programm (das freilich in kritischen Bereichen stets durch Zwang und Terror abgesichert wurde) einließ, ermöglichte ihm zunächst einmal individuell erfahrene Gratifikationen (so wunderte sich ein regimekritischer Sopade-Bericht von 1934, warum der NS-Staat die Arbeiter scharenweise „freimußig“ und mit Sonderzügen ins Theater schickte[32]), beeinträchtigte aber auf lange Sicht die Orientierungsfähigkeit der Bevölkerung. Bei dem explosiven Gebräu aus Unterhaltung und Propaganda, das für Goebbels' Propagandaverständnis typisch ist, lässt sich vielfach schwer entscheiden, ob sich die Nationalsozialisten mit ihren politischen Indoktrinationsversuchen oder das breite Publikum mit seinen über weite Strecken entpolitisierten Unterhaltungsbedürfnissen durchsetzten.

4. Die Wirkung: Entpolitisierung der Propaganda und subversive Rezeption

Dies wirft die Frage nach der Wirkung der NS-Propaganda auf. Die Forschung hat über Jahrzehnte extrem starke Wirkungen vermutet und vielfach das auf Hitlers Propagandakonzeption zurückgehende Klischee der „Massenüberwältigung“ fortgeschrieben. „Studies of propaganda have generally been premised upon the implicit or explicit notion that Nazi propaganda, from the regime's point of view, was a success story.“[33] Diese Sichtweise von der „success story“ sitzt selbst der Propaganda auf. Zwar gab es im „Dritten Reich“ unzweifelhaft starke Propagandawirkungen, die sich schon aus der Totalität der faschistischen Informationskontrolle herleiteten, doch in der Gesamtschau kann der Erfolg der Propaganda nur im Zusammenhang mit den realen Erfolgen des Regimes im außenpolitischen Bereich und bei der Überwindung der Wirtschaftskrise gesehen werden.

Die antijüdische Propaganda etwa erwies sich nach einer Studie des britischen Historikers Ian Kershaw als weit weniger effektiv, als allgemein angenommen wird. Die Mehrheit der Deutschen empfand die hysterische Gräuelpropaganda von Julius Streichers *Stürmer* (im Gegensatz zu der auf perverse Weise unterhaltsamen von Goebbels' *Angriff*) als überzogen und abstoßend. Der hysterische Antisemitismus wurde den Nationalsozialisten von der Mehrheit der Deutschen eher als Makel denn als Sympathiemerkmal angerechnet. So gelang es Goebbels trotz aller Bemühungen jahrelang nicht, den Antisemitismus zu einem zentralen Thema zu machen. Gleichwohl hatte das Dauerfeuer antisemitischer Propaganda verheerende Konsequenzen. Denn was sich diffus in den Köpfen festsetzte, war das Bewusstsein, dass es eine wie auch immer geartete „jüdische Frage“ gebe. Juden wurden dadurch propagandistisch zu einer gesellschaftlichen Sondergruppe gemacht, was ihre Isolierung in der Bevölkerung beförderte und damit den später vor aller Augen initiierten Holocaust erst ermöglichte.[34]

Typisch aber dürfte eine Rezeptionshaltung auf Seiten des Publikums gewesen sein, welche die spektakulären Aktionen und Darbietungen der Propaganda goutierte, die politischen Inhalte aber weitgehend ausblendete. Legt man diese Perspektive an, so hatte das „Dritte Reich" einiges zu bieten: Dank dem Wirken der NS-Organisation „Kraft durch Freude" (KdF) kamen auch Arbeiterfamilien in den Genuss von staatlich organisierten Urlaubsreisen, die bislang bürgerlichen Schichten vorbehalten gewesen waren. 1938 nahm jeder dritte deutsche Arbeiter an einer „Kraft durch Freude"-Reise teil. Vor allem die von Goebbels offensiv vertretene und gegen Parteirivalen verteidigte relativ große sexuelle Freizügigkeit des Dritten Reiches wurde von den „Volksgenossen" eindeutig geschätzt. So sollen KdF-Fahrten regelmäßig ob ihrer erotischen Vorzüge gelobt worden sein, und der Münchner Faschingsball dieser Organisation war wegen seiner erotischen Attraktionen weit über Bayerns Grenzen hinaus berühmt.[35]

1936 musste sich der Propagandaminister gegen den Vorwurf verteidigen, dass im deutschen Film zu viel Haut gezeigt würde: „Wir leben nicht in einem Franziskanerkloster; eine gesunde Zeit nimmt auch eine gesunde Stellung zu delikateren Problemen ein."[36] Selbst bei den Reichsparteitagen, die ja aus der Rückschau hoch diszipliniert wirken, standen karnevaleske Vergnügungen für die Teilnehmer offenbar im Mittelpunkt: Übermäßiger Alkoholgenuss, Schlägereien und das Absingen anzüglicher Lieder waren feste Bestandteile der Reichsparteitage. 1936 etwa kehrten 900 BDM-Mädchen schwanger aus Nürnberg nach Hause zurück.

Gerade im Bereich der staatlich strukturierten Freizeit fand ein zähes Ringen zwischen Regime und Publikum darum statt, inwieweit die Unterhaltungsbedürfnisse der Rezipienten mit den propagandistischen Intentionen der Nationalsozialisten in Einklang zu bringen waren. Aus Perspektive der Nationalsozialisten hatte zum Beispiel die Organisation KdF eine klare politische Funktion: Sie diente gleichsam als Großlaboratorium für die anvisierte Volksgemeinschaft. Gleichzeitig musste sie aber auch die Lücke schließen, die durch das Verbot der Arbeiterparteien und Gewerkschaften und den ihnen angeschlossenen Freizeitorganisationen entstanden war. Dies erforderte Zugeständnisse an die Bedürfnisse des Publikums, wodurch die propagandistische Effizienz vieler Maßnahmen wiederum in Frage gestellt wurde. Eine 1942 erschienene britische Analyse der deutschen Propaganda – jene Studie von Sington und Weidenfeld, die auch für das vorliegende Buch titelgebend ist – sah diese Prozesse ganz nüchtern: „The Berliner had to be attracted to meetings ‚presented' by ‚manager Goebbels' for the same reason that the Londoner is attracted to Wembley dog-races and Lane's Club all-in wrestling, or the Madrileno to the bull fights in Plaza de las Ventas."[37]

5. Propaganda im Krieg: Nachrichtenlenkung

Ein ganz anderer Goebbels präsentierte sich dann während des Zweiten Weltkrieges. War der Propagandaminister zu Beginn des Krieges noch ein Zaungast der Entwicklung gewesen – von den Militärs und auch von Hitler selbst als nicht kriegswichtig eingestuft, wegen seiner öffentlich ausgetragenen Eheprobleme diskreditiert und entsprechend an den Rand geschoben –, so gelang es ihm im Verlauf des Krieges, erheblichen Einfluss nicht nur auf die Kriegspropaganda, sondern auf die gesamte Kriegsführung zu gewinnen.

Der bislang durch und durch unmilitärische Goebbels militarisierte sich zunehmend. 1940 leitete er bei den ersten Luftangriffen auf Berlin in einer Phantasie-Uniform und mit theatralischer Pose von seinem Befehlsstand aus die Verteidigung der Hauptstadt, für die er als Gauleiter zuständig war. Mehr und mehr befasste er sich mit militärischen Details und operativen Fragen der Kriegsführung. Ab 1942 war es Goebbels, der Hitler ständig zu entschlossenerem Durchgreifen drängte und den Deutschen mehr Härte abverlangte. Er wurde zur Triebfeder der Kriegsanstrengungen, was ihn 1944 erst zum „Reichsbevollmächtigten für den totalen Kriegseinsatz" und am Ende, wenn auch nur für wenige Stunden, als Nachfolger Hitlers zum deutschen Reichskanzler machen sollte.

Auch seine Propaganda transformierte sich in dieser Zeit von einem in langen Linien angelegten strategischen Ansatz, an dessen Ende die Vision einer nationalsozialistischen Volksgemeinschaft stand, zu einem eher taktischen Propagandaverständnis, bei dem es um kurzfristige Geländegewinne beim Kampf um die öffentliche Meinung ging.

Liest man die Goebbels-Tagebücher aus der Kriegszeit, wird deutlich, dass der Propagandaminister zu dieser Zeit vor allem mit Fragen des Informationsmanagements befasst war, also mit Entscheidungen darüber, zu welchem Zeitpunkt in welcher Aufmachung welche Nachrichten welchem Publikum bekannt gegeben werden sollten und wie sich die eigene Nachrichtenpolitik zur Täuschung oder Demoralisierung der Gegner einsetzen ließ. „Die Nachrichtenpolitik ist eine der schwierigsten Aufgaben der politischen Kriegführung", stellte er fest. „Jede Nachricht, die man herausgibt, wird nicht nur im eigenen Lande, sondern von der ganzen Welt gelesen und gehört, und sehr oft ist es so, daß eine solche, die im eigenen Lande großen Nutzen stiftet, im Feindeslande schweren Schaden anrichten kann."[38]

Bei der von Goebbels betriebenen Nachrichtenpolitik spielten die nationale und internationale Nachrichtenlage, die Situation an den Fronten und technische Überlegungen die entscheidende Rolle; grundsätzliche Propaganda-Erwägungen kommen dagegen genauso wie ideologische Momente kaum noch vor. Es ging jetzt ums propagandistische Handwerk, um die Koordination und Kontrolle eines im hohen Maße zentralisierten Medienapparates. Auch die Stilistik der Propaganda änderte sich. An die Stelle des früheren Pomps traten nüchterne, kühle Meldungen in schlichter Aufmachung – was freilich die Wirkung dieser Nachrichten schon aufgrund des Kontrastes zum bekannten Programm noch einmal verstärken sollte.

Goebbels selbst charakterisierte seine Nachrichtenpolitik so: „Sie berichtete das, was geschehen war, in der nüchternen Sprache des Soldaten, ohne Beiwerk und ohne Zutaten, meistens sogar ohne nähere Erklärung. Dieser Art der Darstellung von Tatsachen, die dem Stil der deutschen Kriegführung insgesamt entspricht, ist es hauptsächlich zu verdanken, daß der deutsche OKW-Bericht als Nachrichtenquelle in der ganzen Welt, im eigenen Volk, beim Freund und sogar beim Feind das höchste Ansehen genießt."[39]

Es gehört zu den bemerkenswertesten Leistungen der US-amerikanischen Propagandaforschung, die Leitlinien, nach denen Goebbels die deutsche Propaganda im Zweiten Weltkrieg anleitete, weitgehend entschlüsselt und konzeptionalisiert zu haben. Berühmt ist bis heute vor allem Leonard W. Doobs Aufsatz „Goebbels' Principles of Propaganda", der 1950 in *Public Opinion Quarterly* erschien.[40] In 19 kommentierten Punkten zeichnete Doob nach, was amerikanische Forscher während des Krieges über die Propagandaprinzipien Goebbels' herausgefunden hatten. Doobs Punkte lauten wie folgt:

1. *Propagandists must have access to intelligence concerning events and public opinion.*
2. *Propaganda must be planned and executed by only one authority.*
   a. It must issue all the propaganda directives.
   b. It must explain propaganda directives to important officials and maintain their morale.
   c. It must oversee other agencies' activities which have propaganda consequences.
3. *The propaganda consequences of an action must be considered in planning that action.*
4. *Propaganda must affect the enemy's policy and action.*
   a. By suppressing propagandistically desirable material which can provide the enemy with useful intelligence.
   b. By openly disseminating propaganda whose content or tone causes the enemy to draw the desired conclusions.
   c. By goading the enemy into revealing vital information about himself.
   d. By making no reference to a desired enemy activity when any reference would discredit that activity.
5. *Declassified, operational information must be available to implement a propaganda campaign.*
6. *To be perceived, propaganda must evoke the interest of an audience and must be transmitted through an attention-getting communications medium.*
7. *Credibility alone must determine whether propaganda output should be true or false.*
8. *The purpose, content and effectiveness of enemy propaganda; the strength and effects of an expose; and the nature of current propaganda campaigns determine whether enemy propaganda should be ignored or refuted.*
9. *Credibility, intelligence, and the possible effects of communicating determine whether propaganda materials should be censored.*

10. *Material from enemy propaganda may be utilized in operations when it helps diminish that enemy's prestige or lends support to the propagandist's own objective.*
11. *Black rather than white propaganda may be employed when the latter is less credible or produces undesirable effects.*
12. *Propaganda may be facilitated by leaders with prestige.*
13. *Propaganda must be carefully timed.*
    a. The communication must reach the audience ahead of competing propaganda.
    b. A propaganda campaign must begin at the optimum moment.
    c. A propaganda theme must be repeated, but not beyond some point of diminishing effectiveness.
14. *Propaganda must label events and people with distinctive phrases or slogans.*
    a. They must evoke desired responses which the audience previously possesses.
    b. They must be capable of being easily learned.
    c. They must be utilized again and again, but only in appropriate situations.
    d. They must be boomerang-proof.
15. *Propaganda to the home front must prevent the raising of false hopes which can be blasted by future events.*
16. *Propaganda to the home front must create an optimum anxiety level.*
    a. Propaganda must reinforce anxiety concerning the consequences of defeat.
    b. Propaganda must diminish anxiety (other than concerning the consequences of defeat) which is too high and which cannot be reduced by people themselves.
17. *Propaganda to the home front must diminish the impact of frustration.*
    a. Inevitable frustrations must be anticipated.
    b. Inevitable frustrations must be placed in perspective.
18. *Propaganda must facilitate the displacement of aggression by specifying the targets for hatred.*
19. *Propaganda cannot immediately affect strong counter-tendencies; instead it must offer some form of action or diversion, or both.*

Legt man diesen Katalog von Voraussetzungen und Techniken an einzelne Propagandakampagnen des Regimes an, wird deutlich, dass Doobs 19 Punkte tatsächlich weitgehend erfassen, welchen Prinzipien das Goebbelssche Informationsmanagement im Krieg folgte. Als Fallstudie eignet sich der deutsch-sowjetische Propagandakrieg, der 1943 um die Massenmorde von Katyn geführt wurde und den Goebbels selbst als eines seiner taktischen Meisterstücke begriff.[41]

Die Ermordung von 4143 polnischen Offizieren im Wald von Katyn bei Smolensk (und von rund weiteren 9000 an anderen Exekutionsplätzen) durch die sowjetische Geheimpolizei NKWD im Sommer 1940 gilt als eines der schwersten Kriegsverbrechen im Zweiten Weltkrieg. Die zwischen dem 3. April und dem 12. Mai 1940 begangenen Morde wurden erst Ende März 1943, nach Gebietsgewinnen der Wehrmacht, von den Deutschen entdeckt. Zu diesem Zeitpunkt steckte die deutsche Propaganda in einer Krise. Nach dem Fall von Stalingrad war die Stimmung im Reich auf einen neuen Tiefpunkt gefallen, während in den besetzten Gebieten als Folge der völlig verfehlten Besatzungspolitik das Partisanenproblem immer schwerwiegender wurde.

Am 17. März 1943 hatte Goebbels in sein Tagebuch notiert: „Leider bin ich in der Frage der Propaganda in den besetzten Ostgebieten und der Sowjetunion gegenüber nicht weitergekommen." Als der Propagandaminister über die Auffindung der Massengräber informiert wurde, witterte er gleich ein zugkräftiges Propagandathema. Unter dem Datum des 9. April 1943 heißt es in seinem Tagebuch: „In der Nähe von Smolensk sind polnische Massengräber gefunden worden. Die Bolschewisten haben hier etwa 10000 polnische Gefangene,[42] unter ihnen auch Zivilgefangene, Bischöfe, Intellektuelle, Künstler usw., einfach niedergeknallt und in Massengräbern verscharrt. ... Durch Hinweise der Einwohner ist man hinter das Geheimnis dieser Erschießungen gekommen, und nun zeigt sich eine grauenvolle Verwüstung der menschlichen Seele. Ich veranlasse, daß die polnischen Massengräber von neutralen Journalisten aus Berlin besucht werden. Auch lasse ich polnische Intellektuelle hinführen. Sie sollen dort einmal durch eigenen Augenschein davon überzeugt werden, was ihrer wartet, wenn ihr vielfach gehegter Wunsch, daß die Deutschen durch die Bolschewisten geschlagen würden, tatsächlich in Erfüllung ginge."

Das strategische Ausgangsproblem von Goebbels zu diesem Zeitpunkt war, dass die Glaubwürdigkeit der deutschen Propaganda im Ausland an einem Nullpunkt angekommen war. Wiederholt hatten die Deutschen die Sowjetunion der Begehung von Kriegsverbrechen bezichtigt und waren die Beweise schuldig geblieben. Also musste ein Akzeptanzbeschaffer her, der sich vor den Karren der Deutschen spannen ließ und ihrer Sache Glaubwürdigkeit verlieh. Zunächst wies Goebbels das Propagandaamt in Warschau an, eine polnische Delegation aus Journalisten, Juristen und Angehörigen der katholischen Kirche zusammenzustellen, die gemeinsam mit Ärzten die Gräber von Katyn untersuchen sollte. Zeitweilig wurde in Berlin sogar erwogen, den Chef der polnischen Exilregierung in London, Sikorski, unter Zusicherung freien Geleits nach Katyn einzuladen. Auch das Polnische Rote Kreuz sollte nach Goebbels' Willen schon zu dieser ersten Untersuchung hinzugezogen werden, verweigerte aber – aus Angst, von den Deutschen instrumentalisiert zu werden – die Mitarbeit. Immerhin berief es einen „Technischen Ausschuss", der die Fundstelle inspizieren sollte.

Die polnische Delegation, die am 10. April 1943 in Katyn eintraf, war weit weniger hochkarätig besetzt, als Goebbels es geplant hatte. Immerhin kamen die Delegierten nach erstem Augenschein vor Ort zu dem Schluss, dass die Morde nicht später als 1940 begangen worden seien, also den Russen zuzuschreiben wären. Diese Absicherung reichte Goebbels, um die Nachricht von Katyn am 13. April 1943 in der Weltpresse zu lancieren. Über den Großdeutschen Rundfunk wurde eine Meldung verbreitet, die nicht die Deutschen als Primärquelle für die Nachricht nannte, sondern norwegische Journalisten.[43] Schon einen Tag nach dieser spektakulären Verlautbarung konnte Goebbels notieren, dass er mit Katyn auf das richtige Pferd gesetzt hatte: „Die Auffindung von 12 000 von der GPU ermordeten polnischen Offizieren wird nun in größtem Stil in der antibolschewistischen Propaganda eingesetzt. Wir haben neutrale Journalisten und polnische Intellektuelle an die Fundstelle führen lassen. Die Berichte, die aus dem Ausland darüber hereinkommen, sind grauenerregend. Jetzt hat der Führer auch die Erlaubnis gegeben, von uns aus eine dramatische Meldung in die deutsche Presse zu geben. Ich gebe Anweisung, dieses Propagandamaterial in weitestem Umfang auszunutzen. Wir werden davon einige Wochen leben können."[44]

Die Initiative der deutschen Propaganda setzte die Alliierten unter Zugzwang. Schon aufgrund des Drucks der polnischen Exilregierung, die sich mehrfach nach dem Verbleib ihrer gefangenen Offiziere erkundigt hatte, musste sich Stalin zu den Vorgängen erklären. Die sowjetische Agentur TASS bestritt in einem Kommuniqué die Täterschaft der Sowjets und schrieb das Verbrechen den Deutschen zu.[45] Die Briten, Gastgeber der polnischen Exilregierung, machten sich nolens volens diese Position zu Eigen. Damit waren die Deutschen in der Beweispflicht. Und das stärkste Geschütz, das sie aufbieten konnten, war die Bestätigung der sowjetischen Täterschaft durch eine international unanfechtbare Institution.

Auf Initiative Goebbels' telegrafierte am 16. April der geschäftsführende Präsident des Deutschen Roten Kreuzes, Dr. Grawitz, an das Internationale Komitee vom Roten Kreuz (IKRK) in Genf und ersuchte dieses, eine Untersuchungskommission nach Katyn zu entsenden. Die Anfrage beim Internationalen Roten Kreuz war ein geschickter Schachzug der deutschen Propaganda. Würde das IKRK die Untersuchung durchführen, hätten die Deutschen unanfechtbare Beweise für die russische Täterschaft gehabt. Würde es dagegen nicht zur Untersuchung kommen, hätten die Deutschen sich international als einzige Verfechter einer unparteiischen Aufklärung der Vorgänge darstellen können. Unterstützt wurde Goebbels' Manöver durch die Tatsache, dass am 17. April auch die polnische Exilregierung das IKRK anrief und um eine unabhängige Untersuchung bat. Zu dieser kam es jedoch nicht, da gemäß der Konsultationsregeln des IKRK eine Zustimmung der Sowjetunion nötig gewesen wäre, die diese verweigerte. Die Verhinderung einer unabhängigen Untersuchung der Katyn-Morde bedeutete zunächst einen Punktgewinn für Stalin, der zudem aus der Situation Kapital schlug, indem er die polnische Exilregierung innerhalb der Anti-Hitler-Koalition erfolgreich isolierte. Die Westalliierten, vor die Wahl gestellt, ihrem schwächsten oder ihrem stärksten Kriegsverbündeten zu glauben, entschieden sich – unbeeinflusst von der Faktenlage – für den starken Partner.

Da die Instrumentalisierung des IKRK durch die deutsche Propaganda aufgrund des sowjetischen Vetos verbaut war, suchten die Deutschen nach anderen Wegen, um durch unabhängige Stellen eine Bestätigung der sowjetischen Täterschaft zu erhalten. Goebbels' Wahl fiel dabei auf das Polnische Rote Kreuz. Noch im April wurde eine zweite Delegation von Ärzten aus Polen und neutralen Ländern sowie Vertretern des Polnischen Roten Kreuzes unter Leitung von Dr. Marian Wodzinski aus Krakau nach Smolensk geflogen und von dort nach Katyn gebracht. Zusätzlich ließ Goebbels alliierte und polnische Offiziere aus deutschen Kriegsgefangenenlagern nach Katyn transportieren. Die Delegationsmitglieder sollten dort Ansprachen halten, deren Aufzeichnungen für spätere Propagandazwecke genutzt werden sollten. Sie weigerten sich erfolgreich, kamen aber ihrem Auftrag nach, die Massengräber zu öffnen und die Leichen zu untersuchen. Bis am 7. Juni 1943 die Exhumierungen endgültig abgebrochen wurden, hatten die Rot-Kreuz-Vertreter 4 143 Leichen gefunden, von denen 2 815 identifiziert werden konnten. Der Todeszeitpunkt wurde auch von dieser Kommission auf Sommer 1940 angesetzt.

Die deutsche Propaganda hatte die Bestätigung erhalten, auf die sie es von Anfang an abgesehen hatte. Ein offizieller Untersuchungsbericht wurde zusammengestellt, den das Auswärtige Amt herausgab und der zur Grundlage aller Behauptungen der Propaganda wurde.[46] Auf dieser Grundlage beutete Goebbels das Thema Katyn noch Monate lang aus; der von den Deutschen propagandistisch ausgeschlachtete Massenmord an den polnischen Offizieren wird auch noch Jahrzehnte nach seiner Enthüllung als Symbol für die Brutalität und Menschenverachtung Stalins herhalten, was sachlich richtig ist, in der Tonalität aber der Inszenierung Goebbels' folgt.

Viele der von Leonard Doob aufgestellten Leitlinien der Goebbelsschen Propagandakonzeption lassen sich auf die hier nur knapp skizzierte Propagandakampagne anwenden. Die Tatsache, dass Katyn von den Deutschen so intensiv thematisiert wurde, hatte mit dem Fehlen eines anderen zugkräftigen Themas zu tun. Man brauchte nach Stalingrad einen Anlass für eine Kampagne, welche den Kriegsgegner Sowjetunion diskreditierte, zur Spaltung des alliierten Lagers geeignet war und noch dazu die Angst der deutschen Bevölkerung vor den Russen schüren konnte.

Um die Nachricht von Katyn in die Weltpresse zu bringen, musste Goebbels die Berichte über die Leichenfunde exklusiv haben, um als Erster die deutsche Version des Hergangs lancieren zu können. Er benötigte Hintergrundinformationen, die ihm wirklich sicher die sowjetische Täterschaft bestätigten. Er brauchte zudem die Sicherheit, auf deutscher Seite der einzige Akteur in der Kampagne zu sein, um den Informationsfluss je nach Bedarf steuern zu können. In seinem Tagebuch heißt es unter dem 28. April 1943: „Der Fall Katyn hat dem Führer außerordentlich imponiert. Er hat auch daran wieder erkannt, welche ungeheuren Möglichkeiten heute noch in der antibolschewistischen Propaganda liegen. Die Wehrmacht hat in diesem Falle überhaupt keine Meinung zu äußern. Sie soll sich um die militärischen Fragen bekümmern, Fragen der psychologischen Volksführung sind ausschließlich Angelegenheiten des Propagandaministeriums."

Auch die jeweiligen Reaktionen in der Weltpresse hatte Goebbels bei jedem Schritt einkalkuliert und aufmerksam beobachtet. In seinem Tagebuch vermerkte er, das Ausland sei der Meinung, dass Katyn als „ein totaler Erfolg der deutschen Propaganda, insbesondere meiner Person, anzusehen sei. Man bewundert die außerordentliche List und Geschicklichkeit, mit der wir es verstanden haben, an dem Fall Katyn eine hochpolitische Frage aufzuhängen. In London ist man über diesen Erfolg der deutschen Propaganda auf das äußerste bestürzt. Man sieht jetzt mit einem Male Risse im alliierten Lager auftauchen, die man vorher nicht wahrhaben wollte. Man spricht von einem vollkommenen Sieg Goebbels'".[47] Dieses Zitat gibt auch gleich über den nächsten Punkt Aufschluss, die angestrebten Ziele: Es ging Goebbels um die Spaltung der Alliierten, vor allem um das fragile Verhältnis zwischen der in London beheimateten polnischen Exilregierung und der Sowjetunion.

Die Einschaltung des Roten Kreuzes hatte vor allem die Funktion, in den Besitz von offiziellen und auch publizierbaren Dokumenten zu kommen, die als Beweis für die eigene Positionen herhalten konnten. Die Glaubwürdigkeit und das Prestige der internationalen Organisation war das entscheidende Argument für ihre Einschaltung. Wahrheit dagegen spielte eine untergeordnete Rolle. Die Nationalsozialisten haben auch Rotkreuzdelegation in vorher sorgfältig zurecht gemachte Konzentrationslager eingeladen. Die Erwähnung von norwegischen Journalisten im ersten Pressekommuniqué sollte die primäre Urheberschaft der Deutschen an der Meldung verschleiern.

Während der Krise musste Goebbels mehrmals entscheiden, ob er Verlautbarungen der Sowjets aufgreifen sollte, um sie propagandistisch zu widerlegen, oder ob er sie ignorierte. Im Fall Katyn entschied er sich überwiegend für die erste Möglichkeit, da er sich der sowjetischen Täterschaft sicher war und die Blamage für die Sowjetunion durch die Wiederholung ihrer Dementis noch größer wurde. Entsprechend wurden auch die sowjetischen Verlautbarungen in der deutschen Presse regelmäßig zitiert.

Außer Frage steht, dass die Untersuchungsberichte der in Katyn tätigen Kommissionen vor ihrer Veröffentlichung im Propagandaministerium gründlich geprüft wurden. Des Weiteren hatte Goebbels durchaus Überlegungen angestellt, wie sich Bumerangeffekte der Katyn-Kampagne (etwa im Hinblick auf die Thematisierung deutscher Kriegsverbrechen) vermeiden ließen. Die öffentliche Darstellung des Kriegsgegners Sowjetunion bewegte sich im Rahmen der Stereotypen und Feindbilder, welche die Propaganda schon vorher ersonnen hatte. Im Hinblick auf die deutsche Bevölkerung ging es einerseits darum, die Sowjets zu dämonisieren und den Hass der Deutschen auf sie zu schüren, andererseits durfte man der Bevölkerung nach dem Untergang der 6. Armee nicht das Gefühl geben, der Roten Armee schutzlos ausgeliefert zu sein. Es ging also um die Balance des richtigen Levels von Angst und Siegeszuversicht. Die Verunsicherung und der propagandistisch geschürte Hass der Deutschen sollten so auf ein konkretes Objekt kanalisiert werden.

Das Verhalten Goebbels' in der Katyn-Krise lässt sich generalisieren und auf andere Bereiche seiner Propagandaaktivitäten übertragen. Zusammenfassend lässt sich festhalten, dass die nationalsozialistische Kriegspropaganda stets ein hohes Maß an Informationskontrolle anstrebte und nach Möglichkeit der einzige Kommunikator zu einem bestimmten Thema sein wollte (mit vorhandenen abweichenden Quellen aber durchaus umzugehen wusste). „Wahrheit“ wurde als ein instrumentelles Kriterium begriffen, Goebbels orientierte den Kern seines Newsmanagements aber mit Vorliebe an realen Ereignissen. Somit wurde durchaus ein professionelles Kommunikationsmanagement betrieben, was die Wahl von Zeitpunkten, Medien und Strategien anging. Die NS-Propaganda setzte die Technik der Gefühlsmanipulation geschickt ein, indem sie Erwartungen kreierte, um diese dann wieder zu dämpfen und so einen ständigen Spannungs- oder Angstzustand auf einem bestimmten Niveau zu erhalten. Zudem war sie sich der totalitären Kommunikationsbedingungen, unter denen sie operierte, bewusst, die Androhung von Gewalt war ihr stets implizit. Dies wurde besonders deutlich in der letzten Phase des Krieges, als Goebbels die gesamte Kommunikation auf eine schrille Gräuel- und Durchhaltepropaganda umstellte, die den Verteidigungswillen der Deutschen auch dann noch anstacheln sollte, als es außer ein paar Quadratkilometern des Berliner Regierungsviertels und einigen peripheren Städten wie Breslau und Brest überhaupt nichts mehr zu verteidigen gab.

Der Rohschnitt seines letzten künstlerischen Großprojekts, des historischen Belagerungsfilms „Kolberg“, wurde in jenen Tagen fertig, als das reale Kolberg in die Hände der Roten Armee fiel. Die Nachricht vom Fall der pommerschen Stadt durfte – obwohl kaum geheim zu halten – in den Medien nicht gemeldet werden, weil Goebbels die Wirkung seines Kolberg-Films nicht gefährden wollte. Dieser Art waren die Luftschlösser, die sich der einst so erfolgreiche Propagandaminister gegen Ende seines Lebens baute.

Paul Joseph Goebbels – ein Fazit

Die Propagandakonzeption von Joseph Goebbels basierte auf verschiedenen Elementen und Strategien, die zu jeweils unterschiedlichen Zeitpunkten mit verschiedener Intensität zum Tragen kamen. Vor 1933 war Goebbels ein erfolgreicher politischer Agitator, der in den Meinungskämpfen gegen Ende der Weimarer Republik mit einer modernen und aggressiven Propagandakonzeption maßgeblich zum Erfolg der nationalsozialistischen Bewegung beitrug. Nach der Machtergreifung betrieb er zielstrebig die Gleichschaltung des gesamten Medien- und Kultursektors. Seine Interessen verlagerten sich mehr und mehr in den Bereich der Unterhaltung und Populärkultur, die er als Vehikel für die Herrschaftsstabilisierung der Nationalsozialisten begriff. Es ging Goebbels in dieser Zeit darum, die Deutschen mit immer neuen Attraktionen und Angeboten beschäftigt zu halten und so von „Gemeckere" oder Opposition abzuhalten. Die ideologische Indoktrination trat dabei in den Hintergrund. Diese Form der Propaganda korrespondierte durchaus mit Goebbels' Charakter, denn letztlich war er ein zerrissener, moderner Mensch, der sich durchaus für sein ständig wachsendes Immobilienportfolio, seine Frauengeschichten und die neuesten Ufa-Filme interessierte. Genau dies aber macht ihn in der Bevölkerung anschlussfähig und damit für die Ziele des Regimes wichtig, konnte er doch mediale Angebote formulieren, die in der Bevölkerung auf Resonanz stießen und akzeptiert wurden.

Da es auch dem monopolisierten Massenkommunikationsapparat der Nationalsozialisten nicht möglich war, den Deutschen eine völlig neue Themenagenda zu verordnen, musste die Propaganda an vorhandene Bedürfnisstrukturen anknüpfen. In der Bevölkerung bestand eine große Nachfrage nach Unterhaltungsangeboten in der Tradition der Arbeiterbewegung und der westlichen Moderne der zwanziger Jahre, die von Goebbels befriedigt werden konnte, wobei es ihm gelang, diese mal mehr und mal weniger intensiv mit nationalsozialistischer Propaganda aufzuladen.

In dieser Zeit war der Propagandaminister des NS-Regimes unter den Deutschen auch durchaus beliebt. Die Phase, in der Goebbels-Reden hinter vorgehaltener Hand als „Humpelstilzchens Märchenstunde" bezeichnet wurden, kam erst, als er im Krieg zu einer primär politisch angeleiteten Propagandakonzeption zurückkehrte und sich auch selbst zunehmend ideologisierte.

Letztlich war und blieb Goebbels ein Suchender, der mit seinen inneren Widersprüchen nie fertig wurde. Als Politiker und Publizist gewann er rasch an Format und Professionalität, während er charakterlich nie über die Pubertät und die dort erlittenen Demütigungen hinauskam. Als überzeugter Nationalsozialist lehnte er alle Formen der Bürgerlichkeit ab und richtete sich in seinem Berliner Domizil auf der Insel Schwanenwerder trotzdem wie ein Großbürger ein.

Als durchaus belesener und gebildeter Mensch verachtete „der Doktor", wie er stets genannt werden wollte, die Intellektuellen und versuchte doch, als einer von ihnen anerkannt zu werden. Gleichzeitig gelang es ihm, hochkomplexe Gedankengänge in allerprimitivste Parolen zu verpacken. Als ein im Kern hoffnungsloser und geradezu schwülstiger Romantiker kultivierte er einen harten, großstädtischen Zynismus, der seine innerliche Verletzlichkeit mit Schnoddrigkeit und Entschlossenheit kaschieren sollte. Diese Widersprüche sind es, die Paul Joseph Goebbels als Menschen zwar vollkommen deformierten, als Agitator innerhalb der nationalsozialistischen Führungsclique aber zu einer Ausnahmeerscheinung machten, da sich in ihm Sensibilität gegenüber vorhandenen Wünschen und Erwartungen, Skrupellosigkeit im politischen Meinungskampf, Kreativität bei der Propagandaplanung und Verlogenheit bei der Umsetzung gleichermaßen ausprägten.

„ICH HASSE DEN KAPITALISMUS WIE DIE PEST“

Joseph Goebbels als nationaler Sozialist

Von Uwe Klußmann

DAS ERSTE POLITISCHE OPFER des Joseph Goebbels hieß Axel Ripke. Der baltendeutsche Journalist war 1925 Gauleiter Rheinland-Nord der NSDAP. Goebbels, damals 27, unterstand ihm als „Gaugeschäftsführer“ in Elberfeld. Der junge Nationalsozialist Goebbels begann bald, seinen Vorgesetzten zu hassen. Goebbels nannte Ripke in seinem Tagebuch einen „verkappten Bürgerlichen“, mit dem sei „keine Revolution zu machen“. Der angriffslustige Goebbels setzte sich bald durch. Im Juli 1925 löste Hitler Ripke durch den späteren Hamburger Gauleiter und Goebbels-Vertrauten Karl Kaufmann ab.

Ripke hatte früh erkannt, was die Brisanz seines Rivalen Goebbels ausmachte: „Der Mann ist gefährlich – er glaubt, was er sagt.“ Ein Vergleich der Anfang der neunziger Jahre in Moskau entdeckten Goebbels-Tagebücher mit seinen Reden und Schriften zeigt, wie Recht Ripke hatte. Der noch weithin unbekannte junge NS-Funktionär Goebbels sah sich als Bahnbrecher eines nationalen Sozialismus, dem er mit einer modernen Propaganda zum Durchbruch verhelfen wollte.

Was er unter Nationalsozialismus verstand, entwickelte er in schroffem Konflikt mit den traditionellen, vom Geist der Kaiserzeit geprägten bürgerlichen Nationalen. Anders als neonazistische Epigonen am Ende des 20. Jahrhunderts nannte er sich niemals einen „Rechten“.

Die NSDAP war 1925 eine Splitterpartei mit 27 000 Mitgliedern, davon 82 in Elberfeld. Nationalistische Wähler sammelte damals überwiegend die rechtskonservative Deutschnationale Volkspartei, die bei den Reichstagswahlen 1924 knapp ein Viertel der Stimmen gewann.

Die Deutschnationalen stützten sich vor allem auf Anhänger in der Oberschicht und oberen Mittelschicht. Das war nicht die Welt eines zeitweise arbeitslosen Akademikers und Sohnes eines kleinen Angestellten. Auch die radikaleren „Völkischen“, bei denen er als Redakteur eines Winkelblättchens 1924 tätig war, fand Goebbels zu betulich.

Er sah sich als „Berserker des neuen deutschen Gedankens“ und wünschte sich vor allem Arbeiter als Anhänger. Im Streit mit Ripke bekannte Goebbels sein tiefes antibürgerliches Ressentiment: „Ich hasse den Kapitalismus in jeder Form wie die Pest.“ Wenn der hagere Redner auf Versammlungen vor ärmlichem Publikum von der „Befreiung des Proletariats“ predigte, wirkte der proletarisierte Akademiker für viele Zuhörer glaubwürdig. Schulden drückten den promovierten Philologen, der bisweilen die Miete für seine Wohnung nicht bezahlen konnte.

Hitlers Umgebung in der Münchner NSDAP-Spitze, überwiegend saturierte Kleinbürger, die sich mehr für Rassendoktrinen als für die soziale Frage interessierten, weckte den Widerwillen des jungen Idealisten. Die von ihm redigierte und von Gregor Strasser herausgegebene Ideologie-Zeitschrift *Nationalsozialistische Briefe* beschrieb er in seinem Tagebuch als „Kampfmittel gegen die verkalkten Bonzen in München“ – gemeint war die Zentrale der NSDAP.

Die Linie, die Goebbels in dem Blatt verfocht, konnte biedere „Vaterländische“ und „Völkische“, geistig noch im wilhelminischen Deutschland zu Hause, nur schockieren. Der Provokateur aus Elberfeld nannte „das soziale Problem“ die „Kernfrage“ und den Sozialismus eine „Weltanschauung der Zukunft“, die freilich „im nationalen Staate durchgeführt“ werden müsse.

Parteiintern stritt Goebbels gemeinsam mit den Gebrüdern Gregor und Otto Strasser zur Jahreswende 1925/1926 für ein neues Parteiprogramm. Der Entwurf der NS-Linken, die sich in einer Arbeitsgemeinschaft „Nordwest“ formiert hatten, sah die Verstaatlichung der Schwerindustrie und eine Agrarreform ebenso vor wie genossenschaftliche Formen der Wirtschaft neben Privateigentum.

Außenpolitisch plädierten Goebbels und die Strasser-Brüder für eine Bündnisoption mit Russland. Goebbels hoffte, das sowjetische Regime werde sich zu einem „nationalbolschewistischen Russland“ wandeln oder gar zu einem nationalsozialistischen Staat.

Wenn Russland „erwache“, so Goebbels im Februar 1926 in den *Nationalsozialistischen Briefen,* werde die Welt „ein nationales Wunder sehen“. Es käme darauf an, so der junge Nationalsozialist, dass Deutschland „diesem kommenden Wunder als ebenbürtiger Partner gegenüber- oder an die Seite trete“. Russland, so Goebbels, sei „der uns von der Natur gegebene Bundesgenosse gegen die teuflische Verseuchung und Korruption des Westens“.

Diese Sicht stand der Hitlers diametral gegenüber. Hitler hatte in seinem 1925 erschienenen *Mein Kampf* die Russen als „minderwertige Rasse“ eingestuft und vom angeblich bevorstehenden „Ende Russlands als Staat" fabuliert. Unverhohlen propagierte er eine „Bodenpolitik der Zukunft", in der „Russland und die ihm untertanen Randstaaten" allein dazu ausersehen waren, den „Germanen" möglichst viel „neuen Grund und Boden" zu hinterlassen. Hitlers These, dass „nur der Boden germanisiert" werden könne, umriss bereits die Aussicht auf einen Krieg mit völkermörderischem Ziel.

Goebbels hingegen sah in einer Bündnispolitik gegenüber Russland „das A und O jeder zielbewußten Außenpolitik" und warb für seine Auffassung bei Reisen durch die NS-Parteiorganisation in ganz Deutschland. Anders als Hitler, der in Rassentheorien gefangen war, die Deutsche mit Germanen gleichsetzten, hatte sich Goebbels mit russischer Literatur in deutscher Übersetzung, vor allem dem Werk Dostojewskijs, befasst.

Beeinflusst war der Linksnationalist auch von den russophilen Schriften Artur Moeller van den Brucks und Oswald Spenglers. Beide waren antiliberal und nationalistisch orientiert, doch das von Moeller propagierte „Recht der jungen Völker" war weit entfernt von Hitlers rassistischen Vernichtungsphantasien.

Auf einer NSDAP-Führertagung in Bamberg am 14. Februar 1926 setzte sich der Hitler-Flügel in der Programmdebatte wie auch in der Außenpolitik gegen die NS-Linken um Goebbels und die Strassers durch. Die damals weithin unbeachtete Tagung ergab eine fatale Weichenstellung mit verheerenden Folgen. In seinem Tagebuch notierte Goebbels zwar tags darauf, Hitler liege in der „russischen Frage vollkommen daneben", seine Vorstellung etwa, man müsse „Russland beerben", sei „grauenhaft".

Doch Hitler verstand es, den aufstrebenden Propagandisten aus dem Ruhrgebiet für sich zu gewinnen. Zu Weihnachten 1925 hatte er ihm *Mein Kampf* mit einer Widmung, „für die vorbildliche Art Ihres Kampfes" geschenkt. Hitler empfing Goebbels Mitte April 1926 in München zu einem Abendessen. „Ein schöner Abend", notierte Goebbels in seinem Tagebuch, wobei dem Weibernarren auch gefiel, dass Hitler eine „liebliche junge Dame" am Tisch platziert hatte. Eindruck machte auf Goebbels auch der Mercedes mit Chauffeur, den der „Führer" dem Besucher aus dem Norden für einen Ausflug an den Starnberger See zur Verfügung stellte. Hitler lud Goebbels zu seinem 37. Geburtstag nach München ein. Während auf einem Tisch 37 Kerzen, von Blumen umgeben brannten und Hitler vom gescheiterten Putsch am 9. November 1923 erzählte, fing Goebbels an zu glauben, Hitler habe ihn „wie Keinen ins Herz geschlossen", was er seinem Tagebuch anvertraute. Programmatisch, dämmerte es dem NS-Aufsteiger, müsse er wohl „manches überdenken".

Goebbels, der sich damit rechtfertigte, er beuge sich „dem größeren, dem politischen Genie", hatte schon im November 1925 in seinem Tagebuch einen prophetischen Ausblick auf die Zukunft Adolf Hitlers gewagt. Dieser Mann habe „alles, um König zu sein", er sei der „geborene Volkstribun" und „der kommende Diktator".

Hitler wusste zu schätzen, dass Goebbels mit seiner Propaganda Menschen gewinnen konnte, die er selbst kaum erreichte, vor allem bisherige Kommunisten. Goebbels beherrschte die Sprache der radikalen Linken, ohne ihre Ideologie zu teilen. Und er hatte ein feines Gespür für das Lebensgefühl, die Abneigungen und Hoffnungen derer, die sich von der Linken angesprochen fühlten.

Goebbels warf dem SPD-Politiker Philip Scheidemann „Verrat am Gedanken des Sozialismus" vor und beschuldigte ihn, er habe bei der Novemberrevolution 1918 versäumt, „zum Kampf um die Rechte des sozialistischen Staates" aufzurufen. Er nannte seine Mitkämpfer „junge Revolutionäre" und warnte sie in Reden und Aufsätzen, zur „Partei der radikalisierten Bourgeoisie mit sozialen Allüren" zu degradieren. Nur die „Überwindung des bürgerlichen Gedankens", so Goebbels in den *Nationalsozialistischen Briefen* in fast marxistisch klingender Diktion, „führt zum Sozialismus".

Wenn der NS-Propagandist dann noch gegen den „bourgeoisen Scheinpatriotismus" der „feisten Bürgerparteien" wetterte und der „deutschen Bourgeoisie" vorhielt, sie sei zum „Sklavenhalter und Antreiber der Börsendiktatur" geworden, dann war er von einem KPD-Redner kaum zu unterscheiden.

Der Zuhörer oder Leser musste politisch gebildet sein und sehr genau hinhören, um zu bemerken, was Goebbels von den Linken trennte. Etwa, wenn er schwor, er wolle „nicht den Klassenkampf", wenn er den Kapitalismus vage als „unsittliche Verteilung von Kapital" beschrieb und Sozialismus als „Lehre der Gemeinschaft" definierte. Oder wenn er die „Volksgemeinschaft" propagierte und „national schaffendes" von „international raffendem Kapital" unterschied.

Selbst führende NSDAP-Funktionäre, vom geschassten Gauleiter Ripke bis zum doktrinären Chefideologen Alfred Rosenberg verdächtigten ihn wiederholt, er sei eine Art verkappter Bolschewist.

Von der Linken unterschied den NS-Propagandisten der fehlende Glaube an den Internationalismus. An die Kommunisten gewandt, behauptete Goebbels, es habe sich „nie eine unterdrückte Klasse befreit durch internationale Proteste, immer nur durch nationalen Willen zur Zukunft". Es arbeite, spottete Goebbels, „kein einziger Rubel im deutschen Kommunismus, auf dem nicht das Wort ‚Russland' als Programm steht".

Die „Geschichte der Völker", dozierte er 1926, sei „eine einzige Folge vom Gestaltungswillen zur Nation und von Energiebewegungen der Nationen zur Freiheit". Das war eine Gegenthese zur Lehre von Karl Marx, der die Historie als „Geschichte von Klassenkämpfen" betrachtete. Darin lag aber auch ein Widerspruch zur Doktrin Hitlers, welche die Weltgeschichte auf eine Abfolge von Rassenkämpfen reduzierte.

Doch der Hass auf die Juden verband Goebbels mit Hitler. Die Juden seien von „Händlerinstinkten" geprägt und wollten „alle Völker fressen", tönte Goebbels schon 1926. Die Juden betrachtete er als „Inkarnation des Kapitalismus", weshalb er in der „Lösung der Judenfrage" den „ersten Schritt zur Lösung der sozialen Frage" sah.

Zwar warnte Goebbels gelegentlich vor „primitivstem Antisemitismus", denn der spiele „den Juden die besten Waffen zur Gegenpropaganda in die Hand". So nannte er den poltrigen Herausgeber des Nazi-Hetzblattes *Der Stürmer*, Julius Streicher, 1929 in seinem Tagebuch „verheerend".

Doch „deutschvölkische Typen", über deren „Rassefimmel" er spottete, waren ihm vor allem zuwider, weil sie zum Misserfolg verdammt waren. Goebbels wusste, dass in der Krise der Weimarer Republik nur die Mischung des Judenhasses mit antikapitalistischer Rhetorik einen zündfähigen Zwei-Komponenten-Sprengstoff abgab.

Indem Goebbels 1928 „den Weltjuden" mit der „imperialistischen Diktatur des roten Goldes" gleichsetzte, verschaffte er sich nicht nur bei potentiellen Anhängern der Kommunisten Gehör. Er proklamierte für das deutsche Volk zugleich einen „Dauerzustand der Notwehr", der „jedes Mittel recht" mache.

Die „Forderung, den Juden aus allen deutschen Kulturinstituten zu beseitigen", hatte Goebbels schon 1927 in der Broschüre *Das kleine abc des Nationalsozialisten* erhoben. Im Jahr darauf als Gauleiter in Berlin propagierte er bereits die „Ausmerzung aller fremdrassigen Elemente aus dem öffentlichen Leben".

Im Januar 1929 wetterte Goebbels in einem Leitartikel im *Angriff*, „der Jude" sei ein „Negativum", das „ausradiert werden" müsse. Die hasserfüllten Attacken gegen Juden verschärfte Goebbels umso mehr, je weniger die NSDAP-Politik seinen frühen antikapitalistischen Wunschträumen ähnelte. So mahnte er in einer „streng vertraulichen Information" an die NS-Presse im Oktober 1932, die „Judenfrage" müsse „mehr als bisher von uns in den Vordergrund gestellt werden".

Goebbels wusste, dass seine Judengegnerschaft einen Graben zwischen ihm und der radikalen Linken schuf. Dennoch versuchte er immer wieder, Anhänger der KPD zu beeinflussen und zu beeindrucken.

Als Pamphletist und als Redner beschwor Goebbels die „Berechtigung der Arbeiterbewegungen" und geißelte den „bourgeoisen Feigling der schwarz-rot-gelben Sozialdemokratie". Respekt äußerte er gegenüber Sowjetrussland, das „russischer denn je" sei. Der deutsche Kommunist, umwarb er seine Gegner 1925 in einem offenen Brief („Mein Freund von der Linken!"), sei ein „Kind des Volkes der Dichter und Denker". Der linke Freund müsse nur begreifen, dass allein die „Solidarität der Nation" dem deutschen Arbeiter helfe, die „Sklavenketten" zu sprengen.

Goebbels Versuche, auf Versammlungen mit Kommunisten zu diskutieren, endeten oftmals in Schlägereien zwischen Anhängern der NSDAP und der KPD, mit Schwerverletzten und Toten, etwa in Chemnitz im Oktober 1925. Auslöser der Saalschlachten, bei denen sich rote und braune Proleten gegenseitig Bierkrüge und Stuhlbeine über den Schädel zogen, war häufig ein provozierender Vortrag von Goebbels mit dem Titel „Lenin oder Hitler".

Im Opernhaus von Königsberg in Ostpreußen, dem jetzigen Kaliningrad, etwa stellte Goebbels im Februar 1926 den Chef der Kleinpartei NSDAP und den sowjetischen Revolutionär und Staatsgründer auf eine Stufe: Beide seien „Überwinder des Systems“ und „Bahnbrecher eines neuen Staatsgedankens“.

Lenin, so Goebbels, sei mit seiner Verstaatlichung der Industrie in Russland am Marxismus gescheitert. Hitler dagegen habe „die soziale Frage nicht aus Büchern, sondern am eigenen Leibe studiert“ und Hunger, Kälte und Arbeitslosenelend „früh fühlen müssen“. Für seine Ideen sei er im November 1923 in den „Kugelregen der Reaktion“ geraten. Im Schlussakkord seiner Rede beschwor Goebbels die „Seele des deutschen Arbeiters“ und prophezeite einen „vulkanischen Ausbruch des neuen Freiheitswillens“ zu einer „deutschen Revolution“.

Es dauerte nur wenige Monate, da betraute Hitler den virtuosen Propagandisten mit einer unerfüllbar scheinenden Mission: Berlin, die deutsche Hauptstadt und Hochburg der Linken, für die Nazis zu „erobern“. Ende Oktober 1926 ernannte Hitler den Ruhrgebiets-Propagandisten zum Berliner NSDAP-Chef.

Am 7. November 1926 begann der 29-jährige Goebbels seine Tätigkeit als Gauleiter von Berlin, die nach mehr als 18 Jahren mit seinem Selbstmord im Bunker der Reichskanzlei endete. Die NSDAP Berlin, die Goebbels vorfand, war eine zerstrittene Polit-Sekte von nach seinen Angaben nicht mehr als 300 Mann, ein verlorener Haufen zwischen Agonie und Zerfall.

Die Geschäftsstelle in der Potsdamer Straße 109 entsprach dem Gewicht der Partei: ein fensterloser verrauchter Kellerraum in einem Hinterhof, den die Parteigenossen spöttisch „Opiumhöhle“ nannten. In wenigen Wochen entrümpelte er die Parteiorganisation von „Karteileichen“, drohte vermeintlichen Querulanten den Parteiausschluss an und mietete Ende Dezember ein neues, modernes Büro in der Lützowstraße 44.

Kaum eine Woche im Amt, organisierte er einen provokativen Aufmarsch im Arbeiterviertel Neukölln, einer KPD-Hochburg, was prompt zu einer Straßenschlacht führte. Von da an folgte Provokation auf Provokation. In den Pharus-Sälen im Berliner Arbeiterbezirk Wedding, einem traditionellen Veranstaltungslokal der KPD, organisierte der neue Gauleiter am 11. Februar 1927 eine Kundgebung. Das Versammlungsthema „Der Zusammenbruch des bürgerlichen Klassenstaates“ hätte auch von der KPD stammen können. Die Kommunisten taten, was Goebbels von ihnen erwarten durfte: Sie lieferten den Nazis eine heftige Saalschlacht.

Da Schlagringe und Eisenstangen zum Einsatz kamen, floss Blut. Umgeben von stöhnenden Schwerverletzten, setzte Goebbels seine Rede fort, während vor dem Podium blutig geschlagene Nazis auf Tragen lagen. In diesem Ambiente schuf der Redner Goebbels den bald schon mythischen Begriff vom „unbekannten SA-Mann“, der sich für die Idee des Nationalsozialismus schlage.

Nach einer Reihe von Straßen- und Saalschlachten, die auf das Konto des ambitionierten NS-Gauleiters gingen, verbot die Berliner Polizei die NSDAP in der Reichshauptstadt für acht Monate. In der Verbotszeit zeigte der Berliner NSDAP-Chef einmal mehr, dass er methodisch von den Linken gelernt hatte. Ähnlich wie die SPD zur Zeit der Bismarckschen Sozialistengesetze, ließ Goebbels scheinbare Sport- und Geselligkeitsclubs gründen: den Kegelclub „Gut Holz“, den Sparverein „Zum goldenen Sechser“, den Schwimmverein „Gut Nass“ und ähnliche Tarnvereine.

Zudem schuf er eine Zeitung, als habe er Lenins Devise verinnerlicht, eine Partei von Berufsrevolutionären brauche ein Kampfblatt als „kollektiven Agitator, Propagandisten und Organisator“. Sein Kampfblatt nannte Goebbels *Der Angriff*. Selbst der Untertitel der Zeitung „Für die Unterdrückten – Gegen die Ausbeuter“ hätte aus einem KP-Organ stammen können.

Zwar hatte das Wochenblatt anfangs nur eine Auflage von 2000 Exemplaren, doch es erfüllte seinen Zweck, die verbotene Partei, die in Berlin Ende 1927 rund 4000 Mitglieder zählte, als „eine Art große Familie“, so Goebbels, zusammenzuhalten. Ziel der Zeitung, gestand er nach der Machtergreifung, sei es, „nicht zu informieren, sondern anzuspornen, anzufeuern, anzutreiben“. Dabei propagierte Goebbels mithilfe seiner Zeitung einen „Sozialismus der Tat“, der seine Partei von anderen unterschied und viel von ihrer Anziehungskraft ausmachte: So bat er NSDAP-Mitglieder, erwerbslose Parteigenossen zu Weihnachten nach Hause einzuladen und ihnen „Kraft und Mut für kommenden Tage" zu geben.

Das „Kampfblatt", wie Goebbels es unverhohlen nennen ließ, als Agitationsmittel der Parteigenossen hatte der Gauleiter bei den Kommunisten abgeguckt wie auch die Struktur seiner Berliner Parteiorganisation. Die gliederte sich wie die KPD in „Straßenzellen" und „Betriebszellen".

Trotz Startproblemen, vor allem einem Mangel an Geld und an guten Journalisten, wurde das Blatt zu einem Erfolg. Die Auflage des *Angriff*, der ab November 1930 täglich erschien, stieg bis 1931 auf durchschnittlich 68 600. Parallel zum Zeitungsprojekt gründete Goebbels eine „Schule für Politik", die seine Redner und Parteifunktionäre ausbildete, und schuf eine „Nationalsozialistische Experimental-Theater-Gesellschaft". Die kleine NS-Versuchsbühne führte im November 1927 im Berliner Wallner-Theater ein von Goebbels verfasstes Schauspiel auf, *Der Wanderer*.

Über die Grundsätze seiner Propaganda äußerte sich Goebbels in einer Rede im Januar 1928. „Propaganda", dozierte Goebbels vor Berliner Parteigenossen, „ist eine Kunst." Freimütig bekannte er, auf einer Linie mit Hitler, es käme „nicht drauf an, dass Propaganda Niveau hat, sondern dass sie zum Ziele führt". Wirklich „große Propagandisten", so Goebbels, sollten „so formulieren, dass es die breite Masse der Gebildeten sowohl wie der kleinste Mann verstehen kann".

Goebbels nannte als Ziel seiner Propaganda unverhohlen, „dass wir eine Diktatur errichten", getragen von einer Idee „wie ein Evangelium", für das „Millionen von Menschen" bereit seien, „ihr Leben zu lassen".

Er wolle „Apostel und Prediger sein", hatte Goebbels am Beginn seiner NSDAP-Karriere in seinem Tagebuch bekannt. In seinen Reden und Aufsätzen in der NS-Presse stellte er Hitler als „Propheten" dar und als Künder einer „erlösenden Idee". Schon 1925 schrieb Goebbels, Hitler stehe für „das kommende Wunder" und verkörpere einen „Katechismus neuen politischen Glaubens".

Der Katholik Goebbels verklärte in seinem Roman *Michael* die Nazis als „Christussozialisten" und erläuterte im *Angriff* 1928 unter Bezug auf das Programm der NSDAP von 1920, die Partei stehe „auf dem Boden eines positiven Christentums, ohne sich dabei an ein bestimmtes Bekenntnis zu binden".

Gemeint war eine positive Haltung gegenüber der NSDAP, deren Führer durch die Goebbelssche Propaganda mehr und mehr zu einer Art unfehlbarem Papst der Partei avancierte, die später an der Macht einen politischen Monotheismus kreierte: „Ein Volk, ein Reich, ein Führer".

Claus-Ekkehard Bärsch hat in seiner Goebbels-Studie *Erlösung und Vernichtung* gezeigt, dass das religiöse Pathos in der Goebbelsschen Propaganda in einem Kontext jüdisch-christlicher Begriffe wie „Drittes Reich" und „Tausendjähriges Reich" stand. Das Verlangen nach „Erlösung" gipfelt dabei in dem Wunsch, das vermeintlich Böse zu vernichten.

Zu den Reichstagswahlen im Mai 1928 hob der preußische Innenminister das NSDAP-Verbot auf, das ohnehin nur für das Berliner Stadtgebiet gegolten hatte. Der junge Gauleiter ließ, wie vor ihm schon Lenin, seine Reden zu Propagandazwecken auf Schallplatten aufnehmen. Grelle Plakate mit viel rot entwarf er in Absprache mit dem Zeichner Hans Schweitzer, der unter dem germanischen Pseudonym „Mjölnir" (der Hammer) Karikaturen im *Angriff* publizierte.

Bei den Reichstagswahlen im Mai 1928 waren erste Erfolge der Goebbelsschen Propaganda spürbar, wenn auch noch in bescheidenem Umfang: Rund 39 000 Berliner, knapp 1,6 Prozent der Wähler, hatten in der Reichshauptstadt für die NSDAP gestimmt. Goebbels wurde Reichstagsabgeordneter und bekannte, kaum gewählt, im *Angriff* seine Verachtung für den bürgerlichen Parlamentarismus: Die Nationalsozialisten hätten „nichts mit dem Parlament zu tun" und lehnten es „innerlich ab". Froh war der häufig vor Gericht zitierte Goebbels, als Abgeordneter ein „Inhaber der Immunität zu sein".

Im Juni 1928 bezog Goebbels erneut eine vergrößerte Geschäftsstelle in der Hedemannstraße mit 15 hauptamtlichen Funktionären. Im Juni 1928 organisierte er die erste nationalsozialistische Massenkundgebung in Berlin mit mehren tausend Teilnehmern im Sportpalast. Im November 1928 zog er mit 5,8 Prozent der Stimmen als einer von 13 Stadtverordneten in das Berliner rote Rathaus ein. Sein Gegenüber als KPD-Fraktionschef war der spätere DDR-Präsident Wilhelm Pieck.

Noch war die Weimarer Republik, die Goebbels attackiert, relativ stabil. Das änderte sich schlagartig nach dem New Yorker Börsenkrach des „Schwarzen Freitag" im Oktober 1929. In der Folge begann die deutsche Wirtschaft schwindsuchtartig zu schrumpfen, die Arbeitslosenzahlen stiegen von 1,5 Millionen im November 1929 auf 3,2 Millionen im Februar 1930. Zwei Jahre später, im Februar 1932, waren sechs Millionen Deutsche erwerbslos und bei erbärmlicher staatlicher Unterstützung in vielen Fällen zum Hungern verdammt.

Die „Eroberung der Straße" durch die Nazis, zu der Goebbels seit 1926 seine SA-Männer trommelte, wurde mehr und mehr Wirklichkeit. Die Mitgliedschaft der NSDAP stieg von 27 000 im Jahre 1925 über 130 000 im September 1930 auf 850 000 im Januar 1933. Goebbels gelang es in der Wirtschaftskrise mehr denn je, die soziale Empörung gegen die Gesellschaft mit dem Gefühl nationaler Erniedrigung zu verschmelzen, das der Versailler Vertrag bewirkt hatte.

Dabei präsentierte sich Goebbels als radikaler Globalisierungskritiker. Deutschland sei „ein Spielball in den Händen internationaler Konzerne", tönte er im Februar 1930 in einer Rede in Magdeburg, die deutschen Minister nannte er „nicht mehr Vollstrecker des Volkswillens, sondern Rüsselputzer internationaler Finanzgesellschaften". Als Alternative propagierte Goebbels ein „sozialistisches Wirtschaftsystem", in dem „das Geld der Arbeit dient".

Goebbels machte die „Regiererei" der „Systemparteien" für „Not, Hunger, fette Bonzen und magere Arbeiter" verantwortlich. Die „gegenwärtige wirtschaftliche Ordnung" verurteilte er als „unsittlich". Das „Recht auf Arbeit und die Pflicht zur Arbeit" proklamierte er und hatte Zulauf bei Arbeitern, Angestellten und Leuten aus der verarmenden Mittelschicht.

Als am 10. September 1930 in Berlin rund einhunderttausend Menschen vor dem Sportpalast Einlass begehrten zu einer Kundgebung mit Hitler und Goebbels, wurde deutlich, dass Deutschland vor einem politischen Erdbeben stand. Vier Tage später, bei den Reichstagswahlen votierten 6,4 Millionen für die NSDAP, die mit 18 Prozent der Stimmen 107 Sitze im Reichstag erhielt. Damit war sie zweitstärkste Partei. Das war nicht zuletzt ein Verdienst von Goebbels, den Hitler im April zum Reichspropagandaleiter der Partei ernannt hatte.

Goebbels hatte die NSDAP zum Trendsetter der deutschen Politik gemacht. Sozialdemokraten und Gewerkschaftsführer sprachen immer häufiger von „Volksgemeinschaft", die biederen Deutschnationalen behaupteten, auch sie seien eine „Bewegung" wie die Nazis, und selbst die Kommunisten kupferten beim NS-Jargon ab.

Ende August 1930 verabschiedete das Zentralkomitee der KPD auf Geheiß Moskaus eine „Programmerklärung zur nationalen und sozialen Befreiung des deutschen Volkes", verurteilte die „Knechtung Deutschlands durch den Versailler Vertrag" und warf der Sozialdemokratie „Hoch- und Landesverrat an den Lebensinteressen der arbeitenden Massen Deutschlands" vor.

Ein Blick in das Handbuch des deutschen Reichstags zeigte, dass die politische Elite der Weimarer Republik einschließlich der Sozialdemokraten 1930 hoffnungslos überaltert war. Abgeordnete unter 40 stellten bei der SPD nur 10 Prozent der Fraktion, bei NSDAP und KPD dagegen rund 60 Prozent. Die Anhänger der NSDAP, vor allem die SA-Männer, waren überwiegend jung. Goebbels konnte den Sturm der Nazis gegen die Republik als Aufstand der Jugend gegen ein altes und morsches System darstellen.

Zum Erfolg der NSDAP trug maßgeblich bei, dass Goebbels modernste technische Mittel in den Dienst seiner Propaganda stellte: Lautsprecheranlagen, Tonfilme für Einsätze an Orten, wo er nicht selbst auftrat und schließlich Flugzeuge, mit deren Hilfe der Parteiführer (Parole: „Hitler über Deutschland") an einem Tag an mehreren Orten erschien.

Etwas getrübt war Goebbels' Freude über den Aufstieg der NSDAP im Sommer 1930, als sich eine Gruppe linker Nationalsozialisten unter Otto Strasser von der Partei trennte. Goebbels hatte den zögernden Hitler mehrmals gebeten, dafür zu sorgen, dass die Partei „radikal gereinigt" werde. Als Hitler schließlich Ende Juni Weisung zu einer „rücksichtslosen Säuberung" der NSDAP von „Salonbolschewisten" gab, publizierte die Otto-Strasser-Gruppe ihr Pamphlet *Die Sozialisten verlassen die NSDAP.*

Darin monierten die NS-Linken ähnlich wie Goebbels in seinen Tagebüchern die „Verbürgerlichung der Partei", wetterten gegen „kapitalistische Interessen" und bekräftigten ihre „Ablehnung des Interventionskrieges gegen Russland".

Goebbels vermied es, gegen die Inhalte der Otto-Strasser-Anhänger zu polemisieren. Er zog es vor, die Abweichler im *Angriff* als politisch wirkungslose Phrasendrescher abzukanzeln.

Zwar blieben die abtrünnigen NS-Linken eine Splittergruppe, die für die Hitler-Partei nie zu einer ernsten Konkurrenz wurde. Doch die Abspaltung der Strasseristen, die vom NS-Regime später gnadenlos verfolgt wurden, schwächte das antibürgerliche Lager in der Partei, als dessen Wortführer Goebbels sich verstand. Einige der Strasseristen, wie der Leiter der Zeitschrift *Nationalsozialistische Pressekonferenz,* Eugen Mossakowsky, wechselten bald zur KPD.

Goebbels wusste, dass er im Kampf gegen die Weimarer Republik vor allem mit den Kommunisten konkurrieren musste, die ihre Energie materiell und ideell vom Feuer der russischen Oktoberrevolution bezogen. Die Kommunisten hatten ihre Ergebnisse bei der Reichstagswahl 1930 in ganz Deutschland von 10,6 auf 13,1 Prozent verbessert. In Berlin hatte die „Kommune", wie sie im NS-Jargon hieß, trotz Goebbelscher Bemühungen von 1928 bis 1930 bei den Reichstagswahlen von 16,3 auf 24,7 Prozent zugelegt.

Zwar war Goebbels überzeugt, es sei „nicht schwer, einen Kommunisten zum leidenschaftlichen Nationalsozialisten zu machen". Beide verbinde der „Wille zur Macht" und das „Prinzip des Kampfes". Doch in der Praxis waren es nur wenige Nationalsozialisten wie der 1930 von einem Kommunisten und Zuhälter ermordete junge Berliner SA-Sturmführer Horst Wessel, denen es gelang, in größerer Zahl KPD-Genossen aus dem geschlossenen kommunistischen Milieu herauszubrechen.

Goebbels nutzte geschickt die Schwachpunkte der Kommunisten: die häufig lebensfremde Sprache ihrer Funktionäre, die Spaltungen etwa zwischen Anhängern Trotzkis und Stalins, vor allem aber die Außensteuerung der KPD durch die sowjetische Führung. Die KPD nannte er eine „russische Fremdenlegion auf deutschem Boden, zusammengestellt aus russischem Geld und deutschem Menschenmaterial".

Mit Versprechen wie dem, die Nationalsozialisten wollten „das System des Kapitalismus zertrümmern und es durch eine neue sozialistische Ordnung ersetzen", präsentierte sich Goebbels als Kämpfer für einen „wahren Sozialismus".

Gewalt gegen diejenigen, die sich nicht überzeugen ließen, verstand Goebbels dabei stets als Teil seiner Politik. Ideen, so Goebbels in seiner 1927 veröffentlichten Broschüre *Wege ins Dritte Reich* müssten „mit Fäusten durchgekämpft werden". Denn nur wer seine Weltanschauung „mit Terror und Brutalität gegen alle Gewalt nach draußen" trage, werde einst die Macht haben.

Im Wechselspiel von Propaganda und Terror versuchte Goebbels trotz geringer Erfolge immer wieder, durch öffentliche Streitgespräche mit Kommunisten und anderen Linken auf deren Anhänger einzuwirken. Im Juni 1929 debattierte er in Berlin bis nachts um 1 Uhr mit Ernst Tradesch, dem Wortführer einer anarchistischen Gruppe über den Anarchosyndikalismus.

Im November 1930 stritt er mit dem kommunistischen Schriftsteller Erwin Piscator im Rundfunk über revolutionäre Kultur. Und im überfüllten Saalbau Friedrichshain im proletarischen Berliner Osten saß er im Januar 1931 neben dem KPD-Reichstagsabgeordneten Walter Ulbricht, dem späteren DDR-Staatsratsvorsitzenden auf einem Podium. Doch die von Goebbels erträumte rot-braune Verbrüderung blieb aus. Nachdem Ulbricht in seiner Rede, wie Goebbels befand, „einen greulichen Mist verzapft" hatte, ging das proletarische Publikum zur Saalschlacht über.

In dem „Tohuwabohu" (Goebbels) trug, aus Versehen, auch eine Informantin der sowjetischen Auslandsaufklärung und Freundin des Berliner Gauleiters eine Gehirnerschütterung davon: Olga Förster. Geboren als Olga Schkarina, uneheliche Tochter eines Kadetten der russischen Armee in Moskau 1909, war sie mit ihren Pflegeeltern nach der Revolution 1918 über Lettland nach Deutschland gelangt. Als junge Schauspielerin hatte sie mithilfe eines Bekannten Nebenrollen in der NS-Versuchsbühne gespielt. Durch ihren späteren Mann, den nationalbolschewistischen Schriftsteller Arnolt Bronnen, lernte die 21-Jährige Ende 1930 Goebbels kennen.

Gleichzeitig stand die Russin in Kontakt mit einem Kundschafter der in Berlin sehr aktiven sowjetischen Auslandsaufklärung, der sich Petrow nannte. Die haltlose junge Frau, die noch kurz vor ihrer Hochzeit mit Bronnen ein Verhältnis mit Goebbels begann, gestand ihm den Kontakt zu Petrow. Goebbels, der zu ahnen schien, dass er längst ins Blickfeld Moskauer

Späher geraten war, reagierte gelassen. Er riet ihr, den Kontakt zu dem Russen weiter zu pflegen: „Ausgezeichnet, so werden wir durch Sie erfahren, was die Brüder vorhaben."

Olgas Mann Bronnen war einer von mehreren Goebbelsschen Weggefährten, die später zu den Kommunisten wechselten. Bronnen avancierte 1955 zum Theater-, Film- und Fernsehkritiker der *Berliner Zeitung* in der DDR. Richard Scheringer, Leutnant der Reichswehr und NSDAP-Mitglied, den Goebbels im Februar 1931 als „fabelhaften Jungen" rühmte, lief kurz darauf zur KPD über und war später bis zu seinem Tode 1986 Parteivorstandsmitglied der DKP.

Auch der Journalist und „konsequente Sozialist" Bodo Uhse, von dem Goebbels bei einer Begegnung im Juni 1929 sehr angetan war, wendete sich bald den Kommunisten zu. Nach dem Krieg machte Uhse bis zu seinem Tode 1962 in der DDR eine Karriere als Schriftsteller.

Goebbels mochte suchende antibürgerliche Rebellen, die ihm geistig näher standen als ein Großteil der NSDAP-Führer. Vernichtende Urteile fällte er in seinem Tagebuch über zentrale Figuren der Nazi-Führungsriege. SS-Chef Heinrich Himmler nannte er „ein niederträchtiges Vieh", Alfred Rosenberg, den Chefideologen und Herausgeber des Parteiorgans *Völkischer Beobachter* einen „unausstehlichen und arroganten Balten". Hermann Göring attestierte er „krankhafte Eifersucht", da der beleibte Flieger „Hitler förmlich in den Arsch" krieche.

Je näher die Macht rückte, desto mehr litt Goebbels, den Bronnen rückblickend einen „grandiosen Menschenkenner" nennt, am führenden Personal seiner Partei. Im Kurs der „fetten Bonzen", wie er die Männer um Hitler in der Münchner Parteizentrale heimlich nannte, sah er immer wieder die Gefahr einer „Versöhnung mit der Reaktion". Gemeint waren die alten Eliten, vertreten vom „Stahlhelm" und den Deutschnationalen.

Zwar war die NSDAP bei den Reichstagswahlen im Juli 1932 mit mehr als 13 Millionen Stimmen stärkste Partei geworden und zu einer Volksbewegung angewachsen. Dennoch zeichnete sich ab, dass sie die Macht legal nur mit Hilfe der bürgerlichen Rechten erringen konnte.

Bereits 1927 hatte Goebbels im *Angriff* gegen „schwarz-weiß-rote Geldsäcke" und „nationale Spießer" polemisiert: „Du sagst Vaterland und meinst Prozente". Seither war ihm das Lager der alten Rechten nicht sympathischer geworden. Der „Kastendünkel von rechts", so Goebbels 1932 an die Adresse der Deutschnationalen, sei „die Ursache und Wurzel zu dem Klassenkampf von links".

Bei einem öffentlichen Streitgespräch mit der Deutschnationalen Volkspartei (DNVP) im Oktober 1932 in der „Neuen Welt" am Hermannplatz in Berlin verurteilte der Berliner Gauleiter die „unsoziale, reaktionäre Politik" der Regierung des von den Deutschnationalen unterstützen Reichskanzlers Franz von Papen. Umjubelt von seinen Anhängern hielt Goebbels zudem der DNVP vor, sie habe im Gegensatz zur NSDAP keine „Toten, die für sie zeugen könnten", keine „Blutzeugen" wie jene 26 Berliner SA-Männer, die „wir in die Gräber gelegt haben".

Die Deutschnationalen als Veranstalter hatten der NSDAP weit weniger Eintrittskarten überlassen als ihren Mitgliedern. Goebbels ließ heimlich Billetts nachdrucken und mobilisierte seine Kameraden frühzeitig. Zu Versammlungsbeginn standen die bürgerlichen Altrechten „mit ihren garantiert unverfälschten Eintrittskarten" (Goebbels-Tagebuch) vor dem schon mit Nazis überfüllten Saal.

Seinen Gegnern von rechts verriet Goebbels „das Geheimnis der nationalsozialistischen Bewegung: Wir sind keine Klassenbewegung und keine Standespartei". Der Nationalismus, definierte Goebbels sein Konzept, müsse „revolutionär umgeprägt" werden. Erst dann könne er durch „Vermählung mit dem Sozialismus" das Fundament abgeben, auf dem sich alle Deutschen „von rechts bis links" die Hände reichen könnten.

Zu den Reichstagswahlen im November 1932 gab Goebbels die Parole „Gegen die Reaktion" aus. Seine Tagebücher zeigen, dass er damit nicht nur Protestwähler umwarb, die für die Lockrufe der KPD empfänglich waren. Er fürchtete immer wieder die Bereitschaft vieler führender Nationalsozialisten, Kompromisse mit der alten Rechten einzugehen.

Im November 1932 bot sich ihm eine Gelegenheit zu zeigen, dass eine „Versöhnung mit den Reaktionären" nicht nach seinem Geschmack war. Am 2. November 1932 begann ein Streik bei den Berliner Verkehrsbetrieben (BVG), unterstützt von der Roten Gewerkschaftsopposition der KPD. Goebbels wies seine Parteigenossen und die Nationalsozialistische Betriebszellenorganisation an, den Arbeitskampf gegen Lohnsenkungen zu unterstützen.

In seinem Tagebuch sah Goebbels in dem Streik die Chance, „der Öffentlichkeit zu zeigen, dass unser antireaktionärer Kurs wirklich von innen heraus gemeint und gewollt ist". SA-Leute und Rotfrontkämpfer standen einträchtig Streikposten oder verprügelten gemeinsam Streikbrecher. Bei Auseinandersetzungen der Streikenden mit der Polizei kamen drei Menschen ums Leben, darunter der SA-Truppführer Kurt Reppich, der am Straßenbahn-Bahnhof Belziger Straße von einem Polizisten erschossen wurde.

Der tote Reppich, von Goebbels „zur Ruhe gebettet wie ein Fürst", bekam eine Bestattung, bei der sich der Berliner Gauleiter einmal mehr als NS-Chefdramaturg für eindrucksvolle Begräbnisse erwies: Über dem Friedhof in Berlin-Schöneberg ließ er Flugzeuge mit umflorten Hakenkreuzwimpeln kreisen und mehrere zehntausend Menschen an Reppichs Sarg vorüberziehen.

Die NSDAP verlor bei den Reichstagswahlen am 6. November 1932 wohl auch wegen ihrer Teilnahme am Berliner Verkehrsarbeiterstreik 4,3 Prozent der Stimmen vor allem der bürgerlichen Protestwähler. Doch Goebbels gelang es bald, die niedergeschlagene Stimmung in der Partei, noch verstärkt durch die Absetzung des gegen Hitler intrigierenden Reichsorganisationsleiters Gregor Strasser, zu überwinden.

Reichspropagandaleiter Goebbels ließ die Partei bei den Landtagswahlen in Lippe im Januar 1933 so massiv auftreten, dass sie rund 39,5 Prozent der Stimmen gewann. Zwei Wochen später berief Hindenburg Hitler zum Reichskanzler. Doch die Euphorie, die Goebbels in einer Rundfunkreportage als „Taumel von Jubel und Begeisterung" beschrieb, wich nach wenigen Tagen einer Ernüchterung.

Noch war er nicht zum Propagandaminister ernannt. „Ich habe den Mut verloren", klagte er in seinem Tagebuch und notierte verbittert: „Die Reaktion diktiert das Dritte Reich!". Zwar führte die NSDAP die Regierung, doch wichtige Mitstreiter wie die Brüder Otto und Gregor Strasser hatten sich von ihm abgewandt. Von seinem Traum eines nationalrevolutionären, sich als sozialistisch verstehenden Deutschland im Bunde mit Russland war er weit entfernt.

Vielleicht ahnte Goebbels für eine historische Sekunde, dass für ihn gelten sollte, was der Schriftsteller Artur Moeller van den Bruck 1909 über „scheiternde Deutsche" geschrieben hatte: „Sie erreichen das, was sie wollten, im günstigsten Falle halb und für den Augenblick, aber niemals ganz und für Dauer."

Deutschlands weitere Entwicklung, hatte der visionäre Moeller prophezeit, werde „nicht untragisch" sein. Der Scheiternde, so Moeller van den Bruck, markiere stets den „Zusammenbruch und Abschluss einer geschichtlichen Entwicklung".

GOEBBELS IN BERLIN

Eindrücke und Urteile von Zeitgenossen aus den Jahren 1926 bis 1932

Von Michael Wildt

NACH DEM ERDRUTSCHARTIGEN SIEG der NSDAP bei den Reichstagswahlen im September 1930 veröffentlichte einer der besten Kenner der nationalsozialistischen Bewegung, der Journalist Konrad Heiden, eine erste Analyse, in der sich auch ein kurzes, für das zeitgenössische Urteil bezeichnendes Porträt von Joseph Goebbels findet: „Klein von Statur, mit einem verkrüppelten Fuß, daher ‚Ungedienter' unter fast lauter soldatischen Kameraden, mußte er sich mit List durchsetzen wie der Zwerg unter Riesen. An Intelligenz ist er dem Durchschnitt nationalsozialistischer Politiker überlegen, aber dieser Intelligenz fehlen Charakter und Ziel, sie schwankt zwischen Systemen und Methoden und ist nur in einem fest: in der Durchsetzung der eigenen Person … Zum Politiker ist Goebbels nicht geboren; ihm fehlt der Blick für Zusammenhänge, ihm fehlt auch die Logik Hitlers. Aber ein feines Organ hat dieser von Haus aus schwärmerische Kopf für Menschen und ihre Brauchbarkeit; seine engere Umgebung besteht aus treueren Anhängern und besseren Mitarbeitern, als Hitler sie zu sammeln vermochte. Er besitzt wirklichen Instinkt, der Hitler fälschlich nachgerühmt wird; obwohl seine Denk- und Sprechweise der Masse viel ferner ist als die des Führers, versteht er gerade aus dieser Ferne zu locken und zu blenden. Goebbels' große agitatorische Leistung ist es, die nationalsozialistische Propaganda zu einer Heldenlegende stilisiert zu haben …

Goebbels hat reichlich studiert und ordnungsgemäß seinen Doktor gemacht; trotzdem übertrifft er Hitler durch seinen Mangel an erarbeitetem Wissen. Seine Reden und Schriften sind die schaumigsten, an Einfällen vielleicht reichsten, an durchdachtem Inhalt ärmsten der nationalsozialistischen Literatur. Hitler hatte immerhin auf einem Spezialgebiet, der Außenpolitik, Kenntnisse erworben; bei Goebbels ist irgendein gründliches Wissen nicht wahrzunehmen. So ist der stärkste Agitator, den die Bewegung nach Hitler hat, wie dieser von Hause aus ein Bohemien, aber noch mehr als der Führer ist er es auch geblieben. Er ist der eigentliche Schönredner der Partei."[1]

Dieses Urteil über Joseph Goebbels, der innerhalb weniger Jahre die Berliner Organisation der NSDAP zu einer machtvollen Kraft in der Reichshauptstadt geführt hatte und als einer, wenn nicht *der* erfolgreichste Politiker in der Bewegung nach Hitler galt, war, ungewöhnlich genug, eines der ausführlichsten, die damals zu lesen waren. Obwohl auch Heiden nicht entbehren kann, auf die körperliche Statur Goebbels' anzuspielen und damit Bedeutungsfelder wachzurufen, die wie die rhetorische Verknüpfung von Klumpfuß und Teufel den zeitgenössischen Lesern durchaus geläufig waren, bemühte er sich doch offenkundig, Goebbels als politische Person zu erklären, anstatt ihn zu denunzieren, wie es die meisten zeitgenössischen Artikel über, besser: gegen Goebbels taten.

Im Folgenden geht es im Kern um eine kommunikative Beziehung: auf der einen Seite Joseph Goebbels, der mit seiner Strategie wie Talent, Politik als Medienhandeln zu begreifen, ohne Zweifel einer der modernsten Politiker seiner Zeit war, und auf der anderen Seite ebenjene Akteure in den Medien der damaligen Zeit, den Tages- und Wochenzeitungen, die Goebbels' Diskurspolitik aufnehmen mußten, weil es ihr Beruf war, über politische Geschehnisse zu berichten, zugleich jedoch alle Freiheit besaßen, Goebbels und seine Politik kritisch zu durchleuchten. Dass sie diese Freiheit der Kritik nur auf eine spezifische Weise zu nutzen vermochten, lässt eine analytische Schwäche offenbar werden, die ihren Teil zum Erfolg Goebbels' beigetragen hat.

I. Ankunft in Berlin

Am 7. November 1926 kam der neuernannte NSDAP-Gauleiter von Berlin, Dr. phil. Joseph Goebbels, am Anhalter Bahnhof an, fast völlig unbeachtet von der Öffentlichkeit. „Ich hatte noch knapp zwei Stunden vor mir", so soll er einer Freundin gegenüber seine ersten Eindrücke geschildert haben, „bis die Versammlung begann. Ich erklomm das offene Verdeck eines Autobusses; ich wußte nicht einmal, wohin er fuhr. Es war auch ganz gleichgültig. Da saß ich nun, zwischen fremden Menschen, meinen kleinen Koffer krampfhaft festhaltend. So ging es durch Berlin. Niemals war mir diese Stadt so groß, so unendlich vorgekommen. Berlin war wie ein riesenhaftes Tier. Und ich wurde das Gefühl nicht los: Dieses Ungetüm wird dich verschlingen."[2] Von der Rede selbst berichtete nur eine einzige Zeitung, eher wegwerfend: „Ein gewisser Herr Göbels, man sagt, er käme aus dem

Ruhrgebiet, produzierte sich und verzapfte die altgewohnten Phrasen."[3]

Zwei Tage später, am 9. November, anlässlich einer Gedenkfeier für die beim Hitler-Putsch 1923 von der Polizei getöteten Nationalsozialisten, konnte Goebbels sein Talent als Redner unter Beweis stellen. Otto Strasser rügte, dass Goebbels verspätet und mit einem ausgesucht großen Taxi zum Veranstaltungsort gekommen war: „Das können Sie hier in Berlin unter keinen Umständen machen. Unsere Anhänger sind alle arme Teufel. Die werden an Ihrem Mietauto Anstoß nehmen." Goebbels aber entgegnete mit einem überlegenen Lächeln: „Da sind Sie aber gehörig im Irrtum, Strasser. Ich soll kein Taxi nehmen? Im Gegenteil. Wenn ich in zwei Autos fahren könnte, würde ich in zweien kommen. Die Leute müssen sehen, dass die Firma auftreten kann. Und das Zuspätkommen schadet auch nichts. Man muß sich immer rar machen."[4] Was Strasser verschwieg, war der Erfolg Goebbels' an diesem Abend. Das Kriegervereinshaus in der Chauséestraße soll einem Hexenkessel geglichen haben, als er seine mehrstündige Rede beendet hatte.[5]

Die Partei befand sich zu diesem Zeitpunkt in einem desolaten Zustand. Parteileitung und SA-Führung waren heillos zerstritten, der bisherige Gauführer Dr. Ernst Schlange hatte aufgegeben.[6] Die Sozialdemokraten stellten im „Roten Rathaus" Berlins mit 74 Abgeordneten die stärkste Fraktion, die Kommunisten verfügten über 43 Abgeordnete, während die im Februar 1925 neugegründete NSDAP gar nicht vertreten war. Die Partei selbst bestand aus nicht einmal 500 Mitgliedern, unter denen die hitlerkritischen Brüder Otto und Gregor Strasser mit ihrem „sozialistischen" Kurs erheblichen Einfluss besaßen. Die SA unter Kurt Daluege führte ein weitgehend aktivistisches Eigenleben, das nur wenig mit der Politik der Partei verbunden war. Nicht umsonst hatte Goebbels noch im Juni geklagt: „Alle wollen mich nach Berlin als Retter. Ich danke für die Steinwüste."[7] Und doch hätte Hitler keine bessere Wahl treffen können, als er Goebbels in die „rote" Reichshauptstadt schickte, und für diesen erwiesen sich diese frühen Jahre in Berlin als das Fundament seiner persönlichen Karriere.

II. Politik als Markentechnik

Goebbels begriff früher und konsequenter als andere, dass sich die Politik als Kommunikation in einer sich entwickelnden Mediengesellschaft nachhaltig verändern würde. Es kam darauf an, dass die Nationalsozialisten öffentlich auffielen und in den Medien, damals in erster Linie die zahlreichen und mehrmals am Tag erscheinenden Tageszeitungen, präsent zu sein. Noch besser war, die Ereignisse, über die berichtet wurde, selbst zu schaffen und deren Interpretation in den Medien zu beeinflussen, um das öffentliche, politische Urteil über die Nationalsozialisten selbst mitzugestalten. Der politische Erfolg wurde so in den Medien bereits vorweggenommen, der dann in der Realität gewissermaßen nur noch nachvollzogen und bestätigt werden musste. Wer seine Stimme 1930 der NSDAP gab, ging davon aus, damit nicht mehr für eine völkische Splitterpartei zu votieren, sondern eine erfolgreiche Bewegung zu unterstützen.

Es kann daher nicht verwundern, dass die aufkommende Reklametechnik und Markenartikelwerbung auch auf das Interesse von Politikern stieß, allen voran Joseph Goebbels. Der Pionier der Markenwerbung in Deutschland, Hans Domizlaff, der Anfang der zwanziger Jahre seinen Durchbruch als Werbefachmann schaffte, indem er für die Zigarettenmarke „R6" einen sensationellen kommerziellen Erfolg organisierte, übertrug seine Überlegungen zur Markentechnik auf die Politik und veröffentlichte 1931 sein Buch *Propagandamittel der Staatsidee*. Der *Völkische Beobachter* rezensierte den Band positiv, und Goebbels erklärte später auf einem Empfang des Reichspropagandaministeriums, dass er dieses Buch auswendig kenne.[8]

Otto Strasser schrieb rückblickend, dieser sei ohne Zweifel „der größte Propagandist, den die neue Zeit hervorgebracht" habe. „Alles bei Goebbels und an Goebbels war Intellekt, Überlegung und Berechnung. Er sezierte jede seiner Handlungen mit messerscharfem Verstand und schaltete sofort um, wenn er fühlte, daß er im Begriff war, Anstoß zu erregen... In Breslau ging ich einmal mit ihm und dem schlesischen Gauleiter Brückner zu einer Versammlung. ‚Was für ein Publikum ist da?', forschte Goebbels. ‚Welche Platte muß ich auflegen, die nationale, die soziale oder die sentimentale?‘ Er sah uns überlegen an und fügte lächelnd hinzu: ‚Ich habe sie nämlich alle in meinem Koffer.‘“[9] Goebbels, so Otto Strasser, bewies „den Einfallsreichtum eines amerikanischen Reklamegenies. Er ‚verkaufte‘ – anders kann man's nicht bezeichnen – die politische Idee des Nationalsozialismus in der dem Tag angepaßten modernsten Fassung.“[10] Dieser Vergleich Goebbels' mit einem Reklamemann, einem Verkäufer teilten etliche Zeitgenossen. Ernst Niekisch bezeichnete ihn als einen „hochtalentierten Reklamefachmann“[11]. Ernst Jünger, der sich 1945 an den „Doktor“ erinnerte, schilderte die Stimme Goebbels' als „fein ausgezogen, dünndrähtig, diszipliniert. Es war nicht die Stimme der großen Tribunen, die sich ihres Auftrags, ihrer Botschaft vollkommen sicher sind. … Man findet diese Stimme bei Werbeleitern, ‚Verkaufskanonen‘, die kommen, um komplizierte Versicherungen anzupreisen, und deren Besuch meist damit endet, daß man sich in langwierige Abzahlungsgeschäfte verwickelt sieht. Die Bilder waren leicht, doch wirkungsvoll vergröbert, wie ‚Stirn und Faust‘, statt ‚Kopf und Hand‘. Das Ganze lag über dem Niveau der Zuhörer, aber nicht über ihrer Fassungskraft.“[12]

Goebbels setzte auf die Strategie, mit spektakulären, gewalttätigen Aktionen, in erster Linie gegen die Kommunisten, die Aufmerksamkeit der Medien auf sich zu ziehen, den Staat damit ebenso herauszufordern wie die KPD in Berlin und beide zu öffentlichen Reaktionen zu zwingen, die der tatsächlichen Stärke der Nationalsozialisten nicht angemessen waren und diese weit bedeutender erscheinen ließen, als sie in Wirklichkeit waren. „Berlin“, schrieb er, „braucht seine Sensationen wie der Fisch das Wasser. Diese Stadt lebt davon, und jede politische Propaganda wird ihr Ziel verfehlen, die das nicht erkannt hat.“[13]

Da die Kundgebungen und Schlägereien mit den Kommunisten Anfang 1927 in der Presse kaum Beachtung fanden, wagte Goebbels die erste große Auseinandersetzung mit der KPD in ihrem Kerngebiet, dem „roten Wedding“, und setzte eine nationalsozialistische Kundgebung in den Pharus-Sälen an, in denen die Kommunisten traditionell ihre Veranstaltungen abhielten. Nicht mehr kleine, unscheinbare Aushänge, sondern riesige, rote Plakate riefen zur Versammlung am 11. Februar 1927 auf. Thema: „Der Zusammenbruch des bürgerlichen Klassenstaates“.[14] Bevor Goebbels überhaupt seine Rede beginnen konnte, brach bereits die Saalschlacht aus. Die zahlenmäßig unterlegenen Kommunisten mussten, von der Polizei geschützt, das Feld räumen, das Spektakel war gelungen: 12 Verwundete bei den Nazis, auf der Gegenseite 75. Die Berliner Tageszeitungen berichteten in großer Aufmachung über die Nationalsozialisten und ihren Gauleiter, vergaßen sie aber schnell wieder.[15]

Im März bot sich die nächste Gelegenheit. Anlässlich ihres zweiten Gründungstages hatte die Berliner SA ihren „Märkertag“ in Trebbin gefeiert und stieß bei der Rückkehr nach Berlin auf dem Bahnhof Lichterfelde-Ost auf eine kleine Abteilung des kommunistischen Rotfront-Kämpferbundes. In Gewaltlaune und aufgehetzt durch Goebbels stürmte die SA auf die Kommunisten und hinterließ sechs Schwer- und zehn Leichtverletzte. Auf ihrem Marsch ins Stadtzentrum verprügelten die SA-Männer weitere Passanten mit Fäusten und Stöcken, die ihnen irgendwie „jüdisch“ vorkamen. Diese Ereignisse fanden wieder reichlich Publizität in der Berliner Presse, das *Berliner Tageblatt* sprach von einem Pogrom, aber die NSDAP wurde bekannt, die Zahl ihrer Mitglieder stieg. Allein nach dem „Märkertag“ soll es etwa 400 Neuanmeldungen gegeben haben, die Gesamtmitgliederzahl lag mittlerweile bei etwa 3 000.[16]

Als Hitler zum ersten Mal, seitdem Goebbels die Gauleitung übernommen hatte, in der Reichshauptstadt sprach, konnte Goebbels eine, wenn auch noch kleine, so doch gefestigte Partei in Berlin vorweisen. Allerdings wurde Hitlers Besuch in den großen Tageszeitungen völlig ignoriert, nur einige kleinere Regionalzeitungen berichteten mit abfälligen Kommentaren. Aggressiv reagierte Goebbels drei Tage später auf einer Parteiveranstaltung im Kriegervereinshaus. Er las die Presseberichte laut vor und nannte die Redakteure „Schweine“ und „Judensäue“.[17] Mitten in die Hasstiraden hinein ertönte plötzlich ein Zwischenruf: „Sie sind gerade der richtige germanische Jüngling!“ Einen Augenblick herrschte Stille, dann stürzten sich SA-Männer auf den mutigen Störer, verprügelten ihn schwer und warfen ihn raus. Die Politische Polizei rückte an, löste die Versammlung auf und durchsuchte jeden Nationalsozialisten auf Waffen. Es wurden gefunden: 6 Dolche, 2 weitere Messer, 11 Schlagringe, 3 Pistolen, 1 Trommelrevolver, 1 Totschläger und 1 Schreckschusspistole.[18]

Wahrscheinlich wäre der Zwischenfall nicht weiter beachtet worden, wenn nicht das Opfer ein Geistlicher gewesen wäre, der ehemalige Pfarrer Friedrich Stucke. Die Berliner Zeitungen reagierten mit scharfen Artikeln. Noch am selben Tag, dem 5. Mai 1927, verbot der Berliner Polizeipräsident Karl Zörgiebel aufgrund des Artikels 124 der Weimarer Verfassung den Gau Berlin-Brandenburg der NSDAP mit sämtlichen Unterorganisationen, also auch SA, SS, „weil die Zwecke dieser Organisationen den Strafgesetzen zuwiderlaufen".[19] Goebbels, der zusätzlich ein Redeverbot erhielt, hatte mit seiner Gewaltpolitik offenkundig den Bogen überspannt. Die im Aufbau befindliche Partei traf das Verbot empfindlich, der Fehlschlag schien auch sein eigenes politisches Schicksal zu besiegeln. Im Leitartikel der renommierten *Vossischen Zeitung* hieß es, dass sich „das Schicksal einer politischen Mißrichtung selbst gegen die eigenen guten Elemente" in der Hand „einiger skrupelloser Hetzer und Demagogen" erfüllt habe.[20] Und der preußische Innenminister Albert Grzesinski schrieb, ebenfalls in der *Vossischen Zeitung*, durch Goebbels' Kampfmethoden werde „wieder eine Atmosphäre geschaffen, wie sie in Deutschland vor dem Rathenaumord bestand und die so verderbenbringend für unser Volk gewirkt hat. Wer in Versammlungen öffentlich mehr oder weniger deutlich zu brutalen Gewalttaten gegen Andersdenkende auffordert, stellt sich außerhalb des Rechts ... und wird entsprechend behandelt werden."[21]

III. Opfer ...

Der Rechtsstaat schien gegen seinen Feind gesiegt zu haben. Auch innerparteilich geriet Goebbels unter Druck, da die beiden Strasser-Brüder den Rückschlag in Berlin dem unerwünschten Gauleiter anlasteten. In der von ihnen herausgegebenen *Berliner Arbeiterzeitung* war Anfang April ein Artikel unter dem Namen des Elberfelder Parteifunktionärs Erich Koch, eines ehemaligen Weggefährten Goebbels' aus dessen Wuppertaler Tagen und späteren Reichskommissars in der besetzten Ukraine, erschienen, in dem unter dem Titel „Folgen der Rassenvermischung" über den Zusammenhang von körperlichen und charakterlichen Missbildungen räsonniert und außer über den buckligen, hinkenden Richard III. auch über Frankreichs berühmtesten Diplomaten des 19. Jahrhunderts Talleyrand hergezogen wird, der einen Klumpfuß besessen habe und auf den das Wort Charakter kaum angewendet werden könne – eine unverhohlene Anspielung auf Goebbels.[22] Der schlug zurück, indem er die Beschuldigung lancierte, Gregor Strasser besitze jüdische Vorfahren. Hitler ließ sich nicht bewegen, die Strasser-Brüder zu verurteilen, stellte sich aber mit einer Erklärung im *Völkischen Beobachter* am 25. Juni öffentlich hinter seinen Berliner Gauleiter.[23]

Goebbels erfand den effektvollen Slogan „Trotz Verbot nicht tot" und machte sich daran, um sowohl das Propagandaverbot zu unterlaufen als auch gegen die Strasser-Brüder über ein eigenes Presseorgan zu verfügen, einen länger gehegten Plan zu verwirklichen: die Herausgabe einer neuen Wochenzeitung mit dem kennzeichnenden Titel: *Der Angriff*.[24] Mit grellroten Plakaten wurde das Erscheinen der Zeitschrift angekündigt: „,Der Angriff' erfolgt am 4. Juli".[25] Im *Angriff* wurden alle hasserfüllten, antisemitischen Register gezogen, Juden verächtlich gemacht, stets mit einer spezifischen Physiognomie und bestimmten Namen verbunden, zu Gewalttätigkeiten gegen Juden aufgerufen und in der Denunziation, dass Juden und „System" zusammengehörten, die Weimarer Republik fundamental angegriffen, wobei der *Angriff* bemüht war, mit Karikaturen, sogenanntem Berliner Witz, und rhetorischen Pointen den blutig-ernsten antisemitischen Ton unterhaltsam-eingängig zu präsentieren.[26] Bezeichnend heißt es in einem Gratulationsschreiben von Berliner Parteigenossen, das Goebbels zu seinem 30. Geburtstag am 29. Oktober 1927 erhielt: „Wir Balina brauchen een, der uffmeebelt, wissen Se, so mit Schwunk und Jrazie ... Also hoch zu vaehrenda Doktor, werta Volksjenosse, wir jratulieren also wie jedacht und winschen Sie allet Jute vor die Kempferei, wat uns jar nich doll jenuch herjehen kann; unn ibbahaupt mit Sie, wo allet mitmacht."[27]

Neben Goebbels bestimmten vor allem Dagobert Dürr mit seiner gegen die Polizei gerichteten Kolumne „Vorsicht! Gummiknüppel" und der Karikaturist Hans Schweitzer, der altgermanisch mit „Mjoelnir" signierte und von Goebbels als „zeichnerisches Genie" tituliert wurde,[28] den Ton des *Angriffs*. Mjoelnir, so fasste es Viktor Reimann zusammen, „schuf den Typ des SA-Mannes, blond, hünenhaft und mit dem Kämpfergesicht, und auf der Gegenseite den Typ des von Fett triefenden Bonzen, des aufgeblasenen Reaktionärs mit Cut und Schärpe und des abstoßenden Juden mit der übergroßen Nase, den abstehenden Ohren, den O-Beinen und den Plattfüßen".[29] Schweitzers Zeichnungen seien, so Goebbels, „ein ganz neuer Stil der politischen Karikatur. Unter dem Druck der Gesetze war es kaum möglich, mit Worten zum Ausdruck zu bringen, was wir wollten und forderten. Das Wort gibt einen festumrissenen Tatsachenbestand und ist deshalb immer juristisch faßbar. Anders die politische Karikatur. Sie ist vielfältigen Deutungen ausgesetzt. Man kann sich hinter ihr nach Belieben verstecken. Was der einzelne daraus liest, das ist seine Sache ... Die Karikatur geht ihrem Wesen nach auf groteske, ironische und manchmal auch zynische Wirkungen aus. Sie regen mehr das Lach- als das Denkvermögen an. Und wer die Lacher auf seiner Seite hat, der hat bekanntlich recht. Das machten wir uns zunutze."[30]

Mit einer perfiden antisemitischen Idee erzielte Goebbels trotz Verbots und rechtsstaatlicher Interventionen die ersehnte öffentliche Aufmerksamkeit. Seit März 1927 war Bernhard Weiß, 1880 in Berlin geboren, Verwaltungsjurist, Sozialdemokrat, Jude, der stellvertretende Polizeipräsident Berlins – für Goebbels das ideale Angriffsziel einer anhaltenden antisemitischen Kampagne.[31] Für die Nationalsozialisten stand sowieso fest, dass Weiß der eigentliche Urheber des Verbots im Mai gewesen war. Die ständigen giftigen und gehässigen Attacken im *Angriff* gegen Weiß verbanden sich stets mit dem erfundenen Schmähnamen „Isidor".[32] Um irgendwelche Sachkritik ging es in keinster Weise, sondern allein um eine hasserfüllte, effektsuchende und wirksame Diskurspolitik. Goebbels selbst schrieb 1932 dazu höhnisch: „Dr. Weiß bringt zu seinem Amt vieles mit, was nicht dazu gehört und wenig, was nach normalen Begriffen dazu gehören müßte. Er ist weder aktiver Polizeimann noch ausgesprochener Politiker. Er ist Angehöriger der jüdischen Rasse, und das mußte ihn in unseren Augen von vornherein verdächtig machen. Der Himmel mag wissen, wie er an den Vornamen Isidor gekommen ist. Wir haben uns späterhin davon überzeugen müssen, daß ihm dieser Name angehängt worden war, und daß er in Wirklichkeit den unverfänglicheren Bernhard trägt."[33] Curt Riess weiß zu berichten, dass einer von Goebbels' Bekannten, der auch Bernhard Weiß kannte, zu Goebbels gesagt habe, er treffe den Falschen, denn Weiß sei ein anständiger Kerl und im Krieg ein tapferer Offizier gewesen. Goebbels habe darauf geantwortet: „Der Mann interessiert mich gar nicht. Aber wir wollen uns in drei Monaten wieder sprechen. Dann sollen Sie einmal sehen, was ich aus Weiß gemacht habe."[34]

Am 15. August 1927 erschien Goebbels' erster Leitartikel gegen Weiß, der offen mit „Isidor" überschrieben war. Kaum eine Ausgabe des *Angriffs* erschien seitdem, in der nicht Bernhard Weiß angegriffen und verhöhnt wurde. „In jeder Nummer rückten wir so den prononzierten Gegnern unserer Bewegung in Berlin, vor allem dem Polizeivizepräsidenten Dr. Weiß, zu Leibe. Das geschah meist in einer so kessen und unverfrorenen Frechheit, daß es dem Angegriffenen schlechterdings unmöglich gemacht war, dagegen mit der Strenge des Gesetzes vorzugehen; er hätte sich unweigerlich der Gefahr ausgesetzt, als Spielverderber und Übelnehmer ausgelacht zu werden. Das lesende Publikum gewöhnte sich sehr schnell an diese Art des karikaturistischen Angriffs, und bald erwartete man mit Spannung jeden Sonnabend, was denn der ‚Angriff' nun in seiner neuen Nummer mit dem hochmögenden Residenten am Alexanderplatz auszumachen habe."[35] Goebbels setzte nach und publizierte schon 1928 eine Sammlung von Artikeln und Zeichnungen gegen Weiß unter dem Titel *Das Buch Isidor. Ein Zeitbild voll Lachen und Haß*. Als Motto stellte er voran: „Isidor: Das ist kein Einzelmensch, keine Person im Sinne des Gesetzbuches. Isidor ist ein Typ, ein Geist, ein Gesicht, oder besser gesagt, eine Visage."[36]

Vielleicht wird an dieser Stelle zudem deutlich, dass Propaganda keineswegs eine Kommunikationsform darstellt, in der Wortmacht „von oben" Glauben erzwingt, sondern stets auf Deutungserwartungen „von unten" treffen muss, um glaubwürdig zu sein.[37] Die „Isidor"-Kampagne konnte nur gelingen, wenn sie auf antisemitische Überzeugungen seitens der Adressaten traf, die als gelungenen Witz oder unterhaltsame Satire betrachteten, was in Wirklichkeit entwürdigende und hasserfüllte Verleumdung war.

Die Denunziation gelang. Alfred Hirschberg, Funktionär des Centralvereins deutscher Staatsbürger jüdischen Glaubens und enger Freund von Weiß, schrieb in seinem Nachruf 1951, dass Goebbels' Propaganda es geschafft hatte, dass alle

Welt nur von „Isidor" gesprochen habe. Eine Medizinstudentin erlebte 1931 eine Demonstration an der Berliner Universität samt Polizeieinsatz mit, bei dem auch Weiß anwesend war. Sofort hätten die Studenten angefangen, laut „Isidor, Isidor" zu rufen.[38]

Bernhard Weiß versuchte, sich gegen die Angriffe gerichtlich zu wehren. Die Beleidigungsprozessakten Weiß versus Goebbels füllen gut 3 000 Bände. Am 28. April 1928 stand Goebbels zum ersten Mal wegen der Anti-Weiß-Kampagne vor Gericht und wurde zusammen mit Dagobert Dürr wegen gemeinschaftlicher öffentlicher Beleidigung zu je drei Wochen Gefängnis verurteilt. Goebbels' Anwälte legten Berufung ein, die juristische Auseinandersetzung zog sich in die Länge. Goebbels suchte sich zum einen den Gerichtsterminen zu entziehen, indem er sich auf seine Abgeordnetenimmunität berief oder Berlin für einige Tage verließ, um nicht verhaftet und festgesetzt zu werden. Zum anderen nutzte er die andauernde Publizität der Verhandlungen, um gegen Bernhard Weiß zu hetzen. Letztlich wurde die aus mehreren Verfahren zusammengefasste rechtskräftige Verurteilung zu zwei Monaten Gefängnis nicht vollstreckt, die Anstrengungen Weiß', sich der Hetze mit juristischen Mitteln zu erwehren, waren gescheitert.[39]

Nachdem im Oktober 1927 bereits das Redeverbot für Goebbels aufgehoben worden war, beendete am 31. März 1928 das Berliner Polizeipräsidium nach knapp einem Jahr auch das Verbot der NSDAP und ihrer Untergliederungen, um der Partei, so die Begründung, die „ungehinderte Möglichkeit zu Wahlvorbereitungen" für die Reichstagswahl im Mai 1928 zu geben.[40] Das Ergebnis war enttäuschend. Während die SPD auf über neun Millionen Stimmen, das waren knapp 30 Prozent, kam, ihr bestes Wahlergebnis seit 1919, und auch die KPD mit mehr als drei Millionen über 10 Prozent der Stimmen erhielt, lag die NSDAP bei 2,6 Prozent und verlor damit gegenüber den Reichstagswahlen im Jahr zuvor. Nur noch zwölf Abgeordnete konnte sie in den Reichstag entsenden, darunter Joseph Goebbels. Dieser bekannte offen, dass er seine Funktion ausschließlich für Parteizwecke einsetzen werde. „Ich bin kein Mitglied des Reichstages", erklärte er im *Angriff*. „Ich bin ein IdI. Ein IdF. Ein Inhaber der Immunität, ein Inhaber der Freifahrkarte. Was geht uns der Reichstag an? Wir haben nichts mit dem Parlament zu tun."[41]

IV. ... und Helden

Was Goebbels brauchte, waren Märtyrer der Bewegung. Bereits im Anschluss an die Saalschlacht im Februar 1927 in den Pharus-Sälen hatte er am Schluss seiner Rede den „unbekannten SA-Mann" erfunden, der, so Goebbels selbst, der „plastische Ausdruck für jenen kämpfenden politischen Soldaten [war], der da im Nationalsozialismus aufgestanden war und sich gegen die Bedrohung des deutschen Volkes zur Wehr setzte".[42] Aber der „unbekannte SA-Mann" konnte nicht einen tatsächlichen Märtyrer aus Fleisch und Blut mit einem Namen ersetzen.

Eine erste Möglichkeit schien sich zu eröffnen, als am Tag nach einer Veranstaltung mit Hitler im Sportpalast am 16. November 1928 einer der SA-Männer, die dort Dienst getan hatten, tot aus dem Landwehrkanal geborgen wurde. Sofort begann Goebbels, diesen Mann als treuen, vorbildlichen SA-Mann, der als Märtyrer von den Kommunisten ermordet worden sei, zu stilisieren. Mit einer erfundenen Geschichte will er Emotionen entfachen. „Durch die Regennacht stößt das Fauchen einer Autotaxe. Vollbesetzt mit rotem Blutgesindel. Hämisch grinst der Fahrer und gibt Vollgas. Unten am Ufer pürschen sie ihn auf, wie ein angeschossenes Wild. Dort lehnt ein bleicher Mann am Geländer, das Gesicht zu einem blutigen Brei zerquetscht. Los auf den Hund! Ein paar Schläge mit Eisenstangen auf den Kopf, daß er ganz bewußtlos wird, angepackt, übers Geländer mit der Kanaille, hinein in den Kanal!"[43]

Einen Leichenzug, der eine mächtige politische Demonstration hätte werden sollen, untersagte Vize-Polizeipräsident Weiß und ordnete stattdessen weitere Ermittlungen zur Überprüfung der Geschichte an, auch eine Razzia in Goebbels' Büro. „Die Polizei sucht das Material zum Fall Kütemeyer. Bruch der Immunität. Ein furchtbares Durcheinander wieder. Dieser verdammte Isidor geht aufs Ganze. Dabei wurden noch 2 Pistolen gefunden. Eine unangenehme Geschichte!"[44] Goebbels dringt mit seiner Legende nicht durch, zu offensichtlich ist das Märchen vom ermordeten SA-Mann Kütemeyer. So hielt der *Berliner Börsen-Courier* fest, dass nach einwandfreien polizeilichen Ermittlungen Kütemeyer durch einen Unglücksfall im Landwehrkanal ertrunken sei.[45] Aber in einem anderen Fall gelingt die Mythenbildung.

Der junge Horst Wessel, Pfarrersohn und Jurastudent, war vom neuen Gauleiter begeistert. „Was dieser Mann an Rednergabe und Organisationstalent aufwies, ist einzigartig. Es gab nichts, dem er sich nicht gewachsen zeigte. Die Parteigenossen hingen an ihm mit großer Liebe. Die SA hätte sich für ihn in Stücke schlagen lassen. Goebbels, das war wie Hitler selbst. Goebbels, das war eben unser Goebbels."[46] Auch Goebbels schätzte den jungen SA-Mann, der in der Berliner Organisation aufstieg und seit dem Frühjahr 1929 den Sturm-Trupp 5 in Friedrichshain anführte, zu dem auch der sogenannte Fischerkiez gehörte, in dem die KPD herrschte. Im August war es zu einem schweren Zwischenfall vor deren Vereinslokal „Hoppe" gekommen, bei dem vier Arbeiter schwer und einer leicht verletzt worden waren. „Faschisten morden in Berlin!" titelte daraufhin die *Rote Fahne* und forderte, „daß angesichts des Schutzes, den die Polizei den Faschisten angedeihen läßt, die proletarische Bevölkerung zur Selbsthilfe greift und das faschistische Gesindel ausrotten" müsse.[47] Horst Wessel soll selbst vor dem Lokal „Hoppe" aufgetaucht sein und Brandreden gegen die Bolschewisten gehalten haben. Es bedurfte offenkundig nur eines Funkens, um eine Explosion zu verursachen.

Als am Abend des 14. Januar eine Frau in dem KPD-Lokal in der Dragonerstraße erschien und um Hilfe gegen einen „Nazi" bat, der sie angeblich in einer Mietsache bedrängte, und dann auch noch der Name „Wessel" fiel, machten sich einige Männer des Rotfront-Kämpferbundes zur Wohnung von Horst Wessel auf. Als dieser die Tür öffnete, schoß ihn einer der Männer mit seiner Pistole nieder. Wessel starb wenige Wochen später an seinen Verletzungen im Krankenhaus, die NS-Bewegung hatte ihren „Märtyrer für das Dritte Reich".

Den Parteigenossen wurde Trauer verordnet, Eltern wurden angewiesen, ihre Kinder für Horst Wessel beten zu lassen, in jeder Parteiveranstaltung sollte des SA-Manns gedacht werden, und der SA-Sturm 5 wurde in „Horst Wessel Sturm 5" umbenannt. Zwar erlaubten die Behörden wiederum nicht einen demonstrativen Leichenzug, aber die KPD, die unterwegs den Trauerzug angriff, sorgte dann ihrerseits für die gewünschten Schlagzeilen. Auf dem Friedhof zog Goebbels in seiner Rede alle Register und erhob Horst Wessel zu einer Christusfigur der nationalsozialistischen Bewegung. „Er ist zum Letzten bereit. Still und ganz ohne Pathos legt er Band und Mütze zur Seite. Sie müssen mir glauben! Verläßt Mutter und Elternhaus, stellt sich mitten unter sie, die ihn anhöhnen und anspucken. Ich bin einer von euch! So ruft sein ganzes Denken und Handeln. Draußen in einem Proletarierviertel, hoch oben in einer Mansardenstube einer Mietskaserne baut er sich ein junges, schmales Dasein auf. Ein Christussozialist! Einer, der durch Taten ruft: Kommt her zu mir, ich will euch erlösen! … Ein Göttliches ist wirksam in ihm, das ihn so und nicht anders sein und handeln läßt. Einer muß Beispiel werden und sich selbst zum Opfer bringen! Wohlan denn, ich bin bereit!"[48]

Von nun an wurde es zum SA-Ritual, dass, wenn beim Appell nach Horst Wessel gefragt wurde, alle mit „Hier!" antworteten. Und noch etwas hinterließ der junge SA-Mann seiner Organisation: ein Lied, das er im März 1929 geschrieben hatte und das nun das „Horst-Wessel-Lied" der NS-Bewegung wurde: „Die Fahne hoch! Die Reihen fest geschlossen! SA marschiert mit mutig festem Schritt./Kameraden, die Rotfront und Reaktion erschossen,/Marschier'n im Geist in unseren Reihen mit."[49]

V. Frühe Warnungen

Beachtung hatte die Berliner NSDAP bislang – abgesehen von den Schlagzeilen nach gewalttätigen Auseinandersetzungen und anlässlich des Verbots im Mai 1927 – in den großen Tageszeitungen in nur geringem Maße gefunden. Allein die kommunistische *Rote Fahne* berichtete häufig über ihren heftigsten Gegner mit drastischen Schlagzeilen wie „Goebbels' Bluthunde von Lichterfelde-Ost" oder „Blutiger Terror der Goebbels-Banditen".[50] Aber auch im sozialdemokratischen *Vorwärts* achtete man während der Verbotszeit auf die Nationalsozialisten.

Nach der Aufhebung des Verbots, den stetigen antisemitischen Attacken gegen Bernhard Weiß samt den sich anschließenden, zahlreichen Beleidigungsprozessen und mit der Skandalisierung des Todes von Hans Georg Kütemeyer und Horst Wessel nahm die Aufmerksamkeit der Berliner Presse wieder zu, wenn auch ein Satz aus dem Wochenblatt *Die Welt am Montag* vom April 1929 noch anzeigt, dass die Redaktion glaubte, den Lesern eingangs noch Erklärungen bieten zu müssen: „In Berlin geben die Nationalsozialisten ein Blatt unter Redaktion des Dr. Goebbels heraus, das sich ‚Der Angriff' nennt."[51] Immerhin hatte der *Berliner Börsen-Courier* anlässlich der Kampagne im Falle Kütemeyers deutlich festgestellt, dass durch die falschen Behauptungen Goebbels' die politischen Leidenschaften der NSDAP-Anhänger aufgestachelt werden sollten und von der Beerdigung eine unmittelbare Gefahr für die öffentliche Sicherheit zu erwarten sei.[52]

Ebenfalls sah Hans Reichmann, der Syndikus des Centralvereins deutscher Staatsbürger jüdischen Glaubens (C.V.), Ende des 19. Jahrhunderts als Verein zur Abwehr des Antisemitismus gegründet und mit über 600 Ortsgruppen und annähernd 70 000 Mitgliedern der größte deutsch-jüdische Verband, die Gefahr.[53] Aber es war kennzeichnend, dass der jüdische Reichstagsabgeordnete und frühere Reichsjustizminister Otto Landsberg, den Reichmann vor der rechten Gefahr warnen wollte, im Sommer 1928 nur herablassend antwortete: „Sie sind noch ein junger Kollege und überschätzen die Gefahr, die von diesen Judenhetzern ausgeht. Hier im Reichstag bilden sie ein Grüppchen von 12, bedeuten also politisch nichts. Die Fraktion hat einen einzigen Kopf: Goebbels. Ich habe solche antisemitischen Strömungen wiederholt kommen und gehen sehen. In den achtziger Jahren waren sie in meiner Heimatstadt Ostrowo in der Provinz Posen stark und mein Bruder hatte im Gymnasium unter ihnen zu leiden. Als ich wenige Jahre später das gleiche Gymnasium besuchte, waren diese Strömungen völlig gewichen. Nein! Es wäre falsch, diese Leute politisch ernst zu nehmen."[54] George L. Mosse erinnerte sich, dass sein Vater, der große Weimarer Verleger, oft sagte, dass Hitler nicht auf die Titelseite einer Zeitung gehöre, sondern in den Ulk, die Satirebeilage.[55] Und auch der Verleger Hermann Ullstein berichtete in seinen Memoiren, dass man Goebbels in diesen Jahren nicht sehr ernst genommen habe.[56]

Der C.V. beobachtete jedoch seit 1928 das Ausbreiten der nationalsozialistischen Bewegung vor allem auf dem Land, die *C.V.-Zeitung* widmete dem Aufstieg der Nationalsozialisten etliche Artikel. Schon 1928 hatte der C.V. die Herausgabe eines humoristisch-satirischen Witzblattes gegen die NSDAP erwogen und entschloss sich dann, eine von ihm offiziell unabhängige Zeitschrift, den *Alarm*, herauszubringen.[57] Die Gründung erfolgte mit Geldern des C.V. und eines nichtjüdischen Hamburger Fabrikanten. Die Schriftleitung hatte der Journalist Arthur Schweriner. Die erste Ausgabe des *Alarm* erschien zu den Wahlen des badischen Landtags Ende Oktober 1929. Ab November erschien er halbmonatlich, ab Oktober 1931 sogar wöchentlich. Die Auflage lag bei mehreren zehntausend Exemplaren, die vor allem durch die C.V.-Ortsgruppen vertrieben wurden. Der *Alarm* sollte eine wirksame Antwort auf den *Angriff* sein, imitierte in der Aufmachung bewusst die Nazi-Presse und benutzte einen durchaus scharfen, polemischen Stil.

Ebenfalls zählte Heinz Pol in der *Weltbühne* anfänglich zu denjenigen, die die Gefahr des Nationalsozialismus nicht unterschätzten. Im Juli 1929 schrieb er eine lange Analyse über die Nationalsozialisten: „Tatsächlich sind die Nationalsozialisten, die nach dem Hitler-Putsch und vor allem nach der Spaltung in ein völkisches und ein nationalsozialistisches Lager fast vom Erdboden verschwunden schienen, schon seit geraumer Zeit zu neuem Leben erwacht. Ihre noch lange nicht beendete Restaurationsbewegung ist für jeden politisch Denkenden ernst genug, um aufs sorgfältigste im Auge behalten zu werden. Mit Achselzucken und ironischen Witzchen jedenfalls ist dieses Wiedererstarken nicht aus der Welt zu schaffen. [...] In Norddeutschland, und zwar in Berlin, trat in erster Linie Doktor Goebbels in Aktion, zweiunddreißigjährig, ein ehemaliger Heidelberger Student. Goebbels war und ist heute noch die aktivste und skrupelloseste Kraft der Nationalsozialisten."[58] Doch beugte sich Pol offenkundig später dem herrschenden Ton in der *Weltbühne* und machte sich wie so viele auf der Linken satirisch über die Nazi-Größen lustig.[59]

VI. Ridikülisierung und Diabolisierung

Es bedurfte wohl des Schocks über den Sieg der Nationalsozialisten bei den Reichstagswahlen im September 1930, um die Gefahr, die von dieser Bewegung ausging, wahrzunehmen. Das Ergebnis übertraf selbst die Erwartungen der NS-Führung. Hatte die NSDAP im Mai 1928 nur gut 800 000 Stimmen, das entsprach 2,6 Prozent, und 12 Abgeordnetenmandate errungen, erhielt sie nun über 6,4 Millionen Stimmen (18,3 Prozent) und 107 Sitze im Reichstag. Damit war sie nach der SPD zweitstärkste Fraktion. Auch in Berlin konnten sich die Nationalsozialisten gegenüber der Reichstagswahl 1928 nahezu verzehnfachen, obwohl sie mit 14,6 Prozent sowohl unter dem Reichsdurchschnitt lagen als auch hinter SPD und KPD, die jeweils 27 Prozent der Stimmen in Berlin errungen hatten, zurückfielen. Dennoch war das Stimmenergebnis unmissverständlich: Die Nationalsozialisten stellten ganz klar die Gewinner dieser Wahl dar.

Immer noch gab es Stimmen, die trotz des unübersehbaren Erdrutsches in der politischen Landschaft an die Unbeirrbarkeit der Weltläufte glaubten. Helmut von Gerlach zum Beispiel nahm im *Abend* vom 15. September zur Metapher des ewigen Auf und Ab der Gezeiten Zuflucht, um den nationalsozialistischen Antisemitismus in eine Linie mit den Antisemiten des Kaiserreichs zu stellen, die ihren Erfolg auch wieder hätten einbüßen müssen: „Auch in den achtziger Jahren haben wir eine antisemitische Hochflut gehabt. Ihr folgte alsbald tiefste Ebbe. Sobald die Antisemiten eine starke Fraktion geworden waren, erwies sich ihre vollendete gesetzgeberische Unfruchtbarkeit. Ebenso rasch, wie ihnen die Scharen der Wähler zugeströmt waren, strömten sie wieder ab. Die Hitler und Goebbels und Münchmeyer sind Fleisch vom Fleische und Ungeist vom Ungeiste der Ahlwardt und Boeckel und Liebermann von Sonnenberg. Es ist ein politisches Armutszeugnis für das deutsche Volk, daß wir zum zweiten Male durch eine Periode des Radauantisemitismus hindurch müssen. Aber die Zeit der politischen Kinderkrankheiten ist offenbar bei uns noch nicht überwunden.“[60]

Gleichermaßen verfehlte die *Weltbühne*, in der Carl von Ossietzky noch wenige Tage vor der Wahl Goebbels als abergläubisches, „seelisch verquetschtes Luder“ bezeichnet hatte,[61] die politische Dimension des nationalsozialistischen Wahlsiegs. Zum einen diskutierte Ossietzky in seinem Leitartikel allen Ernstes, ob die Wahlen schon den Auftakt einer faschistischen Diktatur bedeuten würden.[62] Entsprechend veröffentlichte die *Weltbühne* in dieser Ausgabe auch ein Interview mit Willi Münzenberg. Zum anderen beschwor Kurt Hiller die Leser, ruhig zu bleiben und „Kaltes Blut!“ zu bewahren,[63] als müsste sich gewissermaßen die Redaktion der *Weltbühne* selbst Ruhe suggerieren, um der eigenen Ratlosigkeit Herr zu werden.

Dieser Kontext macht verständlich, warum die publizistischen Reaktionen auf Joseph Goebbels, den wichtigsten Organisator des nationalsozialistischen Wahlerfolgs, so wenig analytisch waren als vielmehr ironisch, satirisch, herunterspielend. Schon in der erwähnten *Weltbühne* vom 23. September nahm ein Autor, der sich Quietus nannte, das Gerücht, dass nach dem Wahlsieg nun Goebbels Polizeipräsident werden würde, zum Anlass, um ironisch Goebbels und Bernhard Weiß zu vergleichen: „Herr Goebbels sollte sich das mit dem Polizeipräsidium überlegen. Man wird ihn nämlich sehr leicht mit dem Vizechef, Bernhard Weiß, verwechseln. Eine peinliche Sache für einen Antisemitenführer, auszusehen wie der Schauspieler Ernst Deutsch, dessen Ahnen nicht gerade aus Friesland gekommen sein sollen.“[64]

Das angeblich jüdische Aussehen Goebbels' war schon zuvor immer wieder Gegenstand der Satire in der *Weltbühne* gewesen. So lautet eine jener berühmten „Antworten“: „Sie fragen, ob der junge nationalsozialistische Abgeordnete Goebbeles heißt. Sie sind im Irrtum. Er heißt nicht so, er sieht nur so aus.“ Oder: „Göbbeles. Gehn Sie ohne Hitleruniform nicht auf die Straße. Sie könnten sonst in eines der von Ihnen angekündigten Pogrome geraten.“[65] Vor den Septemberwahlen brachte die *Weltbühne* unter dem Titel „Kleine Wahlnachrichten“ folgende Meldung: „Joissiph Jehuda Göbbeles ist von seiner chassidischen Gemeinde in Bialystock ausgeschlossen worden.“[66] Offenkundig war die Verdrehung des Namens in ein jiddisch klingendes Goebbeles eine mehr oder weniger hilflose Replik auf Goebbels' „Isidor“-Kampagne.

Noch verbreiteter war es, Goebbels' körperliches Gebrechen aufs Korn zu nehmen. Es gab kaum ein Porträt, kaum eine Polemik, die darauf verzichtet hätte, den Klumpfuß zu erwähnen und ihn voller Hohn mit dem „arischen“ Ideal der Nationalsozialisten zu kontrastieren. Auf eine eigentümliche Weise, die sich in den Erinnerungen der ehemaligen nationalsozialistischen Parteigänger von der erbbiologisch-rassistischen Ideologie nicht weit entfernte, wurde dann sehr rasch eine Verbindung von körperlicher Behinderung und Charakter gezogen. Der langjährige Pressechef Ernst Hanfstaengl zum Beispiel schrieb über Goebbels: „Was typisch für Goebbels' äußere Erscheinung war – seine Untergröße und sein Klumpfuß – war auch naturgemäß Maßstab des inneren Menschen: kleinlich im Fühlen und Denken und kümmerlich in seinem intriganten Haß gegen alles, was ihm im Wege stand."[67] Und Lutz Graf Schwerin von Krosigk, der 1932 von v. Papen zum Reichsfinanzminister ernannt worden war und es auch unter den neuen Herren getreulich bis zum Ende 1945 blieb, spielte in seiner Charakteristik von Joseph Goebbels insgeheim auf den intriganten Artikel in der *Berliner Arbeiterzeitung* vom April 1927 an: „Wie Richards III. Buckel und Wilhelms II. verkrüppelter Arm deren Charakter mitbestimmten, so hatte Goebbels' Klumpfuß Anteil an seiner Charakterbildung."[68] Selbst Joachim C. Fest mochte in seinem intellektuell weit anspruchsvolleren Essay auf diese Verknüpfung nicht verzichten: „Was ihn zeitlebens trieb, war der Haß des Schwächlichen, des Verkrüppelten und Deformierten, der Befriedigung nur fand, wenn er die Gesunden, die Nichtverkrüppelten ‚mit eiskalter Berechnung' durch alle Stadien der Täuschung, des Taumels, der Erschöpfung jagen konnte. Unaufhörlich schien er der Welt beweisen zu wollen, daß die intelligente Mißgestalt dem kerngesunden Stumpfsinn überlegen sei."[69]

Natürlich bot der Hinkefuß darüber hinaus Gelegenheit, an den Teufel selbst zu erinnern. Kennzeichnenderweise lautet die Überschrift des Kapitels im Buch von Schwerin-Krosigk: „Der teuflische Intellekt", in dem Goebbels als ein Mann vorgestellt wird, „der als Geist der Verneinung und des sarkastischen Witzes mephistophelische Züge trug".[70] Und Gregor Strasser bezeichnete Goebbels kurz und bündig als „Hinketeufel".[71]

Einig waren sich die Kritiker, dass Goebbels zwar hohe Intelligenz, aber keine wirkliche Persönlichkeit besitze – in den Worten des damaligen Hamburger Ortsgruppenleiters der NSDAP, Albert Krebs, „der typische Intellektuelle seiner Zeit". Wiederum wurde in eigentümlicher Weise das zeitgenössische Ressentiment gegen Goebbels gewendet, ohne dass das Vorurteil selbst damit angetastet worden wäre. „Überaus klug", so Krebs weiter, „und vielseitig gebildet, überragte er nicht nur alle übrigen nationalsozialistischen Politiker an Intelligenz, sondern auch die meisten seiner übrigen Zeitgenossen. Zweifellos hätte er auch außerhalb des politischen Bereiches sich eine hervorragende Position als Journalist, Regisseur, Schriftsteller oder Wissenschaftler erwerben können ... Das Dämonische, das seiner Erscheinung zweifellos anhaftete, gehört zur Zeit und zum Typ und kann in jedem Augenblick, heute oder morgen, wieder existent werden."[72] Und Schwerin von Krosigk sekundierte: „Keine der Größen des Dritten Reiches besaß eine so schneidend scharfe Intelligenz ... Aber es fehlte ihm die ernste Sittlichkeit, die der glänzenden Form Gültigkeit verleiht."[73] Ernst Hanfstaengl: „Goebbels war das Gegenteil von einem geraden Charakter, ein glaubensloser, labiler Intellektuellentyp ohne Güte und Moral."[74] Und auch der Nationalbolschewist Ernst Niekisch, einer der wenigen, der die unmittelbare, persönliche Auseinandersetzung mit Goebbels nicht scheute, urteilte: „Geistig war er bis zur Aalglätte geschult; aber es steckte wenig Substanz hinter ihm, und vor allen Dingen: Nichts war echt an ihm ... Er war der Exponent einer Zeit, die in nihilistischer Ungebundenheit keinen Augenblick zögerte, auch die höchsten Güter und Werte um eines Augenblickserfolges willen auszuspielen und damit zu verkitschen."[75] Ist es bei so viel deutschem Kulturpessimismus nicht kennzeichnend, dass ein Amerikaner distanzierte Worte fand? Der amerikanische Journalist William L. Shirer empfand Goebbels als einen Mann mit wacher Intelligenz und einer komplizierten und neurotischen Persönlichkeitsstruktur. Zwar habe er studiert, aber wer seine Reden hörte und seine Schriften las, hätte das nicht vermutet. „Auf mich", so Shirer, „wirkten sie stets banal, als Produkte eines Geistes, der zwar geschult und gewandt, aber doch ungeheuer mittelmäßig war."[76]

Es fällt an nahezu sämtlichen zeitgenössischen Charakteristiken Goebbels' die politische Hilflosigkeit auf, die durch Schnoddrigkeit, Häme und Desavouierung wieder wettgemacht werden soll. Dabei werden auf eine fatale Weise vergiftende Ideologeme wie die Rede vom intelligenten, aber charakterlosen Intellektuellen oder die biologistische Überschneidung von körperlicher Missbildung und Persönlichkeit nicht aufgelöst, sondern es wird nur versucht, sie gegen den Urheber zu wenden. Damit war die Wirkungslosigkeit der Kritik ihr selbst eingegeben, denn die Polemik gegen Goebbels schwächte nicht, sondern bekräftigte die vorhandenen Vorurteile, auf denen die Nationalsozialisten aufbauten. Prägnanter als viele andere fasste Kurt Tucholsky die Schärfe wie Ohnmächtigkeit der Kritik in seinem 1931 veröffentlichten Gedicht „Joebbels" zusammen:

„Wat wärst du ohne deine Möbelpacker!
Die stehn, bezahlt un treu, so um dir rum.
Dahinter du: een arma Lauseknacker,
een Baritong fort Jachtenpublikum.

Die Weiber – hach – die bibbern dir entjejen
und möchten sich am liebsten uffn Boden lejen!
Du machst un tust und jippst da an …
Josef, du bist 'n kleener Mann.

Mit dein Klumpfuß – seh mal, bein andern
da sacht ich nischt; det kann ja jeda ham.
Du wißt als Recke durch die Jejend wandern
un paßt in keen Schützenjrahm?

In Sportpalast sowie in deine Presse,
da haste eine mächtich jroße Fresse.
Riskierst du wat? – De Schnauze vornean.
Josef, du bist'n kleener Mann.

Du bist mit irgendwat zu kurz gekomm.
Nu rächste dir, nu lechste los.
Dir hamm se woll zu früh aus Nest jenomm!
Du bist keen Heros, det markierste bloß.

Du hast 'n Buckel, Mensch – du bist nich richtich!
Du bist bloß laut – sonst biste jahnich wichtig!
Keen Schütze – een Porzellanzerschmeißer,
keen Führer biste – bloß 'n Reißer,
Josef, du bist een jroßer Mann –![77]

Und doch war es gerade dieses Gedicht, das Goebbels zu einer wütenden Reaktion provozierte. Nur vier Tage nach Erscheinen der *Weltbühne* giftete er im *Angriff* zurück: „Ein anständiger Deutscher lese einmal eine Nummer der ‚Weltbühne', und er muß schon einen seelischen oder geistigen Defekt haben, um aus diesem literarischen Unrat nicht als glühender Antisemit herauszusteigen." Dann zitierte Goebbels die letzte Strophe des Gedichts, beschimpfte Tucholsky als „verdorbenes und krankes Gehirn" und drohte unverhohlen: „Wir haben nicht die Absicht, der jüdischen Gefahr mit einem Pogrom zu begegnen. Die Art und Weise, wie man in Deutschland die Judenfrage einmal lösen wird, hängt ganz davon ab, wie die Mehrheit des Volkes diese Lösung will und verlangt. … Aber je niederträchtiger die Art und Weise wird, mit der man uns auf jüdischer Seite entgegentritt, um so radikaler wird unser Aktivismus und um so leidenschaftlicher unser Wille, diesem Zustand legal ein Ende zu machen."[78] Das Wort „legal" kann man aus dieser Tirade getrost streichen.

Dass Goebbels sich getroffen fühlte, kann nicht darüber hinwegtäuschen, wie sehr all die Versuche, ihn lächerlich zu machen, zum Scheitern verurteilt waren. Dass er „jahnich wichtig" sei, war vielleicht eine der signifikantesten Selbsttäuschungen auf Seiten der intellektuellen Linken gewesen, bei denen mehr der Wunsch der Vater des Gedankens war als nüchterne politische Analyse.[79] Wie sehr die Nationalsozialisten in der Reichshauptstadt inzwischen die politische Initiative in der Hand hatten, zeigt die Auseinandersetzung um den Film „Im Westen nichts Neues" nach dem Erfolgsroman von Erich Maria Remarque, der im Dezember 1930 in Berlin anlaufen sollte. Goebbels wollte die Machtprobe und den preußischen Innenminister Severing, der den Film zur Aufführung freigegeben hatte, zum Widerruf zwingen.[80]

Die Kampagne begann im „Mozartsaal", einem Kino im Berliner Westen, am 6. Dezember, einen Tag nach der Uraufführung. Etwa 150 NSDAP-Mitglieder und SA-Leute, darunter Goebbels selbst, hatten sich unter das Publikum gemischt und sprengten, gerade als der Film beginnen sollte, die Veranstaltung, indem sie laut tobten, Besucher ohrfeigten, Stinkbomben warfen und weiße Mäuse im Zuschauerraum laufen ließen. Die Vorstellung wurde abgebrochen, die Polizei gerufen. Die war nicht gerade überzeugt von ihrem Einsatz, da etliche der Polizisten selbst den Anti-Kriegsfilm ablehnten. Goebbels wie üblich sich an seinen eigenen Worten berauschend: „Schon nach 10 Minuten gleicht das Kino einem Tollhaus. Die Polizei ist machtlos. Die erbitterte Menge geht tätlich gegen die Juden vor. Der erste Einbruch im Westen. ‚Juden heraus!' ‚Hitler steht vor den Toren!' Die Polizei sympathisiert mit uns. Die Juden sind klein und häßlich. Draußen Sturm auf die Kassen. Fensterscheiben klirren. Tausende von Menschen genießen dieses Schauspiel."[81] Auch die Presse war keineswegs einhellig in der Ablehnung der Nazi-Aktion, so dass Goebbels behauptete, die ganze Nation stünde auf seiner Seite.

An den folgenden Tagen demonstrierten Tausende Menschen, organisiert von der NSDAP-Gauleitung, auf Berlins

Straßen und forderten die Absetzung des Films. Dabei kam es immer wieder zu Straßenschlachten mit der Polizei, die die Demonstrationszüge auflösen sollte. Schließlich zog ein langer Protestmarsch an Goebbels vorbei, der den Zug mit dem Hitler-Gruß „abnahm": „Über eine Stunde. In Sechserreihen. Phantastisch! Das hat der Berliner Westen noch nicht gesehen."[82]

Nach den Krawallen verbot der Berliner Polizeipräsident nach Rücksprache mit dem preußischen Innenministerium sämtliche Kundgebungen unter freiem Himmel. Zugleich aber verfügte die preußische Film-Oberprüfstelle, die den Film gerade erst genehmigt hatte, die Absetzung „wegen Gefährdung des deutschen Ansehens". Goebbels sprach von einem Sieg, wie er „grandioser gar nicht gedacht" werden könne, „die n.s. Straße diktiert der Regierung ihr Handeln. Das war eine Nervenprobe. Aber wir haben sie bestanden."[83] Nicht zuletzt war dies auch ein innerparteilicher Triumph für Goebbels: „Mein Ansehen in München ist durch die Remarque-Sache mächtig gestiegen."[84]

VII. Bittere Bilanz

Die Geschichte der gegen Goebbels gerichteten Kritik ist eine Geschichte des Scheiterns. Selbstredend kann niemand erwarten, dass das geschriebene Wort mächtiger ist als die Tat; Journalisten und Schriftsteller sind keine SA-Kommandos. Aber die Stoßrichtung und die Intonierung der Kritik ließen offenbar werden, dass die Kritiker im Unterschied zum Berliner Gauleiter die grundlegende Veränderung der politischen Form nicht erkannt haben. Während sie noch glaubten, Goebbels dadurch lächerlich machen zu können, dass sie Witze auf die Diskrepanz zwischen rassistischer Großmannssucht und der eigenen körperlichen Gestalt machten, verfehlten sie dieses scheinbare Paradox, denn gerade die Tatsache, dass jemand wie Goebbels Rassismus predigte, erlaubte es seinen Anhängern, sich als Rassisten zu dünken, ohne die eigene körperliche Unzulänglichkeit als Makel empfinden zu müssen.

Die Kritiker verstanden vor allem nicht, dass Politik in den zwanziger Jahren bereits Medienpolitik geworden war. Goebbels, der 1926 nach Berlin kam, um die Reichshauptstadt für die „Bewegung" zu erobern, begriff besser als andere, dass die zentrale Aufgabe darin bestand, durch Aktionen und Kampagnen in den Medien präsent zu sein, dass politische Macht Medienmacht ist. Mit den brutalen Gewalttätigkeiten schuf er die spektakulären Ereignisse, die die Tageszeitungen bereitwillig in ihrer Berichterstattung aufgriffen und dramatisch vergrößerten. Durch die perfide „Isidor"-Kampagne gelang es ihm, ein Thema über mehrere Jahre hinweg in den Medien zu halten, „Isidor" zum antisemitischen Markenartikel werden zu lassen.

Der Vergleich der Goebbelsschen Propaganda mit amerikanischer Reklametechnik war durchaus auch den Zeitgenossen geläufig, insbesondere den Linken. Aber was als politische Denunziation gemeint war, versagte als Analyse, dass in der Tat die Medialisierung der Gesellschaft Politik und Konsumwirtschaft zu Absatzstrategien drängte, die einander ähnelten. Politische Parteien fanden sich aufgefordert, weniger durch inhaltliche Programme zu überzeugen, als sich vielmehr als Markenartikel zu „verkaufen" und von den Konkurrenten zu unterscheiden. Dennoch – und das ist ein Irrtum der Kritiker bis heute – bleiben politische Inhalte dabei nicht auf der Strecke. Gerade Joseph Goebbels stellte unter Beweis, dass mit Kampagnenfähigkeit und Medienmacht die politische Kultur selbst des „roten" Berlin innerhalb kurzer Zeit nachhaltig verändert werden konnte. Selbstverständlich kamen den Nationalsozialisten die politischen Krisen der Weimarer Republik, der wirtschaftliche Einbruch 1929, die rapid zunehmende Arbeitslosigkeit und ebenso wachsende Angst vor sozialem Absturz auch bei denjenigen, die noch nicht betroffen waren, für ihren Erfolg zugute. Von zentraler Bedeutung aber blieb die politische Auseinandersetzung um die Interpretation des Geschehens. Was den Nationalsozialisten in den zwanziger Jahren gelang, war in erster Linie, Deutungsmacht zu erringen.

Dass die faschistische „Lösung" nicht zwangsläufig war, zeigt Roosevelts New Deal in den Vereinigten Staaten, der die schwere wirtschaftliche Krise mit einem sozialliberalen Programm bewältigte und die Demokratie stärkte. Wie gefährlich der nationalsozialistische Angriff auf die Gesellschaft war, wie sehr Goebbels' Politik eine Herausforderung darstellte, die dazu nötigte, sich nicht in alten Gewissheiten heimisch und überlegen zu fühlen, sondern die Veränderung der Politik selbst wahrzunehmen und aufzugreifen, haben nur wenige, zu wenige begriffen.

DER WILLE ZUR TROPHÄE

Joseph Goebbels und die Frauen

Von Claus-Ekkehard Bärsch

1. Begehren, Bildung und Weltanschauung

Goebbels war „homme à femme" und religiöser Fanatiker. Ihm war die Politik die Fortsetzung der Religion und des *eros tyrannos* mit der Einmischung anderer Mittel. Frauen, Selbsterlösung[1], die Erlösung des deutschen Volkes[2], die Erlösung der Welt durch das deutsche Volk[3] sowie die Erlösung der Welt vom Bösen[4] waren die Passionen des Dr. phil. Joseph Goebbels.

Joseph Goebbels wurde im Herbst 1921 in Heidelberg promoviert. Der Titel seiner Dissertation lautet „Wilhelm Schütz als Dramatiker. Ein Beitrag zur Geschichte des Dramas in der Romantischen Schule".[5] Indes verehrte Goebbels die Dichter der Deutschen Romantik nicht. Er, der viel las und seine Lesefrüchte kommentierte, erwähnt noch nicht einmal Novalis, sondern bevorzugt mit Ausnahmen, wie Friedrich Hebbel und Wilhelm Raabe, die Klassiker, vornehmlich Goethe. Goebbels, der sich selbst als Dichter verstand und vor seiner politischen Karriere literarisch produktiv war[6], verehrte noch mehr als den deutschen Weltbürger Goethe den Panslawisten Fjodor Michailowitsch Dostojewski. Schon das Geleitwort seiner Dissertation stammt aus Dostojewskis *Die Dämonen*. Mehr noch als von Dostojewskis literarischem Genie war Goebbels von dessen religiös bestimmtem Panslawismus angezogen. Goebbels zitiert hier aus dem berühmt gewordenen Monolog des Panslawisten Schatoff, wonach „Vernunft" und „Wissenschaft" im „Leben der Völker stets, sowohl jetzt wie von jeher, seit dem Anfang aller Geschichte nur eine dienende Aufgabe, eine Aufgabe zweiten Ranges erfüllt" haben. Im Kontext dieser Stelle ist das russische Volk das einzige „Gottesträgervolk", welches die Aufgabe habe, „die Welt" im „Namen eines neuen Gottes" zu „erneuern und zu erlösen." Weiterhin sei „das Volk" ein „Körper Gottes". Ein „Volk" müsse glauben, „daß in ihm allein die Wahrheit ist (gerade in ihm allein und unbedingt die einzige Wahrheit) und daß es ganz allein fähig und berufen sei, alle anderen mit seiner Wahrheit auferstehen zu lassen und zu erlösen".[7] Diese Stellen sind nicht nur zitiert worden, um darauf hinzuweisen, dass Goebbels vom Panslawismus beeinflusst wurde; wichtiger war vielmehr der Wille zur Erlösung in *dieser* Welt. Goebbels war so sehr auf Erlösung versessen, dass er anlässlich der Lektüre von Dostojewskis „Nettchen Neswanova" noch im Jahre 1924 von Russland, also vom bolschewistisch gewordenen Russland, Erlösung erwartet: „Rußland, wann wirst Du erwachen? Die alte Welt sehnt sich nach Deiner erlösenden Tat! Rußland, Du Hoffnung einer sterbenden Welt! Wann wird es Tag werden?"[8]

Goebbels las, über das literarische Pensum eines Bildungsbürgers hinaus, auch Max Stirners *Der Einzige und sein Eigentum* („Ich bin ganz in Max Stirners ‚Einzigen' gefangen."[9]) und *Das Kapital* von Karl Marx. In dem zwar „schrecklich herzlos" geschriebenen Buch entdeckte er immerhin „erschütternde Einzelheiten"[10]. Goebbels stellt aber nicht die Jugendfreunde und später zerstrittenen Karl Marx und Max Stirner gegenüber, sondern Stirner und Dostojewski: „Ist Christus nicht auch ein starker ganzer Mensch gewesen, war er nicht der ‚Einzige' des Altruismus!? Wieviel verdanke ich Dostojewski!"[11]

Aber es war nicht das Genie Dostojewskis, mit dessen Werk und Person er sich identifizierte. Er verehrte auch spekulative Denker wie Max Stirner, Karl Marx und Otto Weininger[12], die er alle gelesen hatte. Otto Weininger, geb. 1880 in Wien und dort durch Freitod 1903 gestorben, konvertierte vom Judentum zum Protestantismus. Er entwickelte in der Schrift *Geschlecht und Charakter. Eine prinzipielle Untersuchung* (Wien/Leipzig 1903) die Synthese von Antisemitismus und Antifeminismus. Goebbels war zwar von Oswald Spengler fasziniert, aber *Der Untergang*[13] passte nicht in seine Anschauung von Welt. Zweifellos ist der Einfluss Houston Stewart Chamberlains[14], Schwiegersohn von Richard Wagner, vom Bildungsbürgertum, von Professoren (z. B. Hans Vaihinger, Kar, Joël) und letztendlich von Kaiser Wilhelm II.[15] hoch geschätzt, festzustellen. Chamberlain versuchte in seinem Bestseller *Die Grundlagen des 19. Jahrhunderts*, Biologie, Rassedoktrin, Christentum (vgl. das Kapitel „Die Erscheinung Christi") und Religion zu verknüpfen. Chamberlain propagierte die Legende vom arischen Jesus[16]. Hitler, Goebbels, Rosenberg, alle Nationalsozialisten und „Deutsche Christen" (eine Vereinigung junger evangelischer Pastoren, die Mitglied der NSDAP waren) folgten ihm. Wer nicht an die Affirmation von Gott und Christus des angeblich biologischen Rassismus Chamberlains glaubt, der kann sich in den Schriften *Worte Christi* (München 1901), *Mensch und Gott* (München

1921) sowie *Natur und Leben* (München 1928) darüber informieren. Es soll an dieser Stelle hervorgehoben werden, dass gemäß der offiziellen Propaganda der Nationalsozialisten und der Hauptwerke Alfred Rosenbergs (*Der Mythus des 20. Jahrhunderts*) und Hitlers (*Mein Kampf*) sowie der Schriften von Joseph Goebbels Jesus kein Jude war. Goebbels verehrte Chamberlain sehr und besuchte ihn.[17] Aber nicht den gebildeten Aristokraten, sondern den Mann aus dem Volk, den Kleinbürger Adolf Hitler vergötterte er:

„Ich lese Hitlers Buch zuende. Mit reißender Spannung! Wer ist dieser Mann? Halb Plebejer, halb Gott! Tatsächlich der Christus, oder nur der Johannes?![18]

Die Unterschiede zwischen den von Goebbels gelesenen Dichtern und Denkern und Hitler im Hinblick auf ästhetische, kognitive und spirituelle Maßstäbe ist offensichtlich sehr groß. Selbst der „Bahnbrecher“ und „Wegbereiter“ Houston Stewart Chamberlain war nicht nur gelehrter, sondern schrieb auch ein wesentlich besseres Deutsch. Die Berücksichtigung religiös-politischer Motive führt zwar weiter, aber nicht weit genug. Hinzu kommt das Begehren in der Sprache der Liebe. Goebbels hält im April 1926 eine Rede in München und notierte in seinem Tagebuch:

„Man tobt, man lärmt, am Schluß umarmt mich Hitler. Die Tränen stehen ihm in den Augen. Ich bin so etwas wie glücklich.“[19]

Am nächsten Tag treffen sich Hitler und Goebbels wieder:

„Wir kommen aneinander. Wir fragen. Er antwortet glänzend. Ich liebe ihn … Er ist ein Mann, nimmt alles nur in allem. So ein Brausekopf kann mein Führer sein. Ich beuge mich dem Größeren, dem politischen Genie! Herzlicher Abschied.“[20]

Einige Tage später weilen beide in Stuttgart, wo Hitlers 37. Geburtstag gefeiert wird:

„Hitler umarmt mich, als er mich sieht. Er sagt mir viel Lob. Ich glaube, er hat mich wie Keinen ins Herz geschlossen … Und er erzählt vom 9. November 1923. Adolf Hitler, ich liebe Dich, weil Du groß und einfach zugleich bist. Das, was man Genie nennt.“[21]

Dass Goebbels glaubt, Hitler habe ihn „wie Keinen ins Herz geschlossen“, dass er ihn nicht nur ein „Genie“, sondern sogar einen „Brausekopf“ nennt, und dieser Brausekopf für Goebbels nicht „der Führer“ ist, sondern, dass er meint, schreiben zu dürfen: „mein Führer“, spricht dafür, dass er Hitler nicht nur liebt, weil er ein Genie ist. Hitler ist Objekt eines Begehrens, das weder rein platonischer noch rein sexueller Natur ist. Warum reicht die Sehnsucht nach Erlösung in einer „neuen Welt“[22] unter Beibehaltung des Glaubens an Gott („Da gibt es kein Ding an sich außer Gott“[23]) und Christus („Wir modernen Deutschen sind so etwas wie Christus-Sozialisten“[24]), um dem Glauben, dem subjektiv ernst gemeinten Glauben, an das Charisma Adolf Hitlers und andere Inhalte der nationalsozialistischen Weltanschauung (z. B. Volk, „Drittes Reich“, der „Jude als Antichrist“) auf die Spur zu kommen? Ist es überhaupt legitim, einen Aufsatz über Goebbels und die Frauen zu verfassen und zu publizieren?

„Der Gedanke geht der Tat voraus“, so Heinrich Heine, „wie der Blitz dem Donner.“[25] Und gemäß dem *logos* der Psyche, so Sigmund Freud, das Lustprinzip dem Bewusstsein. Die Ordnung der Psyche, so die Begründer der Politischen Wissenschaft, Platon und Aristoteles, geht der Ordnung der *polis* voraus. Für beide war das Lustprinzip der Dreh- und Angelpunkt der politischen Ethik; nach Platons rein funktionaler Dreiteilung der Psyche – Wissen, Wollen und Begierden. Dabei ist der triebhafte Seelenteil so mächtig, dass die Tugend der Weisheit gegenüber den Begierden, zu der auch der *eros tyrannos* gehört, hilflos sei. Nur durch die Tugenden der Tapferkeit und Besonnenheit könnten die Begierden der Lust begrenzt und mit den anderen Seelenteilen zur Übereinstimmung geführt werden. Für Aristoteles sind ethische (Tapferkeit, Gerechtigkeit) und dianoetische (Weisheit, Klugheit) Tugenden nötig, um von Lust- und Unlustgefühlen unabhängig zu sein. Tugenden seien „eine Tätigkeit der Psyche“. Daraus folgt: Um die Taten von Goebbels beurteilen zu können, muss man versuchen, seine Psyche zu verstehen. Da sich Goebbels nicht bei einem Psychotherapeuten auf die Couch legen wollte – sei es einem aus der Schule von Sigmund Freud, Carl Gustav Jung oder irgendeiner anderen Schule – können wir über die Fragmente seiner Psyche nur etwas über sein Verhältnis zu den Frauen und seine Aussagen zu Sex, Eros und Liebe in den Tagebüchern erfahren. Goebbels ist der einzige erfolgreiche Ideologe des 20. Jahrhunderts, dessen Tagebücher, vom Oktober 1923 bis zum Kriegsende geschrieben, wir kennen, falls andere überhaupt Tagebuch geführt haben. Zahl- und aufschlussreich sind die Notationen über Sex, Eros, Liebe und Ehe in den Jahren von 1923 bis 1926, in der Phase seiner verlängerten Pubertät und der Ideologiebildung zum Nationalsozialisten. Das Tagebuch hatte für Goebbels eine spezifische Funktion:

„Dieses Tagebuch ist mein bester Freund. Ihm kann ich alles anvertrauen. Ich habe ja sonst niemanden, dem ich dies alles sagen könnte. Und sagen muß man es ja, sonst würde man es nie los."[26]

Für ihn war das Tagebuch „ein lieber Gewissensarzt! Zu Dir komme ich am liebsten".[27] Noch 1925 schreibt er:

„Gute Nacht, Du mein liebstes Buch, mein sorgsamer Beichtvater. Dir sage ich alles! Alles! Hier bin ich Mensch, hier darf ich's sein! Gute Nacht!"[28]

Um am Schluss dieses Abschnitts „zur Sache" zu kommen, wie es heute heißt, seien einige Beispiele, der Methode Lutz Hachmeister[29] folgend, zitiert:

„Morgen mit ihr wieder in Duisburg. Nox dulcis. Ich kann nicht dagegen an. Der allesbezwingende Eros. Der Trieb zum zweiten Menschen. In mir rast ein Vulkan. Leben, leben, leben! Else, ich liebe Dich mehr, als ich je gedacht habe. Ich sehne mich mit aller Glut nach Deinem weißen, süßen Leib. Komm' Du Gute. Schöne. Ich küsse Dich, bis ich sterben muß."[30]

„Ich bleibe bei ihr aus sentimentalen Rücksichten: Keine Eltern, allein, liebt mich so sehr, tat mir soviel Gutes, hat sich auf mich eingestellt. Dabei verlange ich heimlich nach neuen Frauen und Schönheiten."[31]

„Der Geschlechtstrieb ist sonderbar geheimnisvoll, manchmal als Konzentration alles Lebens im Menschen, manchmal gemein und tierisch. Man muß sich immer wieder mit dieser Frage auseinandersetzen."[32]

„Else zum Schäferstündchen bereit... Volle gesegnete Stunde am Abend. Man kostet das Letzte an tiefster menschlicher Lust. Man möchte schreien, jubeln, singen – es ist eine Lust, das Leben zu fühlen. Spannung, alles harrt in uns der großen Stunde. Jeder Nerv brennt. Das Blut pocht in den Adern. Es klopft in Kopf und Herz. Eine geheimnisvolle Macht zieht die liebenden Körper aneinander und ineinander. Man vergißt Welt und Qual. Augenblicke völligen Vergessens. Man durcheilt Ewigkeiten. Glut, Jubel, Wahnsinn. Dann eine Stunde stillen gesättigten Glückes. Man verlangt nichts mehr. Man ruht im Schoße der Ewigkeit aus. Das Leben ist nur noch ein Beispiel. Man ist still und weise. Und so sitzt man Arm in Arm und Wange an Wange, lange, lange, und wartet auf ein Zeichen Gottes. Still, wie des Meeres Spiegel ist Deine Seele. Nur hier und da kräuselt noch ein leichter Wind das glatte Wasser. Dann will die Lust wieder aufkeimen in Deinem Blut. Und dann kommt wieder die große Stille über Dich und Du tastest von Stufe zu Stufe bis zum Throne Gottes."[33]

„Else lieb und gut. Wie eine Frau und Geliebte. Betthäschen? Nein, doch einiges mehr. Ich bin den Frauen gegenüber ein heilloser Egoist. Ich gebe? Nein, ich nehme, soviel, wie ich nehmen kann. Ich muß manchmal an die ausgepreßte Zitrone denken."[34]

„Mein Eros ist krank. Ich darf gar nicht dran denken. In der Liebe sind wir Menschen doch allerschädlichste Egoisten. Für den Phallus opfert man Hekatomben von unsterblichen Seelen. Ich rede mich in die Verzweiflung hinein. So eine Stimmung darf nicht überhand nehmen. Negativ denken macht müde, trostlos und verzweifelt, zurück zum Positiven. Richard Wagner ‚Mein Leben'."[35]

„Jedes Weib reizt mich bis aufs Blut. Wie ein hungriger Wolf rase ich umher. Und dabei bin ich schüchtern wie ein Kind. Ich verstehe mich manchmal selbst kaum. Ich müßte heiraten und ein Spießer sein! Und mich dann nach acht Tagen aufhängen!"[36]

Die Authentizität dieser Eintragungen ist zweifelsfrei. Im Hinblick auf die formal-wissenschaftliche Quellenlage und den inhaltlichen Erkenntniswert der Tagebücher verweise ich auf die Einleitung von Elke Fröhlich in *Die Tagebücher von Joseph Goebbels. Sämtliche Fragmente.*

Bisher kam es nur darauf an, Goebbels' Selbstbeobachtungen über seine sexuell-erotischen Begierden zu dokumentieren. Man kann nicht behaupten, dass er sich seiner Konflikte nicht bewusst war und sie abwehrte, dass er sich als starken Mann und gepanzerten Herrenmenschen, so wie der Protofaschist nach herrschender Meinung beschrieben wird, darstellte. Mancher Psychoanalytiker braucht Jahre, um seinen Patienten dahin zu führen Selbstbeobachtungen wie Goebbels sie notierte, („Mein Eros ist krank"; „Ich gebe? Nein, ich nehme soviel ich nehmen kann. Ich muß manchmal an die ausgepreßte Zitrone denken.") zu artikulieren.

2. Goebbels, die Objekte seines Begehrens, die verschiedenen Beziehungen sowie die narzißtisch-symbiotischen Süchte des Subjekts

Goebbels begehrte viele Frauen und wurde von vielen Frauen begehrt, aber nicht von so vielen, wie er glaubte. Es waren aber wesentlich mehr, als wegen des Vorurteils gegenüber dem Faschisten wahrgenommen wurden.

Durch Anka Stalherm, eine der wenigen Frauen, die damals in Deutschland studierten und die er im Sommersemester 1918 in einer Vorlesung über klassische Archäologie kennenlernte, kam er mit der Mentalität des deutschen Besitz- und Bildungsbürgertums in Berührung. Der Vater war Besitzer einer Brennerei und einer Kornmühle in Westfalen. Anka Stalherm wurde 1922 mit einer Dissertation über „Kapitalbedürfnisse und Kapitalbeschaffung in der Industrie nach dem Kriege" promoviert. In den Augen der Familie war die Beziehung ihrer Tochter zu Goebbels eine Mesalliance. Anka trennte sich im Winter 1920/21 von ihm, was, worauf zurückzukommen ist, seine Sehnsucht erst recht anfachte.

Durch Else Janke, einer Lehrerin aus Rheydt, Tochter einer jüdischen Mutter, was Goebbels wusste, wurde er mit dem Konflikt des deutschen Judentums, dem Widerspruch zwischen Akkulturation und Antisemitismus, dem Konflikt der deutschen Staatsbürger jüdischen Glaubens, konfrontiert. Die Beziehung hielt bei wechselseitiger Attraktion bis zum Herbst 1926 an. Im verrückten Berlin Ende der zwanziger Jahre hatte der junge, mit einer langen Lederjacke in den Straßen Berlins dynamisch agierende Gauleiter – als Goebbels Ende 1926 sein Amt antrat, hatte der miserabel organisierte Gau nur 1 000 Mitglieder, von denen Goebbels wiederum die Hälfte rausschmiss – viele mehr oder weniger flüchtige Affären. Er war, wie Elke Fröhlich treffend formulierte, das, was man heute einen Popstar nennt und hatte dementsprechend völkische „Groupies".

Durch die Affäre mit Olga Förster, wer wen verführte, ist ungewiss, Verlobte und spätere Ehefrau des Dichters Arnolt Bronnen (1895–1959), war er mit dem progressiv-literarischen Milieu Berlins verbandelt. Arnolt Bronnen repräsentiert den Dichter in der Revolte. Der Jugendfreund von Bertolt Brecht schrieb zunächst expressionistisch-anarchistische Dramen (*Anarchie in Sillia, Vatermörder*), wurde später Parteigänger der Nationalsozialisten, erhielt zum Ende der dreißiger Jahre Berufsverbot, zog sich in die österreichische Provinz zurück und wurde Mitglied der österreichischen Résistance. Er übernahm nach dem Zweiten Weltkrieg einige Funktionen im österreichischen Kulturleben und übersiedelte, mithilfe seines Jugendfreundes Bertolt Brecht, 1954 nach Ost-Berlin. Arnolt Bronnen[37], der als Arnold Bronner geboren wurde, meinte nachweisen zu müssen, dass er keinen jüdischen Vater hatte.

Durch Johanna Maria Magdalena, genannt Magda, geborene Behrend, adoptierte Friedländer, legitimierte Ritschel, geschiedene Quandt (1901–1945), seit Dezember 1931 verehelichte Goebbels, wurden Zahl und Art der Beziehungen deutlich erweitert. Magda, die als Kind und junges Mädchen den Namen ihres jüdischen Stiefvaters, Richard Friedländer, trug, ging mit Lisa Arlosoroff in Berlin zur Schule. Durch Lisa Arlosoroff lernte sie deren Bruder, den in Israel noch heute verehrten Helden der zionistischen Bewegung, Chaim Arlosoroff (1899–1933), kennen. Chaim Arlosoroff, dessen Vorname während seiner Schul- und Studentenzeit in Berlin Viktor war, hörte die Vorlesungen des äußerst gelehrten und sehr berühmten Professors Werner Sombart, der Antisemit war. Arlosoroff gründete in Berlin die zionistische Jugendgruppe „Tikwat Zion", promovierte und emigrierte 1924 nach Palästina, war Mitbegründer der Arbeiterpartei, wurde die rechte Hand des späteren Staatspräsidenten Chaim Weizmann und ab 1931 Leiter der politischen Abteilung der Jewish Agency. Die Jewish Agency war nicht irgendeine Agentur, sondern die politische Regierung eines Volkes ohne Land und Staat. Brisant an der Tätigkeit Chaim Arlosoroffs war, dass er einen Vertrag der Jewish Agency mit der nationalsozialistischen Regierung befürwortete, wonach Juden aus Deutschland samt eines bestimmten Geldvermögens nach Palästina auswandern durften – ein Vertrag, der bis Anfang des Krieges in Kraft war und durch den 60 000 Juden nach Palästina emigrieren konnten. Arlosoroff wurde 1933 bei einem Spaziergang am Strand Tel Avivs erschossen.

Sowohl über das Verhältnis zwischen Chaim Arlosoroff und Magda Friedländer als auch über die Gründe des Attentats wurde viel geschrieben und wird noch heute heftig gestritten. Einige behaupten, die Beziehung zwischen Arlosoroff und Magda sei sehr eng gewesen[38], andere wiederum, wie Carlos Widman[39] und Elke Fröhlich, sind vorsichtiger. Sicher ist nur, dass Goebbels' Frau Magda als Magda Friedländer im jüdischen Milieu von Wilmersdorf verkehrte und dass sie Chaim Arlosoroff kannte. Ihre Persönlichkeitsstruktur legte nahe, dass sie für einen Mann mit der Qualität einer Führernatur schwärmte. Anzumerken ist noch, dass ihr Stiefvater Richard Friedländer, der sich rührend um seine Stieftochter kümmerte, bereits im Berlin der zwanziger Jahre verarmte, sich nach 1919 als Kellner durchschlug und 1938 spurlos verschwand. Carlos Widman, der sorgfältig recherchierte, nimmt an, dass er nach 1938 im KZ Buchenwald ermordet wurde.

Magda heiratete im Januar 1921, inzwischen als Magda Ritschel legitimiert und zum Protestantismus konvertiert, den Großindustriellen Günther Quandt, dessen Nachkömmlinge noch heute Mehrheitsaktionäre bei BMW sind. Die Ehe wurde 1928 geschieden. Harald Quandt, der gemeinsame Sohn, wurde de facto von seiner Mutter und später von Goebbels – sie waren seit Dezember 1931 verheiratet – erzogen. Harald Quandt, schon als Knabe von Magda in SA-Uniform gesteckt, überlebte den Krieg und starb 1967 bei einem Flugzeugabsturz.

Mitte der dreißiger Jahre, um auf die berühmte Affäre mit dem tschechischen Filmstar Lida Baarova überzuleiten, hatte es Paul Joseph Goebbels, so nannte er sich noch am Anfang seines Studiums, weit gebracht. Wie viele selbsternannte und wirkliche Revolutionäre gelangte er nach der Wende zu Wohlstand, Prominenz und Macht. Besuchte er im Frühjahr 1926 noch als kleiner unbekannter Redner der NSDAP Bayreuth („Frau Wagner holt mich zum Essen herein. Ein rassiges Weib. So sollten sie alle sein. Und fanatisch auf unserer Seite ...“[40]). wurde er nunmehr mit Pomp empfangen. Lehnte er vor 13 Jahren, im Herbst 1923, die Ehe noch ab („Eine Ehe ist doch entsetzlich für den, der schon mal nachzudenken pflegt“[41]) und manchmal auch mit gar nicht schlechten Gründen („Ich meinte oft, die Geschlechterfrage würde durch die Ehe gelöst. Wenn ich recht darüber nachdenke, so fängt sie mit der Ehe erst recht an ... Wie ungesund und faul ist unsere heutige Gesellschaft, wenn diese Dinge in ihr zum Problem geworden sind.“[42]), so war er nunmehr mit einem „Rasseweib“ verheiratet, hatte drei gesunde und hübsche Kinder (Helga, geboren 1932; Hilde, geboren 1934 und Helmuth, geboren 1935), eine Villa auf der Insel Schwanenwerder, ein Landhaus und große Autos.

Magda Goebbels war am 1. September 1930 der NSDAP in der Ortsgruppe Westend beigetreten, übernahm die Führung eines örtlichen Frauenkreises, wechselte zur Gau-Geschäftsstelle in der Hegemannstraße 10 und wurde die Sekretärin von Dr. Hans Meinshausen, dem Stellvertreter von Goebbels.[43] Sie war nach damaliger Definition eine moderne Frau. Übrigens waren alle Frauen um Goebbels keine zu Hause strickenden und köchelnden Frauen, die ihre Männer hinaus ins feindliche Leben schickten, und entsprachen nicht dem von Jean Jacques Rousseau in seinem Roman *Émile oder über die Erziehung* gezeichneten Ideal der züchtigen und nur die Liebe pflegenden Sophie.

Joseph Goebbels war Minister für Propaganda[44] zum Zwecke der Formierung der deutschen Massen zu einem homogenen Volk, Herr über Presse und Film. Im August 1936 hatte er Besuch auf der Insel Schwanenwerder, darunter war sein Nachbar Gustav Fröhlich samt seiner bei ihm wohnenden Geliebten, der schönen Lida Baarova. Die Tschechin war schon in Prag ein Filmstar, war befreundet mit Danielle Darrieux und die Geliebte von Charles Boyer. Es dauerte noch eine Weile, bis die berühmte Affäre anfing. Diese wird in den meisten Biografien ausführlich behandelt, es lohnt sich auch Lida Baarovas (geb. 1914 in Prag, gest. 2000 in Salzburg) Autobiografie zu lesen.[45] Hier soll nur hervorgehoben werden, dass Lida Baarova Goebbels liebte, was sie auch in einem Interview, jüngst in einer Dokumentation der ARD gezeigt, öffentlich bekundete. Das tat sie stets und vor allem, als es nicht opportun war, gleich nach dem Krieg. Goebbels wiederum wollte sich ihretwegen scheiden lassen. Ende 1938 erhielt sie Berufsverbot und kehrte nach Prag zurück. Sie war von den Frauen, die eine erotische Beziehung zu Goebbels hatten, diejenige, die am nachhaltigsten geschädigt wurde.

Um den Faden, der zur Psyche Goebbels' führt, aufzunehmen, sollen hier drei Fragen gestellt werden: Warum hat Goebbels diese heftige und sehr lange, stadtbekannte Affäre begonnen? Wie wurde sie beendet? Und warum hat Goebbels sie beendet? Im Hinblick auf die erste Frage sind das allgemeine Lustprinzip, das Lustprinzip in Form der Polygynie – der ungehemmte Trieb, mit vielen Frauen schlafen zu müssen, also multivaginale Obsession –, der Wille zur Trophäe und das Gefühl der Macht in Betracht zu ziehen. Nicht zu vergessen ist die von einer schönen Gestalt ausgehende Macht. Im Übrigen ist Gott Eros dunkel und macht blind. Zu gunsten von Goebbels könnte man ins Feld führen, dass das Unbewusste revoltierte und er das Gefühl hatte, zum romantischen Orgasmus angesichts der versteinerten Zwänge im Gehäuse seiner verwalteten Welt zurückkehren zu müssen. Aber das soll hier nicht behandelt werden. Wie dem auch sei: Zu klären ist auch, warum Goebbels, Ehemann, Parteifunktionär und Minister, ein solches Risiko einging. War er etwa so verblendet, dass er meinte, ihm könne nichts passieren? Magda Goebbels und Lida Baarova – sie kannten sich, weil beide Nachbarn auf der Insel Schwanenwerder waren – ergriffen die Initiative. Das Dreiecksverhältnis zwischen Goebbels und seiner Ehefrau, Goebbels und seiner Geliebten und den beiden Frauen wurde von einem Vierten entschieden. Magda Goebbels hatte das Ohr des Führers. Die Scheidung wurde vom Führer verboten. Goebbels beugte sich. Lida Baarova erhielt Berufsverbot und kehrte nach Prag zurück.[46] Die Geliebte wurde geopfert. Goebbels hatte die Chance, durch die Scheidung alle Ämter zu verlieren und damit eine unverhältnismäßig große Schuld zu mildern, verpasst. Goebbels ist nicht aus Respekt vor der Ehe in den Schoß der Ehe zurückgekehrt, auch nicht wegen der äußeren Macht Adolf Hitlers. Adolf Hitler hatte Macht über Goebbels' Psyche.

1923, er war immer noch mit Else zusammen, träumte er von Anka, die sich vor drei Jahren von ihm getrennt hatte:

„Ich träumte diese Nacht von Anka; sie war in einem Haus mit mir zusammen. Wir sprachen miteinander, und plötzlich sehe ich, daß sie den rechten Arm bis zum Ellbogen abgefressen hat. Ihr Hals ist dick geschwollen, sie sieht häßlich und entstellt aus. Über den Stumpen des rechten Arms hängt noch ein langer Ärmel, dann und wann geht der beim Reden in die Höhe und dann sehe ich die scheußliche Eiterstelle. Das tut mir in der Seele weh.“[49]

Goebbels hatte in seinen Tagebüchern oft notiert, dass Anka seine große und einzige Liebe gewesen sei. Er notierte dies während der Zeit, in der er mit Else, wie er immer wieder notierte, ein beglückendes sexuelles Verhältnis hatte und davon überzeugt war, sie sei gut zu ihm. Fast während der ganzen Zeit mit Else, die wie gesagt, eine jüdische Mutter hatte, finden wir extrem antisemitische Bekenntnisse.

Die Deutung dieser Träume im Kontext der hier bereits zitierten Aussagen über Liebe, Eros und Sex auf der Basis methodologischer Legitimationen kann und soll hier nicht vorgenommen werden. Zur Erklärung werden hier die kurz zu beschreibenden Ansätze von Margaret S. Mahler („Die psychische Geburt des Menschen. Symbiose und Individuation“) und bestimmte Aspekte der Theorie Freuds über den Narzissmus („Ichideal“ und „Identifikation“) herangezogen. Gewisse Zusammenhänge kann auch der Laie erkennen. Wenn Goebbels noch zwei Jahre nach der Trennung Anka als „Mörderin“ verurteilt, ist unmittelbar einsichtig, dass Goebbels nicht auf die Idee kam, danach zu fragen, ob nicht Anka gute Gründe hatte, sich von ihm zu trennen. Er war nicht in der Lage, sich selbst gegenüber eine kritische Distanz einzunehmen. Schließlich hatte sich Anka schon vor über drei Jahren von ihm getrennt, und er hatte Zeit genug, aus der Perspektive der kritischen Distanz zu sich zu urteilen. Goebbels hat, das soll nicht vergessen werden, zum Zeitpunkt dieses Traums Anka immer noch geliebt bzw. war fest davon überzeugt, sie zu lieben und hat noch öfter von ihr geträumt.[50] Es ist bei dem anfangs zitierten Traum nicht unschwer zu erkennen, dass Goebbels träumt, Anka sei dabei sich selbst aufzufressen, sich zu verschlingen, sich zu töten. Anzunehmen, dass das sein realer Wunsch gewesen sei, wäre zu schlicht. Da er aber eineinhalb Jahre später über Anka aussagt, „etwas Mütterliches lag in ihrer Liebe“[51], führt uns die Spur zur Mutter. Darauf wird zurückzukommen sein. Anzumerken wäre noch, dass sich Goebbels und Anka ab 1928 wieder oft getroffen haben.[52] Dann wurde sie die Werbende. Er verschaffte ihr nach 1933 eine Stelle bei der Zeitschrift *Die Dame*. Anka lebte nach dem Krieg im Schwarzwald.

Aufschlussreicher, widersprüchlicher, aber in politischer Hinsicht wesentlich relevanter ist die Liebe zu Else. In den Tagebüchern vom 17. Oktober 1923 bis November 1925 ist in der ersten Eintragung notiert: „Zehn Gebote für mich in dieser Zeit". Das erste Gebot lautet: „Sei gut gegen alle Menschen, besonders gegen Mutter, Vater und Else; sie haben es besonders um Dich verdient." Else war immer gut zu ihm. Er schlief leidenschaftlich und gern mit ihr. Zur gleichen Zeit wurde er Antisemit. Beides vertraute er dem Tagebuch, seinem „Beichtvater" an, worauf zurückzukommen ist. Viel später, anlässlich der Beerdigung seines Vaters im Dezember 1929, traf er sie wieder: „Immer noch so hübsch und zart wie damals. Über drei Jahre sahen wir uns nicht."[53] Einige Tage später hatte er einen im Hinblick auf die Judenfrage aufschlussreichen Traum:

„Ich hatte einen sonderbaren Traum: Ich war in einer Schule und wurde durch die weiten Gänge von mehreren ostgalizischen Rabbinern verfolgt. Sie riefen mir immerzu ihr ‚Haß' nach. Ich war ihnen einige Schritte voraus und antwortete mit demselben Ruf. Aber sie holten mich nicht ein. Ich war immer einige Schritte voraus. Soll das eine gute Vorbedeutung sein?"[54]

Ich will hier auf eine offensichtliche Deutung dieser Stelle verzichten. Else wird im Zusammenhang mit einer Feier in Rheydt zu Ehren Goebbels' zum letzten Mal in den Tagebüchern erwähnt:

„Großer Empfang. Nach Rheydt: Der Spießer rast. Auf dem überfüllten Marktplatz geredet. Dann bei Mutter. Sie ist so lieb. Ich regle mit ihr allein die Frage Else J. Bei Rütten zur S.A. geredet."[55]

Else hat das „Dritte Reich" unbeschadet überlebt. Also ist anzunehmen, dass er mit der Mutter die Frage Else J. geregelt hat, um sie zu schützen. Ist die Konnotation SA, Else und Mutter widersprüchlich? Das ist die Situation, wo der Laie die Wissenschaft zu Rate ziehen sollte. Anzufangen ist bei der Mutter. Daher werde ich nunmehr die Forschung von Margaret S. Mahler über die Mutter-Kind-Beziehung so knapp wie möglich darstellen.

Zunächst interessiert die Symbiose zwischen Mutter und Kind und dann erst der Narzissmus des Subjekts. Der Narzissmus Goebbels' wiederum (und damit die für jedermann verständlichen Omnipotenzphantasien) führen uns zum Verständnis des Satzes „Adolf Hitler, ich liebe Dich!" Hier ist von Interesse, dass nach Margaret Mahler die Bedingungen der menschlichen Existenz symbiotische Ursprünge haben:

„Durch unsere Untersuchung haben wir viel darüber gelernt, weshalb eine reibungslose, kontinuierliche, progressive Persönlichkeitsentwicklung, selbst unter durchschnittlich günstigen Umständen, schwierig, wenn nicht unmöglich ist. Sie beruht, wie wir entdeckten, auf eben der Tatsache, daß Loslösung und Individuation dem symbiotischen Ursprung der conditio humana entstammen und von ihm abhängig sind, eben jener Symbiose mit einem anderen menschlichen Wesen: der Mutter."[56]

Besondere Aufmerksamkeit verdient diese Forschung deshalb, weil danach symbiotische Verhältnisse von Mutter und Kind von „Subphasen des Loslösungs- und Individuationsprozesses" begleitet werden und weil während der Individuation „Fremdenreaktion und Trennungsangst" sowie „Allmächtigkeitsgefühle" und „Verschlingungsangst" entscheidend für die Grundbefindlichkeit des Kindes sind.[57] „Fremdenreaktion", „Trennungsangst", „Allmachtsgefühle" und „Verschlingungsangst" sind Modi eines kaum zu lösenden Grundkonfliktes.

Hier ist, im Hinblick auf Goebbels' Glauben an die Macht des Bösen, die Einteilung der Menschen in „gut" und „böse" im Verlauf infantilen Empfindens von Gewicht. Margaret S. Mahler und ihr Forschungsteam unterteilen den Loslösungs- und Individuationsprozess in vier Subphasen, wobei der „Differenzierung und Entwicklung des Körperschemas", dem „Üben", die Phase der „Wiederannäherung" an die Mutter folgt. In dieser Subphase sind bestimmte Konflikte besonders heftig. Der Konsolidierung der Individualität geht die „Wiederannäherungskrise" voraus: „Entwicklungsenergien setzten viele unserer Kinder in die Lage, den Wiederannäherungskonflikt zu lösen und höhere und breitere Ebenen von Objektbeziehung und Ich-Funktionen zu erreichen."[58] Am Scheideweg der Wiederannäherung ist nun folgende Beobachtung von Interesse, falls man die Prägung der Zuneigung als Grundlage gesellschaftlicher Existenz empirisch respektiert: „Bei manchen Kindern hingegen führt die Wiederannäherungskrise zu starker Ambivalenz und sogar zur Spaltung der Objektwelt in ‚gut' und ‚böse', was später neurotische Symptome der narzißtischen Spielart im Gefolge haben kann." Mahler und ihr Forschungsteam bemerken zur Wiederannäherungsphase allgemein, dass die „Fixierung auf der

Wiederannäherungsstufe" bei zahlreichen Erwachsenen zu konstatieren sei; deren „Gefühlsleben", am „stärksten von der Trennungsangst bedrängt", werde „von narzißtischer Wut mit Temperamentsausbrüchen beherrscht, was abklingen und altruistischer Hingabe weichen" könne.

Der „Grundkonflikt" dieser Erwachsenen müsse „in dem primitiven narzißtischen Kampf gesucht und gefunden werden, der in der Wiederannäherungsphase agiert, dann aber zum zentralen inneren Konflikt wurde, der in erster Linie auf ihrem unsicheren Identitätsgefühl beruht".[59] Der „Wiederannäherungskampf" bestehe darin, dass das Kind „nach und nach unter Schmerzen sowohl die Illusion seiner eigenen Größe als auch seinen Glauben an die Allmacht der Eltern aufgeben" muss. Dieser „Wiederannäherungskampf hat seinen Ursprung im *artspezifischen* menschlichen Dilemma, das dadurch entsteht, daß das Kind einerseits durch die rasche Reifung seines Ichs gezwungen ist, seine Getrenntheit wahrzunehmen, während es andererseits noch nicht allein bestehen kann und die Eltern noch viele Jahre hindurch weiterhin braucht".[60] In diesem Beitrag ist zur Charakterisierung der Ausdruck „symbiotische Sucht" deshalb gewählt worden, weil Goebbels offensichtlich nicht in der Lage war, Getrenntheit zu ertragen. Noch wichtiger ist aber, daß er den Objekten seiner sexuellen und erotischen Begierden, sowohl Anka als auch Else, das Attribut „Mutter" bzw. „mütterlich" zuordnete. Das sei hier kurz belegt. Der Zusammenhang zwischen Narzissmus und „Ichideal" ist anschließend zu behandeln.

Wir finden in den Tagebüchern von Goebbels keine einzige Erwähnung der Mutter, in der dieselbe nicht als gut charakterisiert wird. Sie wird in den Aufzeichnungen von 1924 bis 1941 allein ungefähr 140-mal erwähnt. Fast immer ist sie für Goebbels die gute Mutter. Interessant ist die Begründung für das Gebot, „gut" gegen „Mutter, Vater und Else" sein zu wollen: „Sie haben es besonders um *Dich* verdient!"[61] Und zwar, weil Goebbels die Formulierung wählt, dass sich die genannten Personen *um ihn selbst* verdient gemacht haben. Ein halbes Jahr später notiert er, ähnliche Formulierungen findet man häufig: „Mutter! Gibt es ein schöneres Wort, eine tiefere Bedeutung! Mutter, gute, gute Mutter!!!"[62] Dass Goebbels unfähig ist, Trennungen zu ertragen, geht aus folgendem, Else, Anka und das Mütterliche betreffenden Geständnis hervor:

„Morgen fährt Else … Etwas Abschiedsschmerz von Else. … Und jetzt fährt sie allein in den mir so lieben Schwarzwald. … Vielleicht ist es gut. Es könnte sein, in Freiburg übermannte mich die Erinnerung an meine dortigen Semester und an Anka, so gewaltig, daß ich ungerecht und gemein gegen Else würde und ihr bittere Schmerzen bereiten würde … Gestern fand ich ein Zettelchen von ihr. Darauf stand geschrieben: ‚Meinen Süßen, ich habe dich gern.' Typisch Ankastalherm. (So schrieb Richard Flisges immer, weil sie immer ihren Namen schnell gleichsam wie eine Einheit aussprach.) Sie muß mich doch sehr gern gehabt haben. So etwas Mütterliches lag in ihrer Liebe. Sie war so wohltuend, so ruhig manchmal und so balsamisch erquickend. Und manchmal war diese Liebe wieder so groß, so berauschend, so überquellend an Gewalt und Stärke. ‚Überschuß an Kraft' nannte sie es dann. Ihr Großvater mütterlicherseits war ein Russe."[63]

Noch eindeutiger ist der Zusammenfall zwischen der Mutter und dem Objekt sexueller Begierden im Falle Else Janke:

„Mutter ist gut zu mir. Ich verdanke ihr fast alles, was ich bin. Else ist meine junge Mutter und Geliebte. Ich denke manchmal an sie als Mutter."[64]

Man muss diese Stelle mit der bereits zitierten ozeanisch-mystischen Deutung des Geschlechtsverkehrs mit Else in einem Zusammenhang sehen:

„Else zum Schäferstündchen bereit … Eine geheimnisvolle Macht zieht die liebenden Körper aneinander und ineinander. Man vergißt Welt und Qual. Augenblicke völligen Vergessens. Man durcheilt Ewigkeiten. Glut, Jubel, Wahnsinn. Und dann eine Stunde stillen gesättigten Glücks … Still wie des Meeres Spiegel ist deine Seele. Nur hier und da kräuselt noch ein leichter Wind das glatte Wasser. Dann will die Lust wieder aufkeimen in deinem Blut. Und dann kommt wieder die große Stille über dich, und du tastest von Stufe zu Stufe bis zum Throne Gottes."[65]

Dass Goebbels sexuelle Erlebnisse symbiotisch erlebt und dass die Symbiose wiederum wegen der Identifizierung mit der Geliebten als Mutter zusammenhängt, ist offensichtlich. Was hier aber interessiert, ist die Identifizierung von Anka mit dem Mütterlichen und Else mit der Mutter, also den Objekten der Begierde mit der Mutter. Die Identifizierung von Anka mit der Mutter weist wiederum auf die Angst, gefressen, und das heißt, verschlungen zu werden hin, auf die mit der Symbiose verknüpften Verschlingungsängste, wie sie Margaret S. Mahler konstatiert hat.

Das wiederum verweist auf die Phänomenologie des Goebbelsschen Antisemitismus. Auch bei Goebbels finden wir im Fluss der Assoziationen einen Zusammenhang zwischen Else, der jungen Geliebten und Mutter und der Furcht, Kraft zu verlieren. Diese Assoziation wiederum verweist auf den Antisemitismus:

„Else ist sommerlich gut zu mir. Ich möchte mit ihr eine Hochzeitsreise machen … Lektüre Maximilian Harden (alias Isidor Witkowski) ‚Prozesse' (Köpfe, 3. Teil) Was ist dieser verdammte Jude für ein heuchlerischer Schweinehund. Lumpen. Schufte. Verräter. Die saugen uns das Blut aus den Adern. Vampire!"[66]

Durch die Amalgamierung der symbiotischen Verhältnisse zwischen Goebbels und seiner Mutter, Goebbels und Anka sowie Goebbels und Else kommt es zu einer Identifizierung (A ist M, E ist M, G ist M, A ist E) zwischen den jeweiligen Personen. Das führt auch zu einer Amalgamierung von Anka und Else. Beide werden sehr oft im Fluss der Tagebucheintragungen innerhalb eines Gedankengangs erwähnt. Bei der Bestimmung seines Verhältnisses zu Else folgt unmittelbar eine Erinnerung an Anka. Bei dieser Art von Psycho-Logik gilt die Verschlingungsangst im Verhältnis von Goebbels zu Anka auch für das Verhältnis zu Else. Wegen der Symbiose zwischen der Mutter und Else (Else ist die junge Mutter und Geliebte) wird die Verschlingungsangst gegenüber der Mutter auf Else übertragen. Im Vollzug des symbiotischen Prinzips wird diese Verschlingungsangst auf alle Juden, „den Juden", als Kollektivsubjekt übertragen.

Gewiss ist es nötig, diese Interpretationen durch weiterführende Reflexionen, Differenzierungen und Abwägungen zu begründen. Aber an der ödipal-symbiotischen Konstellation kann nicht gezweifelt werden. Um auf die Beziehung zwischen Goebbels, Else und dem Judentum zurückzukommen, sei folgende Beobachtung von Margaret S. Mahler wiederholt:

„Bei manchen Kindern hingegen führt die Wiederannäherungskrise zu starker Ambivalenz und sogar zur Spaltung der Objektwelt in ‚gut' und ‚böse', was später neurotische Symptome der narzißtischen Spielart im Gefolge haben kann."[67]

Auf die Einteilung der Objektwelt in ‚gut' und ‚böse' im Verhältnis von „Deutschtum" und „Judentum" kommt es in den nunmehr folgenden Ausführungen an. Auch aus den jüngst erst veröffentlichten Tagebüchern vom 17. Oktober 1923 bis 25. Juni 1924 geht hervor, dass für Goebbels das Verhältnis zu Else geradezu quälend davon belastet ist, daß Else eine jüdische Mutter hat, die in der NS-Terminologie als „Halbjüdin" galt, nach jüdischem Recht aber Jüdin ist. Goebbels schläft mit Else, und zwar noch jahrelang, betont, dass Else gut zu ihm ist und wird gleichzeitig Antisemit. Weil die Beziehung zwischen Else und Joseph das Zentrum der deutsch-jüdischen Beziehungen im vorigen Jahrhundert betrifft, eine Beziehung, die nach Gershom Scholem ein nur von jüdischer Seite gewolltes Gespräch war[68], und weil mit dem Antisemitismus von Goebbels ein wesentliches Merkmal des nationalsozialistischen Antisemitismus erfasst werden kann, soll hier der ideo-psychologische Tatbestand durch Zitate nachgewiesen werden.

02. November 1923:

„Warum ziehst Du mich so oft in den grauen Alltag hinein und schenkst mir keine von den Kleinlichkeiten des Lebens? Das Kleinliche tötet das Beste in mir. Manchmal ist es mir, als wolltest Du die Seele in mir töten. Und was hast Du mir in Baltrum, auf der Rückfahrt an dem wehmütig-schweren Regennachmittag im Norden nicht alles versprochen … Ich lese Jakob Wassermann *Christian Wahnschaffe,* ein typisch jüdisches Buch. Ganz raffiniert komponiert und alle Ideen hineingepfropft, die gestern noch aktuell waren. Manchmal etwas schodderig, manchmal etwas süßlich."

14. November 1923:

„Das Judentum ist das Gift, das den europäischen Volkskörper zu Tode bringt. Es ist nichts daran zu machen. Wir haben alte Sünden abzutragen. O, diese entsetzliche Qual der Sünden der Väter. Man trägt daran tausendmal schwerer als an eigener Schuld"

„Süße, schwelgerische Nacht, an der Seite der Liebsten verträumt, verjubelt, im Rausch dahingelebt. Eine ruhende, glückliche Insel im stürmischen Ozean des Lebens. Letzte Erfüllung, Ausgleich, Versöhnung. Großes Erleben! Grenze zwischen Leben und Ewigkeit. Ohnmacht, voll von Jubel und Tränen, Rausch des Lebens, letzte Fülle und Dichte des Seins. Gott gibt uns für Augenblicke das Paradies wieder oder zeigt es uns doch wieder in der Ferne aufleuchten. Ich nehme mein schlagendes, gleitendes Herz in meine sehnsuchtsvollen Hände: Herz, schlage nicht so ungestüm! Zerbrich mir nicht im Rausch, im Jubel, im Tränenstrom. Ich lebe, o, diese Fülle von starken, starkem Leben. Kraft geht zu Kraft. Leben will Leben, will neues, großes. Unerhörtes. Das letzte ward mir gegeben. Symbol und Wirklichkeit. Die letzte Lust ist auch die letzte Qual. Meine Sehnsucht nach Dir ist groß!"

29. März 1924:

„Else ist mir kaum noch erträglich. Jetzt wird sie auch noch zur Schwätzerin. Wenn sie nicht so lieb und aufopfernd wäre. Die Arme! Sie mußte auch dem Fluch des jüdischen Blutes erliegen."

31. März 1924:

„Jetzt hoffe ich, frei zu werden von allen Rassebindungen. Was hat mich der jüdische Geist in einem Teil von Elses Wesen oft gequält und bedrückt. Ich habe Unendliches darum in meiner Seele gelitten und doch konnte ich mich nicht freimachen davon. Teils aus Liebe, teils aus Mitleid, aus Rücksicht, aus Sentimentalität. Else ist so lieb und gut."

16. April 1924:

„Morgen mit ihr wieder in Duisburg. Nox dulcis. Ich kann nicht dagegen an. Der allesbezwingende Eros. Der Trieb zum zweiten Menschen. In mir rast ein Vulkan. Leben, leben, leben!"

23. April 1924:

„Die jüdische Frage vertieft sich in mir. Wenn ich sie halbwegs löse, dann macht sie einen ganz neuen Menschen aus mir."

Es ist nicht nötig, diese Bekenntnisse Goebbels' zu kommentieren. Im Hinblick auf die von Mahler konstatierte Einteilung in „gute" und „böse" während der Phase misslingender Individuation kommen wir nunmehr zum Bösen und damit zu der Frage der Fremdbestimmung des jüdischen Volkes durch Goebbels. Diese ist nicht von den Auffassungen Hitlers oder Rosenbergs zu unterscheiden.[69] Goebbels glaubt an eine umfassende Macht des Bösen. Verhält sich z.B. eine politische Partei nicht nach Goebbels' Wünschen und Vorstellungen, so unterliegt sie dieser Macht:

„In London: man verhandelt Europa. Die deutschen Schweinehunde mit. Das Zentrum ist eine Einrichtung des Satans. So etwas Raffiniertes kann nur die Macht des Bösen aushecken. Man kommt nicht dagegen an."[70]

Er glaubt weiterhin, die bösen Kräfte seien „heute noch am Werke. Wie lange noch? Wer vermag es zu sagen? Endlich wird doch einmal der große Lichtstrahl unserer Freiheit aufscheinen? … Der Gedanke lebt und marschiert in die Zukunft hinein. Heil und Sieg! Für den neuen Menschen!"[71] Goebbels denkt in der dualistischen Gegenüberstellung von Licht und Finsternis. Diese Gegenüberstellung gilt für das Verhältnis von Arier und Semit:

„Das Geld ist die Kraft des Bösen und der Jude sein Trabant. Arier, Semit, positiv, negativ, aufbauend, niederreißend. Der Jude hat seine schicksalhafte Mission, die kranke arische Rasse wieder zu sich selbst zu bringen. Unser Heil oder unser Verderben. Das hängt von uns ab."[72]

Fundamentaler und spezifischer äußert sich Goebbels einen Monat später:

„Drei Tage war ich zu Hause …Dazwischen las ich Iw. Naschiwins ‚Rasputin' mit tiefer Erschütterung aus. Das grandiose Gemälde des russischen Bolschewismus. Wohl etwas weißrussisch gesehen. Aber niederdrückend in seiner satanischen Grausamkeit. So mag der Teufel wüten, wenn er die Welt beherrscht. *Der Jude ist wohl der Antichrist der Weltgeschichte.* Man kennt sich kaum mehr aus in all dem Unrat von Lüge, Schmutz, Blut und viehischer Grausamkeit. Wenn wir Deutschland davor bewahren, dann sind wir wahrhaft patres patriae."[73]

Der Antichrist ist gemäß der christlichen Tradition und für einen Christen kein x-beliebiger Gegner. Der Gegensatz zwischen Christ und Antichrist ist kein so harmloser Gegensatz wie der zwischen Alkoholiker und Anti-Alkoholiker. Denn Christus ist sowohl Gott als auch Mensch, und der Antichrist ist in der christlichen Tradition der vom Satan geschickte gewaltige Verhinderer der christlichen Erlösung, Instrument des Bösen oder sogar dessen Inkarnation. In diesem Zusammenhang ist auch zu berücksichtigen, dass einer der wesentlichen Unterschiede zwischen den Juden und den Christen darin besteht, dass Jesus für die Juden nicht der Sohn Gottes ist. Die Christen wiederum glauben, dass nur sie das Volk Gottes sind. Im Bewusstsein der kollektiven Identität der Gemeinschaft aller Toten, Lebenden und noch nicht geborenen Christen ist ein Angriff des Antichristen auf irgendeinen Christen ein Angriff auf das gesamte Kollektiv und damit auf alle anderen Christen. Die Juden sind weiterhin, gemäß der Offenbarung des Johannes, die „Synagoge des Satans".[74] Vor dem Beginn des Tausendjährigen Reiches, im Kampf zwischen den Kindern des Lichts und der Finsternis, zwischen Christus und den Anhängern des Bösen, werden die Bösen, nicht nur die Juden, also alle Bösen, vernichtet. Jesus herrscht mit den Seinen, der Satan ist für tausend Jahre gebannt in Frieden und Freude.[75] Goebbels schläft mit Else und kann sich nicht von ihr trennen und verflucht die Vorfahren ihrer Mutter in nicht zu überbietender Weise.

Da der gestörte Narzissmus nach den Forschungen von Margaret S. Mahler zur Phänomenologie misslungener symbiotischer Erfahrungen gehört, soll die psychische Dimension von Goebbels' Glauben an das Charisma Adolf Hitlers aus der Perspektive des Kapitels „Verliebtheit und Hypnose" in Freuds Essay „Massenpsychologie und Ich-Analyse" so knapp wie möglich behandelt werden.

An sich wird in dieser Untersuchung beschrieben, wie die Menschen einer Gruppe zu einer Masse werden. Dieser psychische Prozess beruht darauf, dass „eine Anzahl von Individuen ein und dasselbe Objekt an die Stelle ihres Ichideals gesetzt und sich infolgedessen in ihrem Ich miteinander identifiziert haben."[76] Gleichwohl behauptet Freud nicht, dass sich jeder, der Teil einer Masse wird, in der Art wie Goebbels in denjenigen verliebt, der als tertium comperationis an die Stelle des „Ichideals" tritt und dadurch zum Führer wird. Er ist aber der Überzeugung, dass es sich – genau wie bei Goebbels – um „eine Verliebtheit bei Ausschluß direkt sexueller Strebungen" handelt. Uns interessiert hier auch nicht die Massenbildung, sondern die „schwärmerische Liebe des Jünglings"[77], die auf die Trennung von sinnlichen und zärtlichen Strebungen während der Kindheit und der Pubertät beruht.[78] Freud nun idealisiert diejenige Verliebtheit, bei der „das Objekt an die Stelle des Ich oder Ichideals gesetzt wird"[79], nicht. Er vergleicht vielmehr diese Verliebtheit mit der Hypnose: „Die Übereinstimmungen beider sind augenfällig. Dieselbe demütige Unterwerfung, Gefügigkeit, Kritiklosigkeit gegen den Hypnotiseur wie gegen das geliebte Objekt."[80] Bei Freud ist die „Idealisierung" ein kritischer Begriff. „Unterwerfung", „Gefügigkeit" und „Kritiklosigkeit" funktionieren nach Freud, „weil das Objekt so behandelt wird wie das eigene Ich, dass also in der Verliebtheit ein größeres Maß narzisstischer Libido auf das Objekt überfließt. Bei manchen Formen der Liebeswahl wird es selbst augenfällig, dass das Objekt dazu dient, ein eigenes, nicht erreichtes „Ichideal" zu ersetzen. Man liebt es wegen der Vollkommenheiten, die man fürs eigene Ich angestrebt hat und die man sich nun auf diesem Umweg zur Befriedigung seines Narzissmus verschaffen möchte."[81]

Auf der Grundlage der Tagebücher sind bei Goebbels fast alle Merkmale einer narzisstisch gestörten Persönlichkeitsstruktur festzustellen. Goebbels hatte kein auf reflexiver Selbsterkenntnis, dem Bewusstsein der Stärken und Schwächen seiner Person, beruhendes Selbstbewußtsein. Auffällig ist seine extreme Abhängigkeit von der Anerkennung durch andere. Immer wieder wird der Beifall nach den Reden unverhältnismäßig hoch hervorgehoben. Schlichte Nettigkeiten seiner Bekanntschaften oder der mehr oder weniger wichtigen Parteigenossen werden übertreibend beschrieben. Ständig werden positive Berichte in der Presse, die er nach 1933 selbst steuerte, wohlwollend notiert. Das Lob Hitlers beglückte ihn. Das alles zu belegen würde den Rahmen dieses Beitrages sprengen.[82] Aber einige die Depressionen bzw. die Verzweiflung betreffenden Stellen sollen hier zitiert werden. Sie sind ein Indiz für die Authentizität der Eintragungen, denn kein deutscher Mann und erst recht kein auf den Nachruhm fixierter Nationalsozialist würde so unverhältnismäßig oft und so unverhältnismäßig stark die Stimmung der Verzweiflung bekennen.[83]

Die Kindheit war schon wegen seines Fallfußes (pes equino varus) freudlos.[84] Wegen einer Knochenerkrankung war der rechte Fuß 3,5 cm kürzer als der linke. Mit Hilfe einer Orthese, einem medizinischen Korrekturapparat, wird der Fuß planigrad eingestellt, um im Schuh auftrittfähig zu wirken.[85] In den Herbstferien des Jahres 1920 notiert er: „In Heidelberg promovieren und dann Schluß machen. Pessimismus. Todesgedanken."[86] Am 30. Juni 1924 heißt es: „Ich warte bis in alle Ewigkeit auf Stellung und Geld. Verzweiflung! Skepsis! Zusammenbruch! Ich weiß nicht mehr aus noch ein." Klingt das noch relativ harmlos, wird das Symptom einer Depression am 17. Juli 1924 sehr intensiv beschrieben:

„Ich irre und schwärme durch das Universum umher. ... Wie so oft frage ich mich heute wieder: Was soll ich tun? Was beginnen? Ewiger Zweifel. Ewige Frage. Wie ausgetrocknet ist mein Geist. Irgend etwas hat mich kaltgestellt. Zu Brennen und nicht anzünden zu können! ... Fluch und Verderben über mich. Ich habe mich gegen die bestehende Ordnung empört. Nun trage ich die Folgen. Erlösung! Ich stürze von Fall zu Fall und von Schuld zu Schuld in den Abgrund. Unseliges Verhängnis!"

Schließlich verknüpft Goebbels seine Verzweiflung mit politischen und religiösen Konnotationen. Folgende Assoziationen hat er am 04. Juli 1924 niedergeschrieben:

„Deutschland sehnt sich nach dem Einen, dem Mann, wie die Erde im Sommer nach Regen.
Uns rettet nur noch letzte Sammlung der Kraft, Begeisterung und restlose Hingabe.
Das sind alles ja Wunderdinge. Aber kann uns nicht nur noch ein Wunder retten?
Herr, zeig' dem deutschen Volke ein Wunder! Ein Wunder!! Einen Mann!!!
Bismarck, sta up!
Hirn und Herz sind mir wie ausgetrocknet vor Verzweiflung um mich um mein Vaterland.
Eine drückende Schwere liegt über Deutschland. Man muß auf das Schlimmste warten.
Ich möchte mithelfen am Wiederaufbau. Und überall weist man mich ab.
Der heutige Kampf um das Gesicht Deutschlands ist der uralte Kampf zwischen Vater und Sohn.
Verzweiflung! Verzweiflung! Ich mag nicht mehr leben, um all das Unrecht anzusehen. Ich muß mitkämpfen für Recht und Freiheit!
Verzweiflung! Hilf mir, großer Gott! Ich bin am Ende meiner Kraft!!!"

Der wichtigste Grund der Verzweiflung ist der nicht erfüllte Wunsch nach Allmacht. Die Omnipotenzphantasie Goebbels' geht so weit, sein zu wollen wie Gott;[87] dazu hat er sich am 06. Februar 1924 unmissverständlich bekannt:

„Gott ist unendlich in seiner Stärke und Allmacht. Sind wir ein Stück dieser Unendlichkeit, dann sind wir unendlich wie er; denn ein Stück Unendlichkeit ist diese Unendlichkeit ganz.
Hat Gott mich nach seinem Ebenbild erschaffen, dann bin ich Gott wie er.
Wenn der Segen des Geistes über mich kommt, dann beuge ich mich in Demut und schweige still.
Je größer und stärker ich Gott mache, desto größer bin ich selbst."[88]

Auf diese Weise macht sich Goebbels zum Maß aller Dinge und kann sich, im Kontext eines allseitigen Dualismus, auch zwischen Mann und Weib, als „konsequenter Subjektivist" selbst bestimmen.

„Leben ist nur Kampf zwischen Dualismen: Herz und Hirn, Weib und Mann, Natur und Geist, Kultur und Zivilisation, Gott und Teufel, Böse und Gut.
Objektiv sein: Du hast Dein Herz getötet, mein Freund, nun bist Du Sklave des Verstandes. Es geht nichts über einen gesunden, fanatischen, begeisternden Subjektivismus. Erst als konsequenter Subjektivist bist Du ‚auch Einer'. Das Herz hat doch immer noch die Völker gestaltet und die Menschheit weitergebracht. Fanatisch will ich sein."[89]

Weil Goebbels angesichts des pragmatischen Realitätsdrucks feststellen musste, dass er seine Wünsche nach Kraft, Macht und Bedeutung nicht erreichen konnte, identifizierte er sein Ichideal mit dem Mann, mit dem man „die Welt erobern" könne[90], beugte sich dem „Genie"[91] Adolf Hitler, immerhin „halb Plebejer, halb Gott".[92]

Nach Hedda J. Herwigs überzeugender Argumentation besteht bei narzisstisch gestörten Symbiosen die Gefahr, dass sie auf alle Formen menschlicher Vereinigung, auch politisch-gesellschaftlicher Art, übertragen werden können.

Daher sollen am Schluss die wichtigsten Merkmale der Ideologie Joseph Goebbels' so knapp wie möglich dargestellt werden. Das ist nicht nur von historischem Interesse. Es sei an dieser Stelle z.B. auf Tilmann Mosers sublime und sorgfältige Analysen seiner Untersuchung über „Dämonische Figuren. Die Wiederkehr des Dritten Reiches in der Psychotherapie“[93] und vor allem auf das Kapitel „Goebbels als archaisches Introjekt“[94] hingewiesen.

3. Schlussbemerkung: „Ein Volk, ein Reich, ein Führer“ und der Antisemitismus, die Psyche und die Frauenfrage

Goebbels' Bewusstsein von gesellschaftlichen Verhältnissen war bestimmt vom Willen nach kollektiver Identität und völkischer Homogenität. Sein „Ideal“ war die erst noch herzustellende Einheit und Gleichursprünglichkeit des deutschen Volkes. Das entspricht in psychologischer Hinsicht der Fixierung auf die reine Symbiose. Im Falle der Identifikation mit dem Kollektivsubjekt „Deutsches Volk“ wird Goebbels erlöst, wenn das deutsche Volk erlöst wird. Das „Dritte Reich“ ist ein Reich der Zukunft, das Reich der Zukunft des deutschen Volkes und nur des deutschen Volkes, welches durch das Prädikat Erlösung qualifiziert wird. Gegenwart und Zukunft sind durch einen qualitativen Sprung getrennt. Dem qualitativen Sprung geht eine Zeit der fundamentalen Krise voraus. Zur Überwindung der gegenwärtigen Katastrophe und zur Herstellung der durch Erlösung qualifizierten Zukunft muss ein Kampf stattfinden. Dieser Kampf ist kein beliebiger Konflikt, sondern er wird innerhalb eines substantiellen Dualismus als Kampf gegen das Böse wahrgenommen.

Die kollektive Identität wird durch den Glauben aller Deutschen an das Charisma Adolf Hitlers konstituiert. Durch die auserwählte Beziehung Gottes zu Adolf Hitler findet eine Vermittlung zwischen Gott und dem deutschen Volk statt. Hitler wird von Joseph Goebbels als Inkarnation einer spezifischen Christus-Symbolik betrachtet, nämlich als kämpfender und siegender Christus, ohne den die Erlösung nicht herbeigeführt werden kann. Adolf Hitler ist wie Jesus Christus, halb Gott, halb Mensch. Nur dadurch wurde aus Adolf Hitler „der Führer“. Ohne ihn kann die Erlösung nicht herbeigeführt werden. Die einzige Inkarnation des Bösen bzw. des Satans sind die Juden; nicht die Slawen oder die Mitglieder irgendeiner anderen Rasse. „Der Jude“, also jedes Mitglied des jüdischen Volkes, ist der Antichrist. Zum Zwecke der Erlösung und der Realisierung des göttlichen Potentials der arischen Rasse müssen alle Juden vernichtet werden. „Der Jude“ ist der Weltfeind. Schon im Jahre 1926 fordert er den Mord:

„Wir wollen den Kampf gegen diesen Weltfeind aufnehmen. Wir wollen Deutschland zu einem Staat, das deutsche Volk zu einer Nation machen. Dieses Volk soll bereit gemacht werden, dem Feind den Dolch mitten ins Herz zu stoßen.“[95]

Am 27. März 1942 schreibt er:

„Aus dem Generalgouvernement werden jetzt, bei Lublin beginnend, die Juden nach dem Osten abgeschoben. Es wird hier ein ziemlich barbarisches und nicht näher zu beschreibendes Verfahren angewandt, und von den Juden selbst bleibt nicht mehr viel übrig. Im großen kann man wohl feststellen, daß 60 % davon liquidiert werden müssen, während nur noch 40 % in die Arbeit eingesetzt werden können …
An den Juden wird ein Strafgericht vollzogen, das zwar barbarisch ist, das sie aber vollauf verdient haben. Man darf in diesen Dingen keine Sentimentalität obwalten lassen. Die Juden würden, wenn wir uns ihrer nicht erwehren würden uns vernichten … Auch hier ist der Führer der unentwegte Vorkämpfer und Wortführer einer radikalen Lösung, die nach Lage der Dinge geboten ist und deshalb unausweichlich erscheint. Gott sei Dank haben wir jetzt während des Krieges eine ganze Reihe von Möglichkeiten, die uns im Frieden verwehrt wären …“

Selbstverständlich stimmt die politische Religion Goebbels' sowie des Nationalsozialismus nicht mit der christlichen Bibel und der Dogmatik der katholischen oder protestantischen Konfession überein, aber immerhin ist die partielle – eben nur partielle – Säkularisierung der christlichen Erlösung im Reich Gottes festzuhalten.

Sieht man von der rein nationalsozialistischen Ideologie ab, ist die Haltung des jungen Goebbels repräsentativ für einen bestimmten Typus junger Deutscher im 19. und 20. Jahrhundert – für den Bildungsbürger, den Künstler oder den Intellektuellen in der Revolte gegen die Ordnung der Gesellschaft und der Welt. In einigen Hinsichten – den psychischen Konflikten, den ökonomisch-gesellschaftlichen Depravierungen, der Sehnsucht nach einer neuen Welt und einem neuen Menschen, dem Bewusstsein der Entfremdung, dem Krisen- und Katastrophenbewusstsein, der Negation der westlich-atlantischen Kultur, dem Hass auf die Bourgeoisie, dem Willen zur totalen Veränderung und der Vermischung von Subjektivismus und Kollektivismus – besteht auch Übereinstimmung mit Teilen der sogenannten Achtundsechziger-Generation. Und es ist nicht unwahrscheinlich, dass der Geist der Revolte wieder erweckt wird.

Hier wurde versucht, durch Goebbels Beziehungen zu den Frauen und seinen Aussagen über die Frauen, über Sex, Eros und Liebe den Fragmenten seiner Psyche auf die Spur zu kommen. Die Frage, warum er sich für ein „Ichideal" entschied, das ihm die Identifikation mit nicht minder schönen als intellektuellen Frauen nicht erlaubte, sollte ein Thema der wissenschaftlichen Forschung sein.

Gleichwohl gilt: Auch Tugenden sind Tätigkeiten der Psyche, und jeder ist für die Wahl seines „Ichideals" selbst verantwortlich. Gott, die Götter, die Gesellschaft, das Geschlechtliche und das andere Geschlecht sind schuldlos.

DIE BERÜHMTESTE REDE IHRER ZEIT

Joseph Goebbels und sein Sportpalast-Auftritt 1943

Von Dietmar Pieper

UM HALB FÜNF war der riesige Saal voll, die zahlreichen Filmkameras standen auf ihren Positionen. Eine halbe Stunde später schritt Joseph Goebbels ans Rednerpult und wandte sich mit energischer Stimme an die rund 10 000 „deutschen Volksgenossen und Volksgenossinnen“ in den Sitzreihen des Berliner Sportpalasts, an „viele Millionen Menschen“ vor ihren Radios und „an die Weltöffentlichkeit“. Für diesen 18. Februar 1943 hatte sich der Propagandaminister des NS-Regimes vorgenommen, „ein Meisterstück“ abzuliefern, und das ist ihm gelungen. Es wurde die berühmteste Rede ihrer Zeit, übertroffen durch keine Kundgebung Adolf Hitlers oder eines anderen Nazi-Anführers.

Gruseliger und abstoßender kann Politik kaum sein als während jener knapp zwei Stunden, in denen Goebbels die Niederlage von Stalingrad in „ein Heldenopfer“ umdeutet und die Deutschen auf neue Taten einschwört. „Wollt ihr den totalen Krieg? Wollt ihr ihn, wenn nötig, totaler und radikaler, als wir ihn uns heute überhaupt erst vorstellen können? ... Seid ihr damit einverstanden, dass, wer sich am Krieg vergeht, den Kopf verliert?“

Auf jede der herausgebrüllten Fragen antwortet das Publikum mit stürmischem Beifall, Jubelschreien, Trampeln und Sprechchören. Es sind diese Szenen einer fanatischen Masse, befremdliche Bilder von Menschen, die sich in hysterischem Entzücken von ihren Plätzen erheben, die der Sportpalast-Kundgebung ihren bleibenden Rang unter den Monstrositäten der Geschichte verschaffen. „Diese Stunde der Idiotie“, mokierte sich, nach Erinnerung seiner Begleiter, der Hetzer anschließend selbst. „Wenn ich den Leuten gesagt hätte, springt aus dem dritten Stock des Columbushauses, sie hätten es auch getan.“

Die Absichten des Propagandaministers waren durchaus vielfältig. Der Schock nach dem Desaster von Stalingrad, der tiefer ging, als Goebbels zunächst geglaubt hatte, sollte überwunden werden. Zugleich wollte er das gesamte zivile Leben in den Dienst des Krieges stellen, womit er nicht nur mehr Arbeit, sondern auch weniger Luxus meinte. Goebbels polemisierte gegen Modesalons und „Menschen, die bis tief in die Nacht in Amüsierlokalen herumsitzen“; in Berlin, wo er als NSDAP-Gauleiter besondere Vollmachten hatte, untersagte er das Reiten auf öffentlichen Straßen und Plätzen – für die Verkündung dieses Verbots im Sportpalast heimste er heftigen Applaus ein.

Hitler hielt zu Beginn des Jahres 1943 ebenfalls die schärfere Linie an der „Heimatfront“ für richtig, die Goebbels schon früher gefordert hatte. Dennoch wies er seinem Propagandaminister nun nicht die exekutive Sonderrolle zu, die sich dieser wünschte (erst nach dem Attentat am 20. Juli 1944 verlieh ihm der Diktator einen ziemlich bedeutungslosen Titel als „Reichsbevollmächtigter für den totalen Kriegseinsatz“). Andere, vor allem Parteikanzleichef Martin Bormann, wurden Goebbels zunächst vorgezogen.

An jenem Donnerstagnachmittag im Sportpalast schlüpfte der schmale, dunkelhaarige, leicht hinkende Rheinländer in eine Rolle, wie nur er sie verkörpern konnte: Hitlers Mephisto. Die Menschen im Saal waren für ihn ein großes Instrument, dem er mit seiner teuflischen Rednerkunst beinah nach Belieben die gewünschten Töne entlockte. Der Führer sollte sehen, dass es niemand so verstand wie Goebbels, sich eine Masse gefügig zu machen. Dadurch wollte der Propagandist seinen damals schon entrückten Kriegsherrn drängen, ihm und nicht den anderen Einflüsterern Gehör zu schenken. Um die Akkorde des Jubels im Saal noch wuchtiger erscheinen zu lassen, stilisierte Goebbels die Kundgebung zu einem Plebiszit. „Ich habe nun heute zu dieser Versammlung einen Ausschnitt des ganzen deutschen Volkes im besten Sinne des Wortes eingeladen“, behauptete er und nannte als Erste „Verwundete von der Ostfront, Bein- und Armamputierte“. Planvoll hatte die Parteiorganisation regimetreue Vertreter sämtlicher Berufsgruppen herangeschafft, Arbeiter und Ärzte, Krankenschwestern und Schauspieler (darunter den berühmten Charakterdarsteller Heinrich George). Jeder Jubelschrei sollte durchs Land und in die Welt gehen, als wäre er ein gemeinsamer Kampfruf aller Deutschen.

Eine Sekretärin

In jener Zeit, als deutsche Politiker Massenmörder waren, war Brunhilde Pomsel „völlig unpolitisch". Sie sagt das als nüchterne Beschreibung, aber sie wiederholt es viele Jahrzehnte später so oft, dass es irgendwann doch wie eine Entschuldigung klingt.

Einer aus der Mörderbande war ihr Chef, und es ist nicht so, dass sie persönlich etwas Schlechtes über ihn zu erzählen hätte. Seit Anfang 1942 arbeitete sie im „Reichsministerium für Volksaufklärung und Propaganda" als eine der bis zu sechs Vorzimmerdamen von Goebbels und dessen Staatssekretär.

Gelernt hatte die 1911 geborene Berlinerin bei einem jüdischen Rechtsanwalt, der 1933 emigrierte. Im Sommer des Jahres bot ihr ein Nazi aus dem Bekanntenkreis eine feste Stelle beim Rundfunk an – in der Partei sei sie doch? Nein, aber das ließ sich ja ändern: „Ich bin da hingegangen und bin in die Partei eingetreten, warum nicht?" Schließlich habe der Sender „ein dolles Gehalt" gezahlt, 250 Mark, das hat sie noch gut im Kopf.

In der „Aktuellen Abteilung" erwarb sie sich einen Ruf als schnelle, zuverlässige Stenografin, und 1942 hieß es, eine wie sie werde im Propagandaministerium gebraucht. Dass sie dort noch besser verdienen würde, überzeugte sie, und außerdem war an ihrem neuen Arbeitsplatz „alles sehr schick". Der Minister residierte im Hochparterre eines Schlösschens am Wilhelmplatz, „wir saßen darüber in einer herrlichen Bibliothek".

Die Arbeit in dieser wichtigen Schaltstelle des Regimes fand sie allerdings „ziemlich langweilig", kaum Diktate, ein paar Telefongespräche, manchmal eine Reiseplanung für den Chef, zum Beispiel zu den Filmfestspielen nach Venedig oder ins Führerhauptquartier. Um Goebbels herum war immer ein persönlicher Stenograf, der „alles, was an Kostbarem aus ihm heraussprudelte, festhielt", sowie ein Stab von Adjutanten. Zu einem Panzerschrank hatte sie zwar Zugang, aber nie habe sie es gewagt, in die dort lagernden Akten zu schauen. „Ich hatte einfach noch diese ideale Vorstellung, wenn ein Chef mir vertraut, dann soll er nicht enttäuscht werden." Erst in den letzten Monaten des Regimes sei sie immer wieder an den „Geheim" gestempelten Presseberichten aus dem Ausland hängen geblieben, die über ihren Schreibtisch liefen: „Das waren Informationen, die einem klar machten, alles würde furchtbar enden."

Dass Goebbels nach Stalingrad eine bedeutende Rede plante, bekam sie mit. Am 18. Februar sei an sie und eine junge Kollegin der „dienstliche Befehl" ergangen: Ab in den Sportpalast! Warum gerade sie? Brunhilde Pomsel stockt. Das Gedächtnis lässt nach. Oder sucht sie nach einer passenden Erklärung? Vielleicht, sagt sie, wurde sie ausgesucht, weil sie die dienstjüngste Dame im Vorzimmer war.

Ein Wagen des Ministeriums brachte die beiden Schreibkräfte zum Ort der Kundgebung, auf dem ersten Rang waren Plätze reserviert. Magda Goebbels, die Ehefrau, saß direkt hinter ihnen.

Was dann passierte, hat Brunhilde Pomsel, die „Unpolitische", die Mitläuferin, die kleine Parteigenossin, in den vergangenen sechs Jahrzehnten zumindest so beschäftigt und beschämt, dass sie ihre Erinnerungen nur noch stark geschminkt preisgeben mag:

„Auf diese Frage: Wollt ihr den totalen Krieg? Da war einfach das Entsetzen, dass eine Masse das will. Aber ich kann heute nicht sagen, das waren damals meine Gedanken. Vielleicht waren wir gar nicht mal so entsetzt, weil wir es schon immer gewöhnt waren, dass so geschrien wurde."

Wäre eine Filmaufnahme erhalten, auf der die beiden Vorzimmerdamen aus dem Goebbels-Ministerium zu sehen sind, sie würde wahrscheinlich zwei junge Frauen zeigen, die immer wieder aufspringen, den Arm zum Hitlergruß recken und begeistert applaudieren. „Es griff einfach über, da konnte keiner sagen, ich jubele nicht mit."

Brunhilde Pomsel schweigt, es ist ihr peinlich, Teil dieser Masse gewesen zu sein. Dann sagt sie, was schon so viele gesagt haben, die den Wahnsinn und die Verbrechen ermöglicht haben: „Ich war ganz nah dabei, aber hatte von nüscht 'ne Ahnung."

Gebüßt hat sie fünf Jahre lang, in verschiedenen sowjetischen Lagern. Durch einen alten Bekannten vom Berliner Rundfunk erhielt sie gleich nach ihrer Freilassung 1950 den Tipp, sich in Baden-Baden beim neugegründeten Südwestfunk zu melden. 1971 wurde sie pensioniert, zuletzt hatte sie als Sekretärin des ARD-Koordinators in München gearbeitet.

Ein Professor

Der junge Leutnant der Wehrmacht hatte Glück. 1942/43 war Iring Fetscher in Belgien und in den Niederlanden stationiert, wo er einer britisch-amerikanischen Invasion entgegentreten sollte. Da die Eroberer noch auf sich warten ließen, blieb dem 21-Jährigen, der aus einer bildungsbürgerlichen Familie stammte, genug Zeit, um seinen Neigungen zu frönen. So erwarb er in einem Amsterdamer Antiquariat eine französische Kurzausgabe des „Kapital" von Karl Marx.

Am 14. Februar 1943 versuchte Fetscher, den holländischen Kulturphilosophen Jan Huizinga, Autor des bis heute bekannten Titels „Homo ludens", daheim in Leiden zu besuchen. Doch Huizinga war von den Nazis festgenommen worden. Seinem Tagebuch vertraute der entsetzte Soldat diese „neue, furchtbare Erkenntnis deutschen Barbarentums" an. Fünf Tage später notiert Fetscher folgende Zeilen: „Gestern Goebbels-Rede. Glänzende Volksrede eines einzigartigen gesteigerten Volksrausches. Zehn Fragen an das deutsche Volk in biblischer Feierlichkeit, dies mutet alles wie ein ganz großes, gewaltiges Schauspiel an, dessen Tiefe, Tragik und Bedeutung wohl kaum einer der Anwesenden verstehen mag, ‚und nun, Volk steh auf und Sturm brich los.'"

Von 1963 bis 1988 hatte Fetscher einen Lehrstuhl für Politikwissenschaft in Frankfurt, bis heute lebt er am Main und gilt als bedeutender Vertreter seines Fachs. Als er nach der Emeritierung seine Lebenserinnerungen niederschrieb, stieß er auf jene Tagebucheinträge, die kaum von derselben Person zu stammen scheinen. Seine Begeisterung über die Sportpalast-Kundgebung ließ ihm „keine Ruhe".

In einem weiteren Buch arbeitete sich der Politologe an der Rede, ihrer Vorgeschichte und ihren Folgen ab. Es umfasst mehr als 270 Seiten, bleibt aber merkwürdig unpersönlich. Die frappierenden Bemerkungen des jungen Leutnants handelt er auf wenigen Zeilen ab und fügt knapp hinzu: „Goebbels muss mich beeindruckt haben. Es fällt mir heute schwer, mein damaliges Gefühl nachzuempfinden. Vielleicht war es die vom Redner zur Schau gestellte ‚Aufrichtigkeit', die so stark von den beschönigenden Formulierungen vieler Berichte des OKW (Oberkommando der Wehrmacht) abstach, vielleicht aber auch die Faszination der Sprache selbst."

Fetschers Buch beschäftigt sich zum größten Teil mit den Reaktionen auf die Kundgebung in der deutschen und internationalen Presse. Das hätte Goebbels gefallen, denn wie der Wissenschaftler selbst schreibt: „Für nichts hat sich der Propagandaminister mehr interessiert als für das Echo auf seine Reden und Zeitungsartikel."

Das Echo auf diese Studie war ziemlich mau, was Fetscher noch heute wurmt. Er ist ein liebenswürdiger alter Herr und überlegt gern, ob es noch etwas gibt, das sich zu erzählen lohnt.

Eine Anekdote fällt ihm ein: Der 1998 verstorbene große Schauspieler Bernhard Minetti habe ihn nach Erscheinen des Buchs angerufen und berichtet, er sei damals auch im Sportpalast gewesen, und Gustaf Gründgens sei ebenfalls eingeladen worden, doch der habe just für diesen Nachmittag eine Theaterprobe angesetzt. Und Minetti habe noch gesagt, er habe natürlich nicht mit der rasenden Masse mitgebrüllt, nicht so wie der George. Seine Frau, die auch dabei gewesen sei, könne das bezeugen. Nur war die Frau leider schon tot, als Minetti anrief, erzählt Fetscher und lacht hintersinnig. Dann denkt der Professor nach und sagt, er sei nicht ganz sicher, ob er wirklich am Radio „diese schrecklichen Dinge" gehört hat, die Goebbels im Lauf der Rede zum Beispiel gegen die Juden losließ („radikalste Ausrott-, -schaltung des Judentums"). Möglicherweise habe er nur die letzten 20 Minuten mitbekommen.

Möglicherweise.

Ein Filmberichter

Nach kurzem Blättern in dem alten, dunkelbraunen Taschenkalender hat Götz Hirt-Reger, der in der Nähe von Wien wohnt, die Stelle gefunden. Seine Eintragungen in Sütterlinschrift sind noch gut entzifferbar, unter dem Datum des 18. Februar 1943 findet sich die Notiz: „Wochenschaueinsatz-Goebbels-Rede – Sportpalast Berlin."

Der gebürtige Leipziger war damals 22 Jahre alt und absolvierte in der Reichshauptstadt einen Lehrgang als „Filmberichter" der Wehrmacht. Vormittags brachten ihm erfahrene Kriegskorrespondenten zum Beispiel bei, dass man Soldaten nie direkt von vorn aufnehmen dürfe, weil solche Bilder gestellt wirken würden. Für einige Nachmittage war er einem Kameramann im Range eines Leutnants als Assistent zugeteilt. Der Goebbels-Auftritt sollte seine erste Praxiserfahrung werden.

Schon drei Tage zuvor begann die Einweisung. Zahlreiche Kameraleute und Assistenten mussten sich im leeren Sportpalast einfinden, ein Abgesandter des Propagandaministeriums machte sie dort mit allen Einzelheiten der Rede vertraut. Die Filmer sollten genau wissen, mit welchen Worten und wie lange der Minister gegen Bolschewisten und Juden hetzen würde, was er den Deutschen abverlangen wollte, auf welche Höhepunkte es ihm ankam und wann sie damit rechnen mussten, dass die Zuschauer von ihren Plätzen aufsprangen. „Das wurde uns tagelang eingetrichtert, denn wenn der Jubel ausbrach, sollte man rechtzeitig den Auslöser drücken", erklärt Hirt-Reger. Mit den damaligen Kameras war es unmöglich, dauernd draufzuhalten. „Auf der Arriflex liefen Filmkassetten, die für fünf bis sechs Minuten reichten. Ein Kassettenwechsel dauerte vielleicht 20 Sekunden." Dass dabei nichts schief ging, war vor allem Sache des Assistenten. Insgesamt seien „mindestens zehn Kameras" in der Halle postiert worden, wesentlich mehr als sonst bei solchen Veranstaltungen.

An die Rede selbst hat Hirt-Reger, der nach 1945 einen Schulbuchverlag aus dem Besitz seines Vaters übernahm, eher kühle Erinnerungen. „Man wusste ja schon vorher, was der Inhalt war, also war das gar nicht mehr so schlimm." Mit dem „totalen Krieg" habe damals niemand die völlige Zerstörung zahlreicher Städte und den Tod vieler Millionen Menschen verbunden. „Sondern wir dachten, und so war es ja auch gemeint, dass praktisch ohne Unterlass gearbeitet werden muss, um Waffen für die Front herzustellen."

Der junge Filmberichter hätte wohl mitgeklatscht, wenn er das auf seinem Posten, vorne rechts vor der Rednertribüne, gekonnt hätte. „Wir haben Goebbels eigentlich immer ganz großartig gefunden, in seiner Konsequenz, in seinen Ausdrücken und im Aufbau seiner Reden."

„THE GOEBBELS EXPERIMENT“

Gespräch mit Lord Arthur George Weidenfeld (Berlin, Hotel Adlon, 12. November 2004)

Von Lutz Hachmeister und Michael Kloft

LORD ARTHUR GEORGE WEIDENFELD gilt als der politisch einflussreichste Verleger seiner Epoche. Er wird als Arthur Georg Weidenfeld am 13. September 1919 in Wien als Sohn des klassischen Philologen Max Weidenfeld geboren, besucht das Piaristengymnasium, studiert Jura an der Universität Wien und absolviert die dortige Diplomatische Akademie. Im Juli 1938, nach der Verhaftung seines Vaters, flieht er nach Großbritannien und arbeitet für die BBC. 1948 gründet er mit Nigel Nicolson das Verlagshaus Weidenfeld & Nicolson in London, das besonders nach der Publikation von Nabokovs „Lolita“ prosperiert. Er war enger Berater des Labour-Premiers Harold Wilson, auf dessen Vorschlag er 1976 in den Adelsstand erhoben wird und einen Sitz im Oberhaus erhält. Mit seinen „George-Dinners“ versammelt er des Öfteren Persönlichkeiten aus unterschiedlichen Feldern des öffentlichen Lebens in seiner Wohnung am Themse-Ufer. Sein Buch über die NS-Propaganda (*The Goebbels Experiment,* 1942, zusammen mit Derrick Sington) ist die erste umfassende Studie über den NS-Propaganda-Apparat. Es erschien auch in Schweden und in den USA.

Lord Weidenfeld, 1942 haben Sie ein Buch mit dem Titel *The Goebbels Experiment* publiziert, zusammen mit Ihrem Kollegen Derrick Sington. Was hat Sie zu dieser Studie bewogen? Und was war das Experimentelle an der Goebbels-Propaganda?

Ich bin ganz kurz vor dem Ausbruch des Zweiten Weltkrieges, nach meiner Emigration aus Wien, bei der BBC angestellt worden, als ganz junger Mann, kaum 20 Jahre alt. Die BBC suchte Leute für einen neuen Abhördienst, einen „Monitoring Service“. Ich gehörte quasi zur Gründungsmannschaft. Dann kamen Aufgaben der Propaganda und Gegenpropaganda hinzu. Es ist eigentlich selbstverständlich, dass man sich da mit Goebbels und seinem Apparat intensiver befasst hat. Ich hatte mich auch schon früh für das Phänomen der gelenkten Kommunikation, für Massenpsychologie und diese Dinge interessiert, etwa die bekannten Bücher von Le Bon oder Ortega y Gasset gelesen. Und natürlich auch die Inhalte und Formen der kommunistischen Agitation sehr aufmerksam beobachtet. Wissen Sie, wir waren eine sehr politisierte Jugend, das kann man heute kaum noch nachvollziehen. Ich war schon mit zwölf Jahren bei den Jung-Sozialdemokraten.

Sie sind in Wien aufgewachsen, dort aufs Gymnasium gegangen, waren dann auch in einer schlagenden zionistischen Studentenverbindung.

Ja, in Wien aufgewachsen, habe ich dann bis zu meiner Emigration nach Großbritannien im Sommer 1938 auch einige Semester Jura studiert. In Wien hat man damals einer schönen Dame, wenn man sie kennen lernte, zuerst auf das Knopfloch geschaut, nicht ins Gesicht. Ich nenne es daher das „Zeitalter des Knopflochs“. Trägt sie das Hakenkreuz, trägt sie Hammer und Sichel, hat sie den Zionsstern, die drei Pfeile der Sozialdemokraten oder das Krukenkreuz der österreichischen vaterländischen Partei? Alles war sehr, sehr politisiert und natürlich auch mit allen möglichen Propaganda-Anstrengungen verbunden, die auf einen einströmten. Bei Goebbels war das Originelle nicht so sehr die Methodik oder das Gefühl für Propaganda, sondern die Organisation eines umfassenden, ziemlich perfektionierten staatlichen Apparates der Indoktrination. Dafür habe ich mich sehr interessiert, und in dem Buch finden Sie auch eine detaillierte Organisationsgeschichte des Propagandaministeriums, des NS-Presseapparates oder der Reichskulturkammer. Ich wollte gemeinsam mit Derrick Sington zeigen, wie weitreichend und ineinandergreifend das organisiert war.

Derrick Sington, was hatte der zuvor gemacht?

Ein sehr angenehmer, zurückhaltender Kollege, der gelernter Journalist war und vom *Manchester Guardian* kam. Er war einer der Chefredakteure im Monitoring Service. Wir freundeten uns an. Er hat dann die BBC verlassen, ist Offizier in der Army geworden und war einer derjenigen, die das Konzentrationslager Bergen-Belsen befreiten. Er hat darüber einen sehr bekannten, eindrücklichen Bericht geschrieben. Hat auch eine Insassin von Bergen-Belsen geheiratet, eine polnische Jüdin. Sington hat das „Goebbels Experiment“ journalistisch ausformuliert, ich hatte ja keine Erfahrung in der englischen Publizistik. Konzept und Materialsammlung kamen eher von mir, ich habe Sington für jedes Kapitel einen Entwurf gemacht.

Welche Quellen hatten Sie für Ihre Studie?

Zunächst einmal haben Goebbels und seine Leute ziemlich viel selbst über den Aufbau des Propagandaapparates publiziert. Sie waren offenbar sehr stolz darauf. Dann hatten wir Berichte und Informationen aus den neutralen Ländern. Schließlich habe ich mit deutschen Emigranten gesprochen, die damals in London waren, besonders mit dem ehemaligen Berliner Polizei-Vizepräsidenten Bernhard Weiss und dem Literaturkritiker Alfred Kerr. Die konnten die politische und publizistische Atmosphäre der Jahre 1932, 1933 schildern.

Bernhard Weiss, den Goebbels als „Isidor" lächerlich gemacht hat, obwohl er gar nicht so hieß. Die Kinder haben „Isidor, Isidor" hinter ihm hergerufen.

Ja. Ein braver Mann, der viel erduldet hat und erdulden musste. Ein bevorzugtes Objekt für Goebbels' ursprünglichen Kampfjournalismus.

Im Wien der dreißiger Jahre, also vor dem Einmarsch der Deutschen, kannte man da Goebbels, war er eine bereits profilierte Figur?

Ja, natürlich. Es gab diese „Heim ins Reich"-Propaganda, und man wusste, wer dahinter steckte, von deutscher Seite. Es gibt in diesem Zusammenhang eine schöne Anekdote über die Borniertheit der herrschenden englischen Klasse. Als sich unsere kleine Gruppe von Ausländern im Westen Englands etablierte, so um 1940 herum, waren wir von der adeligen Frau eines Großgrundbesitzers huldvoll zum Tee eingeladen. Sie fragte mich: „Kennen Sie den Herrn Göring?" Und ich sagte: „Nein, nicht persönlich." „Und den Herrn Goebbels?" „Nein", antwortete ich. „Wissen Sie, ich komme ja aus Wien, und der wohnt in Berlin, es war schwer, zu ihm zu kommen." Und dann sagt sie: „Ribbentrops kannte ich sehr gut. Anständige Leute."

Die Frau war völlig in ihrer Klasse und Kaste gefangen, und das war nicht atypisch für bestimmte Mentalitäten damals in England.

Was war aus der Ferne Ihr Eindruck von Goebbels?

Ich war von ihm angetan, im Sinne eines Phänomens im nationalsozialistischen Spektrum. Er hatte Germanistik studiert in Heidelberg, konnte sich gewählt ausdrücken, war also eine Besonderheit unter all den NS-Rabauken. Und auf seine Art und Weise war er ein Genie, natürlich auch stilistisch und intellektuell viel interessanter als die ungebildeten oder halbgebildeten Nazi-Führer. Und dann hat er eben verstanden, mit seinen Mitarbeitern Propaganda sehr modern zu organisieren. Dieser Aspekt, wie man das hinbekommt, hat mich immer sehr fasziniert, übrigens auch beim Vatikan, wo der Zusammenhang von Organisation und Kommunikation ebenfalls sehr spannend ist. Da kommt der Propagandabegriff ja ursprünglich her, *congregatio de propaganda fide*, und es ist sicher kein Zufall, dass Goebbels dem katholischen Milieu entstammt.

Was war das eigentlich Moderne an der Propagandaarbeit von Goebbels?

Er hat viel übernommen von den Kommunisten, von Willi Münzenberg, Karl Radek, interessant auch Arthur Koestler, über den es jetzt eine interessante neue Studie gibt[1]." Er hat die zeitgenössischen Konzepte des politischen Marketings fusioniert und perfektioniert, nach 1933 dann unter den Rahmenbedingungen eines totalitären Regimes, die für dieses „Experiment" natürlich günstig waren. Es gibt bei ihm diese Fusion zwischen Asphalt-Lyrik, Balladen, deutscher Romantik. Dann gab es die Märsche, der von den Kommunisten nicht sonderlich unterscheidbare Musikeinsatz, deshalb auch im „Goebbels Experiment" ein eigenes Kapitel über die NS-Musik. Er hat es verstanden, sich vom Gegner schamlos das Beste oder Effizienteste herauszuklauben und die Vorzeichen umzukehren. Und nach 1933 hatte er die Instrumente der totalen Meinungslenkung. Er konnte also weitgehend auf seiner Klaviatur spielen, das war schon einzigartig. Nicht nur bei der Massenkommunikation, auch bei bildender Kunst, Theatern, öffentlichen Ritualen. Diese Macht der Kommunikationslenkung hat keiner vor ihm und nach ihm gehabt, jedenfalls nicht in halbwegs zivilisierten Ländern.

„THE GOEBBELS EXPERIMENT“

War das Buch über Goebbels Ihre eigene Idee oder gab es Vorgaben seitens der BBC oder von Regierungsstellen in Großbritannien?

Nein, nein, es war schon meine Idee. Es war eine Chance, sich innerhalb der BBC rasch zu profilieren. Es war auch karrierefördernd, keine Frage, ich konnte mir damit relativ früh einen Namen machen. Hinzu kam, dass ich als 21-Jähriger eine Sonderabteilung gründen durfte, die „Special German Section“, die einen täglichen „Deutschlandspiegel“ erstellt hat, „Germany day by day“. Zusammen mit einem Vertreter leitete ich einen Stab von 20 Leuten. Später haben wir noch ähnliche Dienste für Italien und Frankreich ediert, und das Personal hat sich vervierfacht. Wir analysierten zunächst gewisse Nachrichten und Meldungen aus den abgehörten deutschen Radioprogrammen, um daraus Schlüsse auf Stimmung oder Moral zu ziehen. Auch im Hinblick auf die eigenen deutschsprachigen Programme der BBC. Die hatten zum Beispiel so einen Touch von Emigranten-Deutsch, und ich wollte, dass wir im nationalsozialistischen Deutschland nicht sofort als Outsider zu identifizieren waren. Da musste also die Tonlage verändert werden. Wir haben auch die deutschen Wunschkonzerte analysiert: Was wünschen sich die Leute? Sind sie sentimental? Aus welchen Regionen und Schichten kamen diejenigen, die sich bestimmte Lieder wünschten? All diese Dinge. Dieser spezielle Auswertungsservice ging dann von unserem Standort im Westen Englands nach London, um in die Gegenpropaganda einzufließen.

Welche Informationen waren besonders wichtig für „Germany day by day“? Wonach haben Sie besonders gesucht?

Vor allem ging es um die Erkundung der deutschen Stimmung und Moral. Wir wollten die BBC-Programme, die für deutsche Hörer bestimmt waren, als besonders glaubwürdig und echt profilieren. Man sollte also merken, dass wir über viele Einzelheiten, auch regionale Merkwürdigkeiten, Bescheid wussten. Und dass wir schnell reagieren konnten. Nehmen Sie das Beispiel der „Propagandawellen“. Wir hatten herausgefunden, dass es zur Vorbereitung von „Sonderaktionen“ aller Art bestimmte Aufträge an Propagandabeamte in den verschiedenen Gauen gab, um diese Aktionen psychologisch vorzubereiten. Wenn man nach Jugoslawien einmarschieren wollte, erklangen plötzlich in bestimmten Sendern altösterreichische Märsche, Prinz-Eugen- und Radetzkymarsch und so weiter. Da wurde das preußische Element zurückgedreht, ohne große Erklärungen abzugeben. Oder es gab eben vermehrt Artikel, Sendungen, Filme über das „verbrecherische Judentum“, wenn die Judenpolitik verschärft werden sollte. Das waren diese Vorabwellen, und daraus konnte man seine Schlüsse ziehen. Zur Vorbereitung des Nürnberger Prozesses, in dem ja auch Goebbels' Rundfunkmann Hans Fritzsche stellvertretend für das Propagandaministerium angeklagt war, habe ich einige Hinweise auf solche Propagandastrategien geben können.

Es herrscht ja allgemein, wohl auch in der Forschungsliteratur, das Bild einer sehr effizienten NS-Propaganda und einer eher diffusen, zersplitterten Gegenpropaganda der Alliierten vor. Nach dem, was Sie erlebt haben, müsste man dieses Bild revidieren?

Ich persönlich glaube, dass unsere Propaganda-Arbeit sehr stark war und auch stark wirkte. Ich kann das natürlich nicht empirisch exakt belegen. Wir haben sehr solide und pragmatisch gearbeitet und es eher vermieden, so auf Hoch- und Tiefenreaktionen zu setzen wie die deutsche Seite. Die deutsche Propaganda war sehr wirksam, solange es die militärischen Siege gab. Goebbels hat sich da immer 25 Prozent weiter bewegt als die deutschen Heere. Er prognostizierte etwa die Einnahme einer bestimmten Stadt, und in zwei, drei Tagen hatten sie die deutschen Einheiten dann wirklich eingenommen. Das erhöhte die Glaubwürdigkeit und die Schlagkraft. Aber gegen Ende 1942 kippte das natürlich, und es blieben nur noch Götterdämmerung und Durchhalteparolen. Da hatten wie die stringentere Linie. Wir waren in Großbritannien nach einer gewissen Anlaufphase auch gut organisiert. Wenn Sie dagegen die schlechte Organisation der angloamerikanischen Propaganda jetzt im Irak-Krieg sehen, wo es noch nicht einmal gelungen ist, die Kriegsgründe klar zu vermitteln. Das ist eine Tragödie.

Welchen Eindruck hatten Sie damals von der realen Macht, die Goebbels innenpolitisch besaß? Sie beschreiben in Ihrem Buch ja durchaus die Konkurrenz mit Pressechef Otto Dietrich, mit dem Reichsleiter für die Presse Max Amann oder Außenminister Ribbentrop...

Ja, das „Dritte Reich" war eigentlich eine ziemlich orientalisch anmutende Despotie. Jedes Arbeitsfeld wurde doppelt und dreifach besetzt, und Hitler, der ja ein ziemlich fauler Mensch war, ließ die Leute sich abrackern und gegeneinander arbeiten, damit sein Licht umso heller strahlte. Er setzte ganz darwinistisch auf den *survival of the fittest.* Und Goebbels hat da in einer gewissen Weise gesiegt, bis in den kompletten Untergang hinein, den eigenen, den seiner Familie und den des Regimes. Er hat Göring jedenfalls politisch überlebt, auch Himmler, hat sich mit Bormann irgendwie arrangiert. Er hatte eine Schwächephase um 1938 wegen seiner Liebschaft zu Lida Baarova, als er beim „Führer" zeitweise in Ungnade fiel, aber davon hat er sich wieder erholt und war dann am Schluss der letzte Fanatiker. Ich glaube, dass man diese Rivalitäten in der NS-Kommunikationslenkung nicht überbewerten sollte. Goebbels war schon die entscheidende Figur, und er konnte sich letztlich in den wichtigen Fragen auch immer durchsetzen. Er war auch geschickt darin, bestimmte Dinge zuzulassen, die engstirnigere NS-Ideologen nicht wollten. Ich weiß etwa, dass er bestimmte gesellschaftliche Salons, die von „Halbjuden" geführt wurden und in denen auch Homosexuelle verkehrten, bestehen ließ, um für Vertreter der neutralen Staaten ein bestimmtes kulturelles Klima vorzutäuschen. Und das, obwohl er auf der anderen Seite ein Antreiber antisemitischer Aktionen war.

Für Ihr Buch aus dem Jahr 1942 haben Sie ja eine auch heute noch beeindruckende Detail- und Materialfülle zusammengetragen. Wie lange haben Sie für die Publikation gebraucht?

Wissen Sie, ich habe schon Ende 1940 angefangen, dafür Material zu sammeln. Ich habe mir auch schnell eine Art Propagandaindex zugelegt, wo ich 48 Schlagworte zusammengetragen hatte, die man immer gebrauchen kann, Argumente für oder gegen eine bestimmte These oder Ideologie. Das mache ich heute noch, wenn es um Palästina, Israel, Europa, Amerika und so weiter geht. Das habe ich gern, so eine Systematik. Unser ganzes Material war verhältnismäßig leicht zusammen zu stellen, es war eben vor allem Material der Nationalsozialisten selbst. In einem Handbuch für NS-Radioleute habe ich etwa den Begriff „Hörfang" gefunden. Das bedeutete, der NS-Radiokommentator sollte schon im ersten oder zweiten Satz Meinung und Nachricht vermischen, im Sinne der nationalsozialistischen Volksaufklärung. Ich habe vor einiger Zeit in einem Kommentar geschrieben, dass mich eine bestimmte Art der BBC-Berichterstattung über den Irak-Krieg, in der sofort eine Anti-Bush- und Anti-Blair-Haltung mit tatsächlichen oder angeblichen Fakten über tote Soldaten im Irak vermengt werden, an diese Art des Goebbelsschen „Hörfangs" erinnern. Man könnte ja auch sagen, die Zahl der toten Soldaten im Irak-Feldzug ist die geringste eines entscheidenden Krieges der Weltgeschichte. Das könnte man mit guten Gründen sagen, verstehen Sie. Man muss sich des propagandistischen Effekts der Berichterstattung sehr bewusst sein.

In Ihrem Buch schreiben Sie über die später berühmt gewordene Meinungsforscherin Elisabeth Noelle-Neumann, sie habe als Austauschstudentin 1937/38 in den USA Werbung für das NS-Regime betrieben. Sie schreiben auch, die Lufthansa habe Hitlers Wahlkämpfe 1932/33 gesponsert, indem sie kostenlos Flugzeuge dafür zur Verfügung gestellt habe. Das sind ja sehr spezielle Informationen. Gab es für das Buch auch Kontakte zum Secret Service?

Das mit Frau Noelle oder der Lufthansa habe ich vergessen, es ist schließlich 62 Jahre her. Aber zum Secret Service gab es keine Kontakte, die wussten nicht so viel über die deutschen Verhältnisse. Viel wichtiger war die sogenannte Political Warfare Executive (PWE)[2], die aus Vertretern des Außenministeriums, des Informationsministeriums und des Ministeriums für wirtschaftliche Kriegsführung (Economic Warfare) im August 1941 gebildet wurde. Der Chef war Minister Hugh Dalton[3], es arbeiteten dort auch Leute wie Sefton Delmer[4] oder Richard Crossman[5], mit dem ich einiges zu tun hatte, an speziellen Propagandaoperationen. Man betrieb Radiostationen wie Gustav Siegfried Eins oder den Soldatensender Calais, entwarf Postkarten oder Broschüren zum Abwurf aus

Flugzeugen über Deutschland, verhörte deutsche Kriegsgefangene und so weiter. Das war eine wichtige Institution, mit der die BBC kooperierte.

Musste das Buch eigentlich freigegeben werden von den britischen Behörden? Sie waren ja wahrscheinlich noch als „enemy alien“ eingestuft?

Ich hatte Glück, dass ich noch vor Kriegsausbruch nach England gekommen bin. Sonst waren deutschsprachige Ausländer kaum in die Positionen gekommen, die ich bei der BBC hatte. Meine Anstellung war eigentlich ein Wunder. Die haben sich wohl gedacht, nehmen wir einen ganz Jungen, den können wir auch schnell wieder loswerden. Ich hatte zunächst einen Vertrag über drei Monate, weil viele an ein „zweites München“ geglaubt haben, also eine Entspannung der Situation mit Hitlers Reich. Wir sind dann zwei, drei Wochen vor Kriegsausbruch nach Evesham in Worcestershire evakuiert worden. Ich habe dann nach einiger Zeit zu meinem Vorgesetzten gesagt, wir machen den Monitoring Service hier so mechanisch, daraus könnte man mehr Gewinn ziehen, systematischer arbeiten. Wir haben hier eine phantastische Möglichkeit, das ganze deutsche Sprachmaterial, nicht nur Meldungen und Nachrichten. Ich habe dann auch eine Denkschrift verfasst, mit meinem Stellvertreter Otto Giles, der Dozent in Breslau für Internationales Handelsrecht gewesen war. Er hieß eigentlich Otto Prausnitz. 1942 wurde ich dann nach London transferiert, als diplomatischer Korrespondent der BBC. Das war sehr spannend, weil ich vor allem Kontakt zu den Exilregierungen hatte, die damals in London residierten, Franzosen, Tschechen, Polen. Ich war eine Art Verbindungsoffizier zu den Leuten von de Gaulle, Beneš, Sikorski, auch zu den freien Indern oder Deutschen wie Ollenhauer. Das alliierte London war wirklich eine faszinierende Stadt. Leider gibt es kein gutes Buch über diese Zeit.

Ihr Goebbels-Buch, an wen sollte sich das konkret richten? Wer war das potentielle Zielpublikum? Sie hätten ja auch sagen können, ich mache eine interne Studie …

Nein, es gab schon großes Interesse in der britischen Öffentlichkeit am Dritten Reich und an den Leuten, die es regierten. Außerdem einen enormen Nachholbedarf an Informationen. Bücher von Rudolf Olden, von Konrad Heiden, Otto Strasser oder Hermann Rauschning über Hitler und seine Konsorten sind ja alle Bestseller geworden. Ich habe dann auch einen Vortrag im Chatham House gehalten zum Zeitpunkt der Veröffentlichung unseres Buches. Der hieß so ungefähr: „Die deutsche Propaganda-Maschine unter Druck“. Da habe ich von Krisen gesprochen und dem Stottern von Goebbels’ Maschinerie und den Chancen, die darin für unsere Arbeit lägen. Ich war da mit meinen 23 Jahren schon als eine Art Experte für Propaganda anerkannt.

Kann man nicht sagen, dass der Zweite Weltkrieg letztlich militärisch entschieden worden ist und dem Moment der Propaganda, vielleicht auch bedingt durch die schillernde Figur Goebbels’, zu viel Gewicht beigemessen wird? Was kann Propaganda in einer derart zugespitzten militärischen Auseinandersetzung überhaupt bewirken?

Eine sehr interessante, entscheidende Frage. Ich glaube, sie kann sehr viel bewirken. Denken Sie an die Situation 1940 in England, wie sehr Churchill von gewissen Kreisen bedrängt worden ist, einen Frieden mit dem Deutschen Reich zu schließen, nachdem Hitler seine berühmte Reichstagsrede mit diversen Angeboten an England gehalten hatte. Das war eine historisch sehr knappe Situation, in der Deutschland in einer Kombination aus militärischen Erfolgen und strategischer Kommunikation nah dran war, England im Sinne der NS-Machthaber zu pazifieren. Es kostet schon einigen Mut, dagegen zu halten und eine eigene Linie der politischen Kommunikation aufzubauen. Nehmen Sie die Gegenwart: Die Moral der westlichen Staaten ist schlecht, weil die Anti-Kriegspropaganda so gut ist. Oder im israelisch-palästinensischen Konflikt: Immer wenn ich höre, wenn es Sharon und Arafat nicht gäbe oder gegeben hätte, sähe die Sache ganz anders aus, zucke ich zusammen. Das ist Propaganda, sehr wirkungsvolle Propaganda.

Also geht es im Grunde um die Destabilisierung oder Aufrechterhaltung von Moral, um Stimmungen …?

Ja, es geht um Moral. Goebbels wusste das übrigens sehr gut. Wenn man es schafft, den Gegner ständig moralisch zu diffamieren und zu demoralisieren, und die Gegenwehr zu schwach ist, dann ist das der halbe Sieg.

Das war vielleicht Goebbels' entscheidende Leistung ex negativo, das deutsche Volk so lange bei der Stange gehalten zu haben.

Goebbels hat ja viele Asse im Ärmel gehabt, zum Beispiel die Furcht der Deutschen vor der Roten Armee. Da gibt es auch für jeden Regimegegner das moralische Problem, verteidige ich Haus und Hof, oder marschiere ich mit den Russen? Man weiß ja nicht, wohin man mit denen marschieren wird, außer als überzeugter Kommunist. Natürlich kommt es irgendwann zu einer kathartischen Reaktion, wenn Propaganda und Wirklichkeit in keiner Weise mehr übereinstimmen.

Wie bei „Comical Ali", dem irakischen Propagandaminister?

Ja. Bleiben wir beim Irak-Konflikt. Schon jetzt spricht man über George Bush anders als vor der letzten Präsidentenwahl. Er ist kein Vollidiot. Ein Vollidiot bekommt nicht die meisten Wählerstimmen in der Geschichte der USA, nicht wahr? Aber es hat eben über einen längeren Zeitraum eine linksliberale Propaganda gegen Bush und alles gegeben, was man unter „Neokonservativ" subsummieren konnte. Die Neo-Cons sind so beschrieben worden, wie man in der DDR jeden Gegner als „bürgerlich" oder als „Faschisten" klassifiziert hat. Jeder, der eine andere Meinung hat, ist ein Neo-Con. Dabei wissen die meisten Kommentatoren gar nicht, was ein Neo-Con ist. Sie haben Recht, die militärische Kriegführung ist entscheidender als alle Goebbels' der Welt. Aber propagandistische Strategien und Stereotypen können einen entscheidenden Einfluss auf die Kriegführung haben oder darauf, ob ein Krieg überhaupt begonnen wird. Ich habe sehr viele Vorbehalte gegen die Richtung, die viele europäische Medien in der Berichterstattung über den Irak-Krieg eingeschlagen haben. Das ist für jemanden aus meiner Generation sehr unverständlich. Wenn ich manche deutsche oder britische Blätter lese, oder Fernsehen schaue, dann ist es, als ob ich Japanisch lese oder höre. Da macht eine britische Zeitung am Vorabend des Kriegseinsatzes ein Interview mit einem Quaida-Mann oder beschafft sich das, in dem es heißt, alle britischen und amerikanischen Soldaten werden in einem Korridor des Todes abgemurkst. Können Sie sich vorstellen, dass man damals ein Rendezvous mit einem SS-General gemacht hätte, der frei heraus hätte behaupten dürfen: Wenn ihr Engländer in unsere hohle Gasse kommt, ist es mit euch aus. Es ist unfassbar. Heute führt Präsident Bush, ob wir ihn nun mögen oder nicht, einen Mehrfrontenkrieg gegen einen Feind, der um einiges gefährlicher ist als das Dritte Reich und die anderen totalitären Diktaturen alten Stils. Die SS-Einsatzgruppenleute mussten von Himmler noch für ihre blutige Arbeit hart gemacht werden. Kaum jemand hat das freudig und freiwillig gemacht. Das ist bei den islamistischen Selbstmördern ganz anders. Das ist eine ganz andere Mentalität, das hat nichts mehr mit Nationalismus alter Schule zu tun, sondern mit entgrenzten Religionskriegen.

Sie sagen also, es müsste eine dauernde Integrationspropaganda für die demokratische, westliche Aufklärung geben.

Ja, gut, das Wort „Propaganda" ist entwertet worden, vor allem auch durch Goebbels und seine Leute. Aber im Grunde ist es die gleiche Sache, es sind die gleichen Techniken – nennen Sie es politisches Marketing, Aufklärung, politische Information, wie Sie wollen. Es geht mir nicht so sehr um spin doctors, um taktische Reaktionen von Tag zu Tag. Es geht mir eher darum, dass man Grundhaltungen durchhält und diese auch vermittelt, sie jederzeit auffrischt, professionell an den Mann und an die Frau bringt, seine eigene Sache dadurch auch verteidigt. Das ist ungleich schwieriger in einer Demokratie, wo die Problemstellungen zugleich öffentlicher und subtiler sind als in totalitären Systemen. Aber es ist eine Aufgabe, die gemeistert werden muss. Ich gehöre auch zu denen, die der Ansicht sind, dass Hitler als „Führer" vermeidbar gewesen wäre. Das war nicht logische Konsequenz der deutschen Geschichte seit dem Mittelalter, seit Luther, Friedrich dem Großen, Preußen und so weiter. Hitler ist von Hugenberg, Hindenburg, Papen und Schleicher freiwillig oder unfreiwillig gefördert worden, eben auch durch Medieneinflüsse. Le Pen hat es in Frankreich bis zur Stichwahl mit Chirac geschafft, da sagt auch niemand, das ist die logische historische Konsequenz seit Karl Martell oder Charlemagne. Ich bin überzeugt, Hitler hätte bei entschiedener demokratischer Gegenwehr ausgeschaltet werden können.

Es klingt, als hätte Sie die Beschäftigung mit Propagandastrategien in den vierziger Jahren auch für Ihr späteres berufliches Leben sehr geprägt.

Ohne Zweifel. Ich habe ja nach dem Krieg gleich einen Verlag gegründet und da einen Schwerpunkt mit Büchern über das „Dritte Reich“ gelegt – darunter Speers Memoiren und Joachim Fests Hitler-Biografie. Und habe das Thema auch immer weiter verfolgt. Dann war ich als 28-jähriger Kabinettschef und Berater des ersten israelischen Präsidenten Chaim Weizmann. Da habe ich die damals sehr hohe Summe von einer Million Pfund von der Regierung bekommen für den Aufbau eines internationalen Komitees für die Anerkennung des jüdischen Teils von Jerusalem. Das Ganze hieß „Operation Jerusalem“. Ich setzte also eine Propagandaaktion in Gang, bei den Vereinten Nationen, bei den südamerikanischen Staaten, die für uns damals sehr wichtig waren – damit der jüdische Teil von Jerusalem nicht vom Staat Israel getrennt wird. Wir haben uns da jeden Morgen von 9 bis 10 Uhr getroffen und Depeschen an die Uno, an verschiedene Botschaften und an christliche Missionen geschickt. Das alles hat sehr viel Mühe und Geld gekostet, aber es war wirkungsvoll. Da habe ich aus meiner Zeit bei der BBC, aus der Beschäftigung mit Propaganda und Gegenpropaganda, sicherlich einigen Gewinn gezogen.

ANMERKUNGEN

Christian Härtel
„Soldat unter Soldaten"
Der Journalist Joseph Goebbels

1 Joseph Goebbels: P.K. In: *Das Reich* vom 18. 5. 1941.
2 Werner Stephan: *Joseph Goebbels. Dämon einer Diktatur.* Stuttgart 1949, S. 33.
3 *Joseph Goebbels' Tagebücher*. Hg. von Ralf Georg Reuth. Band 1. 1924–1929. München 1999 [[1]1992], S. 53 f.
4 Ralf Georg Reuth: *Goebbels. Eine Biographie.* München 1995 [[1]1990], S. 66.
5 Vgl. dazu Ralf Georg Reuth: *Goebbels. Eine Biographie.* München 1995 [[1]1990], S. 71. Reuth verweist in diesem Zusammenhang u. a. auf ein Bewerbungsschreiben Goebbels an den Verlag Rudolf Mosse, ohne Datum, das im Bundesarchiv Koblenz unter NL 118/113 überliefert ist.
6 Zit. nach Ralf Georg Reuth: *Goebbels. Eine Biographie.* München 1995 [[1]1990], S. 71.
7 Carin Kessemeier: Der Leitartikler Goebbels in den NS-Organen *Der Angriff* und *Das Reich.* Münster 1967, S. 58. Zitat aus „Der neue Kurs", Nr. 24, 23. 03. 1930.
8 Vgl. Russel Lemmons: *Goebbels and Der Angriff.* Kentucky 1994, S. 22.
9 Vgl. ebd., S. 38.
10 Vgl. ebd., S. 128.
11 Dr. G.: Die Tageszeitung. In: *Der Angriff* vom 2. Oktober 1930.
12 Vgl. dazu etwa den zeitgenössischen Bericht von Wilfrid Bade: *Die SA erobert Berlin. Ein Tatsachenbericht.* München 1933, S. 130 f.
13 Vgl. hierzu den Bildanhang, Abb. 3 bei Carin Kessemeier: Der Leitartikler Goebbels in den NS-Organen *Der Angriff* und *Das Reich.* Münster 1967.
14 Joseph Goebbels: *Kampf um Berlin.* München: 1934, S. 203. Zitiert nach Carin Kessemeier: Der Leitartikler Goebbels in den NS-Organen *Der Angriff* und *Das Reich.* Münster: 1967, S. 48.
15 Dr. G.: Warum Angriff? In: *Der Angriff* vom 04. 07. 1927.
16 Ebd.
17 Joseph Goebbels: Mitteilung. In: *Der Angriff* vom 06. 02. 1930.
18 Joseph Goebbels: Was macht die Tageszeitung? In: *Der Angriff* vom 06. 02. 1930.
19 Ebd.
20 [Anordnung des Ministers, o.T.] in: Nachrichtenblatt des Reichsministeriums für Volksaufklärung und Propaganda vom 01. 08. 1934, S. 78.
21 Ebd., S. 77.
22 Vgl. hierzu und zu den „Pressekonferenzen als Lenkungsinstrumente" Christian Härtel: *Stromlinien. Wilfrid Bade – Eine Karriere im Dritten Reich.* Berlin 2004, S. 72 f.
23 [Wilfrid Bade:] *Kunstkritik und Kunstbetrachtung* [Typoskript], o. J. [verm. 1939], Hoover Institution Archives, Stanford CA, Wilfrid Bade Collection, Box 7, Subject File Articles, S. 8.
24 Joachim C. Fest: Paul Joseph Goebbels (1897–1945). In: Heinz-Dietrich Fischer: *Deutsche Publizisten des 15. bis 20. Jahrhunderts.* München, Berlin 1971, S. 399.
25 Helmut Heiber: *Joseph Goebbels.* München 1965 [[1]1962], S. 375.
26 Vermerk RR Dr. Baumann, RMVP, vom 29. 2. 1942, Bundesarchiv Berlin R 55/46, Bl. 274.
27 Vgl. hierzu Christian Härtel: *Stromlinien. Wilfrid Bade – Eine Karriere im Dritten Reich.* Berlin 2004, S. 104 f.
28 Vorlage vom 11. 11. 1941. Bundesarchiv Berlin R55/831, S. 40–41.
29 Zitiert nach Ralf Georg Reuth*: Goebbels. Eine Biographie.* München 1995 [[1]1990], S. 341.
30 Vgl. Carin Kessemeier: Der Leitartikler Goebbels in den NS-Organen *Der Angriff* und *Das Reich.* Münster 1967, S. 133.
31 Vgl. ebd., S. 137–141.
32 Ebd., S. 40.
33 Vgl. ebd., S. 109.
34 Helmut Heiber: *Joseph Goebbels.* München 1965 [[1]1962], S. 245.
35 Joseph Goebbels: Nachrichtenpolitik. In: *Das Reich* vom 06. 07. 1941.
36 Ebd.

37 Joseph Goebbels: Die Sache mit der Leichenpest. In: *Das Reich* vom 05. 10. 1941.
38 Vgl. Helmut Heiber: *Joseph Goebbels.* München 1965 [[1]1962], S. 42 und S. 271.
39 Werner Stephan: *Joseph Goebbels. Dämon einer Diktatur.* Stuttgart 1949, S. 66.
40 Joseph Goebbels: P.K. In: *Das Reich* vom 18. 05. 1941.
41 Hasso von Wedel: *Die Propagandatruppen der deutschen Wehrmacht. Die Wehrmacht im Kampf.* Bd. 34. Neckargemünd 1962, S. 17.
42 Ebd.
43 Ebd., S. 19.
44 Ebd., S. 20.
45 Ebd., S. 22.
46 Ebd., S. 25.
47 Lehrgangsprogramm des OKW vom 29. 08. 1938. Bundesarchiv Militärarchiv RW 4 v. 276.
48 Vortrag: Die Grundlagen der Vorbereitung der Zusammenarbeit von Wehrmacht und Propaganda im Krieg. 26. 08. 1938 [von Major d. G. Hielscher], S. 4. Bundesarchiv Militärarchiv RW 4 v. 276.
49 Vortrag: Anforderung an den Kriegsberichterstatter und Zensuroffizier“ [von Hauptmann d. R. Dr. Ritter von Goss], S. 7. Bundesarchiv Militärarchiv RW 4 v. 276.
50 Propagandaanweisung Nr. 4 für den 04. 09. 1939. Bundesarchiv Militärarchiv RW 4/v. 242a, Bl. 8 f.
51 Propagandaanweisung des Reichspropagandaministers für den 06. 10. 1939. Bundesarchiv Militärarchiv RW 4/v. 241, Teil: 1, Bl. 115
52 Zur Arbeit der SS-Propagandaeinheiten und zu d’Alquen vgl. Christian Härtel: *Stromlinien. Wilfrid Bade – Eine Karriere im Dritten Reich.* Berlin 2004, u.a. S. 191 f u. 196 f.
53 Werner Augustinovic, Martin Moll: Gunter d’Alquen – Propagandist des SS-Staates. In: Ronald Smelser, Enrico Syring (Hg.): *Die SS: Elite unter dem Totenkopf. 30 Lebensläufe.* Paderborn u. a. 2000, S. 107.
54 Schreiben Werner Stephan an Bade vom 02. 07. 1942, Hoover Institution Archives, Stanford CA, Wilfrid Bade Collection, Box 6, Correspondence 1942 (K–Z). Vgl. hierzu Christian Härtel: *Stromlinien. Wilfrid Bade – Eine Karriere im Dritten Reich.* Berlin 2004, S. 192 f.
55 Hasso von Wedel: *Die Propagandatruppen der deutschen Wehrmacht. Die Wehrmacht im Kampf.* Bd. 34. Neckargemünd 1962, S. 35.
56 Vgl. Carin Kessemeier: Der Leitartikler Goebbels in den NS-Organen *Der Angriff* und *Das Reich.* Münster 1967, S. 20.
57 Vortrag: Die Grundlagen der Vorbereitung der Zusammenarbeit von Wehrmacht und Propaganda im Krieg. 26. 08. 1938 [von Major d. G. Hielscher], S. 2. Bundesarchiv Militärarchiv RW 4 v. 276.
58 Joseph Goebbels: Ein offenes Wort zum totalen Krieg. In: *Das Reich* vom 04. 04. 1943.
59 Joseph Goebbels: Die Juden sind Schuld! In: *Das Reich* vom 16. 11. 1941.
60 Norbert Frei, Johannes Schmitz: *Journalismus im Dritten Reich.* München 1989, S. 119.
61 Helmut Heiber: *Joseph Goebbels.* München 1965 [[1]1962], S. 351.
62 Joseph Goebbels: *Abbau der Illusionen.* In: *Das Reich* vom 24. 05. 1942.
63 Joseph Goebbels: Die ersten Maßnahmen. In: *Das Reich* vom 13. 08. 1944.
64 Helmut Heiber: *Joseph Goebbels.* München 1965 [[1]1962], S. 310.
65 Vgl. Stefan Berkholz: *Goebbels’ Waldhof am Bogensee. Vom Liebesnest zur DDR-Propagandastätte.* Berlin 2004, dort u. a. S. 13f.
66 Vgl. ebd., S. 83.
67 Siehe *Joseph Goebbels’ Tagebücher.* Herausgegeben von Ralf Georg Reuth. Band 5. 1943–1945. München 1999 [[1]1992], S. 2094 (Anmerkung 150).
68 N.N.: Unser Leitartikler. Zum 45. Geburtstag von Dr. Goebbels. In: *Das Reich* vom 01. 11. 1942.
69 Joseph Goebbels: Der Einsatz des eigenen Lebens. In: *Das Reich* vom 15. 04. 1945.
70 Ebd.

Stefan Krings
Das Propagandaministerium
Joseph Goebbels und seine Spezialisten

1 Tagebuchaufzeichnung Goebbels (fortan Tgb. Goebbels) vom 09. 08. 1932. Alle Einträge zit. n. Fröhlich, Elke (Hg.): *Die Tagebücher von Joseph Goebbels. Aufzeichnungen 1923–1941*, Bd. 1–9, bzw. Diktate 1941–1945, Bd. 1–15, München usw. 1993–2004. Siehe auch den Eintrag vom 22. 01. 1932. Erste Pläne für eine „Reichspropagandastelle" reichen allerdings auf eine Publikation von Edgar Stern-Rubarth von 1921 zurück (*Propaganda als politisches Instrument*, Berlin 1921), vgl. dazu Boelcke, Willi A. (Hg.): *Kriegspropaganda 1939–1941. Geheime Ministerkonferenzen im Reichspropagandaministerium*, Stuttgart 1966, S. 137f.
2 Reichsgesetzblatt 1933, Teil I, S. 449.
3 Bundesarchiv Berlin (fortan BArch Berlin), R 43II/1149, Bl. 136 ff. Schreiben Funk an Lammers vom 08.05.1934 sowie Notiz Lammers vom 09.05.1934. Goebbels beabsichtigte seine Behörde künftig „Reichsministerium für Kultur und Volksaufklärung" zu nennen, während Reichserziehungsminister Rust darauf beharrte, das Wort Kultur durch „Der Künste" oder „Für Kunst" zu ersetzen. Hitler untersagte schließlich jegliche Änderung des Namens: Das Wort „Propaganda" müsse im Titel erhalten bleiben.
4 Tgb. Goebbels vom 22 .01. 1932 und vom 08. 03. 1933.
5 Tgb. Goebbels vom 11. und 13. 03. 1933.
6 Tgb. Goebbels vom 05. 04. 1933.
7 Heiber, Helmut: *Joseph Goebbels*. Berlin 1962.
8 Eine der wenigen Ausnahmen ist die Arbeit von Christian Härtel: *Stromlinien. Wilfrid Bade. Eine Karriere im Dritten Reich*, Berlin 2004.
9 Boelcke, op. cit.
10 Lerner, Daniel: *The Nazi Elite*, Hoover Institute Studies, Stanford 1951. Lerner berücksichtigte dabei allerdings nicht nur Angehörige des RMVP, sondern auch Propagandisten anderer Reichsbehörden sowie der NSDAP.
11 Dieses Sample dürfte die Abteilungsleiter nahezu vollständig repräsentieren. Es basiert auf den Geschäftsverteilungsplänen des RMVP (BArch Berlin, R 18/17; R 43II/1149; R 55/893, 1314, 1317, 1402), den „Unruh-Akten" (Institut für Zeit-geschichte München – fortan IfZ – MA 24/3) sowie auf dem Organigramm des RMVP in der Einbandinnenseite von Heiber, op. cit. Möglicherweise unberücksichtigt blieben lediglich solche Abteilungsleiter, die diese Position nur wenige Wochen innehatten und deren Namen deshalb nicht in den genannten Dokumenten auftauchen.
12 Alle personenbezogenen Angaben in dieser Studie beruhen – sofern nicht anders angegeben – auf den personenbezogenen Akten des Berlin Document Center.
13 Vermutlich hatte eine Reihe von Referenten erheblichen (wenn nicht sogar mindestens ebenso großen) Einfluss auf Inhalt und Schärfe der Propaganda wie mancher Abteilungsleiter. Zum Beispiel Eberhard Fangauf (Jahrgang 1895), als Fachreferent im RMVP für die Produktionsleitung der staatlichen und parteiamtlichen Filmpropaganda zuständig, hatte bereits vor 1933 im Auftrag der NSDAP an einem Propagandafilm über „Das völkische Rasseproblem" mitgewirkt, Alfred Gielen (Jahrgang 1909) war als Leiter der Gruppe Aktivpropaganda verantwortlich für die „Antisemitische Aktion" im Jahr 1940, Karl Motz (Jahrgang 1906) machte sich als Referent für Agrar- und Ostraum politik mit einem Film über „Blut und Boden" bekannt.
14 Stephan, op. cit., S. 105.
15 Zur Biografie Funks siehe Herbst, Ludolf: Walther Funk – Vom Journalisten zum Reichswirtschaftsminister, in: Smelser, Ronald/Syring, Enrico/Zitelmann, Rainer (Hg.): *Die braune Elite II,* Darmstadt 1993, S. 91–102.
16 Stephan, *Joseph Goebbels,* S. 91.
17 Der Verfasser arbeitet zurzeit am Institut für Journalistik der Universität Dortmund (PD Dr. Lutz Hachmeister) an einer Dissertation über den Reichspressechef Otto Dietrich.
18 Zit. n. BArch Koblenz, ZSg 102/8, Bl. 81, Bericht des Berliner Vertreters der *Frankfurter Zeitung* vom 05. 02. 1938.

19 IfZ, NG 4331, Bl. 3, Eidesstattliche Erklärung Lorenz vom 17. 12. 1947.
20 BArch Berlin, BDC RK Sündermann, Schreiben Brammer an die Entnazifizierungskommission für Kunstschaffende vom 15. 11. 1948.
21 Tgb. Goebbels vom 11. 12. 1937.
22 Smith, Howard K.: *Feind schreibt mit. Ein amerikanischer Korrespondent erlebt Nazi-Deutschland.* Frankfurt a. M. 1986 (zuerst London 1942), S. 94.
23 Junge, Traudl: *Bis zur letzten Stunde. Hitlers Sekretärin erzählt ihr Leben*, München 2002, S. 55 u. 75.
24 Stephan: *Joseph Goebbels.* S. 115.
25 BArch Berlin, BDC SSO Hanke, Schreiben Hanke an Reichsführer SS vom 02. 06. 1939.
26 Niedersächsisches Staatsarchiv Wolfenbüttel, 250 N/Nr. 317, Lebenserinnerungen Gutterer, Bd. 1, Bl. 58.
27 Stephan: *Joseph Goebbels.* S. 122.
28 Ebd.
29 Oven, Wilfred von: *Mit Goebbels bis zum Ende.* Band 1, Buenos Aires 1949, S. 20f.
30 Tgb. Goebbels vom 23 .02. 1942
31 Zit. n. Hölsken, Heinz Dieter: *Die V-Waffen. Entstehung – Propaganda – Kriegseinsatz*, Stuttgart 1984, S. 112.
32 Boelcke, op. cit., S. 56.
33 Tgb. Goebbels vom 06. 11. 1925.
34 Zit. n. Wistrich, Robert: *Wer war wer im Dritten Reich?.* Frankfurt a. M. 1987, S. 82ff.
35 Sington, Derrick/Weidenfeld, Arthur George: *The Goebbels Experiment. A study of the Nazi Propaganda Machine*, New Haven 1943, S. 99.
36 Esser, Hermann: *Die jüdische Weltpest.* München 1939.
37 Wie aus einer internen Personalstatistik aus dem Jahr 1943 hervorgeht, waren die Ministerialbeamten des höheren Dienstes insgesamt sogar nur durchschnittlich 39 Jahre alt. BArch Berlin, R55/8.
38 Boelcke, op. cit., S. 117.
39 Zit. n. Heiber, op. cit., S. 141.
40 Tgb. Goebbels vom 17. 03. 1933.
41 Nachrichtenblatt des RMVP vom 02. 08. 1933.
42 Nachrichtenblatt des RMVP vom 29. 09. 1933.
43 Nachrichtenblatt des RMVP vom 01. 08. 1934.
44 Ebd.
45 Nachrichtenblatt des RMVP vom 09. 06. 1933.
46 Nachrichtenblatt des RMVP vom 30. 05. 1933.
47 BArch Berlin, R 55/7, Bl. 382ff., diverse Übersichten zum Personalbestand und Krankenstand im RMVP (April/Mai 1942). Wenn Boelcke von rund 1900 Mitarbeitern ausgeht, so hat er vermutlich die Gefolgschaft in den untergeordneten Reichspropagandaämtern einbezogen.
48 Die aus der Reichspropagandaleitung der Partei hervorgegangene Abteilung „Lügenabwehr" war jedoch nicht von langer Dauer.
49 Eine vollständige Auflistung der neuen Zuständigkeiten. In: Reichsgesetzblatt (RGBl) 1933, Teil I, S. 449.
50 Zu den Kompetenzkonflikten des RMVP mit anderen Dienststellen siehe u. a. Longerich, Peter: *Propagandisten im Krieg. Die Presseabteilung des Auswärtigen Amtes unter Ribbentrop.* München 1987.
51 Heiber, op. cit., S. 138f.
52 IfZ, MA 24/3, Geschäftsverteilungsplan 1943. Die organisatorische Entwicklung der untergeordneten Dienststellen verlief allerdings teilweise sehr wechselhaft und flüchtig. Eindeutige Organisationsformen hatten sich bisweilen erst in Ansätzen herausgebildet, als sie im Rahmen der Einsparungen des „totalen Krieges" bereits wieder stillgelegt werden mussten.
53 Zur Entstehung und Organisation der Reichspropagandaämter am ausführlichsten Kohlmann-Viand, Doris: *NS-Pressepolitik im zweiten Weltkrieg.* München usw. 1991, S. 76ff.
54 BArch Berlin, R 55/862, diverse Übersichten, vgl. auch Heiber, op. cit., S. 139f. Während Goebbels vor dem Krieg deutlich weniger eingenommen als ausgegeben hatte, sanken nach 1939 die Ausgaben für kulturelle Zwecke. Zugleich stieg jedoch die Zahl der Rundfunkhörer und somit die Einnahmen.
55 Vgl. Mühl-Benninghaus, Sigrun: *Das Beamtentum in der NS-Diktatur bis zum Ausbruch des Zweiten Weltkrieges.* Düsseldorf 1996, S. 105ff. Greiner war vor 1933 Mitglied der Deutschnationalen Volkspartei (DNVP).

56 Da Greiner bereits 1933 Ministerialdirektor war, stand für ihn keine weitere Beförderung mehr an, die spätestens ab Ende der dreißiger Jahre eine NSDAP-Mitgliedschaft vorausgesetzt hätte. Ministerialrat Seeger starb im August 1937, so dass sich auch in seinem Fall die Frage eines karrierebedingten Parteieintritts erübrigte.
57 BArch Berlin, R 55/30326, Personalakte Ott, Schreiben Ott an Flügel, Juli 1933 (ohne genaues Datum).
58 Tgb. Goebbels vom 19. 08. 1939.
59 BArch Berlin, BDC RK Diewerge, Bl. 1482 ff., diverse Schriftwechsel 1942/1943.
60 Stephan, Werner: *Acht Jahrzehnte erlebtes Deutschland. Ein Liberaler in vier Epochen.* Düsseldorf 1983, S. 249.
61 Ebd., S. 215.
62 Seine Aufnahme erfolgte rückwirkend zum 01. 05. 1937. Auch Ernst Brauweiler, ab November 1942 Leiter der Abteilung Auslandspresse, war bereits vor 1933 in der Presseabteilung der Reichsregierung tätig gewesen und erst im Mai 1937 NSDAP-Mitglied geworden. Er hatte vor 1933 der Deutschen Volkspartei (DVP) angehört.
63 BArch Berlin, R 55/128, Bl. 98ff.
64 So hat er sich etwa für den Erhalt der liberalen *General-Anzeiger*-Presse ebenso eingesetzt, wie für Journalisten teiljüdischer Abstammung, die den Anforderungen der Nationalsozialisten nicht entsprachen.
65 Boveri, Margret: *Wir lügen alle. Eine Hauptstadtzeitung unter Hitler.* Olten 1965, S. 547.
66 Stephan: *Joseph Goebbels.* S. 105.
67 BArch Berlin, BDC SSO Berndt, Schreiben Berndt an Himmler vom 11. 09. 1941.
68 BArch Berlin, BDC SSO Berndt, Schreiben Berndt an Himmler vom 11. 11. 1941.
69 So hatte ihn Goebbels' persönlicher Pressereferent Moritz August von Schirmeister (Jahrgang 1901) später bezeichnet, vgl. International Military Tribunal (fortan IMT), Prozess gegen die Hauptkriegsverbrecher, Bd. XVII, S. 260.
70 Ebd., Schreiben Berndt an Himmler vom 07. 04. 1943.
71 BArch Berlin, BDC PK Berndt, Schreiben Berndt an die Parteizentrale der NSDAP vom 28. 06. 1933.
72 BArch Berlin, BDC SSO Berndt, Schreiben Berndt an Himmler vom 11. 07. 1944.
73 BArch Berlin, BDC PK Berndt, Schreiben Berndt an Brandt vom 10. 01. 1945.
74 Peukert, Detlev: *Die Weimarer Republik. Krisenjahre der klassischen Moderne.* Frankfurt a. M. 1987, S. 25–31.
75 Wildt, Michael: *Generation des Unbedingten. Der Führungscorps des Reichssicherheitshauptamtes.* Hamburg 2002, S. 41ff. sowie S. 848.
76 BArch Berlin, BDC Research Glasmeier, undat. Ausschnitt aus dem *Völkischen Beobachter,* zur Biografie Glasmeiers siehe Fasse, Norbert: Vom Adelsarchiv zur NS-Propaganda. *Der symptomatische Lebenslauf des Reichsrundfunkintendanten Heinrich Glasmeier (1892–1945).* Schriftenreihe des jüdischen Museums Westfalen, Heft 2, Gütersloh 2001.
77 IfZ, ED 158, Nachlass Tießler, unveröffentlichte Memoiren, S. 1.
78 IfZ, ZS 2327, Zeugenschrifttum Tießler, eidesstattliche Versicherung vom 03. 04. 1946.
79 IfZ, ED 158, op. cit., S. 2.
80 Hinkel, Hans: *Einer unter Hunderttausend.* München 1937, S. 49.
81 Ebd., S. 30f.
82 BArch Berlin, BDC RK Hederich, undatierter Lebenslauf (vermutlich 1937).
83 Hinkel, op. cit., S. 35.
84 Ebd., S. 16.
85 Ebd., S. 53.
86 Springer, Hildegard: *Es sprach Hans Fritzsche, Nach Gesprächen, Briefen und Dokumenten.* Stuttgart 1949 (zuerst Zürich 1948), S. 180.
87 Ebd., S. 39.
88 Der amerikanische Psychologe Douglas M. Kelley, der zahlreiche Angeklagte im Nürnberger Prozess untersucht hat, führte die Wurzeln des Antisemitismus am Beispiel von Hans Fritzsche auf dessen Jahre an der Universität zurück, ohne dies allerdings näher zu belegen. Vgl. Kelley, Douglas M.: *22 Männer um Hitler.* Bern 1947, S. 95.
89 Hinkel, op. cit., S. 39.

90 BArch Berlin, R 55/30105, Personalakte Laubinger, undatierter Lebenslauf (vermtl. 1933/1934).
91 *National-Zeitung*, Ausgabe Gelsenkirchen-Buer vom 10. 10. 1937.
92 BA Koblenz ZSg 102/34, Sammlung Sänger, Vertrauliche Information vom 26. 09. 1941.
93 Ebd., Vertrauliche Information vom 26. 10. 1941.
94 Vgl. Stephan: *Joseph Goebbels*. S. 92.
95 Dass sein Ministerium in die Lage versetzt werden müsse, „an jeder bedrohten Stelle im Auslande sofort einzugreifen", hatte Goebbels bereits in einer Chefbesprechung im Mai 1933 gefordert. Hitler war sich der damit verbundenen Kosten bewusst, doch für einen gut arbeitenden Propagandaapparat sei „kein Betrag zu hoch", BArch Berlin, R 43 II/ 1149, Bl. 49, Niederschrift über die Chefbesprechung am 24. 05. 1933.
96 Auch Moritz August von Schirmeister hatte längere Zeit in Chile gelebt.
97 BArch Berlin, BDC RK Köhn, undatierter Bericht des in Buenos Aires lebenden Journalisten Emil Tjarks über die politischen Verhältnisse in den deutschen „Kolonien". Zur NS-Propaganda in Chile siehe auch Farias, Victor: *Die Nazis in Chile*. Berlin/Wien 2002.
98 Ebd., Schreiben der NSDAP-Auslands-Abteilung an Rüdiger vom 20. 11. 1933.
99 Ebd., Schreiben Goebbels an Reichsminister der Finanzen vom 02. 06. 1939.
100 BArch Berlin, BDC RK Hasenöhrl, Schreiben Goebbels an die Reichsminister des Inneren und der Finanzen vom 15. 02. 1935, siehe auch diverse Schreiben zu den Beförderungen Naumanns in IfZ, Fa 199/48.
101 BArch Berlin, R 43 II/1101 a, Bl. 42ff., Vermerk vom 14. 11. 1941.
102 Zur Biografie Bömers und den angeblichen Vorfällen im Mai 1941 siehe Hachmeister, Lutz: *Der Gegnerforscher*. München 1998, S. 98ff. sowie Boelcke, op. cit., S. 69ff.
103 Stephan: *Joseph Goebbels*. op. cit., S. 195.
104 BArch Berlin, BDC PK Bömer, Todesanzeige in der *National-sozialistischen Partei-Korrespondenz* vom 25. 8. 1942.
105 BArch Berlin, BDC SSO Krukenberg, Schreiben Gensel an Metzner vom 15. 02. 1933.
106 BArch Berlin, R 55/128, Schreiben Goebbels an Graf Schwerin von Krosigk vom 15. 08.1 940.
107 BArch Berlin, R 55/7, Schreiben der Personalabteilung zur Propagandaaktion „Mehr Höflichkeit" vom 11. 07. 1942.
108 BArch Berlin, R 55/8, Schreiben Goebbels an alle Staatssekretäre und Abteilungsleiter vom 08. 12. 1941.
109 BArch Berlin, R 55/18, diverse Briefwechsel und Aufzeichnungen der Personalabteilung aus dem Jahr 1942.
110 BArch Berlin, R 55/30052, diverse Schriftwechsel und Aufzeichnungen.
111 Pohl, Meinhard: *Raumordnung am Niederrhein. Kreisreformen seit 1816*. Wesel 1985, S. 77.
112 Kohlhaas, Elisabeth: Die Mitarbeiter der regionalen Staatspolizeistellen. Quantitative und qualitative Befunde zur Personalausstattung der Gestapo, in: Paul, Gerhard/Mallmann, Klaus-Michael: *Die Gestapo – Mythos und Realität*. Darmstadt 1995, S. 219–235.
113 Ebd., S. 232.
114 Rüdiger wurde im März 1937 Regierungspräsident in Oppeln und war ab 1941 als Ministerialdirektor im Reichsministerium des Inneren tätig.
115 BArch Berlin, R 55/30122, Personalakte Müller, Schreiben (vermtl. von Hanke) an Goebbels vom 09. 08. 1937.
116 Tgb. Goebbels vom 25. 08. 1937.
117 BArch Berlin, R 55/30122, Personalakte Müller, Dienstleis-tungszeugnis unterzeichnet von Heydrich vom 28. 07. 1937. In diesem Zeugnis handelt es sich nicht – wie auf den ersten Blick anzunehmen wäre – um den Leiter der Gestapo Heinrich Müller, sondern tatsächlich um Goebbels' späteren Personalchef.
118 Ebd., Schreiben Goebbels/Kohler an Reichsinnenminister und Reichsminister der Finanzen vom 25. 10. 1937.
119 Tgb. Goebbels vom 09. 03. 1940. Maximilian Freiherr du Prel (Jahrgang 1904) war bis Juli 1940 Leiter der Abteilung Volksaufklärung und Propaganda beim Generalgouverneur in Krakau. Als langjähriger Mitarbeiter in der Reichspressestelle gehörte er zum Einflussbereich Otto Dietrichs.

120 Tgb. Goebbels vom 11. 06. 1941, siehe auch die Einträge vom 02. 12. 1937 sowie vom 11. 04. 1940.
121 BArch Berlin, R 55/30122, Personalakte Müller, Schreiben Müller an Goebbels vom 01. 06. 1938.
122 Ebd., Schreiben Meyer an Krichbaum (OKW) vom 05. 02. 1940.
123 BArch Berlin, BDC SSO Müller, Schreiben Streckenbach an Müller vom 04. 03. 1942.
124 Für die folgende Darstellung vgl. Angrick, Andrej: Die Einsatzgruppe D, in: Klein, Peter (Hg.): *Die Einsatzgruppen in der besetzten Sowjetunion 1941/42.* Berlin 1997, S. 88–104; Hilberg, Raul: *Die Vernichtung der Europäischen Juden.* Berlin 1982, S. 218ff. sowie die zahlreichen Lageberichte der Einsatzgruppe D aus dem Jahr 1942 in BArch Berlin, R 56/697.
125 BArch Berlin, R 55/30122, Personalakte Müller, Abschrift eines undat. Schreibens von Himmler an Goebbels.
126 Tgb. Goebbels vom 14. 09. 1943.
127 Für 19 der 48 Propagandisten lässt sich eine Mitgliedschaft in der SS nachweisen. Ihre Zahl ist möglicherweise noch größer, da die Akten der SS-Offiziere nicht vollständig erhalten sind. Einige traten allerdings erst der SS bei, als sie bereits aus den Diensten des RMVP ausgeschieden waren (z. B. Hans Rüdiger).
128 Zum Beispiel Albert Freiherr von Botzheim (Jahrgang 1900), Alfred Gielen (Jahrgang 1909), Karl Freiherr von Gregory (Jahrgang 1899), Eugen Hadamovsky (Jahrgang 1904), Wolf Heinrichsdorff (Jahrgang 1907), Friedrich Jäger (Jahrgang 1910), Günther Lutz (Jahrgang 1910) und Herbert Wissmann (Jahrgang 1911).
129 BArch Berlin, BDC SSO Wissmann, diverse Schriftwechsel und Protokolle.
130 BArch Berlin, BDC SSO Hinkel, Schreiben Hinkel an Himmler vom 21. 05. 1942.
131 BArch Berlin, BDC SSO Titel, Schreiben Titel an General Querner vom 16. 11. 1942.
132 Ebd., Schreiben vom 26. 8. 1944.
133 BArch Berlin, BDC SSO Kurzbein, Dienstleistungszeugnis vom 24. 01. 1940.
134 Ebd., Schreiben von Laffert an SD-Amt München vom 26. 08. 1933.
135 BArch Berlin, BDC SSO Gutterer, Schreiben Heydrich an Himmler vom 30. 10. 1940
136 IfZ, ED 158, op. cit., S. 154.
137 Tgb. Goebbels vom 15. 09. 1944.
138 Tgb. Goebbels vom 18. 09. 1944.
139 Tgb. Goebbels vom 31. 03. 1945 sowie vom 01. 04. 1945.
140 IfZ, ZS 593, Zeugenschrifttum Diewerge, Bl. 7f.
141 Vgl. Angrick, op. cit., S. 4. Umfangreiche Ermittlungen der Bayerischen Staatsanwaltschaft im Fall Müller sind in der Ludwigsburger Dienststelle des Bundesarchivs dokumentiert.
142 Funk wurde zu lebenslänglicher Haft verurteilt, allerdings aufgrund seiner Tätigkeit als Reichswirtschaftsminister. Krankheitsbedingt wurde er 1957 entlassen. Fritzsche wurde freigesprochen und im anschl. Entnazifizierungsverfahren mit neun Jahren Arbeitslager bestraft. Dietrich erhielt sieben Jahre Haft, wurde jedoch im August 1950 vorzeitig aus dem Landsberger Kriegsverbrechergefängnis entlassen. Aus heutiger Sicht ist verwunderlich, dass über den Abteilungsleiter Fritzsche im Hauptprozess verhandelt wurde, während Dietrich als ranghöherer und zweifelsohne einflussreicherer Staatssekretär erst im späteren Wilhelmstraßen-Prozess berücksichtigt wurde.
143 Die *Süddeutsche Zeitung* hatte am 07. 09. 1968 berichtet, Dreßler-Andreß sei „Mitglied der Abteilung für Agitation und Propaganda in der SED-Führung“. Er wies diese Behauptung vehement zurück und erklärte, er habe sich seit 1948 am Aufbau der Nationaldemokratischen Partei Deutschlands (NDPD) beteiligt. Im Berliner Parteivorstand sei er für „Kulturarbeit“ verantwortlich gewesen, bis er 1956 jegliche parteipolitische Arbeit aufgegeben habe. Vgl. IfZ, F 104, Schreiben Dreßler-Andreß an Institut für Zeitgeschichte vom 20. 09. 1968.
144 Kontakte zum sogenannten Gauleiter-Kreis um Werner Naumann hatten nach Informationen des britischen Geheimdienstes unter anderem auch die Ex-Propagandisten Hans Fritzsche, Heinrich Hunke und Karl Cerff.
145 Zur Biografie Naumanns nach 1945 siehe Herbert, Ulrich: *Best. Biographische Studien über Radikalismus,*

Weltanschauung und Vernunft 1903–1989. Bonn 1996, S. 461ff. sowie Hachmeister, op. cit., S. 294ff.

146 Kopien einer Einladung sowie eines Schreibens an Eberhard Taubert vom 15. 09. 1976 samt Adressliste hat der Hamburger Publizist Klaus Körner d. Verf. freundlicherweise zur Verfügung gestellt.

Thymian Bussemer
„Über Propaganda zu diskutieren, hat wenig Zweck"
Zur Medien- und Propagandapolitik von Joseph Goebbels

1 Vgl. etwa Frank Schütze: *Joseph Goebbels – Vom kleinen Nationalsozialisten zum Propagandagenie.* Zützen 2003.

2 Am ehesten kommt diesem Ziel noch die Arbeit von Gerhard Paul nahe: *Aufstand der Bilder. Die NS-Propaganda vor 1933,* Bonn 1992. Diese Studie beschränkt sich aber auf die Zeit vor 1933.

3 Tagebuch v. 12. 03. 1936.

4 Brigitte Hamann: *Hitlers Wien. Lehrjahre eines Diktators.* München u. Zürich 1996, S. 409.

5 Vgl. Jeffrey Verhey: Überlegungen zu einer Kulturgeschichte der Propaganda im Ersten Weltkrieg. In: Tobias Liebert (Hg.): *Persuasion und Propaganda in der öffentlichen Kommunikation* (=Leipziger Skripten für Public Relations und Kommunikationsmanagement 4), Leipzig 1999, S. 39–47.

6 Vgl. hierzu Barbara Zehnpfennig: *Hitlers Mein Kampf. Eine Interpretation.* München 2002 [2000], S. 94–111. Mein Kampf ist zwar eindeutig eine Schlüsselquelle für die Rekonstruktion von Hitlers Propagandatheorie, doch darf dabei nicht über-sehen werden, dass das Buch Mitte der zwanziger Jahre verfasst wurde, also lange vor der nationalsozialistischen Machtergreifung und unter gänzlich anderen politischen Bedingungen. Nicht immer scheint ein direkter Transfer von frühen Hitler-Aussagen auf spätere Hitler-Handlungen angebracht.

7 Peter Longerich: Nationalsozialistische Propaganda. In: Karl Dietrich Bracher, Manfred Funke u. Hans-Adolf-Jacobsen (Hg.): *Deutschland 1933–1945. Neue Studien zur nationalsozialistischen Herrschaft,* Bonn 1993 [1992], S. 291–314, hier S. 293.

8 Adolf Hitler: *Mein Kampf.* 291. Aufl., München 1938, S. 44.

9 Ebd., S. 198.

10 Bernd Sösemann: „Auf Bajonetten lässt sich schlecht sitzen." Propaganda und Gesellschaft in der Anfangsphase der nationalsozialistischen Diktatur. In: Thomas Stamm-Kuhlmann, Jürgen Elvert, Birgit Aschmann u. Jens Hohensee (Hg.): *Geschichtsbilder. Festschrift für Michael Salewski zum 65. Geburtstag,* Stuttgart 2003, S. 381–409, hier S. 394.

11 Joseph Goebbels: Erkenntnis und Propaganda. In: Ders.: *Signale der neuen Zeit. 25 ausgewählte Reden.* München 1938, S. 28–52, hier S. 28.

12 Joseph Goebbels: Neue Methoden der Propaganda. In: Ders.: *Wege ins Dritte Reich. Briefe und Aufsätze für Zeitgenossen.* München 1927, S. 15–18, hier S. 18.

13 Joseph Goebbels: Ansprache an die Intendanten und Direktoren der Rundfunkgesellschaften am 25. 3. 1933. In: Helmut Heiber (Hg.): *Goebbels-Reden.* Band 1: 1932–1939, Düsseldorf 1971, S. 82–107, hier S. 94.

14 Ebd., S. 95.

15 Vgl. Franz Dröge: *Der zerredete Widerstand. Soziologie und Publizistik des Gerüchts im Zweiten Weltkrieg.* Gütersloh 1970.

16 Zit. n. Helmut Heiber: *Joseph Goebbels.* Berlin 1962, S. 117.

17 Tagebuch v. 24.03.1943.

18 Zit. n. Helmut Heiber: *Joseph Goebbels.* Berlin 1962, S. 194.

19 Joseph Goebbels: Das Kulturleben im Kriege. Rede zur Jahrestagung der Reichskulturkammer und der NS-Gemeinschaft „Kraft durch Freude" am 27. 11. 1939. In: Ders.: *Die Zeit ohne Beispiel. Reden und Aufsätze aus den Jahren 1939/40/41.* München 1941, S. 218–223, hier S. 220.

20 Kaspar Maase: *Grenzenloses Vergnügen. Der Aufstieg der Massenkultur 1850–1970.* Frankfurt a. M. 1997, S. 196.

21 Tagebuch v. 08. 02. 1942.

22 Tagebuch v. 26. 02. 1942.

23 Tagebuch v. 27. 02. 1942.

ANMERKUNGEN

24 Vgl. David Welch: Nazi Film Policy: Control, Ideology and Propaganda. In: Glenn R. Cuomo (Hg.): *National Socialist Cultural Policy.* Basingstoke u. London 1995, S. 92–111, hier S. 107f. Siehe dazu auch Gerd Albrecht: *Nationalsozialistische Filmpolitik.* Stuttgart 1969. Dieser schätzt den Anteil der Unterhaltungsfilme an der Gesamtproduktion auf 86 Prozent, den Anteil „harter" Propagandafilme zwischen 1943 und 1945 beziffert er auf nur acht Prozent der Gesamtproduktion.

25 Vgl. Derrick Sington u. Arthur George Weidenfeld: *The Goebbels Experiment. A Study of the Nazi Propaganda Machine.* London 1942, S. 169.

26 Auflagenzahlen nach Hans Dieter Schäfer: *Das gespaltene Bewußtsein. Deutsche Kultur und Lebenswirklichkeit 1933–1945.* München 1981, S. 111.

27 Vgl. ebd., S. 118.

28 Ebd., S. 130.

29 Joseph Goebbels: Rede bei der ersten Jahrestagung der Reichsfilmkammer am 5. 3. 1937 in der Krolloper, Berlin. In: *Jahrbuch der Reichsfilmkammer 1937,* Berlin 1937, S. 61–85, hier S. 75.

30 Joseph Goebbels: Rede in den Tennishallen in Berlin am 19. 5. 1933. In: Curt Belling (Hg.): *Der Film in Staat und Partei.* Berlin 1936, S. 31–37, hier S. 31.

31 Gerd Albrecht (Hg.): *Der Film im Dritten Reich.* Karlsruhe 1979, Vorwort.

32 Klaus Behnken (Hg.): *Deutschlandberichte der Sozialdemokratischen Partei Deutschlands (Sopade) 1934–1940.* 7 Bände, Frankfurt a. M.. 1980, Band 2, S. 1375f.

33 Ian Kershaw: How Effective was Nazi Propaganda? In: David Welch (Hg.): *Nazi Propaganda.* Beckenham (Kent) 1983, S. 180–205. S. 181.

34 Vgl. Ian Kershaw: The Persecution of the Jews and German Popular Opinion in the Third Reich. In: Michael R. Marrus (Hg.): *The Nazi Holocaust.* Volume 5: Public Opinion and the Relations to the Jews in Nazi Europe. London 1989, S. 86–114.

35 Vgl. Hans Dieter Schäfer: *Das gespaltene Bewußtsein. Deutsche Kultur und Lebenswirklichkeit 1933–1945.* München 1981, S. 124.

36 Zit. n. *Berliner Tageblatt* v. 27. 11. 1936

37 Derrick Sington u. Arthur George Weidenfeld: *The Goebbels Experiment. A Study of the Nazi Propaganda Machine.* London 1942, S. 22.

38 Joseph Goebbels: Vom Schweigen im Kriege (Rede v. 31. 08. 1941). In: Ders.: *Die Zeit ohne Beispiel. Reden und Aufsätze aus den Jahren 1939/40/41.* München 1941, S. 567–572, hier S. 567.

39 Joseph Goebbels: Nachrichtenpolitik (Rede v. 6. 7. 1941). In: Ders.: *Die Zeit ohne Beispiel. Reden und Aufsätze aus den Jahren 1939/40/41.* München 1941 S. 514–519, hier S. 514.

40 Leonard W. Doob: Goebbels' Principles of Propaganda. In: *Public Opinion Quarterly.* 14. Jg., Heft 3, 1950, S. 419–442. Nachgedruckt in: Robert Jackall (Hg.): *Propaganda.* New York 1995, S. 190–216.

41 Vgl. hierzu Thymian Bussemer: Der Fall Katyn. Das internationale Rote Kreuz und die NS-Kriegspropaganda. In: *Vorgänge. Zeitschrift für Gesellschaftspolitik* 39. Jg., Heft 3, 2000, S. 81–89.

42 Die Deutschen waren der Meinung, sie hätten in Katyn die Gräber aller vermissten polnischen Offiziere gefunden. Deswegen gab die deutsche Propaganda bis zum Ende der Untersuchungen die Zahl der Toten in Katyn durchgehend zu hoch an, lag damit allerdings immer noch niedriger, als die Gesamtzahl der Ermordeten wirklich war.

43 Vgl. Josef Mackiewicz: *Katyn. Ungesühntes Verbrechen.* Frankfurt a. M. 1983 [1949], S. 73f.

44 Tagebuch v. 14. 04. 1943.

45 Vgl. Franz Kadell: *Die Katyn-Lüge. Geschichte einer Manipulation. Fakten, Dokumente und Zeugen.* München 1991, S. 80.

46 Deutsche Informationsstelle [des Auswärtigen Amtes] (Hg.): Amtliches Material zum Massenmord von Katyn. Im Auftrag und aufgrund urkundlichen Beweismaterials zusammen-gestellt, bearbeitet und herausgegeben von der Deutschen Informationsstelle, Berlin 1943.

47 Tagebuch v. 28. 04. 1943.

Michael Wildt
Goebbels in Berlin
Eindrücke und Urteile von Zeitgenossen aus den Jahren 1926 bis 1932

1 Konrad Heiden, *Geschichte des Nationalsozialismus. Die Karriere einer Idee*, Berlin 1932, S. 228–231. Konrad Heiden, 1901 in München geboren, studierte Geschichte und Germanistik, bevor er erst Assistent des Münchner Korrespondenten der *Frankfurter Zeitung* wurde und dann 1929 als Redakteur nach Frankfurt wechselte. 1931 ging er zur *Vossischen Zeitung* und emigrierte 1933 nach Zürich, weil er zu Recht befürchtete, aufgrund seiner kritischen Analysen des Nationalsozialismus verhaftet zu werden. 1935 zog er nach Paris, wo er 1939 interniert wurde, im Juli 1940 aus dem Lager fliehen konnte und in die USA ausreiste. Von Heiden stammen etliche Bücher zu Hitler und der nationalsozialistischen Bewegung, die er im Exil verfasste. Nach dem Krieg blieb er in den USA, arbeitete aber unter anderem für den Süddeutschen Rundfunk, der von 1953 bis 1962 wöchentlich einen Amerika-Bericht von ihm sendete. Heiden starb nach schwerer, mehrjähriger Krankheit 1966 in New York (Werner Maser, Art. Heiden, Konrad, in: *Neue Deutsche Biographie*, hg. von der Historischen Kommission bei der Bayerischen Akademie der Wissenschaften, Bd. 8, Berlin 1969, S. 246 f.).

2 Curt Riess, *Joseph Goebbels. Eine Biographie*, Baden-Baden 1950, S. 47. Ähnlich in Goebbels publizierter Fassung, wenn auch mit charakteristischen anderen Akzentuierungen und Intonierungen: „Ich erinnere mich heute noch mit tiefer, innerer Bewegung eines Abends, da ich, vollkommen unbekannt, mit einigen Kameraden aus der ersten Kampfzeit, auf dem Verdeck eines Autobus' sitzend, quer durch Berlin zu einer Versammlung fuhr. Auf den Straßen und Plätzen das ameisenhafte Gewimmel der Großstadt. Tausend und tausend Menschen in Bewegung, scheinbar ohne Ziel und Zweck. Über allem der flackernde Lichtschein dieses Stadtungeheuers gelagert." Joseph Goebbels, *Kampf um Berlin. Der Anfang*, München 1934 (1. Aufl. 1932), S. 21; zu den Hintergründen des Wechsels von Wuppertal nach Berlin siehe Ralf Georg Reuth, *Goebbels*, München/Zürich 1990, S. 104–107.

3 Joseph Goebbels, *Kampf um Berlin*, S. 21.

4 Otto Strasser, *Mein Kampf. Eine politische Autobiographie*, Frankfurt a. M. 1969, S. 30.

5 Reuth, *Goebbels* S. 111. Es gab allerdings auch andere Stimmen. Der damalige Hamburger Ortsgruppenleiter der NSDAP, Albert Krebs, hörte Goebbels im Frühsommer 1926 in Berlin und fand, ganz im Unterschied zu seinem Eindruck einer Goebbels-Rede im Winter 1924/25 in Frankfurt a. M., dass dieses Mal der Rede das tragende Gedankengerüst fehle. „Sie blendete wohl mit glänzenden, messerscharfen Formulierungen, im Kern jedoch war sie ein demagogischer Klamauk." Albert Krebs, *Tendenzen und Gestalten der NSDAP. Erinnerungen an die Frühzeit der Partei* (Quellen und Darstellungen zur Zeitgeschichte Band 6), Stuttgart 1959, S. 160.

6 Zum folgenden vgl. Reuth, *Goebbels*, S. 108–110; vgl. auch Bernd Kruppa, *Rechtsradikalismus in Berlin 1918–1933*, Berlin/New York 1988, S. 327–341.

7 *Die Tagebücher von Joseph Goebbels. Sämtliche Fragmente*, hg. von Elke Fröhlich, Teil I: Aufzeichnungen 1924–1941, Bd. 1: 27. 6. 1924–31. 12. 1930, München 1987, Eintrag unter der 10. 6. 1926.

8 Willi Bongard, *Männer machen Märkte*, Hamburg 1963, S. 244; zu Domizlaff vgl. Rainer Gries/Volker Ilgen/Dirk Schindelbeck, *„Ins Gehirn der Masse kriechen!" Werbung und Menta-litätsgeschichte*, Darmstadt 1995, S. 45–73; vgl. auch den interessanten Aufsatz von Gerhard Voigt, „Goebbels als Markentechniker", in: W. F. Haug (Hg.), *Warenästhetik. Beiträge zur Diskussion*, Frankfurt a. M. 1975, S. 231–260.

9 Strasser, *Mein Kampf*, S. 30 f.

10 Strasser, *Mein Kampf*, S. 31.

11 Ernst Niekisch, *Erinnerungen eines Revolutionärs.* Erster Band: Gewagtes Leben 1889–1945, Köln 1974, S. 205.

12 Ernst Jünger, *Strahlungen II,* Taschenbuchausgabe, München 1988, S. 427. Ich danke Lutz Hachmeister für den Hinweis auf Ernst Jünger.

13 Joseph Goebbels, *Kampf um Berlin*, S. 28.

14 Zur antikapitalistischen, revolutionär-„sozialistischen" Dimension der politischen Weltanschauung Goebbels' siehe vor allem Ulrich Höver, *Joseph Goebbels – ein nationaler Sozialist*, Bonn/ Berlin 1992.

15 Riess, *Goebbels*, S. 50–53; Reuth, *Goebbels*, S. 116 f.; siehe auch die selbstverständlich nationalsozialistisch eingefärbte Darstellung bei Joseph Goebbels, *Kampf um Berlin*, S. 63–75, dort sind auch Zeitungsberichte der *Berliner Morgenpost*, *Welt am Abend* und der *Roten Fahne* zitiert.

16 Reuth, *Goebbels*, S. 118 f. Der Prozess gegen die Täter endete im April 1928 mit der Verurteilung von sechs Nationalsozialisten zu insgesamt drei Jahren und sieben Monaten Gefängnis.

17 Bericht in der *Deutschen Zeitung*, 5. 5. 1927, zit. nach Viktor Reimann, *Dr. Joseph Goebbels*, Wien-München-Zürich 1971, S. 94.

18 Dietz Bering, *Kampf um Namen. Bernhard Weiß gegen Joseph Goebbels*, Stuttgart 1991, S. 97.

19 Bericht in der *Vossischen Zeitung* vom 6. 5. 1927, zit. nach Reuth, *Goebbels*, S. 120.

20 Ebenda.

21 Ebenda.

22 Der Artikel wird ausführlich zitiert in Bering, *Kampf um Namen*, S. 125.

23 Reimann, *Goebbels.* S. 105; Reuth, *Goebbels*, S. 123 f.

24 Seit Oktober 1929 erschien der *Angriff* sonntags und donnerstags, seit dem November 1930 täglich außer sonntags, vgl. Carin Kessemeier, *Der Leitartikler Goebbels in den NS-Organen „Der Angriff" und „Das Reich"*, Münster 1967, S. 46.

25 Siehe die Abbildungen der Plakatserie in: Kessemeier, Leitartikler, Bildanhang Nr. 3.

26 Zur antisemitischen Stoßrichtung der Goebbelschen Politik siehe Christian T. Barth, *Goebbels und die Juden*, Paderborn u. a. 2003, für die Berliner Jahre 1926–1933 insbesondere S. 56–80; sowie Ulrich Höver, *Joseph Goebbels – ein nationaler Sozialist*, Bonn/Berlin 1992, S. 148–179. Darum ist es unverständlich, wenn neben Helmut Heiber auch Joachim C. Fest, dessen Fähigkeit, in brillanten Porträts Kernelemente des Nationalsozialismus kenntlich zu machen, außer Frage steht, über Goebbels meinte, dass dessen Antisemitismus von „überwiegend opportunistischen oder machttaktischen Erwägungen" bestimmt worden sei (Helmut Heiber, *Joseph Goebbels*, Berlin 1962, S. 39 f., 75, 281 f.; Joachim C. Fest, Joseph Goebbels oder „Canaille Mensch", in: ders., *Das Gesicht des Dritten Reiches. Profile einer totalitären Herrschaft*, Neuausgabe, München 1993 [Erstausgabe 1963], S. 119–138, hier S. 133).

27 Wilfrid Bade, *Joseph Goebbels*, Lübeck 1933, S. 46. Bade war, als er diese Schrift verfasste, Referent in Goebbels' Propagandaministerium.

28 *Tagebücher Goebbels*, Teil I, Bd. III/1, S. 328, Eintrag unter dem 15. 9. 1929.

29 Reimann, *Goebbels*, S. 102.

30 Joseph Goebbels, *Kampf um Berlin*, S. 200.

31 Weiß wurde nach dem preußischen Staatsstreich durch von Papen im Juli 1932 amtsenthoben, wurde 1933 kurze Zeit interniert und flüchtete erst in die Tschechoslowakei, dann nach England, wo er 1951 in London starb (zu seiner Biografie siehe Bering, *Kampf um Namen*, S. 31–102, 355–394). Auch die *Rote Fahne* hatte Weiß bereits „Isidor" genannt und 1923 über den damaligen Chef der Berliner Politischen Polizei ein antisemitisches Gedicht veröffentlicht (ebenda, S. 242, 450 Anm. 67)

32 Zur Markierung des Namens „Isidor" als antisemitische Bezeichnung siehe Bering, *Kampf*, S. 170–175.

33 Joseph Goebbels, *Kampf um Berlin*, S. 140.

34 Riess, *Goebbels*, S. 62.

35 Joseph Goebbels, *Kampf um Berlin*, S. 201.

36 Ein Jahr später erschien ein weiteres Buch: Joseph Goebbels (Hg.), *Knorke. Ein neues Buch Isidor für Zeitgenossen*, München 1929.

37 Siehe dazu Gerold Diesener/Rainer Gries (Hg.), *Propaganda in Deutschland. Zur Geschichte der politischen Massenbeeinflussung im 20. Jahrhundert*, Darmstadt 1996.

38 Bering, *Kampf um Namen*, S. 19, 254.

39 Zur gerichtlichen Auseinandersetzung siehe ausführlich ebenda, S. 283–351.

40 Reuth, *Goebbels*, S. 133.

41 Joseph Goebbels, IdI, in: *Der Angriff*, 28. 5. 1928, abgedruckt in: ders., *Der Angriff. Aufsätze aus der Kampfzeit*, München 1935, S. S. 80–82.

42 Joseph Goebbels, *Kampf um Berlin*, S. 85.

43 Joseph Goebbels, Kütemeyer, in: *Der Angriff*, 26. 11. 1928, zit. nach: ders., *Der Angriff*, S. 256–259.

44 *Die Tagebücher von Joseph Goebbels.* Im Auftrag des Instituts für Zeitgeschichte herausgegeben von Elke Fröhlich, Teil I, Band 1/III Juni 1928–November 1929, München 2004, S. 166, Eintrag unter dem 17. 1. 1929.

45 *Berliner Börsen-Courier*, 23. 11. 1928, zit. nach Kessemeier, S. 291.

46 Horst Wessel, Aufzeichnungen aus dem Jahr 1929, zit. nach Reuth, *Goebbels*, S. 114.

47 Zit. nach Reuth, *Goebbels*, S. 152.

48 Joseph Goebbels, Bis zur Neige, in: *Der Angriff*, 6. 3. 1930, in: ders., *Angriff*, S. 271–274.

49 Vgl. dazu Helmut Heiber, *Joseph Goebbels*, Berlin 1962, S. 80–84; Reuth, *Goebbels*, S. 158–162; Reimann, *Goebbels*, S. 131–137; Riess, *Goebbels*, S. 82–85; Imre Lazar, *Der Fall Horst Wessel*, Stuttgart 1980; Thomas Oertel, *Horst Wessel. Untersuchung einer Legende*, Köln/Wien 1988. Der Täter Albert Höhler wird 1929 wegen Totschlags zu sechs Jahren Gefängnis verurteilt und später vom NS-Regime ermordet.

50 *Rote Fahne* vom 8. 5. 1927 und 14. 5. 1927, zit. nach Kessemeier, Leitartikler, S. 119.

51 Zit. nach ebenda, S. 121.

52 *Berliner Börsen-Courier*, 23. 11. 1928, zit. nach ebenda, S. 291.

53 Zum C.V. siehe Arnold Paucker, *Der jüdische Abwehrkampf gegen Antisemitismus und Nationalsozialismus in den letzten Jahren der Weimarer Republik,* Hamburg, 2. verbesserte Auf-lage 1969; Jürgen Matthäus, „Kampf ohne Verbündete. Der Centralverein deutscher Staatsbürger jüdischen Glaubens 1933–1938", in: *Jahrbuch für Antisemitismusforschung* 8 (1999), S. 248–277; und jetzt vor allem Avraham Barkai, *„Wehr Dich!" Der Centralverein deutscher Staatsbürger jüdischen Glaubens (C.V.) 1893–1938,* München 2002. Zu Hans Reichmann siehe vor allem dessen Erinnerungen: Hans Reichmann, *Deutscher Bürger und verfolgter Jude. Novemberpogrom und KZ Sachsenhausen 1937 bis 1939.* Bearbeitet und eingeleitet von Michael Wildt, München: Oldenbourg Verlag, 1998.

54 Hans Reichmann, Der drohende Sturm, zit. nach Werner E. Mosse, Der Niedergang der Republik und die Juden, in: ders. (Hg.), *Entscheidungsjahr 1932. Zur Judenfrage in der Endphase der Weimarer Republik*, Tübingen 1965, S. 3–49, Zitat: S. 18.

55 George L. Mosse, *Aus großem Hause. Erinnerungen eines deutsch-jüdischen Historikers*, München 2003, S. 66.

56 Hermann Ullstein, *The Rise and Fall of the House of Ullstein*, hier nach: Mosse, *Niedergang*, S. 18.

57 Vgl. dazu Arnold Paucker, *Der jüdische Abwehrkampf gegen Antisemitismus und Nationalsozialismus in den letzten Jahren der Weimarer Republik*, 2., verbesserte Aufl., Hamburg 1969, S. 120–122.

58 Heinz Pol, Die Nationalsozialisten, in: *Die Weltbühne* 25 (1929), Nr. 29, 16. 7. 1929, S. 77–81, Zitat: S. 77.

59 Vgl. zum Beispiel Heinz Pol, Gregor der Große, in: *Die Weltbühne* 26 (1930), Nr. 16, 15. 4. 1930, S. 563–566; oder Goebbels als Dichter, in: *Die Weltbühne* 27 (1931), Nr. 4, 27. 1. 1931, S. 129–133.

60 Zit. nach Hans-Helmuth Knütter, Die Linksparteien, in: Mosse, *Entscheidungsjahr 1932*, S. 323–345, Zitat: S. 332.

61 Carl v. Ossietzky, Wahlkampf: An einen Pharisäer – Koch und Scholz – Goebbels als Geisterseher, in: *Die Weltbühne* 26 (1930), Nr. 33, 12. 8. 1930, S. 217–220.

62 Carl v. Ossietzky, Brüning darf nicht bleiben, in: *Die Welt-bühne* 26 (1930), Nr. 39, 23. 9. 1930, S. 463–466.

63 Kurt Hiller, Warnung vor Koalitionen, in: *Die Weltbühne* 26 (1930), Nr. 39, 23. 9. 1930, S. 466–470.

64 Quietus, Die Zukunft des Nationalsozialismus, in: *Die Weltbühne* 26 (1930), Nr. 39, 23. 9. 1930, S. 477–480.

65 *Die Weltbühne* 25 (1929), Nr. 19, 7. 5. 1929, S. 728; 26 (1930), Nr. 27, 1. 7. 1930, S. 36.

66 *Die Weltbühne* 26 (1930), Nr. 37, 9. 9. 1930, S. 415.

67 Ernst Hanfstaengl, *Zwischen Weißem und Braunem Haus. Memoiren eines politischen Außenseiters*, München 1970, S. 199.

68 Lutz Graf Schwerin von Krosigk, *Es geschah in Deutschland. Menschenbilder unseres Jahrhunderts*, 3., überarb. Aufl., Tübingen/Stuttgart 1952 (1. Aufl. 1951), S. 231.

69 Joachim C. Fest, Joseph Goebbels oder „Canaille Mensch", in: ders., *Das Gesicht des Dritten Reiches. Profile einer totalitären Herrschaft*, Neuausgabe, München 1993 (Erstausgabe 1963), S. 119-138, hier: S. 136.

70 Schwerin-Krosigk, *Es geschah in Deutschland*, S. 232.

71 So Gregor Strasser 1932 gegenüber Hans Frank. Insgesamt soll Strasser die damalige NS-Führungsriege folgendermaßen charakterisiert haben: „Göring ist ein brutaler Egoist, dem Deutschland wurscht ist, wenn nur er was wird. Goebbels ist ein Hinketeufel und grundfalsch, Röhm eine Sau. Das ist die Garde unseres Führers. Es ist furchtbar!" (Hans Frank, *Im Angesicht des Galgens. Deutung Hitlers und seiner Zeit auf Grund eigener Erlebnisse und Erkenntnisse,* München 1953, S. 108).

72 Krebs, *Tendenzen und Gestalten*, S. 168.

73 Schwerin von Krosigk, *Es geschah in Deutschland*, S. 231.

74 Hanfstaengl, *Zwischen Weißem und Braunem Haus*, S. 198.

75 Ernst Niekisch, *Erinnerungen eines Revolutionärs.* Erster Band: Gewagtes Leben 1889–1945, Köln 1974, S. 205.

76 William L. Shirer, *Das Jahrzehnt des Unheils. Meine Erlebnisse und Erfahrungen in Deutschland und Europa 1930–1940*, Taschenbuchausgabe, München 1989 (amerik. Erstausgabe 1984), S. 122 f.

77 Theobald Tiger (i. e. Kurt Tucholsky), Joebbels, in: *Die Weltbühne* 27 (1931), Nr. 8, 24. 2. 1931, S. 287.

78 Joseph Goebbels, Wie lange noch, Catilina?, in: *Der Angriff*, 28. 2. 1931, abgedruckt in: ders., *Wetterleuchten. Aufsätze aus der Kampfzeit*, München 1939, S. 85–87.

79 Siehe aber die klare Analyse der Wahlen vom September 1930 durch Carlo Mierendorff, einem der jungen Intellektuellen des rechten Flügels der SPD, der anhand der NSDAP-Mitgliederstruktur in seinem Heimatort Darmstadt hellsichtig erkannte, dass es sich vor allem um die jungen Wähler handelte, die Jahrgänge zwischen 1905 bis 1912, also, so Mierendorff, „um Angehörige einer Generation, die vom Kriege wenig oder gar nichts weiß", die den Nationalsozialisten zuströmten. Hauptantriebsmoment sei der Habitus der Nazi-Bewegung, in der keine geistigen Ansprüche verlangt werden, sondern Draufgängertum. Sie kokettiere „mit scheinmännlichen Tugenden" und gebe sich in ihrem „grundsätzlich aggressiv gehaltenen Auftreten pseudo-heroisch" (Carlo Mierendorff, Gesicht und Charakter der nationalsozialistischen Bewegung, in: *Die Gesellschaft* 7, 1930, ausführlich zitiert von Heinrich August Winkler, *Der Weg in die Katastrophe. Arbeiter und Arbeiterbewegung in der Weimarer Republik 1930 bis 1933*, Berlin/Bonn 1987, S. 194– 196.

80 Zum Folgenden vgl. Reuth, *Goebbels*, S. 182 f.; Barth, *Goebbels und die Juden*, S. 64–67; Bärbel Schrader, *Der Fall Remarque. Im Westen nichts Neues. Eine Dokumentation*, Leipzig 1992; Peter Dörp, Goebbels' Kampf gegen Remarque. Eine Untersuchung über die Hintergründe des Hasses und der Agitation Goebbels' gegen den amerikanischen Spielfilm „Im Westen nichts Neue" nach dem gleichnamigen Bestellerroman von Erich Maria Remarque, in: *Eric Maria Remarque Jahrbuch / Yearbook*, 3 (1993), S. 45–72. Ich danke Lutz Hachmeister für den Hinweis auf diesen Aufsatz.

81 *Tagebücher Goebbels*, S. 642, Eintrag unter dem 6. 12. 1930.

82 Ebenda, S. 644, Eintrag unter dem 9. 12. 1930.

83 Ebenda, Eintrag unter dem 10. 12. 1930.

84 Ebenda, S. 647, Eintrag unter dem 17. 12. 1930.

Claus-Ekkehard Bärsch
Der Wille zur Trophäe
Joseph Goebbels und die Frauen

1 „Nur wer sich selbst erlöste, kann andere erlösen"; in: *Wege ins Dritte Reich. Briefe und Aufsätze für Zeitgenossen*, München 1926, S. 6 („Aphorismen").

2 „Wenn ich mich selbst erlöse, dann erlöse ich mein Volk"; in: *Michael. Ein deutsches Schicksal in Tagebuchblättern*, München 1929, S. 68.

3 „Wir wollen durch Deutschland die Welt erlösen und nicht durch die Welt Deutschland"; in: *Lenin oder Hitler?*, Zwickau 1926, S. 31.

4 „Die bösen Kräfte sind heute noch am Werke. Wie lange noch? Wer vermag's zu sagen? Endlich wird doch einmal der große Lichtstrahl unserer Freiheit aufscheinen. Man darf nur nicht den Mut verlieren. Der Gedanke lebt und marschiert in die Zukunft hinein. Heil und Sieg! Für den neuen Menschen!"; in: *Die Tagebücher von Joseph Goebbels: Sämtliche Fragmente*, hg. von Elke Fröhlich im Auftrag des Instituts für Zeitgeschichte und in Verbindung mit dem Bundesarchiv, Teil I, *Aufzeichnungen 1924 bis 1941*, München 1987, Bd. 1. 7. 7. 1924, fortan zitiert: Elke Fröhlich, *Tagebücher, Fragmente.* Die Edition der Tagebücher mit dem Untertitel *Sämtliche Fragmente* ist die Basis der von Ralf Georg Reuth herausgegebenen Tagebücher von 1924 bis 1945, die vollständige Edition der Tagebücher, nachdem Elke Fröhlich den Gesamtbestand in einem Moskauer Sonderarchiv entdeckt hatte – und nur sie war dazu fähig – wurde ab 1993 mit dem Titel *Die Tagebücher von Joseph Goebbels herausgegeben von Elke Fröhlich im Auftrag des Instituts für Zeitgeschichte mit Unterstützung des Staatlichen Archivdienstes Rußlands* publiziert. Wenn fortan aus dieser Edition zitiert wird, so fällt der Untertitel *Sämtliche Fragmente* weg.

5 Goebbels wollte zunächst bei dem zum Stefan-George-Kreis gehörenden Friedrich Gundolf – jüdischer Herkunft – promovieren. Gundolf aber hatte das Privileg, keine Prüfungen abnehmen zu müssen. Goebbels wurde von Max von Waldberg, der ebenfalls jüdische Vorfahren hatte, promoviert. Goebbels schildert in seinen in den im Juli 1924 geschriebenen *Erinnerungsblättern* Max von Waldberg als „zuvorkommend" und notierte „Waldberg redet mich zuerst als ‚Herr Doktor' an"; in Elke Fröhlich, *Tagebücher. Sämtliche Fragmente, Erinnerungsblätter* S. 22.

6 *Zigeunerblut* (Novelle, Winter 1917/18), *Märchenballade* (Novelle, 1918), *Judas Ischariot.* Eine biblische Tragödie in fünf Akten von Dr. Joseph Goebbels. Anka Stalherm in tiefer Verehrung (August 1918), *Die Weihnachtsglokken des Eremiten.* Eine Weihnachtsskizze von Paul Joseph Goebbels. Der lieben Anka auf den Weihnachtstisch (Weihnachten 1918), *Heinrich Kämpfert. Ein Drama in drei Aufzügen* von Paul Joseph Goebbels (Februar 1919), *Michael Voorman's Jugendjahre* (1919), *Kampf der Arbeiterklasse.* Drama von Joseph Goebbels (Jahreswende 1919/20), *Die Saat. Ein Geschehen in drei Akten* von P. Joseph Goebbels (März 1920), *Michael Voorman. Ein Menschenschicksal in Tagebuchblättern* (1923) (Vorlage mit wenig Änderungen für das 1929 im parteioffiziellen Verlag Franz Eher Nachf. in München publiziert *Michael. Ein deutsches Schicksal in Tagebuchblättern*), *Prometheus, Der Wanderer. Ein Spiel in einem Prolog.* Elf Bilder und ein Epilog von Joseph Goebbels. *Dem anderen Deutschland geschrieben*; diese unveröffentlichten Werke aus dem Nachlass sind im Bundesarchiv Koblenz unter NL 118 ff. archiviert. Zum Teil stammen sie aus dem Bestand des Nachlassverwalters Francois Genoud.

7 F. M. Dostojewski, *Die Dämonen*, übertragen von E. K. Rahsin, München 1922, neu überarbeitet Ausgabe 1956, S. 343 ff. (2. Teil, Kap. 1, Abschn. VII)

8 Elke Fröhlich (Hrsg.), *Tagebücher, Sämtliche Fragmente*, Bd. 1, 15. 07. 1924, S.

9 *Die Tagebücher von Joseph Goebbels*, hg. von Elke Fröhlich im Auftrag des Instituts für Zeitgeschichte und mit Unterstüt-zung des Staatlichen Archivdienstes Russlands, München 2004, 18. 01. 1924, S.75

10 „Ich lese Karl Marx ‚Das Kapital', besonders die Kapitel über die Arbeitsverhältnisse in England. Welch' erschütternde Einzelheiten. Und wie trocken das alles erzählt wird. Das Buch ist schrecklich herzlos geschrieben." Ebd. 26. 05. 1924, S. 141

11 Ebd. 26. 05. 1924, S. 141

12 vgl. *Erinnerungsblätter* in: Elke Fröhlich (Hg.) *Tagebücher, Sämtliche Fragmente*, München/New York 1987, S. 23.

13 Spengler, Oswald, *Der Untergang des Abendlandes. Eine Morphologie der Weltgeschichte*, 2 Bände 1918 und 1922.

14 Houston Stewart Chamberlain wurde 1855 in Portsmouth geboren und starb 1927 in Bayreuth; Haupt-

werk: *Grundlagen des 19. Jahrhunderts*, Erstauflage München 1899.

15 vgl. *Briefe 1882–1924 und Briefwechsel mit Kaiser Wilhelm II.*, München 1928.

16 *Grundlagen des 19. Jahrhunderts*, München 1902, S. 227 f.

17 „Am anderen Tag Bayreuth. Wagnerstadt. Ich fühle mich ge-hoben. Durch den Regen! Zu H. St. Chamberlain. Seine Frau, eine Tochter Wagners, bittet mich herauf. Erschütternde Szene: Chamberlain auf einem Ruhebett. Gebrochen, lallend, die Tränen stehen ihm in den Augen. Er hält meine Hand und will mich nicht lassen. Wie Feuer brennen seine großen Augen. Vater unseres Geistes, sei gegrüßt. Bahnbrecher, Wegbereiter! Ich bin im Tiefsten aufgewühlt." 8. Mai 1926, Elke Fröhlich (Hg.) *Tagebücher, Sämtliche Fragmente*, Bd. 1, S. 178.

18 Ebd. 14. 10. 1925 S. 134.

19 Ebd. 13. 04. 1926 S. 171.

20 Ebd.

21 Ebd. 9. 04. 1926, S. 175.

22 Ebd. 27. 06. 1924, S. 29.

23 Joseph Goebbels, Die Revolution als Ding an sich, in: Ders., *Wege ins Dritte Reich. Briefe und Aufsätze für Zeitgenossen*, München 1926, S. 146.

24 Joseph Goebbels, *Michael. Ein deutsches Schicksal in Tagebuchblättern*, München 1929, S. 82.

25 Heinrich Heine, *Zur Geschichte der Religion und Philosophie in Deutschland, Werke, Schriften über Deutschland*, hg. von Helmut Schanze, Frankfurt 1968, S. 164.

26 *Die Tagebücher von Joseph Goebbels*, hg. von Elke Fröhlich im Auftrag des Instituts für Zeitgeschichte und mit Unterstützung des Staatlichen Archivdienstes Russlands, München 2004, Teil 1, Aufzeichnungen 1923 bis November 1925, München 2004, S. 81, 25. 1. 1924.

27 23.09.1924, *Tagebuch. Sämtliche Fragmente* oder die Edition von Ralf Georg Reuth.

28 23. 03. 1925.

29 Lutz Hachmeisters Konzept für den Film „Das Goebbels-Experiment" lässt den Tagebuch-Autor Goebbels unkommentiert sprechen. Ich war zu feige, lediglich die Tagebücher von Goebbels leicht systematisiert und nach Inhalten geordnet, einem Verlag anzubieten, obwohl ich sie seit 1984 fleißig studiert habe.

30 16. 04. 1924, Elke Fröhlich (Hg.), *Tagebücher*, Bd. 1 Oktober 1923 bis November 1925, S. 124.

31 Ebd. 26. 03. 1924, S. 114.

32 Ebd. 26. 05. 1924, S. 141.

33 Ebd. 19. 07. 1924, S. 45; den Fluss dieser Assoziationen hat Goebbels wiederholt, und zwar Zeile für Zeile: Die Stunde/Des großen Glückes/Ist nun vorbei ... Von Stufe/Zu Stufe bis hinauf/Bis zu dem Throne Gottes. Vgl. *Die Tagebücher von Joseph Goebbels*, München 2004 Teil I, Bd. 1 Oktober 1923 bis November 1925.

34 23. 07. 1924, Elke Fröhlich (Hrsg.), *Tagebücher, Sämtliche Fragmente*, S. 47.

35 Ebd. 28. 07. 1924, S. 53.

36 Elke Fröhlich (Hrsg.), *Tagebücher, Sämtliche Fragmente* 15. 07. 1926, S. 193.

37 Vgl. Barbara Bronnen, *Die Tochter*, München/Zürich 1980; *Auf der Suche nach Arnolt Bronnen*. Dokumentarfilm über Arnolt Bronnen. Drehbuch: Barbara Bronnen, BR 1979.

38 Vgl. Anja Klabunde, *Magda Goebbels. Annäherungen an ein Leben*, München 1999.

39 Magda Goebbels, *First Lady im Nazi-Reich*, SPIEGEL-special 1/2001.

40 Elke Fröhlich (Hg.), *Tagebücher, Sämtliche Fragmente*, Bd. 1, 08. 05. 1926, S. 175.

41 *Die Tagebücher von Joseph Goebbels*, München 2004, Bd. I/1, 01. 11. 1923, S. 44.

42 Ebd. 17. 10. 1923, S. 31.

43 „Noch einmal zur Gsch. St., eine schöne Frau mit Namen Quandt, macht mir ein neues Privatarchiv.", Elke Fröhlich (Hg.), *Tagebücher, Sämtliche Fragmente*, 07.11.1930, Bd. 1, S. 629.

44 Das Wort ist abgeleitet aus dem Verb propagare, ausbreiten, verbreiten; die Deutung des Begriffs Propaganda geht zurück auf die von Papst Gregor XV. gegründete Congregatio de propaganda fide, also einer Institution zum Zwecke der Verbreitung und Ausweitung des Glaubens.

45 Lida Baarova. *Die süße Bitterkeit meines Lebens*, Koblenz 2001.

46 Immerhin hatte sie in mehreren Filmen der UFA mit berühmten Schauspielern die Hauptrolle bekommen. Sie erhielt sogar ein Angebot von MGM in London. In ihrer Biografie ist eine Fotografie mit den Hollywood-Stars Maureen O'Sullivan und Robert Taylor zu sehen. Kurz vor Kriegsende flüchtete sie zu Hans Albers nach Bayern, wurde dort von den Amerikanern verhaftet und in die Irrenanstalt gesteckt, später an die Tschechische Republik ausgeliefert und war insgesamt 18 Monate im Gefängnis.

47 Elke Fröhlich (Hg.), *Tagebücher, Sämtliche Fragmente*, 04. 08. 1925, S. 125.

48 *Erinnerungsblätter*, ebd. S. 21.

49 Ebd. 21. 01.1924, S. 77.

50 Vgl. z. B.: „Ich träumte die Nacht von Anka. Ich saß in München im Kolleg und plötzlich erblickte ich sie auf einem Seitenbalkon. Sie steht auf, als sie mich sieht, steht auf, richtet sich auf und starrt mich an, halb stolz und anklagend, halb bittend und fügsam." Elke Fröhlich (Hg.), *Tagebücher*, Oktober 1923 bis November 1925, 27. 12. 1923, S. 63.

51 01. 08. 1924.

52 Vgl. *Die Tagebücher von Joseph Goebbels*, München 2004, Teil I 1923 bis 1941, Bd. 1 VI, 17., 21., 24., 30. März ; 05., 10, 12. April 1928. Am 21. März heißt es z. B.: „Weimar! Der Zug hält. Anka kommt. Wie ein Gedicht. Oh, wie liebe ich Dich!" und „Sie liebt mich sehr. Ich habe sie geküßt und ein Strom von Glück ging auf mich über." Erst im Juni 1931, inzwischen hatte er Magda kennengelernt, bricht die Beziehung ab.

53 Elke Fröhlich (Hg.), *Tagebücher, Sämtliche Fragmente*, Bd. 1, 11. 12. 1929, S. 468.

54 Ebd. 17. 12. 1929, S. 470.

55 Ebd. S. 438.

56 Margaret S. Mahler, *Die psychische Geburt des Menschen Symbiose und Individuation*, Frankfurt a. M. 1978 S. 282.

57 Ebd., S. 266 ff..

58 Ebd., S. 285.

59 Ebd.

60 Ebd., S. 284.

61 *Tagebücher, Aufzeichnungen 1923 bis 1941*, 17.10.1923, S. 29, (Hervorhebung Claus-Ekkehard Bärsch).

62 Ebd. S. 86.

63 Elke Fröhlich (Hg.), *Tagebücher, Sämtliche Fragmente*, 01. 08. 1924 S. 57.

64 Elke Fröhlich (Hg.), *Tagebücher, Sämtliche Fragmente*, Bd. 1, 08. 08. 1924, S. 62.

65 Elke Fröhlich (Hg.), *Tagebücher, Sämtliche Fragmente*, Bd. 1, 17. 07. 1924, S. 43.

66 Elke Fröhlich (Hg.), *Tagebücher, Sämtliche Fragmente* Bd. 1, 27. 06. 1924, S. 29.

67 Margaret S. Mahler, *Die psychische Geburt des Menschen. Symbiose und Individuation*, Frankfurt a. M. 1978 S. 285.

68 „Wider den Mythos vom deutsch-jüdischen Gespräch", in: *Gershom Scholem: Judaica II*, Frankfurt a. M. 1970.

69 Vgl. Claus-Ekkehard Bärsch, *Die politische Religion des Nationalsozialismus. Die religiöse Dimensionen der NS-Ideologie in den Schriften von Dietrich Eckart, Joseph Goebbels, Alfred Rosenberg und Adolf Hitler*, 2. Auflage, München 2002, Kap. III, S. 192–321; Das „Zentrum" war eine politische Partei katholischer Prägung der Weimarer Republik.

70 Elke Fröhlich (Hg.), *Tagebücher, Sämtliche Fragmente*, 06. 08. 1924.

71 Ebd. 07. 07. 1924.

72 Ebd. 06. 08. 1924.

73 Ebd. 26. 06. 1926, Hervorhebung des Verfassers.

74 *Apokalypsis des Johannes*, 2, 8; vgl. auch Evangelium des Johannes, 8,43, sagt bei einem Disput zwischen Jesus und, wie es im deutschen Text immer heißt, den Juden: „Ihr habt den Teufel zum Vater, und nach Eures Vaters Gelüste wollt Ihr tun. Der ist ein Mörder von Anfang an und steht nicht in der Wahrheit."

75 *Apokalypsis des Johannes*, Kap. 19, 20.

76 Sigmund Freud, *Massenpsychologie und Ich-Analyse*, Frankfurt a. M. 1967, S. 55.

77 Ebd., S. 52.

78 Übrigens bin ich der Überzeugung, daß nicht nur die Kindheit, sondern weit mehr die Pubertät, die bis zum

30. Jahr gehen kann, für die Wahrnehmung und Deutung der Existenz entscheidend ist.

79 Ebd., S. 53.

80 Ebd.

81 Ebd.

82 Vgl. Claus-Ekkehard Bärsch, *Erlösung und Vernichtung. Dr. phil. Joseph Goebbels. Zur Psyche und Ideologie eines jungen Nationalsozialisten*, München 1987. Die 3. Auflage nunmehr unter dem Titel: *Der junge Goebbels. Erlösung und Vernichtung.* München 2004, S. 150–197.

83 Vgl. ebd., S. 105–115.

84 Vgl. *Erinnerungsblätter* in: Elke Fröhlich (Hg.), *Tagebücher, Sämtliche Fragmente*, S. 2 ff.

85 Diese medizinische Information verdanke ich dem ehemaligen Chefarzt der orthopädischen Abteilung des Evangelischen Krankenhauses Ratingen, Dr. med. Fritjof Süssenbach aus Düsseldorf.

86 Elke Fröhlich (Hg.), *Tagebücher, Sämtliche Fragmente*, S. 19.

87 Seit Augustinus die Kardinalsünde (*superbia*) in der katholischen Religion schlechthin.

88 Elke Fröhlich (Hg.), *Die Tagebücher von Joseph Goebbels*, Teil I, Aufzeichnungen 1923–1941, Bd.1/I, München 2004, S. 89.

89 Ebd., S. 109.

90 Elke Fröhlich (Hg.), *Tagebücher, Sämtliche Fragmente*, 14.06. 1920 .

91 Ebd. 13. 04. und 19. 04. 1926.

92 Ebd. 14. 10. 1925.

93 München 2001.

94 Ebd. S. 143–162.

95 *Joseph Goebbels, Lenin oder Hitler? Eine Rede*, Zwickau 1926, S. 24; Ralf Georg Reuth (Hg.) *Joseph Goebbels. Tagebücher*, München 1992, Bd. 4, S. 1776.

Lutz Hachmeister/Michael Kloft
„The Goebbels Experiment"
Gespräch mit Lord Arthur George Weidenfeld

1 Christian Buckard: *Arthur Koestler. Ein extremes Leben, 1905–1983*, München: C. H. Beck 2004.

2 vgl. David Garnett: *The Secret History of PWE. The Political Warfare Executive 1939–1945*, London: St. Ermin's Press 2002.

3 Hugh Dalton (1887–1962), britischer Labour-Politiker, Dozent an der London School of Economics und der London University, MP House of Commons 1929 ff., Minister of Economic Warfare 1940, Gründer der „Special Operations Executive" (SOE), Chancellor of the Exchequer 1945–1947, Minister of Town and Country Planning 1950/51. 1960 in den Adelsstand erhoben.

4 Sefton Delmer, geboren 1904 als Sohn eines australischen Universitätsdozenten in Berlin, 1914 in Deutschland als „feindlicher Ausländer" interniert, 1917 Übersiedlung nach England, Studium in Oxford, journalistische Karriere, u. a. als Bürochef des *Daily Express* in Berlin; 1932 Begleitung von Hitler bei dessen Deutschlandflügen im Wahlkampf. 1933 Büroleiter Paris des *Daily Express.* 1940 in England Arbeit für die Special Operations Executive, Organisation der „schwarzen Propaganda" gegen NS-Deutschland, u. a. über den Soldatensender Calais. Nach dem Krieg wieder journalistische Arbeit für den *Daily Express* bis 1959. Mehrere Buchpublikationen, u. a. *Black Boomerang* (1962). Delmer starb im September 1979.

5 Richard Crossman (1907–1974), Oxford-Studium, Redakteur beim *New Statesman,* Labour-Politiker, 1940 Mitarbeiter im Ministry of Economic Warfare, 1944 stellv. Leiter der Abt. für Psychological Warfare, 1945 Labour-MP, 1964 Minister of Housing, Leader of the House of Commons 1966; vierbändige Tagebuch-Publikation posthum (1975–1981).

DAS GOEBBELS-EXPERIMENT

in Tagebuchaufzeichnungen und Bildern

Von Michael Kloft

Adolf Hitler mit Joseph Goebbels bei einem Spaziergang am Obersalzberg, 1943

Joseph Goebbels widmete sich seit 1923 intensiv autobiografischen Aufzeichnungen: „Ich schreibe nicht zu meinem Vergnügen, sondern weil mir mein Denken eine Qual und eine Lust ist. ... Es ist mir, als müßte ich beichten gehen. Ich will mir das letzte von meiner Seele herunterschreiben."
Bis 1945 entstanden 20 Bände mit handschriftlichen Tagebuchnotizen und 200 Aktenordner mit Tagebuch-Diktaten, die heute eine wichtige Quelle zur Geschichte des Nationalsozialismus bilden.

„Geboren am 29. Oktober 1897 in Rheydt, einem damals aufstrebenden Industriestädtchen am Niederrhein in der Nähe von Düsseldorf und nicht allzu weit von Cöln. Der Vater Fritz ist Handlungsgehilfe mit 150 M Monatsgehalt. Mutter Katharina. ... Um 1900 kauft der Vater ein eigenes kleines, unscheinbares Haus etwas weiter die Dahlenerstraße herauf, ... mein eigentliches Vaterhaus, in dem wir heute noch ununterbrochen wohnen."

„In Erinnerung ist mir eine langwierige Krankheit (Lungenentzündung mit grausigen Fieberphantasien), aus der ich als schwächliches Kerlchen nur noch herauskam. Dann steht vor mir ein Sonntag, an dem wir mit der Familie einen großen Spaziergang nach Geistenbeck machten. Am anderen Tag auf dem Sofa bekam ich mein altes Fußleiden; Mutter dabei am Waschtrog. Schreien. Wahnsinniger Schmerz. Masseur Schiering. Lange Behandlung, Fuß fürs Leben gelähmt. In Bonn in der Universitätsklinik untersucht. Achselzucken. Jugend von da ab ziemlich freudlos. ... Ich wurde auf mich angewiesen. Konnte mich nicht mehr bei den Spielen der anderen beteiligen. Wurde einsam und eigenbrötlerisch. Vielleicht deshalb auch der ausgemachte Liebling zu Hause. Meine Kameraden liebten mich nicht."
[aus den „Erinnerungsblättern"]

Joseph Goebbels (r.)
am Tag seiner
Erstkommunion,
April 1910

„1915 – 1918 Liebe zu Lene Krage. Rheindahlen. Erster Kuss auf der Gartenstraße. Stark sinnlich. ... Lene eigensinnig. Mit ihr viel Qual. Ich beginne ein Tagebuch. Viel Gedichte. Alles verlorengegangen. Kameraden entfremdet. Nur noch mit Lene. Wunderbare Jungenseligkeit. Natürlich heiraten. Ehrensache. ... Schlimmes Hungerjahr von 1917. Wir werden schon durchkommen. Abschied von Lene. Nachts im Kaiserpark eingeschlossen. Ich küsse zum ersten Mal ihre Brust. Sie wird zum ersten Mal zum liebenden Weib."

„Bank- und Börsenwesen. Industrie- und Börsenkapital. Mein Blick klärt sich durch die Not. Widerwille gegen die Bank und meine Tätigkeit. Verzweifelte Gedichte. Das Judentum. Ich denke über das Geldproblem nach. ... Geistige Klärung. Bayern. Hitler. ... Lektüre: Thomas Mann. Heinrich Mann „der Untertan". Dostojewski „Idiot" (Von größtem Eindruck.) ... Revolution in mir. Pessimismus gegen alles. ... Cöln ein Ekel, die Bank eine Sinnlosigkeit. Gehalt gleich null. Krank an Körper und Geist. Nicht mehr auszuhalten. Beschluß, mich krank zu melden." [aus den „Erinnerungsblättern"]

Joseph Goebbels als Abiturient (4.v.l.), 1917

Nach Studienabschluss und Promotion bekam Goebbels 1922 eine stundenweise Anstellung als Volontär beim Feuilleton der *Westdeutschen Landeszeitung*, wo er nach wenigen Wochen entlassen wurde. Zeitweise verdingte er sich bei der Dresdner Bank in Köln – die Arbeit ließ den nach Höherem Strebenden unbefriedigt.

Joseph Goebbels, 1922

Arbeitsnachweis
Zweigstelle hier

Joseph Goebbels, 1923

Anders als Hitler begriff Goebbels sich nicht von vornherein als Außenseiter der Gesellschaft, sondern strebte eine Karriere als Journalist an. Während Hitler in München in Bierkellern agitierte, schrieb er Romane und träumte von literarischem Ruhm.

4.7.1924 | *„Uns fehlt in Deutschland eine starke Hand. Schluß machen mit Experiment und Phrase. Anfangen mit Ernst und Arbeit. Das Judenpack, das sich dem verantwortlichen Gedanken der Volksgemeinschaft nicht fügen will, an die Luft setzen. Auch verhauen. ... Deutschland sehnt sich nach dem Einen, dem Mann, wie die Erde im Sommer nach dem Regen. Uns rettet nur noch die letzte Sammlung der Kraft, Begeisterung und restlose Hingabe. Das sind alles ja Wunderdinge. Aber kann uns nicht nur noch ein Wunder retten?"*

17.7.1924 | *„Ich bin so mutlos dem täglichen Leben gegenüber. Alles, was ich beginne, geht schief. Ich komme hier nicht aus dem Kaff heraus. Als ob mir die Flügel beschnitten wären. Das macht so saft- und kraftlos. Ich habe bis jetzt noch keine rechte Lebensaufgabe gefunden. Manchmal des Morgens habe ich Furcht davor aufzustehen. Nichts erwartet mich, – keine Freude, kein Schmerz, keine Pflicht und keine Aufgabe. Meinem Leben fehlt die Konzentration und die Sammlung. Ich irre und schwärme durch das Universum umher ... Das Geld, das ich nicht habe, drückt mich nieder. Armseliges Leben, das nach dem verdammten Geld sich richten muß. Fluch und Verderben über mich. Ich habe mich gegen die bestehende Ordnung empört. Nun trage ich die Folgen. Erlösung! Ich stürze von Fall zu Fall und von Schuld zu Schuld in den Abgrund. Unseliges Verhängnis! Was nützt das Zeitungskauen! Man wird nur dümmer und blöder dadurch. Die Politik verdirbt mich."*

Arbeitslose auf einem Tauschmarkt in Berlin, 1923

Joseph Goebbels begann seine NS-Karriere als Geschäftsführer des Gaus Rheinland-Nord. Gregor Strasser, Vertreter des linken Flügels der NSDAP, engagierte ihn als Chefredakteur für die *Nationalsozialistischen Briefe*. „Damit werden wir ein Kampfmittel gegen die verkalkten Bonzen in München haben. Wir werden uns schon bei Hitler durchsetzen", glaubte Goebbels, der zu dieser Zeit noch ein Anhänger der „Sozialisten" in der Partei war.

27.9.1924 | *„Mein Ruf als Redner und politisch-kultureller Schriftsteller geht durch die Reihen der Anhänger des national-sozialistischen Gedankens im ganzen Rheinland. Auch eine Befriedigung! Heute abend muß ich in Neuß reden. Ich bereite mich nie vor. Aus dem Stegreif zu sprechen ist nicht halb so schwer, wie ich gedacht hatte. Aber man muß davor [dazu], wie zu allem, Übung haben. Und die hole ich mir jetzt in diesen kleinen Anhängerversammlungen. Kurz und gut: ich kann mit meiner Lebensaufgabe zufrieden sein. Ich arbeite gern und habe Freude an dieser Art Arbeit. Ich komme mit vielen neuen Menschen zusammen und lerne jeden Tag eine neue species dieses tollen, närrischen, geheimnisvollen homo sapiens kennen. Ich suche das neue Reich und den neuen Menschen! Die finde ich nur im Glauben! Der Glaube an die Mission in uns führt uns zum letzten Siege! Heil!"*

Gauleiter Josef Wagner, Gregor Strasser, Joseph Goebbels

und Viktor Lutze (v.l.n.r.) bei einem Treffen der „Arbeitsgemeinschaft Nordwest“, 1926

Hitler erkannte schon bald in Goebbels den begabten Propagandisten und Agitationsredner, und förderte ihn nach Kräften. Goebbels revanchierte sich mit fanatischer Gefolgschaft und Zuneigung, die bis 1945 ungebrochen blieb.

13.4.1926 | *„Abends Ankunft München. Hitlers Auto da. Zum Hotel. Welch ein nobler Empfang! ... An den Litfaßsäulen riesengroße Plakate. Ich spreche im historischen Bürgerbräu. Donnerstagmorgen. Durch München, Kaufingerstraße, Frauenkirche. Erschütternde Gotik. ... Ins Bratwurstglöckle. Würste und Bier. Münchener Leben! Spießig nett! Eine köstliche Stadt. Die Sonne scheint darauf. Ins Hotel zurück. Hitler hat angerufen. Will uns begrüßen. Wir rufen vom Café aus an. In einer Viertelstunde ist er da. Groß, gesund, voll Leben. Ich hab ihn gern. Er ist beschämend gut zu uns.*

Wir kommen aneinander. Wir fragen. Er antwortet glänzend. Ich liebe ihn. Soziale Frage. Ganz neue Einblicke. Er hat alles durchgedacht. Sein Ideal: Gemischter Kollektivismus und Individualismus. Boden, was drauf und drunter dem Volke. Produktion, da schaffend, individualistisch. Konzerne, Truste, Fertigproduktion, Verkehr etc. sozialisiert. Darüber läßt sich reden. Er hat das alles durchgedacht. Ich bin bei ihm in allem beruhigt. Er ist ein Mann, nehmt alles nur in allem. So ein Brausekopf kann mein Führer sein. Ich beuge mich dem Größeren, dem politischen Genie!“

16.6.1926 | *„Hitler der alte, liebe Kamerad. Man muß ihn als Mensch schon gerne haben. Und dazu diese überragende geistige Persönlichkeit. Man lernt nie bei diesem eigenwilligen Kopf aus. Als Redner ein wundervoller Dreiklang zwischen Geste, Mimik und Wort. Der geborene Aufpeitscher! Mit dem Mann kann man die Welt erobern. Laßt ihn los, und er bringt die korrupte Republik ins Wanken.“*

Joseph Goebbels
begrüßt Adolf Hitler im
Berliner Sportpalast, 1932

8.9.1926 | *„Samstagmittag Ankunft in Bayreuth. Ich werde mit Jubel empfangen. Es ist ein wundervoller Sommertag. ... Justizrat Claß spricht am Grabe Richard Wagners. Um ihn herum stehen 20 teutsche Männer mit langen Bärten. Es ist erschütternd: soviel Einsicht in die Dinge und so wenig Praxis. Ich spreche dann bei unseren Leuten zur Fahnenweihe. ... Dann noch ein kurzer Besuch im Festspielhaus. Ich spiel so gern mit den Wagnerkindern. Der älteste ist der Kluge. Das älteste Mädel das geweckte. Und die beiden Kleinen sind so entzückend süß. ... Nachmittags Vorbeimarsch. Blumen werden gestreut und Heil gerufen. Dann tolle ich mit der Wagnerbagage eine Stunde im Heu herum. So ein liebes Kroppzeug."*

Joseph Goebbels spricht bei einer Parteiversammlung in Bayreuth, 8. September 1926; rechts die Wagner-Kinder Wolfgang, Wieland und Verena.

30.10.1926 | *„Plauen. Dort liegt ein Brief von Hitler, Berlin ist perfekt. Hurra! Nun geht's in einer Woche in die Reichshauptstadt."*

Goebbels-Postkarte

Vom Sommer 1926 an war Goebbels als Anwärter auf den Posten des Gauleiters für Berlin im Gespräch. Dort zählte man bis dahin nur etwa 500 Mitglieder. Die Parteiarbeit lag brach, und der „Doktor" – wie er bald von seinen Parteigenossen genannt wurde – sollte es richten.

Gauparteitag der Nationalsozialisten in E

n April 1927 (Dr. Goebbels spricht im Saalbau)
(Orig.-Aufn. Streich.)

26.4.1928 | *„Gestern in Friedenau geredet. Scheißvornehmes Bürgerpublikum. Aber ich habe mich langsam und sicher durchgesetzt. Am Schluß hatte ich gewonnen. Abends noch eine Reihe von Überfällen. In München haben unsere Jungens Stresemanns Versammlung gesprengt. Ein Heldenstreich. Umso erfreulicher, als er gegen diesen eitlen, aufgeblasenen Balg geführt wurde. Heute rede ich nicht. ... Den Nachmittag in hellem Sonnenschein durch den Grunewald gebraust. Abends sehe ich Eisensteins Film „10 Tage, die die Welt erschütterten". Zu stark forciert und deshalb um seine besten Szenen gebracht. Einige Massenaufnahmen sehr gut. Das ist also Revolution. Man kann von den Bolschewisten, vor allem im Anfachen, in der Propaganda, viel lernen. Der Film ist zu sehr Partei. Weniger wäre mehr."*

Gauleiter Goebbels, um 1927

Mit gewalttätigen Aktionen, in erster Linie gegen die Kommunisten, zog Goebbels in Berlin die Aufmerksamkeit der Presse auf sich und forderte den Staat zu Gegenmaßnahmen heraus.

Im Mai 1927 wurde die NSDAP in Berlin verboten. Die im Aufbau befindliche Partei war empfindlich getroffen und durfte erst Ende März 1928 wieder Veranstaltungen in Berlin abhalten.

Szenenfotos aus „10 Tage, die die Welt erschütterten“, einem 1927 gedrehtem Spielfilm über die Russische Revolution von 1917 des sowjetischen Filmregisseurs Sergeij Eisenstein.

Joseph Goebbels spricht beim Märkertag in Bernau, März 1928

Goebbels kannte die Sehnsüchte der Arbeiter und Angestellten nach Aufstieg und bürgerlichem Leben und verstand es, mit diesen virtuos zu spielen. Dem damals noch überzeugten Sozialisten gelang es mühelos Klassenhass gegen die oberen Zehntausend zu schüren.

17.5.1928 | *„Ich fahre mit der S.A. über Land. Ein herrlicher Himmelfahrtstag. Von der Pichelsdorfer Brücke geht's los, über Spandau, Neuendorf, Tegel, bis dahin alles gut. Dann Müllerstraße in den Wedding hinein. Ein herrlicher Marsch! Die ganzen Straßen umsäumt von Roten, ein ohrenbetäubendes Johlen und Pfeifen, und unsere Leute marschieren voran, Sturmriemen herunter, eine Heldenschar, ohne zu wanken und zu weichen. Mit diesen Burschen werden wir einmal die Welt erobern."*

24.5.1928 | *„Unsere neue Geschäftsstelle ist im Werden. Wir sind alle fleißig bei der Arbeit. Ich bin nun endlich immun. Morgen bekomme ich meine Freikarte. Dann kann der Spaß losgehen. Ich sitze zu Hause und arbeite. Es ist so still und gemütlich daheim. Ich fühle jetzt erst, wie müde ich bin. Ich habe Sehnsucht nach einer gütigen Frauenhand."*

Joseph Goebbels in der Gaugeschäftsstelle der NSDAP in Berlin, um 1930

Mit der Zeitung *Der Angriff* begründete Goebbels 1927 seine publizistische Hausmacht in Berlin. Der Titel der Zeitung war programmatisch für sein Verständnis vom kämpferischen Journalismus.

Goebbels blieb ein eiskalter Rationalist, der trotzdem von einer Sekunde zur anderen zum Romantiker werden konnte.

16.10.1928 | *„Was ist uns heute das Christentum? Nationalsozialismus ist Religion. Es fehlt nur noch das religiöse Genie, das alte überlebte Formen sprengt und neue bildet. Der Ritus fehlt uns. Nationalsozialismus muß auch einmal Staatsreligion der Deutschen werden. Meine Partei ist meine Kirche, und ich glaube, dem Herrn am besten zu dienen, wenn ich seinen Willen erfülle und mein unterdrücktes Volk von den Sklavenketten befreie. Das ist mein Evangelium."*

26.10.1928 | *„Ich habe keinen Freund und keine gute Frau. Es ist zum Verzweifeln. Es ist mir, als stände ich in einer großen geistigen Krise. Dazu ein vollkommener Mangel an Arbeitslust. Mit meinem Fuß die alten Beschwerden. Ewig Schmerzen und Unannehmlichkeiten. Dazu das Geschwätz der Übelwollenden, ich sei 175er. Ein grausamer, unmöglicher Zustand. Hetzer gehen um und suchen die Bewegung zu sprengen. Ich stehe in einem dauernden Kleinkampf. Es ist zum Verzweifeln!"*

Joseph Goebbels in seinem Arbeitszimmer

5.4.1929 | *„Wir haben noch zuviele Spießer in der Partei. Der Münchner Kurs ist zuweilen unerträglich. Ich bin nicht bereit, einen faulen Kompromiß mitzumachen. Ich werde, und wenn es meine persönliche Position kosten soll, den geraden Weg gehen. Ich zweifle manchmal an Hitler. Warum schweigt er? Die Opportunisten wollen die Früchte pflücken, bevor sie reif sind. Es hat in den S.A. Gruppen schon ernsthafte Verwirrungen gegeben. ... Ich möchte manchmal aufbrüllen vor Wut, daß nun das kaputt gehen soll, was wir alle unter so großen Opfern aufgebaut haben."*

2.5.1929 | *„Barrikadenkämpfe in Wedding und Neukölln, 9 Tote, 100 Schwerverletzte, 1000 Verhaftungen. Straßenkämpfe und offener Bürgerkrieg. Die K.P.D. geht aufs Ganze. Im Reichstag heute nachmittag großer Tumult. Die K.P.D. verlangt Besprechung dieser Vorgänge. Abg. Künstler [Reichstagsabgeordneter der SPD, Anm. d. Herausg.] verprügelt. Zum Schluß singen die Kommunisten die Internationale. Die Sitzung auf eine halbe Stunde aufgehoben. Im Wedding toben schon wieder die Straßenschlachten. Das ist die festverankerte Republik. Es ist zum Heulen! Es wird nicht besser werden, bis dem Gesindel einmal die Zähne gezeigt werden. Wann kommt unser Tag?"*

16.3.1930 | *„München, incl. Chef, hat bei mir allen Kredit verloren. Ich glaube ihnen nichts mehr. Hitler hat mir – aus welchen Gründen, das ist egal – 5 mal das Wort gebrochen. Das ist eine bittere Erkenntnis, und ich ziehe daraus innerlich meine Schlüsse. Hitler verbirgt sich, er faßt keine Entschlüsse, er führt nicht mehr, sondern er läßt die Dinge treiben. Ich war bis zum Ausbluten loyal. Aber man kann nicht von mir verlangen, daß ich mir durch Strasser meinen Gau stehlen lasse."*

Straßenkämpfe in Berlin, Mai 1929

Gauleiter Goebbels,
um 1930

Joseph Goebbels bevorzugte einen aggressiven agitatorischen Stil, der darauf aus war, möglichst viel Krawall anzuzetteln und so seiner Bewegung ein höchstes Maß an Prominenz zu sichern. Hatten Versammlungen wegen der sich unweigerlich anschließenden Saalschlachten oder wegen Volksverhetzung ein Nachspiel vor Gericht, so war dies durchaus in seinem Sinne, bot sich doch hier eine öffentliche Bühne für spektakuläre Agitation.

12.9.1930 | *„Der Wahlerfolg ist uns sicher. Ich schätze in Berlin etwa 250 000 Stimmen. Zu Hause todmüde eine Stunde Schlaf. ... Am Abend rede ich siebenmal. Ich glaube, damit halte ich den Rekord. Aber meine Nerven sind auch dahin. Voll innerer Unruhe. Als wenn noch was passieren müßte. Unsere Wahlpropaganda ist vorbildlich."*

15.9.1930 | *„Ich zittere vor Erregung. Die ersten Wahlresultate. Phantastisch. Sportpalast überfüllt. Einen so dröhnenden Jubel vernahm er noch nie. Jubel um Jubel, ein unglaublicher Aufstieg. Eine hinreißende Kampfstimmung. Die bürgerlichen Parteien sind zerschmettert. Wir haben bis jetzt 103 Mandate. Also eine Verzehnfachung. In Berlin 360 000 Stimmen. Das hätte ich nicht erwartet. Unsere Leute sind ganz aus Rand und Band. Eine Begeisterung wie 1914. ... In den kommenden Monaten wird es heiß hergehen. Die Kommune hat auch gewonnen. Wir aber sind die zweitstärkste Partei. Jetzt weiter so. Nicht müde werden, nicht erlahmen."*

Joseph Goebbels mit August Wilhelm Prinz von Preußen bei einer Wahlveranstaltung der NSDAP im Berliner Sportpalast, um 1930

Der Erfolg der Nationalsozialisten bei den Reichstagswahlen im September 1930 war für die demokratischen Parteien der Weimarer Republik ein Schock. Das Ergebnis übertraf selbst die Erwartungen der NS-Führung. Hatte die NSDAP im Mai 1928 nur 2,6 Prozent der Stimmen und 12 Abgeordnetenmandate errungen, erhielt sie nun über 6,4 Millionen Stimmen (18,3 Prozent) und 107 Sitze im Reichstag.

Joseph Goebbels auf dem Weg in den Reichstag, Oktober 1930

15.2.1931 | *„Abends kommt Magda Quandt. Und bleibt sehr lange. Und blüht auf in einer berückenden blonden Süßigkeit. Wie bist du meine Königin? Eine schöne, schöne Frau! Die ich wohl sehr lieben werde. Heute gehe ich fast wie im Traum. So voll von gesättigtem Glück. Es ist doch herrlich, eine schöne Frau zu lieben und von ihr geliebt zu sein."*

17.6.1931 | *„Magda beflügelt meine Kraft und Phantasie. Ich bin darüber, daß ich sie besitze und sie ganz mein Eigen ist, sehr glücklich. Ich weiß doch jetzt einen Menschen, der ganz zu mir gehört und hält. Zu ihm gehöre ich auch. Erst kommt die Partei, dann Magda. Die Liebe hemmt mich nicht, sie treibt mich an."*

Magda und Joseph Goebbels

1930 lernte die von einem Großindustriellen geschiedene Magda Quandt in Berlin Joseph Goebbels kennen und lieben. Sie wurde zur Seelenfreundin Hitlers und Vorzeigedame des „Dritten Reiches". Am 1. Mai 1945 beging sie in Berlin Selbstmord.

Hochzeit von Magda und Joseph Goebbels in Severin (Mecklenburg), Dezember 1931

20.12.1931 | *Endlich ist es so weit. Wir beide antworten mit Ja. Dann unterzeichnen wir. Erst ich, dann Magda, dann Epp, dann Hitler. Und dann ist Magda meine Frau. Ich bin ganz selig. … Nun ist das Glück bei uns eingekehrt. … S.A. steht Spalier. … Alle Leute rufen uns Glück zu. Maria ist Brautjungfer. Harald mein Adjutant. In S.A. Uniform. … Pfarrer Wenzel spricht. Ganz gut. Aber es sind doch alles Pfaffen. Und dann steckt er uns die Ringe auf. Magda ist mein. Draußen rufen die S.A. Leute uns Glück zu. Hitler weint vor Freude. Er sagt: „Seien Sie glücklich für Ihr ganzes Leben und bleiben Sie mein guter Freund." Das verspreche ich ihm. Und Magda wird mir dabei helfen.*

21.2.1931 | *„Göring ist Morphinist. Chef will ihn zur Rede stellen. Er macht die tollsten und ausgefallensten Sachen, fühlt sich abwechselnd als Reichskanzler und Wehrminister, kurzum, typischer Größenwahn. Er muß in die Radikalkur. Heute macht er nur eine lächerliche Figur."*

28.4.1931 | *„Die Partei muß preußischer, aktiver und sozialistischer werden. Er [Hitler, Anm. d. Herausg.] versteht mich, hat aber immer taktische Bedenken. Immerhin bringe ich ihn dazu, daß er mehr nach Berlin kommen und der Frage des Sozialismus erhöhte Aufmerksamkeit widmen will. Er ist mir gegenüber von jedem Mißtrauen frei und verurteilt aufs Schärfste die Treibereien in der Partei gegen mich. … „Berlin gehört Ihnen, und so soll es bleiben!" Nur so kann ich arbeiten."*

30.6.1931 | *„Ich komme einem großangelegten Komplott auf die Spur: Die S.S. (Himmler) unterhält hier in Bln. ein Spionagebüro, das mich überwacht. Dieses setzt die irrsinnigsten Gerüchte in die Welt. Ich halte das für Lockspitzelarbeit. Ich werde am Donnerstag in München die sofortige Auflösung der Kloake fordern. Entweder habe ich Hitlers Vertrauen oder nicht. So arbeite ich nicht weiter. Himmler haßt mich. Jetzt werde ich ihn zum Sturz bringen. Dieses hinterlistige Vieh muß verschwinden. Da stimmt auch Göring mit mir überein."*

Adolf Hitler mit Heinrich Himmler, Martin Mutschmann, Karl Fritsch, Wilhelm Frick, Joseph Goebbels, Julius Schaub, Franz Ritter von Epp und Hermann Göring (v.l.), um 1930

Am 11. Oktober 1931 ließen Nationalkonservative und Nationalsozialisten gemeinsam ihre paramilitärischen Verbände in Bad Harzburg aufmarschieren. Vor allem der Konzernchef Alfred Hugenberg unterstützte Hitler bei seinem Versuch, auch für rechtsgerichtete Kräfte salonfähig zu werden. Am 30. Januar 1933 wurde Hitler Reichskanzler – im Kabinett flankiert von konservativen Politikern, die schon bald ihre Macht verloren. Geheimrat Hugenberg wurde bereits im Juni 1933 als Wirtschaftsminister entlassen.

Heinrich Himmler (vorne, 2.v.l),
Ernst Röhm (3.v.l.) und
Hermann Göring (5.v.l.)
bei einer Parade der
„Harzburger Front", 1931

31.1.1933 | *„Es ist so weit. Wir sitzen in der Wilhelmstraße. Hitler ist Reichskanzler. Wie im Märchen! ... Ergebnis: ... Frick Reichs-, Göring preuß. Innen. ... Uns allen stehen die Tränen in den Augen. Wir drücken Hitler die Hand. Er hat's verdient. Großer Jubel. Unten randaliert das Volk. ... Papen Vizekanzler. Seldte Arbeitsminister. Das sind Schönheitsfehler. Müssen ausradiert werden. ... Die Fackeln kommen. Um 7h beginnt's. Endlos. Bis 10h. Am Kaiserhof. Dann Reichskanzlei. Bis nach 12h. Unendlich. Eine Million Menschen unterwegs. Der Alte nimmt den Vorbeimarsch ab. Im Nebenhaus Hitler. Aufbruch! Spontane Explosion des Volkes. Unbeschreiblich. Immer neue Massen. Hitler ist weg. Sein Volk jubelt ihm zu. Ich spreche im Rundfunk. Über alle deutschen Sender. ‚Wir sind maßlos glücklich'."*

Das Kabinett von Reichskanzler Hitler am 30.1.1933.

Obere Reihe von links nach rechts: Franz Seldte, Günther Gereke, Johann Ludwig Graf Schwerin von Krosigk, Wilhelm Frick, Werner von Blomberg, Alfred Hugenberg. Untere Reihe von links nach rechts: Hermann Göring, Adolf Hitler, Franz von Papen.

Hitler hatte Goebbels im Sommer 1932 die Kontrolle aller Bereiche der „Volkserziehung“ für den Fall der Machtübernahme versprochen. „Ich bekomme Schule, Universität, Film, Rundfunk, Theater, Propaganda. Ein Riesengebiet. Ein ganzes Leben ausgefüllt. Geschichtliche Aufgabe.“ Umso enttäuschter war Goebbels, als er bei der Regierungsbildung am 30. Januar 1933 zunächst übergangen wurde.

2.2.1933 | *„Gerüchte, ich Rundfunkkommissar. Ekelhaft. Man [hat] mich in die Ecke geschoben.“*

3.2.1933 | *„Magda ist sehr unglücklich. Weil ich nicht vorankomme. Man übergeht mich mit eisigem Boykott. ... Ich schaue in den Mond. Das ist so deprimierend. Ich mag gar nicht mehr daran denken.“*

6.2.1933 | *„Man patscht mich an die Wand. Hitler hilft mir kaum. Ich habe den Mut verloren.“*

10.2.1933 | *„Hitler ruft an. Hat schon mit Funk [Reichspressechef, Anm. d. Herausg.] gesprochen ‚wegen meines Ministeriums‘ ... demütigend.“*

Joseph Goebbels mit
Stiefsohn Harald Quandt,
Februar 1933

„Parteigenossen, Parteigenossen, eine gute Regierung ohne Propaganda kann ebenso wenig bestehen wie eine gute Propaganda ohne eine gute Regierung. Beide müssen sich einander ergänzen. Und wenn die jüdischen Zeitungen heute glauben, noch durch versteckte Drohungen die nationalsozialistische Bewegung einschüchtern zu können, wenn sie heute glauben, unsere Notverordnungen umgehen zu dürfen. Sie sollen sich hüten, einmal wird unsere Geduld zu Ende sein und dann wird den Juden das freche Lügenmaul gestopft werden."
[aus der Rede von Joseph Goebbels am 10.2.1933 im Sportpalast]

Joseph Goebbels spricht auf einer Wahlkampf-veranstaltung der NSDAP am 10. Februar 1933 im Berliner Sportpalast

11.2.33 | *„Zum Sportpalast. Überfüllt. An 10 Plätzen Menschenmengen. Im ganzen Reich an die 20 Millionen Zuhörer. Ich werde mit Jubel begrüßt. Erst bürste ich die Presse ab. ... Hitler hält eine phantastische Rede. Ganz gegen Marxismus. Zum Schluß großes Pathos. ‚Amen!' Das hat Kraft und haut hin. Ganz Deutschland wird Kopf stehen. Massen in sinnlosem Taumel. So muß das bleiben."*

20.2.33 | *„Ich sehe die Filmaufnahmen von der Sportpalastrede des Führers. Sie sind sehr gut gelungen. Sie werden uns als Propagandawaffe unentbehrlich sein. Überall in den Städten, in denen der Führer nicht sprechen kann, muß dieser Film laufen. Er wirkt vor allem durch die Geschlossenheit der Darstellung und die Übereinstimmung in Wort, Mimik und Geste. ... Jetzt ist es eine wahre Lust, Versammlungen abzuhalten. Man hat wieder ein Thema, man hat Begeisterung, Schwung und Hingabe an die Sache, man hat ein Publikum, das mitgeht, man darf reden, wie es einem ums Herz ist und braucht den Gegner nicht zu schonen. Wir treiben für die Wahl eine ganz große Summe auf, die uns mit einem Schlage aller Geldsorgen enthebt. Ich alarmiere gleich den ganzen Propagandaapparat, und eine Stunde später schon knattern die Rotationsmaschinen. Jetzt werden wir auf Höchsttouren aufdrehen."*

Adolf Hitler am 10. Februar 1933 im Berliner Sportpalast

Vor der Machtübernahme hatte Goebbels wenig Gelegenheit, seine Propaganda auch über Rundfunk zu verbreiten. Vor der Reichstagswahl am 5. März 1933 wurden Radioübertragungen und Kinovorführungen von Hitlers Reden zu einem besonders wichtigen Wahlkampfmittel.

Adolf Hitler während seiner ersten Rundfunkansprache als Reichskanzler, 1. Februar 1933

21.2.1933 | *„Unsere Propaganda wird nicht nur von der deutschen, sondern auch von der internationalen Presse als vorbildlich und nie dagewesen anerkannt. Wir haben uns in den vergangenen Wahlkämpfen so umfassende Kenntnisse auf diesem Gebiet angeeignet, daß wir schon vermöge unserer besseren Routine unschwer über alle Gegner triumphieren können. Die sind ohnehin so verschüchtert, daß sie kaum Laut geben. Jetzt zeigen wir ihnen, was man mit dem Staatsapparat machen kann, wenn man ihn zu gebrauchen versteht."*

Joseph Goebbels,
Februar 1933

28.2.1933 | *... der Reichstag brennt; tolle Phantasie. Aber es stimmt. Gleich mit Hitler runtergerast, das ganze Gebäude steht in Flammen. Herein. Göring hinterher. Auch Papen, den ich hier kennen lerne, ist da. An 30 Stellen Brandstiftung. Von Kommune angelegt. Göring ganz groß in Fahrt, Hitler ist in Rage. Papen klar. Das Plenum ein Bild der Verwüstung. Nun also handeln! ... An die Arbeit! Hitler berät mit Papen. Wir treffen uns [im] Kaiserhof. Alles strahlt. Das fehlte uns noch. Nun sind wir ganz heraus. Täter gefasst: 24jähriger holländischer Kommunist. Wir fahren zum VB [*Völkischer Beobachter*, Anm. d. Herausg.]. Der ist ganz schlecht gemacht. Hitler dort gleich an die Arbeit. Ich neues Gauplakat und fabelhaften Aufsatz diktiert. ... In der Nacht werden alle komm[unistischen] Parteifunktionäre verhaftet. Ganze K.P.D. und SPD-Presse verboten. Ganze Arbeit gemacht. Ab Sonntag abend Strasse frei ... um 7 Uhr zum Schlaf. Drei Stunden. Gleich wieder an die Arbeit!*

Löscharbeiten am Berliner Reichstag;
Joseph Goebbels (2.v.l.), Adolf Hitler (2.v.r.) am Tatort.

In der Nacht vom 27. auf den
28. Februar 1933 brannte das Parlament.

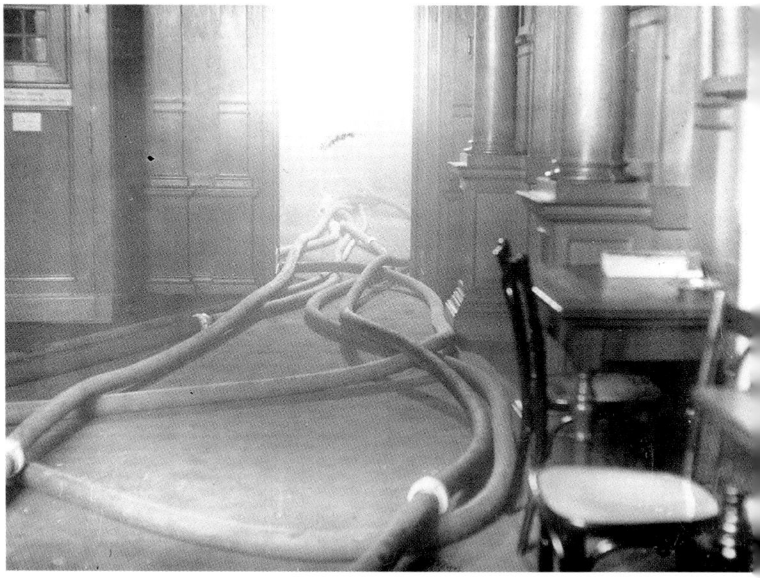

Als Brandstifter wurde der Holländer Marinus van der Lubbe festgenommen und vor Gericht gestellt. In einem Leitartikel für den *Angriff* entlud Goebbels noch in der Nacht seinen ganzen Hass gegen die Kommunisten. Hitler nutzte den Reichstagsbrand, um sich diktatorische Vollmachten zu sichern.

Nach dem Wahlsieg vom 5. März 1933 stimmte das Kabinett der Einrichtung eines neuen Ministeriums für Volksaufklärung und Propaganda zu – mit Joseph Goebbels an der Spitze. Die Macht über die gesamte „Volkserziehung" blieb ihm versagt.

8.3.1933 | *„Mein Ministerium habe ich nun im Rohbau fertiggestellt. Es wird in fünf große Abteilungen aufgerissen, die das Gebiet des Rundfunks, der Presse, des Films, der Propaganda und des Theaters umfassen. Das sind alles die Gebiete, die mir persönlich sehr nahe liegen, und denen ich mich deshalb schon mit ganzem Eifer und mit ganzer innerer Hingabefreudigkeit widmen werde. Unter den Linden marschiert die Hitlerjugend. Man kann stundenlang zuschauen und wird nicht müde vor Freude. Die deutsche Revolution geht unentwegt weiter und macht nirgendwo halt. Auf allen öffentlichen Gebäuden wehen schon die Hakenkreuzfahnen. Hier und da leistet eine Beamtenseele Widerstand, aber ein gelinder Druck genügt, um sie in die Knie zu zwingen."*

Propagandaminister Goebbels und seine Mitarbeiter, 1933

15.3.1933 | *„Ich spreche zum erstenmal vor der Pressekonferenz. Entwickle die Richtlinien einer neuen, modernen Zeitungspolitik. Auch hier muß gründlich aufgeräumt werden. Viele von denen, die hier sitzen, um öffentliche Meinung zu machen, sind dazu gänzlich ungeeignet. Ich werde sie sehr bald ausmerzen. … Einige Schwierigkeiten bereitet noch die Abgrenzung meines neuen Ressorts den andern schon bestehenden Ministerien gegenüber. Aber wir Nazis werden immer sehr schnell einig, da wir an solche Fragen mit gesundem Menschenverstand herangehen."*

Konferenz im Propagandaministerium, 1933

Propaganda war für Joseph Goebbels in erster Linie eine subtile Form der Beeinflussung: Sie sollte den Menschen ganz mit den Ideen der Propagandisten durchtränken, ohne dass er es überhaupt merkt.

Joseph Goebbels in seinem Büro, 1933

27.3.1933 | *„Ich diktiere einen scharfen Aufsatz gegen die Greuelhetze der Juden. Schon seine Ankündigung läßt die ganze Mischpoke zusammenknicken. Man muß solche Methoden anwenden. Großmut imponiert den Juden nicht. Man muß ihnen zeigen, daß man zu allem entschlossen ist. Ich gebe meinen Aufruf gleich mit Fernschreiber nach München weiter, damit er dem Führer übermittelt wird. Er wird entscheiden, wann die Aktion in Bewegung gesetzt werden soll."*

31.3.1933 | *„Viele lassen die Köpfe hängen und sehen Gespenster. Sie meinen, der Boykott würde zum Krieg führen. Wenn wir uns wehren, können wir nur Achtung gewinnen. ... Geht die Hetze im Ausland zu Ende, dann wird er abgestoppt, im anderen Falle beginnt dann der Kampf bis aufs Messer."*

Joseph Goebbels mit seinem persönlichen Referenten Karl Hanke, 1933

Die ideologischen Botschaften des Nationalsozialismus waren für Goebbels beinahe nach Belieben handhabbares Propagandamaterial. Anders als Hitler berauschte sich Goebbels selten an seinen eigenen Reden. Sein Antisemitismus kam nicht von innen, sondern war aus taktischen Gründen angelernt – was ihn nicht daran hinderte, zu gegebener Zeit einer der schlimmsten antijüdischen Hetzer zu werden.

Joseph Goebbels spricht bei einer Großkundgebung zum „Antijüdischen Boykott“ in Berlin

S.A.-Männer bekleben Fenster jüdischer Geschäfte in Berlin mit Propagandaparolen, 1. April 1933

Joseph Goebbels auf der Funkaustellung in Berlin, August 1933

Goebbels' Ziel war es, die gesamte Presse, den Rundfunk und auch alle anderen Formen der publizistischen Meinungsäußerung unter die Kontrolle der Nationalsozialisten zu bringen. Die Gleichschaltung war die zentrale Voraussetzung dafür, den Informations- und Meinungsfluss nach Belieben zu steuern. Nachrichten konnten der Bevölkerung vorenthalten, andere ihr im Übermaß aufgedrängt werden.

19.8.1933 | *„Funkausstellung eröffnet. Großer, würdiger Akt. Meine Rede wirkt sehr gut. … Ausstellung besichtigt. Sie ist sehr gut geworden. Das Fernsehen nur noch eine Frage von Monaten. Ich spreche telephon. mit Siam und mit dem Kapitän der* Bremen *auf hoher See. Gute Verständigung. Man ist erschüttert über die Entwicklung der Technik."*

Gruppenbild der deutschen
Delegation mit Außenminister
Konstantin von Neurath
(vorn 2.v.l.) und Propaganda-
minister Joseph Goebbels,
September 1933

Um den Friedenswillen seiner Regierung zu demonstrieren, schickte Hitler neben Außenminister Konstantin von Neurath im September 1933 auch Joseph Goebbels zur Abrüstungstagung des Völkerbundes nach Genf.

25.9.1933 | *„Heute Montag: mit Neurath zum Völkerbund. Deprimierend. Eine Totenversammlung. Parlamentarismus der Nationen. Nur interessant, die Menschen zu sehen. Sir John Simon: engl. Außen. Hoch und imposant. … Paul Boncour: übler Poseur. Franzose und Literat. Kein Kerl. Dollfuß: ein Zwerg, ein Geck, ein Schlawiner. Sonst nichts Rares. Heute morgen Formalien. Ich werde beäugt und begutachtet. Wie haushoch wir Deutschen doch überlegen sind. Das Ganze ohne Würde und ohne Stil. Hier hat Stresemann hingepaßt und sich wohlgefühlt. Für uns ist das nichts. Die Presse ist scharf auf mich. Sie will etwas wissen.“*

Joseph Goebbels während der Konferenz des Völkerbundes in Genf, September 1933

Der Propagandaminister gefiel sich in seiner neuen Rolle als Diplomat und gab ausländischen Korrespondenten bereitwillig Interviews. Der Berliner Pressefotograf Alfred Eisenstaedt beobachtete ihn dabei. Eisenstaedt emigrierte 1935 in die USA. Seine Fotos wurden u.a. im *Life Magazine* veröffentlicht.

„Ich bin der festen Überzeugung: Der Frieden in Europa muss erhalten bleiben. Ich bin weiterhin der festen Überzeugung, käme ein Krieg, er wäre das größte Unglück für die Welt."

[Joseph Goebbels im Interview mit dem britischen Journalisten George Ward Price am 25.9.1933]

„Was wäre diese Bewegung ohne die Propaganda geworden! Und wohin geräte unser Staat, wenn nicht eine wirkliche schöpferische Propaganda ihm noch heute das geistige Gesicht gäbe!“
[aus einer Rede von Joseph Goebbels, ca. 1936]

Joseph Goebbels als Redner

Während Hitler in seinen Reden auf eine massenpsychologische Überwältigung des Publikums abzielte, vertraute Goebbels auf ein System sozialer Kontrolle mittels ästhetisch feinsinnig verpackter Botschaften, gekünstelter Formulierungen und beeindruckender Effekte. Der Propagandaminister glaubte nicht an kollektiven Massenrausch und sicherte die Wirkung seiner Propaganda routiniert durch Gewaltandrohungen ab.

5.7.1935 | *„Mittwoch: allerhand Kleinarbeit in Heiligendamm. ... Richard Strauss schreibt einen besonders gemeinen Brief an den Juden Stefan Zweig. Die Stapo fängt ihn auf. Der Brief ist dreist und dazu saudumm. Jetzt muß Strauß auch weg. Stiller Abschied. ... Diese Künstler sind doch politisch alle charakterlos. Von Goethe bis Strauss. Weg damit! Strauss ‚mimt den Musikkammerpräsidenten'. Dann schreibt er an einen Juden. Pfui Teufel!"*

15.7.1935 | *„Samstag: gefaulenzt Palaver mit dem Führer. Er ist stark mit außenpolitischen Problemen befaßt. Aber auch die Innenpolitik hat ihn wieder fest. Wut auf Frick und seine Bürokraten. Er wird wohl bald dran glauben müssen. Das ist gut so! Mittags zusammen gegessen. Dann Sonne, Ausspannung. Spaziergang mit dem Führer. Die Leute sind rührend. Die Frauen weinen vor Freude. Ich kann mich der Tränen kaum erwehren. Kaffee. Spaziergang auf der Brücke. Intermezzo Führer Helga. Sie ist süß. Durch den Wald spaziert. Und dann nettes Palaver in meinem Zimmer. Führer ganz glücklich. ... Sonntag: es war ein kurzer Schlaf. Beim Führer zum Frühstück. Er ist ganz glücklich über diese zwei schönen Tage. Plan: großes Arbeiterbad auf einer Nordseeinsel. 10 000 Betten 15 Millionen. Das werden wir schaffen. Wir sind beide gleich ganz Feuer und Fett. Dann reist Führer ab. Auto nach Berlin. Ich bleibe ganz traurig zurück. Nachmittags gelesen, geschlafen. Massenbetrieb. Ich verdrücke mich in meinen Strandkorb. Bis abends. Halzschmerzen."*

Joseph Goebbels im Strandkorb und mit seinen Töchtern Helga und Hilde

Adolf Hitler mit Helga Goebbels in Heiligendamm, 1935

22.3.1936 | *„Gestern: früh an die Arbeit. … Aufruf an das Volk … Presse aufgemöbelt. Aber sie ist ja zu bedauern. Der Prügelknabe aller Instanzen. Viel zu tuen. Der Wahlkampf nimmt mich fast ganz in Anspruch. … Mit Magda heraus nach Wannsee. Sommerhaus angeschaut. Das wäre schon schön. Wenn wir das mieten oder erwerben könnten. Auf Schwanenwerder. Herrlich am See gelegen. Mal sehen!"*

Magda und Joseph Goebbels mit ihren Kindern Hilde, Holde, Helmut und Helga auf Schwanenwerder, 1937; im Hintergrund Stiefsohn Harald Quandt

20.6.1936 | *„Schwanenwerder: Frau Schmeling ist da. Wir warten auf Maxens Boxkampf mit Joe Louis. Wir sind den ganzen Abend in Spannung. Die kleine Anny Ondra ist ganz aufgelöst. ... Die Nacht aufgeblieben. Boxkampf Schmeling/Louis. ... Wir erzählen, lachen und heitern Anny auf. Sie ist entzückend. Dann um 3h nachts beginnt der Kampf.*
In der 12. Runde schlägt Schmeling den Neger k.o. Wunderbar, ein dramatischer, erregender Kampf. Schmeling hat für Deutschland gefochten und gesiegt. Der Weiße über den Schwarzen, und der Weiße war ein Deutscher. Seine Frau ist herrlich. In der ganzen Familie ein Freudentaumel. Nachts um 5h erst komme ich ins Bett. Ich bin ganz froh geworden. Heute werden wir eine Bootsfahrt machen. Und mit Anny Ondra den Sieg feiern."

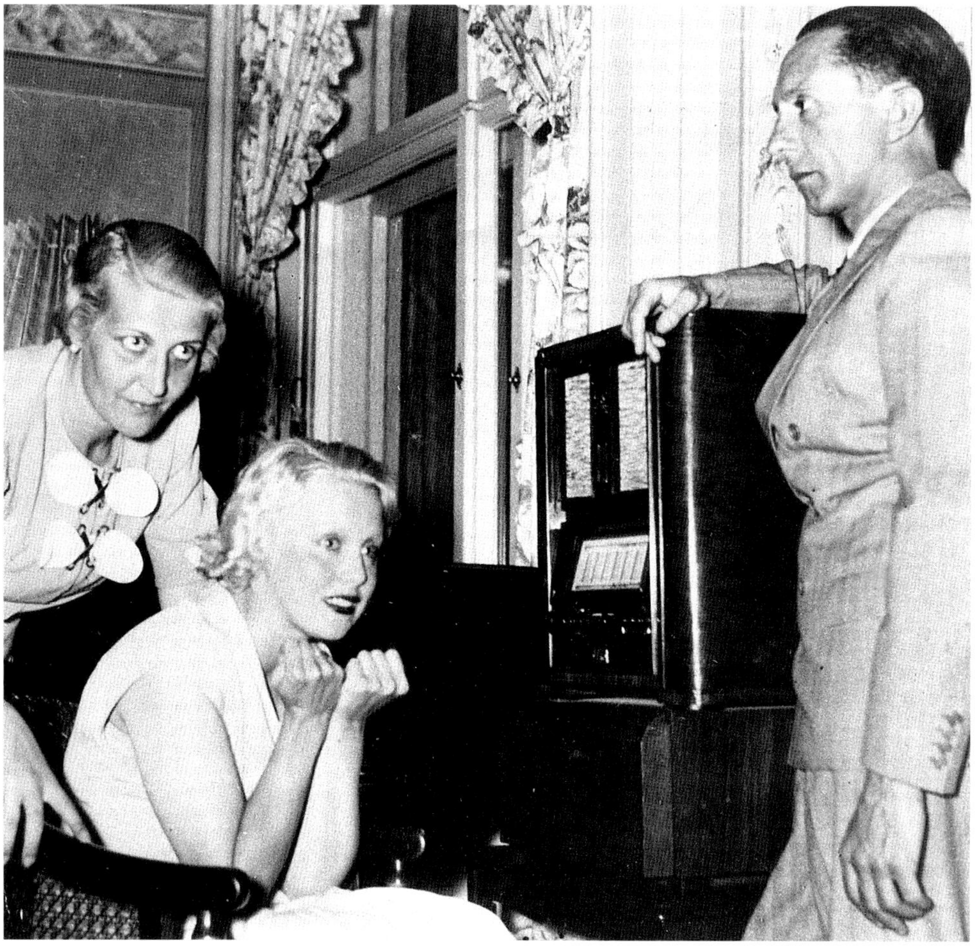

Magda und Joseph Goebbels hören mit Anny Ondra die Rundfunkübertragung des Boxkampfes Max Schmeling gegen Joe Louis, Juni 1936

Schmeling und seine Frau, die Filmschauspielerin Anny Ondra, waren gerngesehene Gäste bei Hitler und Goebbels.

Max Schmeling gewann am 19. Juni 1936 in New York überraschend durch K.o. gegen den amerikanischen Profiboxer Joe Louis. Den Revanchekampf verlor Schmeling 1938 in der ersten Runde.

Auch mit der Hilfe von Max Schmeling gelang es Hitler, den drohenden Boykott der Olympischen Spiele in Berlin abzuwenden. So präsentierte sich Deutschland im August 1936 der Welt als friedliebende Nation. Antisemitische Hetzparolen verschwanden weitgehend aus dem Straßenbild. Auf Weisung von Goebbels blieb der „Rassenstandpunkt bei der Berichterstattung völlig unbeachtet".

2.8.1936 | *„Der Führer. Das Fest beginnt. Besonders demonstrativ werden Franzosen und Italiener begrüßt. Kühl die Engländer. Etwas peinlich. Schrei, als die Flamme ankommt. Tausende von Brieftauben fliegen hoch. Olympiahymne von Strauss. Der erste Marathonsieger Louis überreicht dem Führer einen Lorbeerkranz aus Olympia. Halleluja von Händel. Große, mitreißende Feier. Triumphale Rückfahrt. In der Reichskanzlei noch lange mit dem Führer parlavert. Er lobt Japan und geht gegen Rußland ins Zeug. Recht hat er! ... Oft auf den Balkon. Die Menge tobt. Es ist tief ergreifend. Mädchen werden heraufgeholt und weinen vor dem Führer. Ein schöner, großer Tag. Ein Sieg für die deutsche Sache."*

Adolf Hitler und Joseph Goebbels als Zuschauer bei den Olympischen Spielen in Berlin, 1936

2.8.1936 | *„In der Nacht hat Magda zugestanden, daß Sache Lüdecke stimmt. Ich bin darüber sehr deprimiert. Sie hat mir permanent die Unwahrheit gesagt. Großer Vertrauensschwund. Es ist alles so schrecklich. Man kommt im Leben nie ohne Kompromisse aus. Das ist das Furchtbare! Ich werde lange brauchen, bis ich mich davon erhole."*

7.8.1936 | *„Abends großer Empfang Staatsoper von Göring und mir: eine Unzahl von Menschen. Die Staatsoper wunderbar dekoriert. Ein berauschendes Fest ... Gesang und Ballett. Eine große Propagandatat. Ich bin ganz glücklich. … Zu Hause noch mit Magda ausgesprochen. Alles in Ordnung."*

Magda und Joseph Goebbels bei einem Konzert, 1936

Adolf Hitler und Joseph Goebbels, um 1936

6.11.1936 | *„Frl. Riefenstahl macht mir ihre Hysterien vor. Mit diesen wilden Frauen ist nicht zu arbeiten. Nun will sie für ihren Film 1/2 Million mehr und zwei daraus machen. Dabei stinkt es in ihrem Laden wie nie. Ich bin kühl bis ans Herz hinan. Sie weint. Das ist die letzte Waffe der Frauen. Aber bei mir wirkt das nicht mehr. Sie soll arbeiten und Ordnung halten."*

Die Regisseurin Leni Riefenstahl im Garten ihrer Villa in Berlin mit Adolf Hitler und Joseph Goebbels, 1937

Riefenstahl mit ihrem Kameramann Walter Frentz bei den Dreharbeiten zum „Olympia-Film", 1936

Im Auftrag des IOC und finanziert vom Propagandaministerium drehte Leni Riefenstahl mit mehreren Kamerateams während der Olympischen Spiele 1936. Die beiden Filme „Olympia – Fest der Völker" und „Olympia – Fest der Schönheit" wurden vielfach preisgekrönt, u. a. erhielt Riefenstahl den Deutschen Filmpreis 1937/38.

DRP

6.11.1936 | *„Es ist spät geworden. Die Arbeit liegt in Haufen vor. Ich nehme mir einen ganzen Packen auf den Arm und fahre zum Bogensee heraus. Hier ist es so ruhig und friedlich. Hier kann man ohne Hast und Übereilung arbeiten und nachdenken. Herrliches Herbstwetter! Der Wald duftet so herrlich. Die polnische Presse hetzt wieder in der Danziger Frage. Unsere Lektion hat also offenbar nichts genützt. Wir müssen also vermutlich nochmal ran."*

„Den Spätnachmittag gelesen. Emil Ludwig ‚Mord in Davos', ein gemeines, echt jüdisches Machwerk zur Verherrlichung des ... Frankfurter, der Gustloff erschossen hat. Da kann man Antisemit werden, wenn man es nicht schon wäre. Diese Judenpest muß ausradiert werden. Ganz und gar. Davon darf nichts übrig bleiben. Sonst Palaver, Lektüre, Schreiben. Zeitig ins Bett. Es schläft sich so herrlich hier draußen im Walde."

12.12.1936 | *„Die Chefredakteure der Stänkerzeitungen zurechtgestutzt. Ihnen richtig ins Gewissen geredet. Mit einer Unzahl von Beispielen ihre Verantwortungslosigkeit gebrandmarkt. Und nun ist Schluß damit. Ich gehe jetzt mit scharfen Strafen vor. Ich will Ordnung und Einfügung. Außenseiter dulde ich nicht mehr. Ist mir auch egal, wer dahinter steht."*

Ausflugsfahrt von NS-Größen
in Berlin, um 1936

Die Ehe von Magda und Joseph Goebbels wurde immer wieder durch Affären beider belastet. In eine ernsthafte Krise geriet die Beziehung aber erst durch die Schauspielerin Lida Baarova, deren Filmkarriere unter der Protektion des Ministers gedieh.

3.12.1937 | *„Spätnachmittags eine Stippvisite in Schwanenwerder. Magda ist etwas krank. Sie ist so gütig und geduldig. Die Kinder von einer unbeschreiblichen Süße. Ich liebe sie alle sehr. Wir palavern, spielen, machen Quatsch, und es ist ganz lustig. Abends in Berlin Filme geprüft: ‚Jungfernschaft' ein Prager Film mit Lida Baarova. Wunderbar gespielt, herrlich in der Regie, aber das Milieu etwas schmierig und unsauber. Typisch tschechisch. Ich habe keinen Spaß daran. Aber gekonnt ist das alles doch!"*

Lida Baarova in dem UFA-Film „Patrioten", 1937

Joseph Goebbels mit der Schauspielerin Lida Baarova, 1936

Hitler ermächtigte eine von ihm berufene Kommission, sämtliche als „entartet“ gebrandmarkten Werke zu beschlagnahmen. Ein Teil der Bilder und Skulpturen wurden 1937 in der Ausstellung „Entartete Kunst“ gezeigt. Nach dem Ende der Schau schlug Propagandaminister Goebbels vor, man solle die wertvollen Bilder ins Ausland verkaufen und die anderen einfach verbrennen.

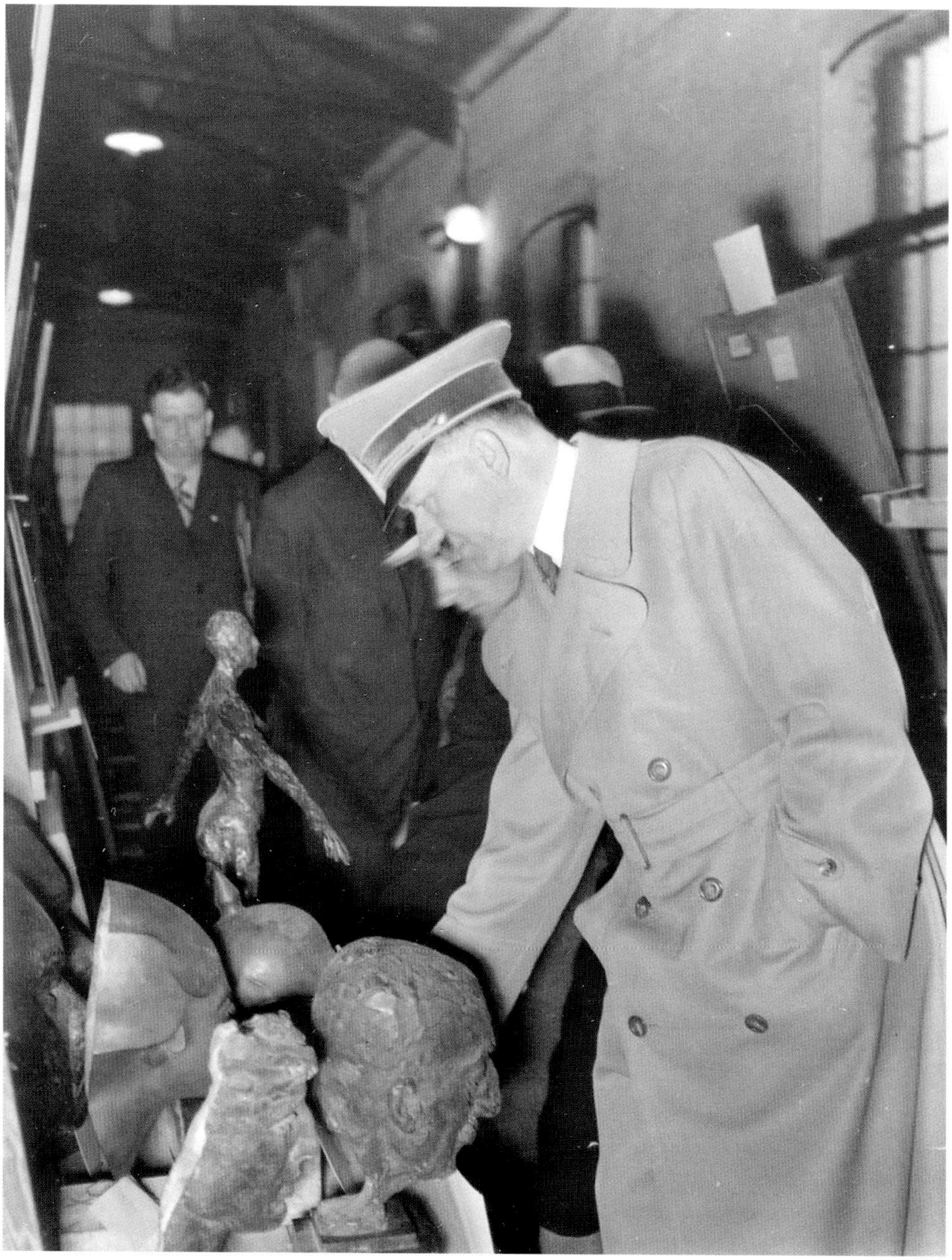

Adolf Hitler und Joseph Goebbels besichtigen „entartete Kunst“ im Speicherhaus Köpenicker Straße in Berlin, Januar 1938

7.1.1938 | *„Material über die Kunstentartung durchstudiert. Ich bekomme wieder mal richtig die Wut. Wir sind noch garnicht scharf genug.“*

Unter den Kunstwerken im Speicherhaus befanden sich u. a. Plastiken von Wilhelm Lehmbruck, Rudolf Belling und Renée Sintenis

14.1.1938 | *„Mit dem Führer die aufgestapelten Dokumente der entarteten Kunst besichtigt. 2 Stunden lang. Das Resultat ist vernichtend. Kein Bild findet Gnade. Führer auch für entschädigungslose Enteignung. Einiges davon wollen wir im Ausland gegen gute Meister austauschen. Dafür setzt der Führer eine Kommission unter meinem Vorsitz ein."*

Magda und Joseph Goebbels
im Gespräch mit Winifred
Wagner

25.7.1938 | *„Haus Wahnfried. Magda freut sich ganz sehr. Sie ist wunderbar erholt und wir sind beide froh, uns wiederzuhaben. Der Führer ist schon da. Er ist guter Dinge, sehr aufgeräumt und nett. ... Festspiele. ‚Tristan'. Große Auffahrt. Aufführung im Ganzen sehr gut. ... Erstes Bild herrlich, zweites etwas peinlich und kitschig, letztes auch nicht gelungen. Aber diese Musik, diese Akustik! Unvergleichlich. Unten stehen Tausende von Sudetendeutschen und rufen nach dem Führer. Es ist ganz ergreifend. Der Führer sagt mir, er werde diese Frage in kürzester Zeit lösen. Und das wird er auch. In dieser gespannten Situation wird eines Tages die große Gelegenheit kommen."*

Joseph Goebbels bei den Richard-Wagner-Festspielen in Bayreuth, Juli 1938

Im August 1938 ging Magda Goebbels zu Hitler, um die Scheidung zu fordern. Hitler zwang Goebbels zur Trennung von Lida Baarova. Der Propagandaminister blieb im Amt. Seine Familie wurde fortan in der Öffentlichkeit als Vorzeigefamilie des „Dritten Reiches" präsentiert.

18.8.1938 | *„Gestern: ein schwerer Tag. Am Abend vorher eine lange Aussprache mit Magda, die für mich eine einzige Demütigung ist. Ich werde ihr das nie vergessen. Sie ist so hart und grausam. Ich kann nur mit starken Mitteln schlafen. Und gegessen habe ich seit 3 Tagen gar nichts. Und dabei ewig in dem alten Arbeitstrott. Ich kann das kaum noch ertragen. Ich habe niemanden, der mir hilft. Ich will auch keinen haben. Man soll auch den Schmerz ganz auskosten. Und sich vor nichts feige zurückziehen. Ich durchlebe augenblicklich die schwerste Zeit meines Lebens."*

Joseph Goebbels mit Familie zu Besuch bei Adolf Hitler auf dem Berghof, 1937

Offizielles Gruppenbild auf
dem Kehlstein, 1938

Trotz aller Bemühungen gelang es Goebbels jahrelang nicht, den Antisemitismus für die Deutschen zu einem zentralen Thema zu machen. Gleichwohl hatte das Dauerfeuer antisemitischer Propaganda verheerende Wirkung. Denn was sich diffus in den Köpfen festsetzte, war das Bewusstsein, dass es eine wie auch immer geartete „jüdische Frage" gebe. Juden wurden so propagandistisch zu einer gesellschaftlichen Sondergruppe gemacht, was ihre Isolierung in der Bevölkerung beförderte und damit den später vor aller Augen initiierten Holocaust erst ermöglichte.

10.11.1938 | *„In Kassel und Dessau große Demonstrationen gegen die Juden, Synagogen in Brand gesteckt und Geschäfte demoliert. Nachmittags wird der Tod des deutschen Diplomaten vom Rath gemeldet. Nun aber ist es g[ar]. Ich gehe zum Parteiempfang im alten Rathaus. Riesenbetrieb. Ich trage dem Führer die Angelegenheit vor. Er bestimmt: Demonstrationen weiterlaufen lassen. Polizei zurückziehen. Die Juden sollen einmal den Volkszorn zu spüren bekommen. Das ist richtig. Ich gebe gleich entsprechende Anweisungen an Polizei und Partei. Dann rede ich kurz dementsprechend vor der Parteiführerschaft. Stürmischer Beifall. Alles saust gleich an die Telephone. Nun wird das Volk handeln."*

Brennende Synagoge in Bielefeld, November 1938

23.8.1939 | *„Gestern: die Ankündigung des Nichtangriffspaktes mit Moskau ist die große Weltsensation. Das ganze europäische Kräftebild ist damit verschoben. London und Paris sind fassungslos, Warschau spielt den Halbstarken, aber das wirkt nur noch lächerlich. Der Führer hat eine genialen Schachzug getan. Es muß sich nun zeigen, wie die Welt darauf reagiert. ... Mittags und nachmittags durchgearbeitet. Ich soll meine Parteitagsrede diktieren. Das kann ich im Augenblick nicht. Man weiß noch nicht, gegen wen es eigentlich geht und gegen wen nicht. ... Draußen ruft der Führer an: er ist ausgezeichneter Stimmung, ich beglückwünsche ihn zu seinem genialen Schachzug mit dem Russenpakt, der in der ganzen Welt ein wahre Sensation darstellt. Der Führer will mich sprechen. Ich sage gleich meinen Besuch auf dem Obersalzberg für Mittwoch zu."*

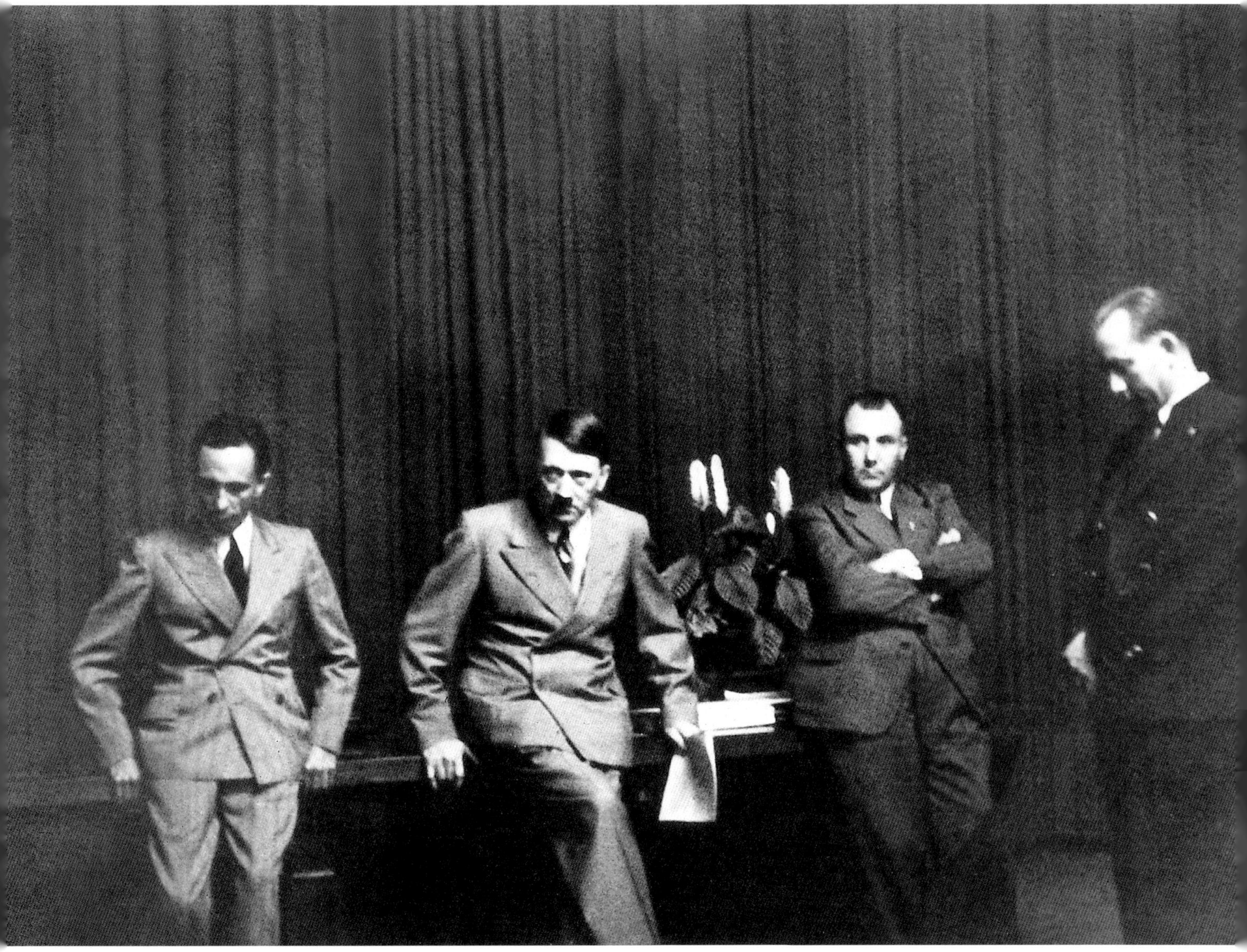

Joseph Goebbels mit Adolf Hitler und Martin Bormann auf dem Obersalzberg, August 1939

1.9.1939 | *„Gestern: … Mittags gibt der Führer Befehl zum Angriff in der Nacht gegen 5h. Es scheint, daß damit die Würfel endgültig gefallen sind. Göring ist noch skeptisch. Der Führer glaubt auch nicht daran, daß England eingreifen wird. Das kann im Augenblick niemand sagen. … Die Stimmung ist auf den Siedepunkt gestiegen. Zu Hause Arbeit. Proklamation an das Volk und die Partei fertiggemacht. Ebenso die Flugblätter für Polen und noch allerlei sonstiges Material. Wir sind fertig und gerüstet.“*

Adolf Hitler spricht im
Reichstag, 1939

War der Propagandaminister zu Beginn des Krieges noch ein Zaungast der Entwicklung gewesen – von den Militärs und auch von Hitler selbst als nicht kriegswichtig eingestuft, wegen seiner öffentlich ausgetragenen Eheprobleme diskreditiert und entsprechend an den Rand geschoben –, so gelang es ihm im Verlauf des Krieges, erheblichen Einfluss nicht nur auf die Kriegspropaganda, sondern auf die gesamte Kriegführung zu gewinnen.

Magda und Joseph Goebbels mit dem italienschen Außenminister Graf Galeazzo Ciano

Joseph Goebbels in seinem Arbeitszimmer

18.4.1940 | *„Er [Hitler, Anm. d. Herausg.] rühmt den Aufstieg der Luftwaffe. Sie hat die ganze Kriegsführung revolutioniert. Dagegen können auf Dauer die Schlachtschiffe selbst nicht an. Wir haben da einen Vorsprung und müssen den auch immer zu halten suchen. Frage, wann soll's losgehen. Das hängt sehr vom Wetter ab, das für die Luftwaffe immer noch saumäßig ist. Wir müssen England attackieren, und wenn erst, dann richtig und durchgreifend. Dann darf es kein Aufhalten mehr geben. Also müssen wir uns noch etwas mit Geduld wappnen."*

5.7.1940 | *„Wann aber soll das richtig losgehen? Unsere Presse ist kaum noch auf der halben Linie zu halten. Und erst das Volk. Es dürstet direkt nach dem Krieg mit England."*

19.10.1940 | *„Göring steht ganz auf meiner Seite. Ich werde in ihm eine sehr wichtige Stütze haben. Paris. Der alte Zauber dieser wunderbaren Stadt, in die das pulsierende große Leben wieder zurückgekehrt ist. Viel Militär. Ich bummle mit Göring durch die Straßen. Eine Riesensensation. Dann mache ich ein paar Einkäufe. Abends ins Casino de Paris. Ein Variété. Nicht so gut wie die Berliner, aber viele schöne Frauen und eine entwaffnende Nacktheit. Das könnten wir in Berlin niemals zeigen. Im Maxim gegessen. Mit Göring, der sehr nett zu mir ist. Ein tolles Leben. Hier merkt man gar nichts mehr vom Krieg. ... Göring ist fabelhaft. Er ist doch ein lieber Kerl. Spät abends todmüde ins Bett gefallen."*

Joseph Goebbels besucht Heinz Rühmann (mit den Schauspielerinnen Margot Hielscher und Anny Ondra) im Filmstudio Berlin-Tempelhof bei den Dreharbeiten zu „Der Gasmann", 1940

Heinz Rühmann zählte zu den beliebtesten und bestbezahlten Filmstars im „Dritten Reich". 1940 übernahm er die Regie des „Geburtstagsfilms", den die UFA dem Propagandaminister alljährlich schenkte, und zeigte darin den Tagesablauf der Goebbels-Kinder.

30.10.1940 | *„43 Jahre alt. Ein bißchen Rückschau und Besinnlichkeit. Das tut mal gut an solchen Tagen. … Die Kinder gratulieren als erste. Wie die Orgelpfeifen stehen sie aufgestellt und sagen ihre Gedichte und überreichen ihre Geschenke und Blumensträuße. Wunderbar süß! Wir schauen gemeinsam den Film an, den Heinz Rühmann mit den Kindern gedreht hat, zum Lachen und zum Weinen, so schön."*

Magda Goebbels mit ihren Kindern Hilde, Holde, Hedda, Helga und Helmut, 1940

Szenenfotos aus dem UFA-Film „Ohm Krüger“

Seit Kriegsbeginn entwickelte die UFA im Auftrag des Propagandaministers antienglische Stoffe. In „Ohm Krüger“, einer Geschichte aus dem „Befreiungskrieg“ der südafrikanischen Buren gegen die englische Kolonialmacht, wurde die Brutalität der Briten besonders drastisch dargestellt. Der Film war sehr erfolgreich und spielte etwa sechs Millionen Reichsmark ein.

23.10.1940 | *„Churchill hat einen Appell an das französische Volk gerichtet: frech, beleidigend und strotzend vor Heuchelei. Ein widerliches, fettes Viehstück. Ich gebe die Rede zu einer scharfen und geharnischten Antwort frei. Sonst lebt England weiter von Illusionen.“*

2.4.1941 | *„Abends Uraufführung des fertigen ‚Ohm Krüger‘ vor einem größeren Kreise bei mir zu Hause. Größte Spannung. Der Film ist einzigartig. Ein ganz großer Wurf. Alle sind hingerissen davon. Jannings übertrifft sich selbst. Ein Anti-Englandfilm, wie man sich ihn nur wünschen kann.“*

6.4.1941 | *„ ‚Ohm Krüger‘ hat die Gemüter sehr erhitzt. Die Presse kritisiert fabelhaft. Einige verkalkte Bürokraten aus dem Auswärtigen Amt nehmen Anstoß. Sonst ist alles begeistert.“*

Emil Jannings in der Hauptrolle als Karikatur des britischen Premierministers Winston Churchill

22.6.1941 | *„Gestern: … Meine Mitarbeiter ins Bild gesetzt. Maßlose Verblüffung auf der ganzen Linie. Die meisten hatten die halbe, oder auch schon die ganze Wahrheit erraten. Es beginnt gleich eine fieberhafte Arbeit. Rundfunk, Presse und Wochenschau werden mobilgemacht. Alles klappt wie am Schnürchen. … 3:30 h. Nun donnern die Geschütze. Gott segne unsere Waffen! Draußen auf dem Wilhelmplatz ist alles still und leer. Berlin schläft, das Reich schläft. … Große wunderbare Zeit, in der ein neues Reich geboren wird. Unter Schmerzen zwar, aber es steigt empor zum Licht. Die neue Fanfare ertönt. Machtvoll, brausend und majestätisch. ... Ich verlese über alle Sender die Proklamation des Führers an das deutsche Volk. Auch für mich ein feierlicher Augenblick. Die Last vieler Wochen und Monate fällt herunter. Ich fühle mich ganz frei.“*

24.6.1941 | *„500 Meter Wochenschau aus dem Anfang unseres Rußlandfeldzuges. Unsere neuen Waffen werden zum Teil gezeigt. Mordsbiester, die einfach alles hinhauen. Am Sowjetstaat vollzieht sich jetzt das geschichtliche Strafgericht des Herrn. Die europäische Anti-Rußlandfront bildet sich fast wie von selbst. Wir tuen gar nichts dazu, um keinen Verdacht zu erregen. Ich glaube, der Krieg gegen Moskau wird psychologisch und vielleicht auch militärisch unser größter Schlag.“*

Deutsche Infantristen in der litauischen Ortschaft Vilkija; deutsche Panzer überqueren die deutsch-sowjetische Demarkationslinie in Polen, Juni 1941

Die uniformierten Journalisten der Propaganda-Kompanien (PK) waren eine Erfindung ganz nach dem Geschmack des Propagandaministers. „Der PK-Mann“, schrieb Goebbels in der Wochenzeitung *Das Reich*, „ist kein Berichterstatter im herkömmlichen Sinne, sondern ein Soldat. Neben Pistole und Handgranate führt er noch andere Waffen mit sich: die Filmkamera, die Leica, den Zeichenstift oder den Schreibblock.“

Kameramann einer Propaganda-Kompanie auf den Dächern eines Panzerzuges, um 1941

Hitler versprach Goebbels in einem Gespräch am 18. August 1941, dass zu allererst die Berliner Juden in den Osten deportiert würden. Zunächst verschärfte der Gauleiter deren Lebensbedingungen drastisch. Am 14. Oktober begannen die Deportationen in Berlin, dann überall in Deutschland. Nur etwa 1400 Berliner Juden überlebten den Holocaust im Untergrund.

20.8.1941 | *„Darüber hinaus hat der Führer mir zugesagt, daß ich die Juden aus Berlin unmittelbar nach der Beendigung des Ostfeldzugs in den Osten abschieben kann. Berlin muß eine judenreine Stadt werden. Es ist empörend und ein Skandal, daß in der Hauptstadt des deutschen Reiches sich 76000 Juden, zum größten Teil Parasiten, herumtreiben können. Sie verderben nicht nur das Straßenbild, sondern auch die Stimmung. Zwar wird das schon anders werden, wenn sie ein Abzeichen tragen, aber ganz abstellen kann man das erst dadurch, daß man sie beseitigt."*

Deportation jüdischer Bürger aus Hanau ins KZ Theresienstadt, Mai 1942

1.9.1941 | *„Venedig erscheint wieder wie ein wahres Juwel mitten im Meere. Es ist doch die schönste Stadt, die ich kenne. … Ich werde auf einem Schiff* Cyprus *einquartiert, das nahe vor dem Markusplatz vor Anker liegt und einen prachtvollen Überblick über die Lagunenstadt gestattet. Hier hat man ein wenig Ruhe und wird nicht so stark in den Trubel der Biennale hineingezogen. Es wimmelt in Venedig von Filmleuten aus aller Herren Ländern, die sich hier ein Stelldichein gegeben haben."*

1.9.1941 | *„Die regulären Zeremonien, die nun einmal unvermeidlich mit einem solchen Besuch verbunden zu sein pflegen: … das Mittagessen in einem wunderbaren Palazzo am Canale Grande. Darin ist Venedig groß, und man möchte wenigstens einen dieser herrlichen Paläste in unsere Steinwüste Berlin versetzen. Jedesmal, wenn man diese Palazzi betritt, weiß man, wie notwendig es ist, daß die Reichshauptstadt monumental umgebaut wird und wenigstens in einigen Jahrhunderten auch für den Besucher einiges zu sehen bietet."*

2.9.1941 | *„Der Abend wird abgeschlossen durch einen riesigen Empfang, den die Cinecittà gibt, pompös und großartig aufgezogen; aber was nützen Filmempfänge, wenn schlechte Filme gemacht werden? Die Hauptsache sind immer die Filme und nicht die Empfänge. Nach dem Empfang spaziere ich noch ein bißchen durch die monderleuchtete Stadt Venedig. Sie ist zauberhaft schön, vor allem jetzt, wo sie nicht künstlich erleuchtet ist, und bietet mit ihren vielen Türmen und Silhouetten ein geradezu märchenhaftes Bild. In dieser friedlichen Atmosphäre kommt einem der Krieg wie eine ferne, aber unvermeidliche Notwendigkeit vor, und man stellt hier dringender und unabweisbarer als je fest, daß er niemals ein Ziel sein kann, sondern immer nur ein Weg sein muß."*

Magda und Joseph Goebbels
in Venedig

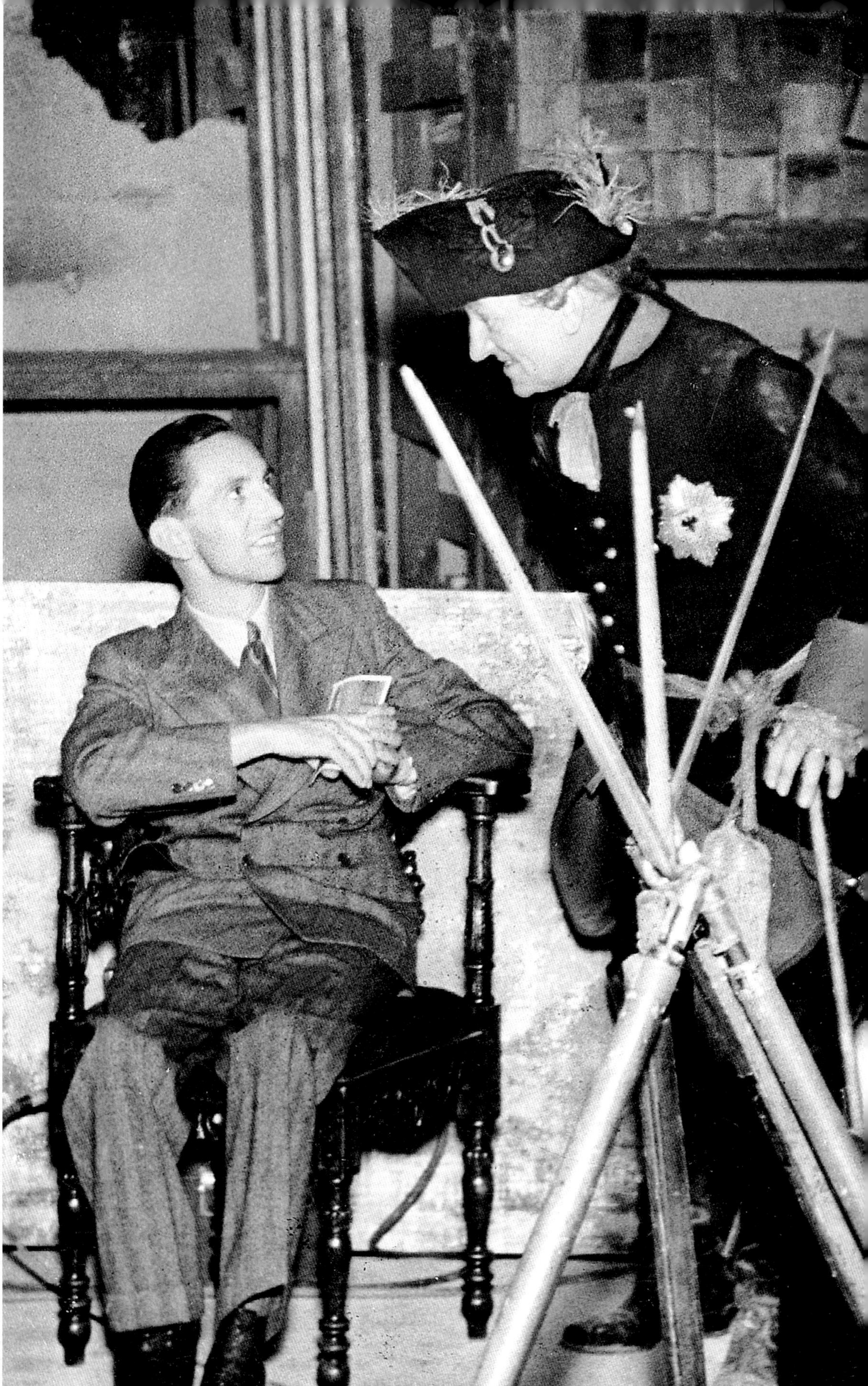

Joseph Goebbels mit dem „Fridericus"-Darsteller Otto Gebühr, 1936

Aus der Unterhaltungskultur der Weimarer Republik, die der westlichen Moderne verpflichtet war, wurde sukzessive ein staatlich inszeniertes Betreuungs- und Ablenkungsprogramm. Es sollte nach Möglichkeit das „wahre Leben" widerspiegeln – und das hieß, ein Leben, das nicht, wie der Alltag der Deutschen, von omnipräsenten Uniformen, Entbehrungen und Bombenangriffen geprägt war.

Kristina Söderbaum in „Opfergang", 1943; Marika Rökk in „Frauen sind doch bessere Diplomaten", 1941

16.10.1941 | *„Wir haben es in den letzten zwei Jahren fertiggebracht, Filmerfolge von ungeahnten Ausmaßen zu erringen. Das ist in der Hauptsache darauf zurückzuführen, daß es uns gelungen ist, moderne Stoffe modern zu gestalten. Nur die Personalpolitik ließ noch viel zu wünschen übrig."*

„Der Nachwuchs im Film ist von mittelmäßigem Format. Er macht einen zu kleinbürgerlichen Eindruck. Sowohl auf der Männer- wie auf der Frauenseite haben wir Typen ausgewählt, die fast in keinem Fall die Möglichkeit besitzen, internationale Durchschlagskraft zu erreichen. Das muß geändert werden. Wenn der deutsche Film die Welt erobern soll, dann muß er auch Personen in Szene setzen, die für die Welt ein Begriff darstellen können. Ich werde nicht eher locker lassen, bis wir auch auf diesem Gebiet greifbare Erfolge zu verzeichnen haben."

30.11.1941 | *„Im übrigen hat der Führer immer den Standpunkt vertreten, daß man keine großen Städte der Sowjetunion nehmen soll. Praktisch hat man keinen Vorteil davon, und man hängt sich nur eine Anhäufung von Frauen und Kindern an, für deren Ernährung und Sicherstellung man dann die Verantwortung übernimmt. ... Moskau und Leningrad sollen als Städte überhaupt nicht in unsere Hand kommen; sie sollen zerstört werden, und später muß darüber der Pflug gehen. ... Es ist bewundernswert, wie wenig der Führer in seiner Kriegführung Prestigestandpunkte vertritt. Er denkt gar nicht daran, Moskau zu erobern, um dort eine Siegesparade zu veranstalten ... Es handelt sich bei dieser Kriegsführung nicht darum, sichtbare Lorbeeren zu pflücken, sondern den Feind zu vernichten. Das ist das Entscheidende, und dieses Ziel wird auch mit allen Kräften zu erreichen versucht."*

Joseph Goebbels mit
Adolf Hitler in München

Goebbels orientierte seine Propaganda mit Vorliebe an realen Ereignissen und praktizierte eine professionelle Kommunikationsstrategie bei der Wahl von Zeitpunkten und Medien. Er setzte die Technik des Emotionsmanagements geschickt ein, indem er Erwartungen kreierte, um diese dann wieder zu dämpfen und so einen ständigen Spannungs- oder Angstzustand auf einem bestimmten Niveau zu erhalten.

21.12.1941 | *„Ich lese einen längeren Bericht eines Frontoffiziers aus dem Osten von Ende November, der ziemlich depressiv klingt. Es fehlt vorn an allem: an Lebensmitteln, an Benzin, an Waffen, an Munition und an Menschen. Die Stimmung der Truppe ist verhältnismäßig noch gut. Allerdings hat sie das dumpfe Empfinden, daß irgend etwas versäumt worden ist. In dieser Situation wird natürlich der Aufruf des Führers wie eine Erlösung wirken."*

„Unsere zu optimistische Propaganda, d.h. die Propaganda, die sich sehr gegen meinen Willen darauf einstellte, daß der Feldzug im Osten schon entschieden sei, wird von der Front nur mit Verachtung behandelt. Dr. Dietrich [Reichspressechef, Anm. d. Herausg.] weiß gar nicht, einen wie großen Schaden er damit angerichtet hat. Seine Rede hat geradezu verheerend gewirkt. Wenn man bedenkt, daß zur Zeit, als diese Rede gehalten wurde, an der Front die schwersten Belastungen ertragen und die härtesten Kämpfe durchgefochten werden mußten, dann kann man sich ungefähr eine Vorstellung davon machen, was der biedere Frontsoldat von solchen Heimatschwätzereien hält. Ich bedauere nur sehr, daß zum Teil auch ich selbst für diese Dinge verantwortlich gemacht werde, obschon ich nicht nur nichts damit zu tun, sondern mich mit Händen und Füßen dagegen gesträubt habe."

Vormarsch in der Sowjetunion, 1941/42

Die völlig zerstörte Nordstadt
von Stalingrad, 1942

Brennendes Dorf bei Charkow,
1942

22/12

Ab 1942 war es Goebbels, der den Deutschen immer mehr Härten abverlangte. Er wude zur Triebfeder der Kriegsanstrengungen. 1944 ernannte ihn Hitler deshalb zum „Reichsbevollmächtigten für den totalen Kriegseinsatz“ und bestimmte ihn kurz vor dem Untergang des Regimes zu seinem Nachfolger.

Joseph Goebbels spricht bei einer Großkundgebung zum „Totalen Krieg“ im Berliner Sportpalast, Februar 1943

15.2.1943 | *„Ich beginne am späten Nachmittag meine Rede für den Sportpalast zu diktieren, die ich bis in den Abend hinein korrigiert vorliegen habe. Ich glaube, daß sie sehr gut gelungen ist. Vielleicht wird sie sogar eine Meisterleistung meiner bisherigen Redetätigkeit überhaupt sein. Wir können eine solche Rede auch für die öffentliche Stimmung sehr gut gebrauchen. Es ist wiederum notwendig geworden, dem deutschen Volke eine Aufmunterung zu geben. … Man möchte sich heute vermillionenfachen können, um jeden Tag das Millionenfache von dem zu leisten, was man heute leisten kann.“*

TOTALER

KRIEG – KÜRZESTER KRIEG

19.2.1943 | *„[Gestern:] Am Nachmittag um 5 Uhr findet nun die lange erwartete Sportpalastversammlung statt. Der Besuch ist überwältigend; schon um 1/2 5 Uhr muß der Sportpalast wegen Überfüllung gesperrt werden. Die Stimmung gleicht der einer wilden Raserei des Volkes. … Der Berliner stellt das politischste Publikum, über das wir augenblicklich im Reich verfügen. Fast das gesamte Reichskabinett, eine ganze Anzahl von Reichs- und Gauleitern und fast alle Staatssekretäre sind im Sport-palast vertreten; kurz und gut, diese Versammlung stellt einen Querschnitt durch das deutsche Volk dar."*

„Der Schluß der Versammlung geht in einem Tohuwabohu von rasender Stimmung unter. Ich glaube, der Sportpalast hat noch niemals, auch nicht in der Kampfzeit, solche Szenen erlebt. Das Volk ist, wie diese Kundgebung bezeugt, bereit, alles für den Krieg und für den Sieg hinzugeben … ich werde schon dafür sorgen, dass der totale Krieg nicht nur auf dem Papier stehen bleibt.“

Am 18. Februar 1943 wandte sich Goebbels mit energischer Stimme an rund 10 000 „deutsche Volksgenossen und Volksgenossinnen“ im Berliner Sportpalast und „viele Millionen Menschen“ vor ihren Radios. Die Absichten des Propagandaministers waren vielfältig: Der Schock nach dem Desaster von Stalingrad, der tiefer ging, als Goebbels zunächst geglaubt hatte, sollte überwunden werden. Zugleich wollte er das gesamte zivile Leben in den Dienst des Krieges stellen. Es wurde die berühmteste Rede in der Endzeit des NS-Regimes.

Experten von Partei
und Polizei inspizieren
Ruinenfelder in der
Berliner Innenstadt,
März 1944

3.3.1943 | *„Schon auf der Fahrt nach Berlin … erfahre ich, daß in der Nacht ein schwerer Luftangriff auf Berlin stattgefunden hat. Die ganze Schwere dieses Angriffs kann ich allerdings aus dem ersten Bericht noch nicht entnehmen. … Ich mache gleich eine Rundfahrt durch die Stadt und besichtige einige Schadensstellen. Zuerst fange ich bei der Hedwigskirche an, die einen geradezu trostlosen Anblick bietet. Die Pfarrer bitten mich eindringlich darum, … ihnen den Saal der Singakademie für ihre Gottesdienste zu Verfügung zu stellen. Ich gehe auf diese Forderung bereitwilligst ein. Kleine Geschenke erhalten die Freundschaft."*

24.11.1943 | *„Es ist unerfindlich, wie die Engländer … in der Reichshauptstadt so viel zerstören können. … Das Bild, das sich auf dem Wilhelmplatz bietet, ist geradezu trostlos. … Das Propagandaministerium ist im großen und ganzen verschont geblieben. … Ich halte gleich am frühen Morgen eine lange Konferenz mit den Kreisleitern und den sonstigen für Berlin zuständigen Instanzen ab, in der eingehend über die betreffenden Maßnahmen gesprochen wird. Wir arbeiten großzügig und improvisatorisch. … Immerhin kann man feststellen, dass Berlin sich auf das wirksamste auf den Luftkrieg eingestellt hat. … Die Berliner sind schlau und wissen schon aus eigener Initiative, wann es sich lohnt, ein Gebiet zu verteidigen, und wann sie ein Gebiet zu verlassen haben."*

25.2.1944 | *„Sehr warme Worte findet der Führer für die Haltung der Berliner Bevölkerung. Er betont, dass Berlin bei den Bombenangriffen der letzten Monate überhaupt erst die Reichshauptstadt geworden sei. Auch in Süddeutschland werde sie jetzt in jeder Beziehung als solche respektiert, und die Berliner hätten bei den Luftangriffen eine Tapferkeit und mannhafte Haltung gezeigt, wie man sie ihnen in großen Teilen des deutschen Volkes und der Welt nicht zugetraut habe."*

Aufräumarbeiten nach einem alliierten Luftangriff auf Berlin, Juli 1944

7.7.1944 | *„Die Begeisterung ist stark abgeflaut. V1 sowohl wie die Invasion haben enttäuscht. Auch im Osten sieht man keine großen Hoffnungen gegeben. Stark wird auch unsere Nachrichtenführung in Presse und Rundfunk kritisiert. Unsere Journalisten und Sprecher haben, was ich ja immer schon kritisiert hatte, den Mund wieder etwas zu voll genommen. Das Volk will jetzt keine Beschönigungsberichte mehr, sondern es will die volle Wahrheit erfahren. … Haegert ist der Meinung, daß wir die Parole ‚Blut, Schweiß und Tränen' in einer veränderten Form auch für uns aufgreifen könnten. Mit einer solchen Parole wären wir allen Rückschlägen gegenüber absolut gesichert, was bei unserer gegenwärtigen Nachrichtenführung nicht der Fall sei."*

„Es hat keinen Zweck mehr, an den Dingen vorbeizureden, und es nützt dem Führer auch gar nichts, wenn man ihn durch Schweigen schont. Die Aussprache, … die ich mit dem Führer habe, verläuft sehr dramatisch und stürmisch. Aber der Führer gibt mir in jedem Punkt recht. Ich fühle zwar, daß es ihn etwas verbittert, daß diese Dinge so weit gediehen sind, nicht aber, daß ich sie so brüsk und offen ausspreche."

28.2.1945 | *„Wenn einer wie Göring völlig aus der Reihe tanzt, dann muß er zur Raison gerufen werden. Ordenbehängte Narren und eitle, parfümierte Gecken gehören nicht an die Kriegführung. … Ich werde nicht ruhen und nicht rasten, bis der Führer hier Ordnung geschaffen hat. … Es ist beispielsweise eine grobe Stillosigkeit, daß der erste Offizier des Reiches in dieser Situation des Krieges in einer silbergrauen Uniform herumläuft. Welch ein weibisches Betragen den Ereignissen gegenüber! Hoffentlich gelingt es nun dem Führer, aus Göring wieder einen Mann zu machen."*

Adolf Hitler und Hermann Göring (r.) mit Großadmiral Karl Dönitz, Generalfeldmarschall Wilhelm Keitel, Reichsführer SS Heinrich Himmler und SS-Gruppenführer Hermann Fegelein (von links) bei einem Truppenbesuch, April 1944

In der letzten Phase des Krieges stellte Goebbels die gesamte Kommunikation auf eine schrille Gräuel- und Durchhaltepropaganda um, die den Verteidigungswillen der Deutschen auch dann noch anstacheln sollte, als es außer ein paar Quadratkilometern des Berliner Regierungsviertels und einigen peripheren Städten wie Breslau nichts mehr zu verteidigen gab.

9.3.1945 | *„Ich fahre mittags zu einem Besuch nach Görlitz. Das Wetter ist klar und frostig. Über der Landschaft liegt eine wunderbare Sonne. Nachdem man das Trümmerfeld von Berlin hinter sich hat, kommt man in ein Gebiet hinein, das scheinbar vom Kriege noch gänzlich unberührt ist. Man fühlt sich direkt glücklich, wieder einmal freies Land und freie Luft zu atmen. … Das Volk auf dem platten Lande lebt noch ein ziemlich ungestörtes Leben. Man kann es darum beneiden. … Dann aber kommt man unmittelbar in das Frontgebiet hinein. … In der Ferne sieht man hin und wieder feindliche oder deutsche Kanonenschüsse aufblitzen. … Wir kommen unterdessen in Lauban an. Die Stadt ist durch die vorangegangenen Kämpfe ziemlich stark mitgenommen.“*

„Auf dem Marktplatz in Lauban, der völlig zerstört ist, haben Fallschirmjäger, die bei der Operation von Lauban sehr ruhmvoll beteiligt waren, Aufstellung genommen. [Generaloberst] Schörner spricht zu den Truppen und findet in seiner Rede die rühmendsten Worte für mich und für meine Arbeit. Er preist insbesondere meinen ständigen und unermüdlichen Kampf für einen totalen Krieg und wünscht diesen Bestrebungen Glück. Er sagt, daß ich als einer der wenigen Männer das Ohr der Front in vollem Umfange besäße. … Von Defaitismus keine Spur. Das merke ich dann auch, als ich in der überfüllten Stadthalle [in Görlitz] vor Soldaten und Volkssturmmännern spreche. … Meine Rede ist ganz auf Kampf und Durchhalten eingestellt.“

Joseph Goebbels auf dem Marktplatz von Lauban, März 1945

„Verteidiger Berlins, auf Euch sind die Blicke Eurer Frauen, Eurer Mütter und Eurer Kinder gerichtet. Sie haben Euch ihr Leben, ihr Glück, ihre Gesundheit und ihre Zukunft anvertraut. Ihr kennt jetzt Eure Aufgabe, und ich weiß, Ihr werdet sie vorbildlich erfüllen. Die Stunde Eurer Bewährung ist da. Ich bleibe mit meinen Mitarbeitern selbstverständlich in Berlin. Auch meine Frau und meine Kinder sind hier und bleiben hier. Mit allen Mitteln werde ich die Verteidigung der Reichshauptstadt aktivieren. Mein Denken und Handeln gilt Eurem Wohl und der Abwehr unseres gemeinsamen Feindes. An den Mauern unserer Stadt wird und muss der Mongolensturm gebrochen werden. Unser Kampf wird das Fanal sein für den entschlossensten Kampf der ganzen Nation. Von dem fanatischen Willen erfüllt, die Hauptstadt des Reiches nicht in die Hände der Bolschewisten fallen zu lassen, sind wir solidarisch zu Kampf und Arbeit angetreten."

[aus der letzten Rundfunkrede von Joseph Goebbels am 20.4.1945]

Joseph Goebbels mit seinen Kindern Helga, Hilde, Helmut, Holde, Hedda und Heide

Am 29. April 1945 bestimmte Adolf Hitler im Bunker der Berliner Reichskanzlei den Propagandaminister zu seinem Nachfolger als Reichskanzler. Zwei Tage später ermordeten Magda und Joseph Goebbels ihre sechs Kinder und begingen Selbstmord.

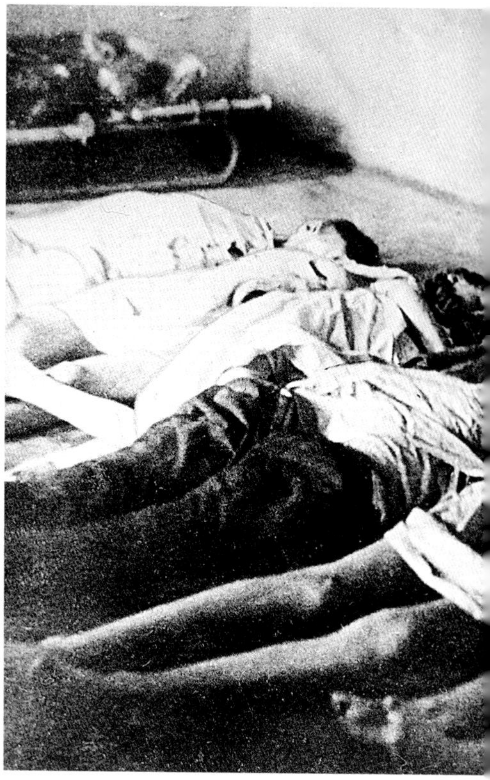

Die Leichen von Joseph Goebbels und seinen Kindern werden identifiziert, Mai 1945

DIE AUTOREN

CLAUS-EKKEHARD BÄRSCH, geboren 1939, lehrt als Professor für politische Theorie an der Universität Duisburg-Essen. 1993 bis 1996 war er Direktor des Salomon-Ludwig-Steinheim-Institutes für deutsch-jüdische Geschichte; 1997 Gründung des „Instituts für Religionspolitologie", e. V.

DR. RER. POL. THYMIAN BUSSEMER, geboren 1972, ist Kommunikationswissenschaftler und persönlicher Referent der Präsidentin an der Europa-Universität Viadrina in Frankfurt/Oder. Er ist zudem Mitherausgeber der Zeitschrift *vorgänge*. 2005 erscheint sein Buch *Propaganda. Konzepte und Theorien* (VS Verlag).

LUTZ HACHMEISTER, geboren 1959, ist Geschäftsführer der HMR Produktion GmbH (Köln/Berlin) und Hochschullehrer für Journalistik an der Universität Dortmund. Er war u. a. Medienredakteur des *Tagesspiegel*, Direktor des Adolf-Grimme-Instituts (1989 bis 1995) und Chef des Kölner Fernseh- und Filmfestes (Cologne Conference). Zahlreiche Buchpublikationen und Dokumentarfilme.
Für den Film „Schleyer – eine deutsche Geschichte" erhielt er 2004 den Grimme-Preis in Gold. Zuletzt Regie und Konzept für die Kino-Dokumentation „Das Goebbels-Experiment" (zusammen mit Michael Kloft).

CHRISTIAN HÄRTEL, geboren 1966, ist Lektor und Programmleiter beim be.bra verlag in Berlin. Veröffentlichungen zur Literatur im Nationalsozialismus und zur deutsch-deutschen Geschichte. Promotion mit einer biografischen Studie über einen leitenden Mitarbeiter Goebbels' im Propagandaministerium, erschienen unter dem Titel *Wilfrid Bade. Eine Karriere im Dritten Reich* (2004).

MICHAEL KLOFT, geboren 1961, leitet die Abteilung „History" bei SPIEGEL TV. Seine Dokumentarfilme zur Zeitgeschichte werden in der ganzen Welt gezeigt. Zu den wichtigsten Arbeiten zählen „Welche Farbe hat der Krieg" (1995); „Das Dritte Reich in Farbe" (1999); „Der Tramp und der Diktator" (2002) „Feuersturm" (2003) und „Der Kaiser und der Weltkrieg" (2004)

UWE KLUßMANN, geboren 1961 in Flensburg. 1980 bis 1987 Studium der Geschichte, Literaturwissenschaft und Politologie an der Universität Hamburg. 1987 bis 1990 freier Journalist, u. a. für das *Holsteiner Tageblatt*, *Konkret* und die *Hamburger Rundschau*. Während des Studiums und danach zahlreiche Reisen in die DDR und nach Osteuropa. 1990 bis 1998 Korrespondent des SPIEGEL in Schwerin, Leipzig und Berlin. Spezialist für Rechtsextremismus und Neonationalsozialismus. Seit Oktober 1998 Korrespondent in der Redaktionsvertretung Moskau des SPIEGEL.

STEFAN KRINGS, geboren 1971, ist Doktorand am Institut für Journalistik der Universität Dortmund. Er arbeitet an einer Biografie des NS-Reichspressechefs Otto Dietrich.

DIETMAR PIEPER, geboren 1963, ist stellvertretender Leiter des Ressorts „Deutsche Politik" beim SPIEGEL, dessen Redaktion er seit 1989 angehört.

MICHAEL WILDT, geboren 1954, ist wissenschaftlicher Mitarbeiter am Hamburger Institut für Sozialforschung und Privatdozent für Neuere Geschichte an der Universität Hannover. 2001/02 war er Research Fellow am International Institute for Holocaust Research, Yad Vashem, Jerusalem. Zahlreiche Publikationen zur Geschichte des 20. Jahrhunderts; zuletzt: *Nachrichtendienst, politische Elite, Mordeinheit. Der Sicherheitsdienst des Reichsführers SS* (Hg., Hamburg 2003) und *Generation des Unbedingten. Das Führungskorps des Reichssicherheitshauptamtes*, Hamburg 2002.

QUELLENNACHWEIS

FOTOS:

Abbe Estate San Francisco / Steidl Verlag, Göttingen (Shooting Stalin – Die wunderbaren Jahre des Fotografen James Abbe (1883 – 1973) / Museum Ludwig / Agfa Fotohistorama
Seite 173 (4)

AP,
Seite 192

Archiv Brigitte Hamann, Wien
Seite 206

Archiv Margot Hielscher
Seite 218

Archiv Michael Kloft
Seite 221 (u. li.), 223, 229 (2)

Archiv für Kunst und Geschichte
Seiten 149, 150/151 (3) unten, 220 (2, li. u. re.), 222/223 (mi.), 238/239,

Archiv für Kunst und Geschichte / Hans Asemisse
Seite 211

Archiv für Kunst und Geschichte / Alois Beck
Seite 234

Archiv für Kunst und Geschichte / Hans Eckle
Seite 235

Bayerische Staatsbibliothek München
Seiten 131, 154

Bildarchiv Preußischer Kulturbesitz
Seiten 139, 220 (mi.), 224/225 (4), 242/243

Bundesarchiv Koblenz
Seiten 158, 184/185 (5) oben

Günther Buss / DPA
Seite 222 (li.)

Camera Press / Picture Press
Seite 221 (u. re.)

Cinetext
Seite 145 (3)

DER SPIEGEL
Seite 252 (re.)

DER SPIEGEL / Max Ehlert
Seiten 176, 177, 193

Alfred Eisenstaedt / Time Life Pictures / Gettyimages
Seiten 180, 181 (2), 182

Walter Frentz,
Seite 246

Hugo Jaeger / Timepix / Gettyimages
Seite 214

Jürgens Ost + Europa Foto
Seite 252 (li.)

Picture Press
Seite 191 (2)

SIPA Press
Seite 196 (2)

SPIEGEL TV / Das Goebbels-Experiment
Seiten 133, 135, 136/137, 140, 141, 142/143, 144, 146/147, 148, 151 oben, 152, 153, 162/163 (8), 178/179 187 (3), 189, 194, 195, 207, 209, 219, 230, 249, 250

Stadtarchiv Mönchengladbach
Seite 132

SV-Bilderdienst
Seiten 134, 157, 159, 200, 228, 245, 253 (re.)

Thomas & Thomas
Seite 201

Ullstein Bild
Seiten 190, 197, 221 (2) oben, 232/233 (4), 236, 240, 241
Ullstein Bild / Walter Frentz
Seiten 129, 251

U. S. National Archives
Seiten 155 (3), 160, 164, 165, 166, 167 (2), 168/169 (8), 170/171, 172, 174, 175 (3), 184/185 (2) unten, 198/199 (4), 202, 203 (3), 204, 205, 208 (2), 213, 216, 217 (2), 227 (2), 237

ZITATE:

Die Zitate aus den Tagebüchern von Joseph Goebbels sind den beiden folgenden Ausgaben entnommen:

Die Tagebücher von Joseph Goebbels. Im Auftrag des Instituts für Zeitgeschichte und mit Unterstützung des Staatlichen Archivdienstes Russlands. Herausgegeben von Elke Fröhlich, K.G. Saur Verlag, München.

Joseph Goebbels, Tagebücher in fünf Bänden. Herausgegeben von Ralf Georg Reuth, München 1992.

Das Zitat zum Reichstagsbrand vom 28.2.1933 nach: DER SPIEGEL, *Nr. 31/1992, S.110 f.*